普通高等学校“互联网 +”立体化教材

普通高校体育
俱乐部实用教程

主编　林立　等

北京体育大学出版社

策划编辑：吕常峰
责任编辑：姜艳艳
责任校对：房晓静
版式设计：沈小峰

图书在版编目（CIP）数据

普通高校体育俱乐部实用教程 / 林立等主编 . -- 北京 : 北京体育大学出版社 , 2017.8（2022.8 重印）
ISBN 978-7-5644-2727-6

Ⅰ . ①普… Ⅱ . ①林… Ⅲ . ①体育－高等学校－教材
Ⅳ . ① G807.4

中国版本图书馆 CIP 数据核字 (2017) 第 220333 号

普通高校体育俱乐部实用教程　　林立　等　主编
PUTONG GAOXIAO TIYU JULEBU SHIYONG JIAOCHENG

出版发行：北京体育大学出版社
地　　址：北京市海淀区农大南路 1 号院 2 号楼 2 层办公 B-212
邮　　编：100084
网　　址：http://cbs.bsu.edu.cn
发 行 部：010-62989320
邮 购 部：北京体育大学出版社读者服务部 010-62989432
印　　刷：艺堂印刷（天津）有限公司
开　　本：787mm × 1092mm　1/16
成品尺寸：185mm × 260mm
印　　张：21.5
字　　数：606 千字
版　　次：2017 年 8 月第 1 版
印　　次：2022 年 8 月第 5 次印刷
定　　价：39.80 元

《普通高校体育俱乐部实用教程》编委会

主　编　林　立　徐瑞芳

副主编　侯胜川　林长青　周　欣

孔丽涵　姚　东

编　委　林　立　徐瑞芳　孔丽涵

陈　真　尤信招　王伟平

陈　欢　侯胜川　雷　雯

吴丽晶　江　荣　周　欣

林长青　黄长剑　陈剑萍

姚　东　苏万文　邱蓁蓁

陈宝强　潘贤实

序

在现代社会，体育不但具有强身健体的作用，对于培养人的意志品质和行为习惯，丰富人们的业余文化生活等方面也具有不可低估的作用。高校体育教育应该如何改革创新以符合现代社会的要求，这是我们高等教育工作者应该关心和思考的问题。

在我看来，阻碍高校体育教学改革与发展的原因大致有三点：一是理念问题；二是模式问题；三是条件问题。理念问题已经意识到且正在转变；条件问题通过加大投入和提高利用率也可以解决；而模式问题现在看来是最现实的难点问题。我国传统的大学体育教学模式较为保守，教与学处于对立的两个方面。教师的教是为了完成教学任务，不是为了学生的学，在激发学生学习兴趣、促进学生个性发展、有效保证学生锻炼时间等方面存在较大缺陷，而要通过高校设置的体育课程选拔出高水平的运动员就更难了。可以说，我们高校体育课程是“吃力不讨好”，因此，对其改革势在必行。

在这一背景下，大学体育俱乐部制被引入我国。它起源并盛行于欧美大学，是一种把全民健身与竞技体育融合在一起的体育教学模式。我去过不少国外大学考察，发现每天下午几乎都是他们各类体育俱乐部的活动时间。这种氛围不仅促进了大学生的行为方式和人格发展，而且促进了体育运动的普及和体育运动水平的提高。此外，国外大学体育俱乐部形成了一套较为完备的培养、选拔优秀青少年运动员的体制和机制，许多著名的运动员就是来自其母校的体育俱乐部。欧美等发达国家的高校普遍实行体育俱乐部的教学模式，取得了不俗的社会效应。但是，如何使之更加契合我国的国情、校情，需要进一步的教学实践和理论研究。

《普通高校体育俱乐部实用教程》在这方面进行了有益的探索。本书贯穿“健康第一”的教育理念，以俱乐部的形式将不同运动水平、不同运动兴趣的学生汇聚到一起，使之更能发挥自己的运动特长，展现自己组织水平与社会交往的能力。本书旨在倡导体育与当代大学生的日常生活实践相结合，使大学生逐渐形成一种体育就是生活方式的意识。即使他们毕业走向工作岗位，也会因日常的体育锻炼习惯而受益终生。此外，本书在理论层面紧跟潮流，将高校体育俱乐部与大学生的体育生活、大学生的行为与健康等进行了梳理和介绍，在有关章节以二维码形式加入了相关运动项目的视频信息，以增加教材的趣味性和可读性，期望拓展大学生的视野并激发他们的学习兴趣，使教材内容更加丰富多彩，让人耳目一新。

大学体育俱乐部制改革是全面深化人才培养模式改革的重要组成部分。本书的编者本着对教育事业的忠诚和对体育事业的热情，克服种种困难，编写了这本教程。这种精神难能可贵，值得提倡与学习。我为他们感到高兴，也为他们倍觉骄傲和自豪。我相信，本书的出版必将为进一步促进大学生体育生活科学化、推动大学生健身活动普及化发挥积极作用，为践行高校“立德树人”的根本使命作出应有的贡献。

特作此序，以表心迹，以致祝贺。

狄俊安

闽江学院副校长

2017年7月18日

前言

联合国教科文组织（UNESCO）对现代教育提出了适应社会发展和需要的人才培养要求，即“健全的体魄，高尚的道德情操，丰富的科学文化知识”。这是联合国教科文组织首次将“健全的体魄”视为人才培养中的首要标准之一，由此，强化了体育教学在教育体系中的重要作用，在世界范围内引起了人们对体育教学的重视，各国也先后开展了对体育教学改革的探索。在我国，大学体育作为全面发展教育的组成部分，在学校教育中具有十分重要的作用。近年，我们开始思考如何充分发挥大学体育在培养应用型人才中的作用问题：如何切实贯彻“健康第一”教育理念；如何改革创新体制和机制；如何通过鼓励学生进行身体锻炼，倡导科学健身，养成健康、文明的生活方式，促进学生全面发展，丰富校园文化生活，推动学校和谐发展等问题。基于对以上问题的现实考虑，我们制定了《体育俱乐部制教学改革方案》；体育俱乐部制教学改革的配套教材也于2017年与同学们见面。

本教材是按照《国家中长期教育改革和发展规划纲要（2010—2020年）》和《“健康中国2030”规划纲要》的要求，落实《国务院办公厅关于强化学校体育促进学生身心健康全面发展的意见》、教育部《高等学校体育工作基本标准》和《全国普通高等学校体育课程教学指导纲要》的精神，以及《国家学生体质健康标准（2014 年修订）》的基本要求，结合近年来学校体育教学改革的实际情况编写的。本教材在编写过程中，坚持“两个原则”：第一，坚持体育的教育性原则，注重对学生学习态度、进步幅度、参与度、体育道德与团队合作精神的培养；第二，坚持教学改革与科研创新相结合的原则，避免体育教师在教学过程中科学创新精神弱化而成为教书匠，促使体育教师不断开拓新的教学项目和教学思想。同样，本教材的编写体现了俱乐部制教学改革的基本思路：① 课堂教学与课外活动相衔接，即保证课程时间，提升课堂教学效果，加强课内外锻炼的科学指导；② 培养兴趣与提高技能相促进，即遵循教育和体育规律，以兴趣为引导，注重因材施教和主动参与，重视运动技能培养，逐步提高运动水平，为学生养成终身体育锻炼的习惯奠定基础；③ 群体活动与运动竞赛相协调，即面向全体学生，广泛开展普及性体育活动，有序开展课余训练和运动竞赛，积极培养体育后备人才，全面提高学生体育素养，大力营造校园体育文化；④ 构建体育教学、课余训练、运动竞赛和课外体育活动“四位一体”的体育俱乐部制教学平台，实现课内外一体化。

本教材的编写符合时代精神，是使高校体育教学朝着科学化、规范化和系统化的方向发展，不断提高体育教学质量和教学水平的重要环节。在内容上，本教材分为体育俱乐部基础理论篇、体育俱乐部应用实践篇和体育俱乐部兴趣拓展篇。在体育俱乐部基础理论篇中，本教材力图摒弃以往偏重说教式的体育理论，从介绍高校体育俱乐部与大学生体育生活入手，启发学生的健康生活意识，使之了解科学健身的常识；在体育俱乐部应用实践篇中，本教材介绍了体育俱乐部常见的运动项目内容，并在各章节中以二维码的形式加入了相关项目的视频信息，以增加教材的趣味性和可读性；在体育俱乐部兴趣拓展篇中，本教材对部分时尚项目和传统项目进行了介绍，期望拓展大学生的视野并激发他们的学习兴趣，也为今后高校体育教学内容的拓展提供了新的方向。本教材既可供普通高等学校（本、专科）公共体育课程教学使用，又是普通群众健身锻炼和健康指导的实用读本。

本教材编写分工如下：林立负责编写第一章，第二章，第十一章第一、第二、第三、第五、第七、第八节，第十二章第一、第二、第三节，第十三章第一节；徐瑞芳负责编写第三章，第八章第四节、第五节，第十章；孔丽涵负责编写第四章；陈真负责编写第五章第一节；尤信招负责编写第五章第二、第四节，第十一章第十节；王伟平负责编写第五章第三节；苏万文负责编写第六章第一节；陈剑萍负责编写第六章第二节；姚东负责编写第六章第三、第四节；侯胜川负责编写第七章第一、第二节，第十二章第六节；陈欢负责编写第七章第三节；雷雯负责编写第八章第一节，第十三章第三节；吴丽晶负责编写第八章第二节；江荣负责编写第八章第三节；周欣负责编写第九章第一节、第三节；邱蓁蓁负责编写第八章第六节；林长青负责编写第九章第二节，第十二章第五节，第十三章第二节；黄长剑负责编写第十一章第四、第九节。第十一章第六节由林立和潘贤实（闽江学院外国语学院）共同编写；第十二章第四节由陈宝强（西南大学体育学院）和侯胜川共同编写。

本教材由林立、徐瑞芳教授共同策划，体育俱乐部基础理论篇、体育俱乐部兴趣拓展篇由林立统稿，体育俱乐部应用实践篇由徐瑞芳统稿，全书由林立统编定稿。本教材编写工作得到了闽江学院副校长狄俊安（教授级高级工程师），教务处处长黄鸿鸿（教授）、副处长鲍日元（副研究员）、周何彪老师的关心与支持，孙萍、薛立群老师也为本教材做了大量工作。在此向所有关心、支持及帮助本教材出版的单位和个人表示衷心感谢！特别要感谢狄俊安副校长在百忙之中为本教材热忱题序。

由于编写人员水平所限，本教材中若有不妥之处，恳请广大读者给予批评与指正，以便我们对本教材进行修订和完善。

目 录

体育俱乐部基础理论篇

体育俱乐部应用实践篇

体育俱乐部兴趣拓展篇

体育俱乐部基础理论篇

第一章　高校体育俱乐部与大学生体育生活

第一节　国内外高校体育俱乐部概况

◎ **学习目标**

了解国内外高校体育俱乐部发展概况及高校体育俱乐部的意义、地位与作用。

一、国外高校体育俱乐部的沿革及现状

俱乐部一词源于欧美，亦称总会，为社会团体及公共娱乐场所的总称。美国最早的社会体育俱乐部创建于1732年的费城。18世纪末到19世纪初，许多进入大学的学生将他们在家乡学到的体育活动知识带到校园，于是在美国的一些大学班级之间有了体育比赛，随之产生了大学生体育俱乐部。1843年，耶鲁大学成立了划船俱乐部；1850年，哈佛大学成立了常青藤体育俱乐部；1857年，圣保罗学院成立了划船、板球俱乐部。1922年，美国成立了高校体育俱乐部指导者联合会。日本学校体育教育包括课内必修俱乐部与课外自由俱乐部。课内必修俱乐部要求学生必须参加；课外自由俱乐部是利用课余时间，以学生为主体建立起来的活动组织，已参加体育必修俱乐部的学生可以再次参加自由俱乐部的活动。日本的学校课余体育与社会体育联系密切。近年来，日本一直在提倡学校体育设施向社会开放，社会体育设施向学校开放，使体育设施社会化程度提高，学校体育成为社会体育的有机组成部分。德国高校体育俱乐部与社会体育是融为一体的，具有自由的成员资格、以成员的利益为准则、不依据第三者、义务参加与工

作、实行民主决策制等五大特征，形成了德国学校体育的一大特色。欧美的校内外体育大多以单项体育组织为基础。其单项体育俱乐部是社会体育的一个重要组成部分。

美国高校体育俱乐部的管理者有职业性的和志愿者两类，多数情况下体育俱乐部的指导者是职业性的，负责俱乐部日常工作。俱乐部的经理、咨询人员和技术指导员都是志愿者，大部分是全日制学生，至少是一年级以上的俱乐部会员。

国外高校体育俱乐部经过200多年的发展，已成为世界大多数发达国家高校开展体育活动的重要组织形式。值得注意的是，世界范围内的大学体育必修课在迅速减少，这一趋势表明国外大学体育课程与教学的重心已经转向体现“人本主义”教育观、以学生自主学习和自主锻炼为主要形式、以体育俱乐部为载体的高校体育教学、训练与锻炼的新模式。这一趋势，为我国高校体育改革提供了借鉴。目前我国高校体育教学形式由选修课向俱乐部方向发展的改革探索顺应了这种改革潮流。

知识窗

国外高校体育俱乐部的经费来源主要有四个方面：① 俱乐部会员的会费（会员一般每年要缴纳2～40美元）；② 少量来自校方的拨款；③ 体育俱乐都组织的创收；④ 社会组织捐助。

二、我国高校体育俱乐部的沿革及现状

大学生体育俱乐部教学模式是随着我国教育体制改革和体育教学改革的不断深化而产生的一种新的体育教学模式。它既是高校体育改革的产物，也是社会发展对高等教育人才培养提出的要求。

20世纪80年代以来，受国外高校大学体育思想和高等学校体育管理模式的影响，体育俱乐部作为大学体育改革的成果在我国高校中悄然兴起。与俱乐部最初的内涵有所区别的是，我国高校体育俱乐部多以课外体育组织的形式开展活动。高校体育俱乐部概括起来可分为三种类型：一是课外活动体育俱乐部，以体育俱乐部代替课外体育活动组织；二是体育教学俱乐部，以体育俱乐部的组织形式进行体育教学；三是课内外一体化，课内俱乐部与课外俱乐部相结合。

体育俱乐部三种类型的教学模式，更符合《高等学校体育工作基本标准》和《全国普通高等学校体育课程教学指导纲要》的要求，都是学校体育的重要组成部分。“素质教育”与“健康第一”的指导思想正是实施发展高校体育俱乐部的理论依据。我国经济体制和教育体制的改革奠定了发展高校体育俱乐部的物质基础和思想基础。我国总体经济实力有了很大的提高，为增加教育投入创造了前提，为高校建立体育俱乐部提供了财力保证。教育改革的根本目的在于提高全民族素质。改革开放以来，高校体育也加快改革的步伐，取得了较大进步，在体育观念上也发生了很大变化，树立了素质教育、终身体育和健康教育的观念。许多高校在体育改革中实行了选课制，学生能较自由地根据个人情况选择学习，学生从客体变为主体，学习氛围从封闭变为开放，深受学生和教师的欢迎。很多学校出现了各种单项体育俱乐部，如长跑俱乐部、健美俱乐部等，这些都为在我国大学实行学校体育俱乐部管理体制提供了实践基础。终身体育观念是实行学校体育俱乐部体制的思想基础。从学校体育观念变化来看，学校体育经历了由健身型、教育型到终身型的认识和发展阶段。终身型体育阶段是把体育作为生活的一部分和提高生活质量的重要部分。终身体育观念的出现标志着学校体育观念的根本转变，而实行终身体育，大学体育必然出现“娱乐化”“社会化”“个性化”“生活化”的格局，这也是学校体育

终身化的世界性趋势。

高校教师是高校办学的主体，是提升高校整体实力重要甚至决定性的因素。高校中高素质体育教师队伍不断壮大，他们有着系统的体育基础知识、扎实的各项基本技能、较强的敬业精神，在健身活动中都有一技之长，思想观念转变快，对以往学校体育教学以传授竞技体育技能为中心的教学模式的弊端感触颇深。组建体育俱乐部，将为高校体育教师提供一个在改革中施展才华的场所。

全民的健身活动一般缺少足够的场地和器材，而高校的场馆建设有着绝对的优势。条件好的高校都有体育馆、健身房、田径场、乒乓球馆、游泳馆、篮球场、网球场等体育设施。高校对体育的投入比社会上大得多，体育器材多而全，为开展俱乐部活动提供了物质基础，这也是搞好体育教学、增强大学生体质、提高大学生健康水平的必要条件。

在我国，浙江大学、深圳大学是实施体育教学俱乐部制较早的大学。目前，高校建立的体育俱乐部以单项形式出现得最多。大学生参与体育俱乐部的动机是复杂多样的，主要有生理性动机（增强体质、美容减肥、缓解学习紧张情绪等）、交际性动机（扩大交际范围、加深友谊等）和成就性动机（提高体育文化素养、展示健美体魄、体验体育乐趣、提高运动技术水平等）。展望21世纪，我国高校的体育教学仍将是多种教育模式并存。高校体育俱乐部是过去教学模式的继承和借鉴，在实践过程中需要不断地改进和完善。这是高校体育教学发展的必然。从高校体育发展趋势来看，体育俱乐部模式必将成为21世纪我国高校体育教学的主要模式。

知识窗

《高等学校体育工作基本标准》

《高等学校体育工作基本标准》（以下简称《基本标准》）是教育部于2014年6月颁布的指导高等学校体育工作的纲领性文件。要求全国高等学校遵照《基本标准》执行。《基本标准》是对全日制普通高等学校体育工作的基本要求，也是评估、检查高等学校体育工作的重要依据，凡是达不到《基本标准》要求、学生体质健康水平连续3年下降的学校，在“高等学校本科教学工作水平评估”中不得评为合格等级，各省（区、市）不得批准其为高水平运动队建设学校。

三、高校体育俱乐部的意义、地位与作用

（一）体育俱乐部模式是高校体育教育改革的产物

体育俱乐部教学模式有利于将大学生培养成为“现代人”。我国社会学者认为，根据中国的实际情况，现代人应具有以下特点：① 强烈的竞争意识、公正精神和开拓能力；② 准备和乐于接受未经历过的新的生活经验、新的思想观念、新的行为方式；③ 思路广阔，头脑开放，尊重并愿意考虑各方面的不同意见，且不盲从于权威；④ 具有强烈的个人效能感，对人和社会都能充满信心，办事讲究效率，守时、惜时；⑤ 重视专门的技术，具备愿意根据技术水平高低来领取不同报酬的心理基础；⑥ 可依赖性和信任感，尊重和自尊；⑦ 计划自己的现在和未来，热心探索未知的领域，尊重知识。由于其对促进人的全面发展的特殊作用，体育已成为培养“现代人”的一种重要手段。

（二）高校体育俱乐部的地位

高校体育俱乐部是高等学校教育的重要组成部分，是国民体育的基础，是实现全民健身计划的重要手段和保障。体育教学俱乐部不仅可以使大学生掌握基本的体育技能，提高其运动技术水平，更重要的是可以使学生更好地获得增强体质与促进健康的基本知识，培养体育能力，养成体育锻炼习惯。

（三）实施体育俱乐部的作用

（1）根据大学生的体育爱好、身体状况和学校体育条件进行组织，由学生自愿选择自己喜爱的运动项目，使课堂教学与课外体育锻炼活动有机地结合起来。

（2）使大学生在运动技术、身体素质等方面得到进一步的发展和提高。

（3）培养学生自我锻炼习惯和体育锻炼能力，为今后步入社会、从事终身体育锻炼打下良好的基础。

（4）积极推动校园体育文化，促进高校体育竞技水平的提高。大学体育俱乐部可以有目的、有计划地开设和举办各种体育竞赛活动及裁判员培训班，培养体育骨干。大学体育俱乐部是高校校园文化的一个重要内容，已成为大学生课余生活的重要组成部分，有利于培养大学生健康、科学、文明的生活方式。以大学体育俱乐部形式开展的各种体育比赛，有利于促进各高校之间的相互交流和了解，增进学校之间的友谊，提高运动竞技水平。

（5）启发和引导学生用自己的智慧和能力进行体育学习。学生参与教学活动既反映出了一种主体的体育价值意识，也调动了教师教学的积极性，使体育教育过程向指导学习者自主学习转化；学生主动学习，重视认知和情感体验，促进了身心的全面发展，从而有利于培养学生对体育的兴趣和参与意识。

（6）有利于对大学生体育生活进行引导和规范，使高校体育教学与课外体育锻炼保持连贯性和统一性。体育教学俱乐部既有利于大学生参加体育活动，又可以有目的、有计划、有组织地开展各项课外体育锻炼和运动竞赛。

（7）大学体育俱乐部的设置突破了高校体育教学课时和活动空间的限制，把大学生体育教育延伸到高等教育和社会生活的全过程，促进了终身体育教育的发展。

第二节　体育俱乐部制教学改革方案

◎ 学习目标

了解体育俱乐部制教学改革方案出台的背景及改革方案的主要内容。

体育俱乐部制教学改革的目标

一、改革方案出台背景

大学体育作为全面发展教育的组成部分，在学校教育中具有十分重要的作用。为贯彻党的教育方针，按照《国家中长期教育改革和发展规划纲要

（2010—2020年）》和《“健康中国2030”规划纲要》的要求，落实《国务院办公厅关于强化学校体育促进学生身心健康全面发展的意见》及教育部印发《高等学校体育工作基本标准》精神，我们开始思考如何充分发挥大学体育在培养应用型人才中的作用问题，如何确实贯彻“健康第一”指导思想问题，如何改革创新体制机制问题，如何通过鼓励学生身体锻炼，倡导科学健身，养成健康文明的生活方式，促进学生全面发展，丰富校园文化生活，推动学校和谐发展等问题。在参观、学习、借鉴兄弟院校体育俱乐部制改革经验，召开体育教学改革学生代表座谈会及广泛听取有关部门意见并结合学校实际情况的基础上，大胆创新，提出全新的集教学、训练、竞赛、课外体育活动为一体，大学体育与大学校园文化相交融的大学体育俱乐部制改革方案。

改革方案出台是为了课堂教学与课外活动相衔接，保证课程时间，提升课堂教学效果，加强课内外锻炼的科学指导；培养兴趣与提高技能相促进，遵循教育和体育规律，以兴趣为引导，注重因材施教和主动参与，重视运动技能培养，逐步提高运动水平，为学生养成终身体育锻炼习惯奠定基础；群体活动与运动竞赛相协调，面向全体学生，广泛开展普及性体育活动，有序开展课余训练和运动竞赛，积极培养体育后备人才，全面提高学生体育素养，大力营造校园体育文化；全面推进与分类指导相结合。统一基本标准，积极稳妥推进；发扬学校特色和地方传统，因地、因校制宜，大胆探索创新，不断提高学校体育工作水平；构建体育教学、课余训练、运动竞赛、课外体育活动“四位一体”的体育俱乐部制教学平台，实现课内外一体化。

改革方案出台坚持体育的教育性原则，注重对学生学习态度、进步幅度、参与度、体育道德与团队合作精神的培养；坚持教学改革与科研创新相结合的原则；结合学校重点工作的贯彻执行，分阶段进行改革；坚持地方、学校特色的原则，力争在“十三五”期间打造出独具我校特色的体育名片。

二、改革主要内容

（1）体育俱乐部制教学改革从2017年9月开始，在2017级学生中进行。俱乐部会员分为初、中、高三级会员，根据学生的兴趣、爱好、需求将其纳入某一单项俱乐部，逐步实行“三自主”，即自主选择任课教师、自主选择上课时间、自主选择运动项目。

① 初级会员：凡对该项目感兴趣、运动基础一般的学生（包括部分特殊群体会员：一、二年级中身体异常和病、残、弱及个别肥胖、高龄等特殊群体），通过学校教务系统选课成为初级会员。由教师根据体育俱乐部制教学大纲组织教学，实行四个学期体育必修课的教学模式，每学期每周2学时18周（其中3周为身体素质达标周），考核合格给予1学分。

② 中级会员：凡对该项目感兴趣、有一定的运动基础的学生（如参加过该项目的学习与比赛，或在初级单项俱乐部学习中成绩达到优秀90分以上），经本人申请，俱乐部管理中心审核，合格者进入校教务系统选课成为中级会员。实行学生自主选择菜单学习为主、教师指导为辅和参与该俱乐部活动的教学模式。会员每学期每周2学时18周（其中3周为身体素质达标周），考核合格给予1学分。

③ 高级会员：凡对该项目感兴趣、运动能力突出、在教师指导下能够担任俱乐部初级会员课内外辅导任务的学生，经本人申请，体育教学部审核，合格者进入校教务系统选课成为高级会员。实行运动队训练定向培养的教学模式。会员每学期每周2学时/18周，另每周增加2学时18

周训练课，考核合格给予1学分。

④ 初、中、高级会员采用动态管理，每学期进行相应调整。初级会员达到相应等级水平，可申请加入高一级会员。高一级会员达不到相应水平也可降到相应等级会员。

（2）单项俱乐部选课时间为：第一学期新生入学后按教务处规定时间完成系统选课；其他学期在每学期末（时间另定）进行下学期选课。

（3）打破常规的班级固定人数限制，高级会员可实行小班制20人左右教学，参加初级健身跑类，教学可实行大班制，100～200人教学。

（4）俱乐部制教学不局限于传统体育课教学形式，满足“三不同”，即不同个性、不同爱好、不同条件学生的需求，将健身跑、训练和竞赛的指导与辅导、讲座等均纳入教学范畴，组织相关教师编写俱乐部初、中、高级会员教学大纲、教材，制定相应的考核标准。教学部分项目与《国家学生体质健康标准（2014 年修订）》测试相结合，锻炼和测试相结合。

（5）借助校园“一卡通”和计算机管理系统对学生参加俱乐部学习情况和各种体育活动情况进行有效监督和管理。对大班制学生进行打卡考勤，以保证有限的时间达到相应的运动量、锻炼强度，教师监督其实际效果。

三、课程设置

（1）学生在大学一、二年级四个学期中必须完成4学分体育必修课程学习，初级会员每学期必须选一个项目进行学习，四个学期选4个不同项目，每学期成绩合格后获得1学分。中、高级会员不限制选项，但必须完成4学分体育必修课程学习。

（2）未修完大学体育必修4学分的学生，可在三、四年级中进行补选（按初级会员课程及要求），每学期考核合格给予1学分。

（3）单项俱乐部教学班人数及上课时间。初级会员35人左右，上课时间段为每天的10：30～12：00（即3、4节）、14：00～15：30（即5、6节）和15：50～17：20（即7、8节）。中级会员30人左右，高级会员20人左右，根据个人项目与集体项目设定上课班级，上课时间段为每天18：30～20：00（即9、10节）及周末时间（时间段另定）。

（4）健身跑俱乐部为周一到周五7：00～8：30和18：30～20：00，学生自主选择上课时间，参加每周不少于两次以上、每次不少于45分钟时间的锻炼，且同一天只计算1次有效时间。

（5）已修完大学体育必修4学分的学生，参加俱乐部高级会员课程学习，可以申请“第二课堂成绩单”学分认定。

（6）根据开设的体育课程和师资情况设15个单项体育俱乐部，分别为：武术俱乐部、健美操俱乐部、篮球俱乐部、排球俱乐部、羽毛球俱乐部、乒乓球俱乐部、网球俱乐部、游泳俱乐部、足球俱乐部、瑜伽俱乐部、田径俱乐部、花样跳绳俱乐部、棒垒球俱乐部、健身跑俱乐部、保健与康复俱乐部。

四、组织管理

（1）由学工部（处）、教务处、团委、后勤管理中心、保卫处、现代教育技术中心、体育教学部等部门联合组成体育俱乐部管理中心（挂靠体育教学部），统一管理俱乐部的教学、训练、竞赛、辅导、讲座、课外体育锻炼等活动的开展，体育俱乐部管理中心设主任1名，副主任3～5名，委员若干。

体育俱乐部制教学考核评价

（2）根据每个单项俱乐部的大小设主席1名、副主席1～3名，委员若干，由学生担任，负责俱乐部的日常工作。每个俱乐部下设6个部。

① 宣传部：负责日常宣传及活动宣传，包括本俱乐部的形象策划、竞赛海报、宣传条幅、啦啦队组织以及新闻报道。

② 活动部：负责活动、竞赛的组织、成绩记录等相关事宜。

③ 外联部：负责对外体育交流、招收新会员以及活动赞助等。

④ 后勤部：负责后勤服务与保障，活动器材的管理、安装检查，比赛器材的租借等。

⑤ 培训部：负责俱乐部辅导站辅导工作的安排，负责中级会员训练的组织与管理。

⑥ 财务部：负责俱乐部的财务管理。（图1–2–1）

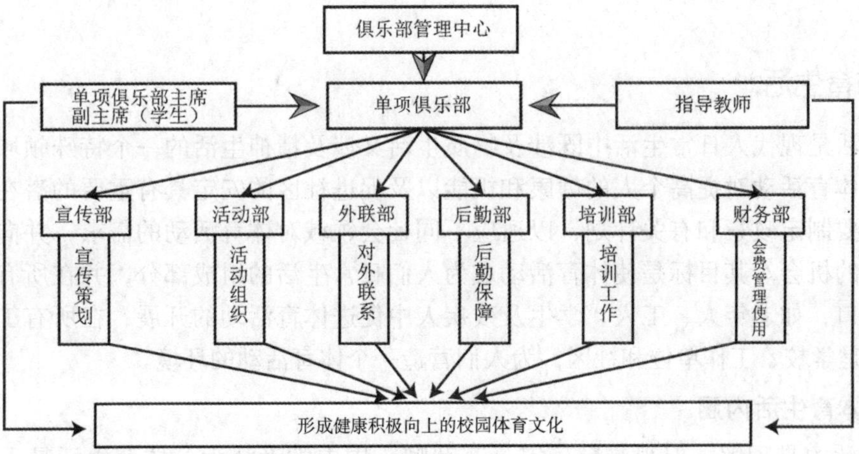

图 1–2–1

（3）单项俱乐部主席由各俱乐部会员选举产生或由俱乐部管理中心推荐，经俱乐部（代表）大会表决通过，俱乐部管理中心任命。副主席及以下俱乐部管理人员由会员大会直接选举产生。

（4）任单项俱乐部管理工作的学生必须严于律己，单项俱乐部主席全权负责俱乐部日常工作，担任单项俱乐部其他职务的人员必须严格遵守俱乐部一切规定，无条件服从俱乐部管理中心的安排。

体育俱乐部制教学辅助措施

知识窗

《“健康中国 2030”规划纲要》

2016年10月25日，中共中央、国务院发布了《“健康中国2030”规划纲要》（以下简称《纲要》），这是今后15年推进健康中国建设的行动纲领。党中央、国务院高度重视人民健康工作。习近平总书记指出，健康是促进人的全面发展的必然要求，是经济社会发展的基础条件，是民族昌盛和国家富强的重要标志，也是广大人民群众的共同追求。《纲要》是新中国成立以来首次在国家层面提出的健康领域中长期战略规划。编制和实施《纲要》是贯彻落实党的十八届五中全会精神、保障人民健康的重大举措，对全面建设小康社会、加快推进社会主义现代化具有重大意义。同时，这也是我国积极参与全球健康治理、履行我国对联合国“2030可持续发展议程”承诺的重要举措。

第三节　大学生体育生活

◎ 学习目标

了解体育生活内涵、大学生体育生活的概念及分类，以及大学生体育生活的作用。

一、体育生活

体育生活是现代人日常生活中既涉及物质生活又涉及精神生活的一个特殊领域。世界卫生组织认为，体育活动对提高个人的健康和机能以及促进社区的安定具有重要的潜在价值。开发这种潜力需要制定政策和有关计划，以适应不同社会领域对体育活动的需求，并向他们提供参加体育活动的机会。其目标是使体育活动成为人们日常生活的组成部分，并在所有年龄群体，包括特定人口，如老年人、工人、学生及残疾人中促进体育活动的开展，在所有工作、生活环境中，尤其是学校、工作单位和社区，为人们营造一个体育活动的环境。

（一）体育生活内涵

体育生活容易理解，但很难精确定义其范畴。国内学者认为，体育生活是人们在特定的环境、条件下，为增强体质、娱乐身心、丰富闲暇、促进社会交往而自觉以身体练习为基本手段、内容的生活模式。世界卫生组织对体育生活的界定，是指每个人在日常生活中都可以从事的“身体运动”的所有领域，包括常规体育活动、有目的的中等强度体育活动、有一定结构的反复进行的身体锻炼活动、健身与体育辅导、集体体育活动、闲暇与休闲体育。从世界卫生组织对体育生活范畴的界定可以看出，在现代社会，体育作为一种社会文化现象越来越多地渗入到社会生活的各个方面，体育已逐渐显示出它的多种功能与属性。

（二）大学生体育生活的概念及分类

根据我国普通高校的实际情况，综合上述体育生活观点，大学生体育生活概念界定如下：大学生体育生活是指在高校就读的全日制在校生日常学习、生活中从事“身体运动”的所有领域。身体运动概念界定如下：以满足大学生精神需求、发展体能、谋求社会关系形成、追求运动技能提高为目的的身体活动。

大学生体育生活内容是一个综合性的体系，可将其分为体育课程层面与非课程层面，这样有利于突出其特性并概括其各个方面。根据大学生体育生活的概念，可将大学生体育生活的基本内容用如下框图加以概括。（图1–3–1）

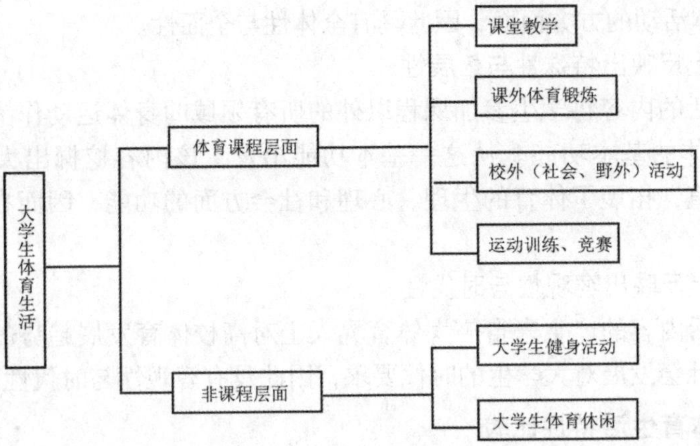

图 1–3–1

体育课程层面是指大学生以身体运动为主要手段，通过合理的体育教育和科学的体育锻炼过程，达到增强体质、促进健康和提高体育素养为主要目标的公共必修课程，包括有目的、有计划、有组织的课堂教学、课外体育锻炼、校外（社会、野外）活动、运动训练和竞赛等。

课堂教学是指按照体育课程教学大纲进行的授课。课堂教学又分为理论课教学与实践课教学。课外体育锻炼是指按照体育课程有计划开展的课外体育活动。校外（社会、野外）活动是指按照体育课程有组织开展的校外体育活动。运动训练、竞赛是指按照体育课程，为完成培养优秀体育人才训练任务、提高运动技术水平、推动群众性体育活动的开展、丰富校园文化生活开展的体育活动。

非课程层面是指大学生在体育课程层面以外从事"身体运动"的所有领域，包括大学生健身活动与休闲体育等。

大学生健身活动概念界定如下：大学生遵循健身规律，以实施身体锻炼为手段，以提高健康水平为目的的身体活动方式。其最大特点是积极、自觉、主动地参加身体活动，使自己的健康水平得到全面提高。

大学生休闲体育概念界定如下：大学生为了达到健身、消遣、刺激、宣泄等多种目的，利用闲暇时间所进行的各种身体活动方式。其最大特点是活动主体的自由选择性，活动内容和形式的多样式，以及活动效用的综合性。

（三）大学生体育生活的基本特征

1. 在内容框架上体现出系统性与动态性

大学生体育生活内容的内涵丰富、层次分明，内部结构相互独立又相互联系，由此构成了一个有机系统。该系统的结构随社会条件的变化始终处于动态发展之中，因此，具有系统性与动态性特征。

2. 在内容组成上体现出继承性与创新性

大学生体育生活的内容吸纳了中外学校体育教育的众多优秀思想与成果，并创造性地将其分为体育课程层面与非课程层面，将健身活动与休闲体育等理论移植到高校体育教育范畴，因而表现出继承性与创新性的高度统一。

3. 在内容体系上体现出全体性与全面性

大学生体育生活的内容立足于使全体大学生生活质量的提高，体现出全体性特征，其内容体系涵盖大学生身体活动的方方面面，因此具有全体性与全面性。

4. 在功能特征上反映出特殊性与拓展性

大学生体育生活的内容将学生参加课程以外的所有领域的身体运动作为非课程层面提出，突出了体育强身健体的基本功能。从这一基本功能出发，该内容挖掘出大学生体育生活的生理、心理与社会价值，拓展了体育的生理、心理和社会方面的功能，因而在功能特征上具有特殊性和拓展性。

5. 在产生机制上反映出客观性与时代性

大学生体育生活内容的产生来自广大体育界人士对高校体育发展趋势的客观判断与前瞻考虑，反映了21世纪社会发展对大学生的时代要求，因此具有客观性与时代性。

（四）大学生体育生活特性比较

大学生体育生活特性比较见表1-3-1。

表 1-3-1

特　性	体育课程层面	非课程层面
目的性	有明确目的，有要达到的结果	有一定目的，有希望达到的结果
组织性	在系统内有专人负责，有秩序进行	无固定负责人，自由进行
规则性	有规则和纪律要求	按约定的规则进行或自由进行
特定性	在特定的时间和空间中进行活动	无特定的时空，随意性较强
计划性	按《全国普通高等学校体育课程教学指导》要求制定	没有统一计划或计划临时拟定
自由性	不能绝对自由活动	自由活动
日常性	学业的一部分	日常或非日常活动

大学生体育生活是一个多层面、多维度的复合结构，各层面相互独立、彼此联系，共同实现大学生体育生活目标。

（五）体育生活是大学生全面教育的重要组成部分

体育生活在大学生全面发展中占有重要地位，是全面教育的重要组成部分，具体表现在以下四个方面。

（1）对大学生进行思想品德教育既是德育的任务，也是体育的任务，它们在整个全面教育中很难截然分开。体育生活以它丰富多彩的活动内容，吸引着青少年，通过体育活动进行思想品德教育，更适合大学生的年龄特征，特别是结合各种不同活动项目的特点和要求，能较全面地实现对大学生思想品德和个性的培养。大学生有较强的上进心、好奇心，活泼好动，有较强的归属感，他们都乐于参加集体活动。严密组织和纪律严格的集体活动，可以培养大学生遵守纪律的作风，养成团结互助的优良品质。例如，参加田径锻炼对培养勇敢、坚韧不拔的精神，具有突出的教育作用；参加集体性很强的球类锻炼，对培养组织纪律性、集体主义精神和机智灵活的应变能力，具有显著的作用；参加体操、武术等锻炼，则更有利于培养沉着、机智、果断和自控能力等。体育活动经常采用的竞赛、评比和奖励优胜等方法，有助于培养大学生的竞争意识和开拓精神。竞赛能激励大学生力争上游、奋勇拼搏的竞争精神，评比能使大学生比较容易地意识到个人的努力程度将影响集体的荣誉，对优胜者的奖励能给大学生带来精神上的满足和感情上的愉悦，激发他们锻炼身体和发展才能的愿望。体育生活作为一种进行教育和善度余暇时间的手段，对于防止和矫正大学生的不良品德、教育有过失的大学生有着显著的作用。体育生活能通过各种健康文明的活动充实大学生的余暇生活，占领业余阵地，防止社会上各种不良风气对大学生的侵蚀，同时提高他们辨别是非的能力，培养自尊心和集体荣誉感。

（2）体育生活对促进大学生的智力发展有着重要作用。健康的体质，特别是健全的神经系统是智力发展的物质基础。现代科学研究证明，人的聪明与否与大脑的物质结构状况和机能有关。坚持经常进行体育锻炼，能保证大脑能源物质与氧气的充足供应，使大脑神经细胞发育充分。同时，不同性质的动作，能给大脑神经系统提供各种刺激信息，有利于提高大脑皮层细胞活动的强度、均衡性和灵活性，使整个大脑神经系统的结构、功能得到改善和提高。通过体育活动，还可培养敏锐的感知能力、灵活的思维能力、丰富的想象能力和良好的注意力、记忆力。

（3）体育生活对培养大学生美的修养具有促进作用。美作为人的个性和谐发展的综合标志，寓于德育、智育和体育之中，思想品德和情操的美是德育的主要内容，而风度美、语言美、环境美等又与人的文化知识水平和美学修养直接有关。只有体育与美育相结合才能培养健美一体的人。

（4）体育生活为培养大学生的劳动技能服务。它能提高大学生身体的灵巧、协调、柔韧、力量素质，有助于他们掌握各种动作技能。研究和实践证明，经常参加体育锻炼的人善于积极地转移技能，能够更快、更容易地掌握各种劳动技能、技巧，工作效率也比较高。

二、大学生体育生活的作用

（一）满足大学生身心健康发展的需要

体育生活对大学生生理、心理的健康发展的作用是非常广泛的。一方面，它可帮助大学生以积极的心态来把握自己，调适自我与外部世界的关系；另一方面，它能促进大学生的身体健康，增强体质，扩展他们与外部世界的联系，以维护自身的健康状态。

1. 消除紧张情绪，恢复体力

当今世界是一个快节奏、高效率、全速前进的社会，这就不可避免地给人们带来许多紧张和压力。从生理学的观点看，人若长期、反复、持续地处于生理紧张的状态中，就会损害健康，导致疾病。这类疾病即“紧张综合征”。大学生的学习生活紧张，课程排得很满，特别是有许多学生认为大学阶段是不可多得的学习机会，拼命学习，他们在生理和心理上就会产生不同程度的紧张和疲劳。人体处于紧张状态，就会出现失眠、厌食、心悸、出汗、四肢发凉、肠胃功能失调等自主神经功能紊乱问题，就会对人体产生有害影响。良好的情绪和稳定的心情，有利于保持和促进人体机能的稳定。课余活动是大学生生活的重要内容，具有调节人体紧张情绪的作用，可以改善生理和心理状态，恢复精力和体力。

2. 增进身体健康，增强体质

大学生正处于青春发育后期，机体代偿能力强，不易觉察各种因素对自己造成的损害。首先大学生是集体生活，居室条件一般，在教室、图书馆学习也是人员集中，这为呼吸道疾病的传播提供了环境因素。其次，大学生学习任务繁重，竞争相对激烈，长期紧张可导致神经系统的功能紊乱，相互间的攀比还可构成无形的压力。当这些压力状态过频、过强或持续过久，就会引起躯体的各种不良症状。大学生在闲暇时进行体育活动，参加丰富多彩的文娱活动，参加有益于身体健康的社会活动，既可使疲劳的身体得到积极休息，又可使体质增强、体格健壮、精力旺盛，从而使身体各方面的适应能力得到提高。

3. 促进心理健康，发展个性

大学生是青年中具有较高文化层次的群体，社会、国家对这一群体的期望较高，他们对自身的期望也较高。目前大学生的心理健康状况不容乐观，大学生中精神疾病的患病率呈上升趋势，且成为休学、退学、死亡的主要原因。针对上述情况，除了高校各级领导要对大学生心理健康工作加强领导，大力宣传、普及心理健康知识，开展心理健康教育、心理咨询和治疗工作外，还要积极倡导有益的课余活动，以促进心理健康、发展个性。

在课余时间里，大学生可自主选择体育活动项目，加上活动的游戏性强、趣味性高，可以松弛身心、舒缓压力，使情感得到宣泄。课余体育活动被认为是满负荷工作和学习的缓冲剂，是为其他方面压抑着的情感提供表达的广阔天地，是转移内心伤感、逆反、悲哀、忧愁及冲动的重要方式。积极性的休息可陶冶性情，从而避免行为的极端性，保持较好的心态。同时在积极的休息中，个体的积极性、创造性、自主性都能得到充分发挥，从而提高了自信心，使个性在融洽的氛围中获得健康、和谐的发展。

4. 丰富生活经验，完善自我

大学生活从形式上来讲是集体生活，大学生如果没有很好地适应大学生活，带着紧张的心情进行紧张的学习，再加上“自扫门前雪”等不良传统观念的影响，往往人与人之间的关系会疏远。大学生生活范围可以由三个层次构成：一是学习生活小环境，包括寝室、小组、班级、年级及所在的院（系）；二是学校内的小社会，包括食堂、医院、商店、运动场；三是校外的大社会。大学生的活动发展可由小到大，大小相互联系，相互促进，课余活动对大学生健康非常必要，活动应体现积极、健康、文明、科学，如从事体育活动、文艺活动、社会活动等，以促进身心健康，满足各方面的需要，建立完整的人格。一方面，它可帮助学生以积极的心态把握自己，调适自我与外部世界的关系；另一方面，它能消除影响社会适应能力的不良心理因素，扩展学生与外部世界的联系，有效地提高自身的健康。

（二）满足大学生人际交往的需要

人际交往是人们适应生存和发展的需要，缺少人际交往就得不到人与人之间的情感交流。同时人际交往可用来丰富自己，完善自己，提高客观认识自己的能力。在人际交往中，人往往会借助别人来发现自己的行为是否合适、自己智力上的长处和不足。同时，也从真诚与人交往中获得帮助和指点，发扬长处，改正不足，博采众长，不断提高自己，实现自我完善。学会交际，善于交际，是现代社会对每一个大学生的要求，也是身心健康和能力培养的重要内容和方式。在大学里进行社会活动和人际交往的方式很多，有随时进行和专门安排组织等多种形式。

1. 主动建立和谐人际关系的需要

人际关系是在人与人的交往过程中，通过彼此感知、识别、理解而建立起的一定心理关系。人际关系总是从人对人的认识开始，也就是要主动走向人群，与人接近，了解别人，也让别人了解自己，从而逐渐与他人建立起和谐的人际关系。主动走向人群，肯与他人交往，就能与人彼此相识并产生情感。但是，要建立与发展健康的人际关系，还应尽可能地增加主动走向人群和与人交往的频率和时间，不断提高人际交往水平。一般来说，若只是一面之交，萍水相逢，短时相处，彼此之间就了解不多，认识少，情感浅。若是朝夕相处，多年共事，同舟共济，患难与共，相互之间就了解不少，认识多，情感就深。在与他人交往中，只有不断地彼此接触，以诚相待，互相信任，互相帮助，努力提高交往的水平，共同获得应有的满足，才能建立起牢固的健康的人际关系。

2. 被多数人普遍认同的需要

人们要建立健康的和谐人际关系，必须对社交行为抱有健全的态度，即人们不仅要对社会交往有正确而健全的认识，还要使其社交行为符合普遍存在和大众所认可的标准。这种标准要求人们的社交行为以人格的平等为基础，合乎人的生理、心理和社会行为的平衡要求，被绝大多数人普遍认同和接纳。

3. 树立良好形象的需要

在人际交往过程中，必须树立良好的社交形象，表现自己得体的仪表举止和良好的精神风貌，给人留下深刻的印象。人的穿着打扮、言语谈笑、行为举止等，似乎是生活中的小节问题，但若处理不当，也会影响到人际交往。在社交活动中，打扮要合体整洁，根据自己的身材、年龄等情况，选择合适的服装和着戴合适的装饰品。穿着打扮还要根据不同的时间、场合、季节而有所不同。只有根据具体的情况适度打扮，才能显示出自己的审美能力和涵养。反之，如果只是追求所谓的高雅、风度而不顾时间、场合，乱穿乱戴，则会令人感到不伦不类。打扮还应与自己的职业、性格结合起来，充分体现自己的个性特征，不盲目模仿，照搬他人，以免弄巧成拙。

言语谈笑是人际交往的重要方式。在人际交往中，语言艺术是塑造良好社交的重要手段之一。若是言谈不当，用语粗鲁，表情不妥，姿态不正，就会损坏一个人的社交形象。行为举止主要指人的站、坐、行等姿态。在站、行、坐这些人的常见动作里，都包含着一个人的社交形象。在日常的人际交往中，一个人的行为举止同样要有度、自然、大方、稳重，以便给对方留下良好的形象，为往后的人际交往打下良好的基础。

一个人良好的精神面貌是社交形象的基础。良好的精神面貌，表现为为人纯正、真诚、热情、自信、大方，精力充沛，富有朝气和魄力。这种精神面貌会给一个人带来无穷尽的社交活力，在交往过程中会令人敬佩和高度信任，对健康的人际交往有着良好的促进作用。

4. 建立与发展人际关系的需要

随着社会的发展与开放，人际交往日益广泛与频繁。为了促进社会的文明与事业的发展，人们之间必须建立与发展人际关系。大学生在人际交往中，双方除了主动接触外，还必须努力提高交往的水平，互相之间要不断增加交往的频率、广度和深度，促进彼此之间的认识和了解，加深相互之间的情感和友谊。一般说来，交往的频率越大，互相了解越多，彼此间的吸引力越强，心理相容的水平越高，人际关系就越巩固、越深化。大学生在交往中，要注意提高交往的广度和深度，尽可能与多方面的人交往，尽可能全面地了解对方的情况，彼此之间以诚相待，互相信任，互相尊重，双方获得应有的满足。这样，才能建立起良好而牢固的人际关系。

要建立与发展人际关系，交往双方的信念与价值观必须一致，彼此之间才有共同追求与奋斗的目标，才有共同需要的活动和满足，在相处中建立起深厚的情感和亲密的关系。此外，交往双方的志趣与爱好要尽可能相同，有共同语言才容易沟通和产生友谊。要建立与发展人际关系，在待人处事的时候，要严于律己，宽以待人。人际交往必须注意交往过程中的礼仪，即人常说的“待人以礼”“礼尚往来”。可见，人际交往中的礼仪是不可忽视的，其中包括人际交往时的穿戴打扮、彼此称呼应合适于交往的场合。

（三）满足构建和谐校园的需要

一个人的生活是离不开社会活动的，一个人总是在不同性质的各种社会群体中生活并进行人与人之间的交往。大学生在校的紧张学习生活会使得他们社会活动减缩，由此造成正常社会活动缺乏，使他们的心理健康出现很多问题，如孤独、失望、自卑、焦虑、自私、狂妄等，使身心受到损害。积极参加课余活动，可以接触到各种各样的人，可以了解社会和认识社会，与人相互交流思想、兴趣、情感，互相了解、互相帮助，从而增长知识，增长才干，扩大自己的生活环境和生活内容，不断认识别人，重新认识自己，使自己不断适应变化着的新环境。大学生活从形式上来讲是集体生活，本身就是一种社会性活动。如果进入大学后不能很好地快速适应大学生活，就会感到生活和学习在一个陌生的环境中。据调查，刚入学的新生中有近半数的人，对来到大学有程度不同的精神压力，表现为情感的焦虑、忧郁倾向、行为上的犹豫和退缩。当然，其中大部分人的生活和人际交往并不受影响，他们始终能保持良好的心境。但有些人由于个性的缺陷和个体的适应不良，出现恐惧、退缩、软弱及多愁善感的状态，产生心理上的消极防卫，甚至需要中断学习来实现心理逐步调整。

课余活动在大多数情况下总是在群体中进行的，大学生多方面兴趣的相似性和彼此间的心理吸引，在活动中互相帮助、互相鼓励、彼此安慰，能使大家得到温暖，增添克服困难的信心。课余活动的心理互动，对参加者的自我胜任感和能力感起着强化的作用，能使学生不断适应变化的新环境。

（四）满足大学生丰富闲暇的需要

闲暇时间是指除社会劳动时间以外用于休息和娱乐的，可以由个人自由支配的时间。闲暇时间的基本内容是人际交往，在大学里每个学生的闲暇时间有一定的差别，不同年级的学生在不同时间段，能够支配的闲暇时间是不一样的。另外，闲暇活动的内容多种多样，有些适合自己，有些不适合自己，这就需要适宜的安排和选择，才能保证闲暇活动朝着积极向上、有益于健康的方向发展。

1. 闲暇活动

闲暇活动的安排一般依闲暇的时间来确定。为使闲暇活动能有一定的保证和顺利进行，通常要做出一个大体的计划，包括活动的时间、对象和内容，以健康娱乐及调节工作、学习为目的选择适宜的内容。从时间因素讲，一般可分为平时、周末、节假日三种，根据这三种不同的时间特点安排不同的活动内容。例如，早晨活动有徒手操、器械操、打拳、慢跑和球类活动等，以身体得到全面锻炼为原则，活动时间控制在20～30分钟，运动量不宜太大。晚间时间较少，安排散步、聊天、文艺欣赏等活动，以利于心情的转换和疲劳的缓解。周末、假日的时间较多，也比较集中，可安排兴趣爱好的体育活动和学习研究活动，以及其他社会活动，包括文艺活动、科技活动、社团活动、社会工作和公益活动等。这些活动既可促进体力和智力发展，培养公共道德，锻炼工作能力，又能起到使大脑不同区域轮换工作的作用。但一次活动的内容不宜太多，时间也不宜过长，否则会造成体力和脑力负荷过重，同时也会减少其他生活要素所必需的时间。

利用假日的时间到野外活动，到广阔的大自然中去进行有趣的活动，一方面可以使一星期紧张学习带来的身体疲劳得以缓解；另一方面有趣的活动也可使学生各种知识得到增长，如大自然中的植物、动物、地理地貌等知识随野外活动的增加而增多，这样的野外活动可获得健身的效果，扩大了知识面，使活动更加充实。闲暇活动的安排应丰富多样，丰富多样就是通过多样的方式、内容度过闲暇时间，在闲暇活动中不断追求新颖、丰富体验、扩展知识，以充实闲暇生活。这样的结果可使闲暇生活多样化，对转换心情、增添乐趣、激发欲望、调整节奏等将产生良好的效果。

2. 闲暇活动内容的安排

首先要考虑闲暇活动的节奏。闲暇活动的节奏体现在两方面：一是整体生活中闲暇活动的节奏，二是闲暇活动本身的节奏。① 闲暇活动作为生活的主要内容是相对工作、学习活动而言的。一般来讲，工作、学习的节奏快，闲暇活动的节奏就要慢；工作、学习紧张，闲暇活动就应轻松；以体力为主的工作，闲暇活动就要以缓解疲劳为主，就可以通过不同于工作内容的身体活动，用较快节奏的活动来缓解疲劳。因此，闲暇活动的节奏应与工作、学习方式的节奏相对应，从闲暇活动的本身来看，也要考虑安排的节奏，做到张弛有度、劳逸结合。② 要考虑闲暇活动的内容，即选择适合自己的内容，以适宜的方式进行闲暇活动，才能在有限的闲暇时间里达到健身的目的。不同的人由于个性和生活环境的差别，爱好不尽相同。因此，闲暇活动的特点和个人的意愿是决定闲暇活动方式的主要因素，如好动性格的人可选择足球、篮球等项目，好静的人可选择一些棋类、桥牌等活动。另外，还要依照身心互补的原理，进行有利于健康的运动，通过动静互补来调节身心。闲暇活动内容的选择要结合工作、学习的方式。大学生的学习大都是伏案进行的，因此要选择一些有一定运动负荷的身体运动，以弥补体力活动的不足，还要选择一些轻松愉快的娱乐活动，来舒缓大脑活动的紧张。③ 要考虑闲暇活动的效果。在现代社会条件下，大学生的时间是有限的，每天的时间更是有限，除去学习和其他必须花费的业余时间，用于闲暇活动的自由时间通常是不会很多的。有的学生叹息学习时间紧，没有时间消遣，有的人则不关心学习，把日常的大部分时间花在闲暇活动上，这两种现象都不是健康的闲暇生活态度。健康的人真正热爱自己的生活，愉悦自己的身心，再去学习和工作时，就会得到一种新的享受。合理和善于安排时间，在自己的头脑中有一张适合自己的时间安排表，是正常处理学习活动、闲暇活动的重要表现，它对身心健康会产生极大的好处。但是在紧张的学习生活中往往感到时间不够用，忽视了必要的闲暇活动，久而久之不健康的因素就会潜入身体，影响身心健康和工作、学习能力。有效合理地利用闲暇时间进行闲暇活动的关键是克服人自身的惰性，要有意识地利用空闲时间，即使在忙碌的学习生活间隙，也能很好地进行闲暇活动。④ 要考虑闲暇时的情绪。闲暇活动的内容安排还要考虑情绪的因素，在不同情绪状态下要选择不同的闲暇活动方式和内容，不适宜的情绪状态下的闲暇活动对健康不利。情绪表现激动、愤怒的情况下，不宜参加那些对抗性较强的体育活动，如踢足球、打篮球等，最好是听听旋律优美的音乐、散散步和知心朋友聊聊天等，以平抑情绪。情绪抑制，表现为沮丧、冷漠时，就应参加一些娱乐性强的、生动活泼的活动，以使情绪提高，精神振奋，最好不要独处，以免不良情绪反应加深。

3. 闲暇活动原则

闲暇活动作为一种重要的生活方式，已成为社会生活的重要组成部分。但闲暇活动有积极和消极之分。积极的闲暇活动给人带来的不仅是当时的感官享受和精神享受，而且为身体的发展打下坚实的基础。通过积极的闲暇活动，人们休息了身体，恢复了精力，增长了知识，结下了友谊，活跃了集体生活，满足了个人兴趣，为未来的发展增添了动力、准备了条件或排除了障碍。消极的闲暇活动则影响人的身心健康发展，既有害健康，又影响工作和学习等。

（1）自觉性原则。闲暇活动是在自愿的基础上进行的活动，因为只有自愿参加才能主动。健康意义上的闲暇活动应是主动活动的过程，主动了才能获得好的效果。形成自愿和主动的休闲心境，积极投入闲暇活动，首先要树立正确的生活态度。生活的链条是理想和奋斗结成的，有了理想生活才会充满希望，在理想的指引下追求生活、享受生活、创造生活，使生活的每个时段都充实和丰富，体会到生活的美好。一个没有理想或只有低层次欲望的人，生活会暗淡无光，枯燥单调，甚至失望或堕落。因此，需要大学生主动参与健康的闲暇活动，热爱生活就能主动参与丰富多彩的闲暇活动。另外，要自觉地安排和进行闲暇活动，就必须了解闲暇活动在人生活中的意义，明确它是人生活过程中不可缺少的内容，而最基本的要求是要认识到适宜的闲暇活动有益于人的健康。在工作、学习之余，通过闲暇活动缓解疲劳、调剂心情、增进健康，这样就会为实现自己的理想，从健康和丰富生活的需要来提高闲暇活动的自觉性。

（2）可行性原则。闲暇活动的内容、方式很多，如何才能使自己闲暇活动不受环境的影响和条件的限制，就要考虑闲暇活动开展的可行性。可行就是符合自己的实际条件，并不因其而影响正常的工作、学习及其他生活过程。可行的闲暇活动一般应根据个人的兴趣、爱好、时间、身体、经济等条件确定。另外，闲暇活动还要注意参加者周围其他人是否都能获得好心情，共同参加的活动都应有愉快、放松的心情，都应有活动的兴趣，不能只顾自己的满足，同时还要看看自己和伙伴的活动是否干扰他人，以至影响他人的心情，引起他人对活动的阻止。这些也都是闲暇活动可行与否要考虑到的。

（3）健康性原则。闲暇活动的健康性原则包括身体的健康和心理的健康两个方面，闲暇活动要围绕这两个方面进行。就健康来看也包含两层含意，一是内容健康的闲暇活动，二是有益健康活动的内容，两者既是统一的又是有区别的，内容健康是前提，有益健康是选择。体力消耗产生疲劳后，应选择轻松愉快、身体运动强度小的活动方式，以利于身体疲劳的消除和心情的转换。从闲暇活动对大学生健康影响作用来讲，任何一种活动都要适度，这个适度是对过度而言，因为闲暇活动往往都是以个人的爱好和兴趣进行的，所以容易出现沉溺的现象，也容易过度，如果过度了，就达不到目的，还会影响身体和学习。

总之，为了使闲暇活动有益于健康，就有必要按照闲暇活动原则，合理安排自己的闲暇时间，选择适合自己在不同时间、条件、状态下的闲暇活动内容。

思考题

1. 简述我国高校体育俱乐部发展概况。
2. 高校开展体育俱乐部的意义与作用是什么？
3. 体育俱乐部制教学改革方案主要有哪些内容？
4. 简述大学生体育生活的概念及分类。
5. 大学生体育生活有哪些作用？

第二章 体育竞赛的组织与实施

第一节 体育竞赛的组织

◎ **学习目标**

了解体育竞赛的组织、宣传、裁判及后勤保障等工作。

体育竞赛的组织工作是一项十分重要的工作，它对于竞赛任务能否顺利完成起着重要作用。组织规模较大的竞赛工作，通常成立大会组织委员会。组织委员会一般是在主办单位领导下，由各方代表组成，负责组织和领导竞赛的全部工作，组委会下设若干工作机构，负责各项工作。在大学中组织学校竞赛，应建立竞赛工作领导小组，可由主管体育工作的院（校）长和学校体育部门、团委等各方面的代表组成，按实际工作需要下设若干工作小组，如宣传组、竞赛组、裁判组、场地组等等，具体负责各项竞赛工作。

一、组织工作

首先要制订好竞赛的规程，这是组织竞赛工作的依据。竞赛规程在组委会或领导小组通过后，应尽早发给有关单位，以便各队做好赛前准备。竞赛规程的内容一般包括：竞赛的名称，目的任务，主办单位，比赛日期和地点，参赛单位和单位参加人数，组别，运动员比赛资格，竞赛项目，比赛办法，竞赛规则，计分、录取名次和奖励办法，报名方法，领队会，抽签的日期和地点，单位标准和其他服装等方面的规定。

竞赛组织工作应注意的问题

竞赛规程制定的原则

在竞赛规程中，科学地制订比赛方法是非常重要的，它关系到参赛者（队和个人）是否在公平的条件下进行竞争，能否充分发挥运动员的技术水平，使比赛始终在和谐、热烈的气氛中进行。

知识窗

制订俱乐部竞赛规程的依据

（1）以运动竞赛计划为依据：竞赛规程应依据单位的竞赛计划来制订。竞赛规程是多年度或年度（学校则以学年或学期）竞赛计划中，安排的某一次竞赛活动实施的具体法规。其内容可根据情况发展的需要，进行适当修正。

（2）以竞赛目的和任务为依据：竞赛规程应体现出运动竞赛的方针、政策和体育发展的目标与近期策略，有效地调整与推动体育的改革方向。此外，对该比赛项目的训练指导思想、人才梯队建设和良好的赛风起着引导、促进及培养的作用。同时还根据本单位的有关规定，以及对运动竞赛的需求，全面考虑竞赛的目的任务来制订规程。

（3）以客观实际条件为依据：即以当时的经费条件、场地设施和人员情况为依据，来制订竞赛规程。

二、宣传工作

要办好竞赛，必须重视宣传报道工作，每次竞赛应有针对性地提出宣传报道要求。在大学中举办运动竞赛，结合竞赛的目的要求，赛前可利用黑板报、广播、多媒体等形式进行广泛宣传。

三、裁判工作

比赛能否顺利进行和圆满结束，关键取决于裁判员的政治素质和业务素质的高低。一名优秀的裁判员必须用体育道德规范指导自己的言行，认真学习有关运动项目的基本技术、战术，熟悉规则和裁判法，并遵守下列要求。

（1）严格遵守《裁判员守则》。

（2）赛前要认真学习规则、规程，统一认识，研究可能出现的问题和处理办法，并组织必要的考核与实习。

（3）裁判长要安排好裁判员的分工，对抗强的项目应尽量安排与比赛无关的裁判员。

（4）裁判员应整队入场、退场。

（5）裁判员要做到严肃、认真、公正、准确，既要严格执行规则，又要态度和蔼。

（6）裁判员不得接受贿赂和宴请。

（7）比赛结束后，应认真听取意见，进行总结。

四、后勤保障

（1）运动竞赛作为一个系统，后勤保障也是赛会顺利进行的重要部分。其重要意义可概括为以下几个方面。

① 做好运动竞赛的后勤服务工作，是竞赛工作得以顺利进行的物质保证。竞赛本身并不是孤立的，从赛会的整体系统而言，必须要求各个子系统（如宣传、竞赛、裁判等）相互衔接、相互配合，而后勤服务工作起着先行官的作用，后勤服务工作搞不好，竞赛等各项工作就会受到影响。

② 做好运动竞赛的后勤服务工作，向运动员、教练员、裁判员及其他工作人员提供一个良

好的比赛条件、工作条件和生活条件，能使他们解除后顾之忧，一心一意地搞好比赛。

③ 做好运动竞赛的后勤服务工作，能提高竞赛的投资效益，使财力、物力得到有效的利用。

（2）运动竞赛的后勤服务工作具体包括以下几点。

① 安排好赛会期间的伙食、住宿、交通、洗澡、医疗等后勤保证工作。安排住宿以有利于保证运动员的休息；切实办好大会伙食；运动员、教练员、工作人员分别按各自的目标就餐；要搞好伙食卫生；赛场应设救护人员。

② 严格按照竞赛规程规定的参加人数和比赛日期安排好接待工作。对超编、提前报到或逾期不离会的人员，赛会不负责接待，需请赛会协助安排的，经费自理。

③ 遵守财务制度。竞赛经费（包括补助、赞助的经费）的使用应保证竞赛所必需的场地、器材、伙食、交通等方面的需要，不得克扣挪用，不得铺张浪费。

第二节　体育竞赛的类型与编排

◎ 学习目标

了解体育（俱乐部）竞赛类型，掌握体育竞赛的编排方法。

一、体育竞赛类型

运动竞赛是各种体育运动项目比赛的总称，是在裁判员的主持下，按统一的规则要求，组织与实施的运动员个体或运动队之间的竞技较量，是竞技体育与社会发生关联，并作用于社会的媒介。

运动竞赛的分类方法较多，通常按竞赛的任务可分为以下几种。

（一）运动会

运动会是包括若干个运动项目的比赛，也叫综合性运动会。其任务是全面检查各项运动普及与提高的情况，广泛地总结和交流经验，推动体育运动的发展。其特点是项目多、规模大、组织工作较复杂，如全校性运动会。

（二）单项锦标赛

单项锦标赛的任务在于检查、总结某一运动项目的开展情况和教学训练经验，促使该项运动不断发展。在单项锦标赛中产生个人和团体冠军，有时也叫冠军赛。杯赛与单项锦标赛任务相同，但它是以某种奖杯命名的比赛，如戴维斯杯网球赛。

（三）邀请赛和友谊赛

邀请赛是由一个或几个单位，邀请其他单位进行的竞赛。邀请赛的任务是增进友谊和团结，互相学习，共同提高某项运动水平。友谊赛的任务与邀请赛相同。各种访问比赛一般属友谊赛，是非正式的比赛。如新生篮球邀请赛。

（四）对抗赛

对抗赛是由两个以上单位之间联合举行的比赛。可以有双边、多边的，定期、不定期的。其特点是参加单位少、规模小、实力相当，如大一、大二篮球对抗赛。

（五）等级赛

等级赛是按运动员不同运动水平分别举办的比赛，等级联赛也是一种等级赛，它按运动水平限定一定数目的甲级队、乙级队参加。通过比赛，甲级队后几名降到乙级队，乙级队前几名升到甲级队。等级赛的任务是鼓励和促进运动员提高运动水平并取得较多的比赛经验，如在田径、体操等项目中按运动等级（健将，1、2、3级）所组织的比赛。

（六）测验赛

测验赛是为了达到一定的标准或了解运动员提高成绩的情况而组织的比赛。这种比赛一般不计名次，但必须按比赛规则和测验的要求进行，并记录测验成绩，如体育锻炼标准、身体素质、运动基本技术的测验比赛等。

（七）选拔赛

选拔赛的主要任务是发现和挑选运动员、组织或补充代表队，准备参加高一级的比赛，如篮球选拔赛。

（八）及格赛

及格赛是大型比赛的一种措施。一般在参加人数过多时，先举行及格赛，达到预定成绩标准者，才能参加正式比赛，如田径、举重、游泳等的及格赛。

（九）表演赛

表演赛是为了宣传体育运动、扩大影响而举行的比赛。对准备开展的项目作示范性介绍，参加重大比赛后的汇报表演等，都属此类。表演赛着重技术、战术的充分发挥，一般不计名次，也有的表演赛主要是为了活跃群众生活。

（十）通讯赛

通讯赛是在不同的地区之间用通讯的方式进行比赛，适用于以时间、距离、重量、环数等客观标准计算成绩的项目。参加单位按竞赛规程在本地测定运动员的成绩，填报主办机构，以评定名次。通讯赛的优点是组织工作简便，参加面广，节约经费和时间。缺点是不同地区的运动员没有临场互相学习的机会，比赛条件也不完全相同。

此外，还有按以下几种办法进行分类的比赛：按运动竞赛的组织系统分为地区性的竞赛和系统性的竞赛；按参加对象分为男子、女子和儿童、少年、青年、中老年的竞赛；按计分性质分为个人和团体赛。还有按不同训练水平、不同体重分级的竞赛等。

知识窗

奥林匹克运动会（Olympic Games），简称奥运会，是国际奥林匹克委员会主办的包含多种体育运动项目的国际性运动会，每4年举行一次。奥林匹克运动会最早起源于古希腊（公元前776年），因举办地在奥林匹亚而得名。1896年4月6日至4月15日，希腊雅典举办了第1届现代奥运会。从1896年开始，奥林匹克运动会每4年举办一次（曾在两次世界大战中中断过3次，分别是在公元1916年、1940年和1944年），会期不超过16天。1924年开始设立了冬季奥林匹克运动会，因此奥林匹克运动会习惯上又称为夏季奥林匹克运动会。

二、体育竞赛编排方法

根据体育竞赛的具体要求、项目特点、参赛队数（人数）、比赛的期限、场地设备条件等因素，可选用不同的比赛方法。

（一）循环法

循环赛包括单循环、双循环、分组循环三种方法。

单循环：所有参赛者（队或个人）在比赛中均能相遇一次，最后按参赛者在全部比赛中胜负场数、得分多少排列名次，这种比赛方法一般在参赛者不多，而竞赛期限又较长时采用。

双循环：所有参赛者（队或个人）在比赛中相遇两次，最后按全部比赛中胜负场数、得分多少排列名次。这种比赛方法，一般在参赛者较少，而竞赛期限又较长时采用。

分组循环：把参赛者（队或个人）分为若干组，分别进行单循环比赛。一般在参赛者较多，而竞赛期限又较短时采用。

循环赛的优点是无论参赛者实力强弱，胜负如何，都需与其他参赛队比赛，锻炼机会多，有利于互相学习，能比较准确地反映出参赛者的水平，产生的名次较客观。

在循环赛中，各队或运动员中普遍出场比赛一次，称为“一轮”，每两个队员之间比赛一次称“一场”，每两个队之间比赛一次称为“一次”。

1. 单循环比赛场数和比赛轮次的计算方法

（1）单循环赛场数的计算。

场数=［参加队（人）×（参加队（人）–1）］÷2

例如，有6个球队参加篮球联赛，采用单循环赛的方法进行，其比赛场数为：

场数=［参加队（人）×（参加队（人）–1）］÷2=［6×（6—1）］÷2=15

（2）单循环赛轮数的计算。

当队（人）数为偶数时，轮数=队（人）数–1。

例如，10个队参加比赛，轮数=10–1=9。

当队（人）数为奇数时，轮数=队（人）数。

例如，5个队参加比赛，需进行5轮。

（3）单循环比赛顺序的确定。

确定单循环比赛顺序的方法很多，经常采用的是“逆时针轮转法”。

例如，有6个队参加比赛，首先用号码1～6，分别代表各队的名称，按以下方法排出各轮次的比赛（表2–2–1），然后抽签将队名填入轮次表，再排定比赛日程。

这种方法是，1号位固定不动，其他号位每轮按逆时针方向轮转一个位置，即可排出全部轮次的比赛顺序。

当队数或人数为单数时用“0”补成双数，然后按逆时针轮转排出各轮比赛的顺序。其中遇到“0”者即为该场轮空。

表 2-2-1

第一轮	第二轮	第三轮	第四轮	第五轮
1—6	1—5	1—4	1—3	1—2
2—5	6—4	5—3	4—2	3—6
3—4	2—3	6—2	5—6	4—5

例如，有5个队参加比赛，见表2-2-2。

表 2-2-2

第一轮	第二轮	第三轮	第四轮	第五轮
1—0	1—5	1—4	1—3	1—2
2—5	0—4	5—3	4—2	3—0
3—4	2—3	0—2	5—0	4—5

根据需要，还可以把第一轮的三场比赛和其他轮的三场比赛互相调换，或者把第一轮中的三场比赛互相调换。这是在大轮转基础上进行小调动的办法。

（4）单循环赛名次的确定。

单循环比赛中，以获胜次数多者名次在前。如有两个队获胜次数相等，则获胜方名次在前。如有两个以上的队获胜次数相等，则根据他们相互之间比赛的胜负比率，即：胜÷负或胜÷（胜+负）来决定名次。首先计算次率，其次计算场率，再次计算局率，最后计算分率，直至算出全部名次为止。

2. 双循环比赛轮次表的编排

双循环制比赛轮次表的编排方法与单循环的编排法相同。只是要排出第一循环和第二循环的比赛轮次表。例如，5个队参加比赛，比赛轮次见表2-2-3。

表 2-2-3

轮　次	第一轮	第二轮	第三轮	第四轮	第五轮
第一循环	0—1	0—2	0—3	0—4	0—5
	5—2	1—3	2—4	3—5	4—1
	4—3	5—4	1—5	2—1	3—2
第二循环	0—1	0—2	0—3	0—4	0—5
	5—2	1—3	2—4	3—5	4—1
	4—3	5—4	1—5	2—1	3—2

3. 分组循环的编排

分组循环就是把参加的队分成若干小组，采用两阶段或三阶段的分组循环比赛。例如，15个队参加比赛，分成3个小组，每组进行5×（5-1）÷2=10场比赛，3个小组共进行30场比赛，需要的轮数为5轮。经过小组循环比赛，排出各小组的名次后，再进行第二阶段的比赛。第二阶段的比赛可采用下列方法。

（1）将各小组第1名编一组，进行单循环比赛，决出1～3名；各小组第2名编在一组，决出4～6名；各小组第3名编在一组，决出7～9名；各小组第4名编在一组，决出10～12名；各小组第5名编在一组，决出13～15名。

（2）如果比赛期限短，可只将第一阶段各小组的第1、2名编在一组进行比赛，决出第1至第6名的名次，其他各队不再参加第二阶段的比赛。

（3）如果第一阶段的预赛是分两个小组进行单循环比赛，那么第二阶段可把小组的前两名编在一组争夺1～4名，小组的第3、4名编在一组争夺5～8名，其余类推。

（4）循环制的抽签方法。

根据规程规定，在比赛前，由主办单位召集各领队举行公开抽签，排好比赛轮次表，使各队明确比赛的次序、日期、时间和地点，以便做好准备。

① 单循环比赛的抽签。

按参加比赛的队数排好比赛轮次表，备好签号，进行抽签，然后将队名填入比赛轮次表中。

② 分组循环比赛的抽签。

首先在领队会上协商确定种子队。种子队的队数一般等于分组的组数。如果分四个组进行比赛，应设四个种子队。为了做到更合理，也可以多选出几个种子队，但必须是组数的倍数。如分四个组进行比赛，可确定八个种子队，并按下列方法编成小组。（图2–2–1）

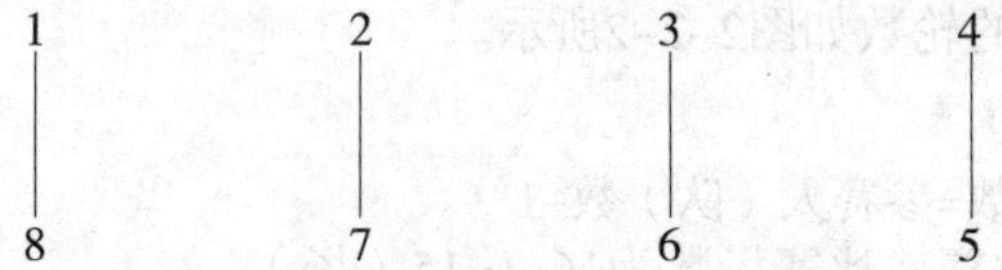

图 2–2–1

第1号种子与第8号种子编为一组，第2号种子与第7号种子编为一组，依次类推。

抽签方法：首先由种子队先抽签，确定各种子队的组别，然后其他各队再抽签确定组别。例如，20个队分为4个小组，除8个种子队外，其余12队再抽签。签号分4组，每组有相同的三个签，由12个队抽签确定组别，然后再把各队按组别填入各组的比赛轮次表中。

（二）淘汰法

淘汰法是在比赛进行过程中逐步淘汰成绩差的，最后决出优胜者。

所谓单淘汰赛，就是将所有参加比赛的选手（或队）编排成一定的比赛秩序，由相邻的两名选手（或队）进行比赛，败者淘汰，胜者进入下轮比赛，直到淘汰成最后一名选手（或队），这个选手（或队）就是这次淘汰赛的冠军。

淘汰赛比赛方法具有强烈的对抗性，比赛双方没有任何妥协的可能性，也没有受第三方影响或去影响第三方的可能，非胜即败。这种比赛办法，可以在很短的时间内，安排大量的选手（队）进行比赛。而且比赛逐渐走向高潮，并在最高潮的一场比赛——冠亚军决赛后结束整个比赛。就体育竞赛的特点来说，淘汰赛是一种很好的比赛办法。

1. 淘汰赛选择号码位置数

采用单淘汰赛的比赛方法时，应先根据参赛人数灵活选择最接近的较大的2的乘方数（即自乘若干次的积数）作为号码位置数。比赛常用的号码位置数是：$2^4=16$，$2^5=32$，$2^6=64$，$2^7=128$。

如参赛选手的人数不等于号码位置数时，需要在比赛的第一轮设置一定数量的轮空位置，使参加第二轮比赛的运动员人数正好是2的乘方数。

轮空数=号码位置数－参赛运动员数

如参赛人数稍大于2的乘方数时，再用排轮空的方法则轮空人数太多，这时可用轮号的方法来解决。以最接近的较小的2的乘方数作为号码位置数，安排一部分运动员进行轮号。轮号就是两名运动员使用一个号码先进行一场比赛。轮号和轮空在性质上是完全相同的。轮号的位置可查轮空位置图。

例如，有10名运动员参加比赛，选用8个号码位置数，其中有4名运动员轮号。

2. 淘汰赛轮数和场数的计算

（1）计算轮数。

单淘汰赛所采用的号码位置数（2的乘方数）其指数（自乘的次数）即为轮数。2的几次方即为几轮。

4个号码位置数=2^2即2轮

8个号码位置数=2^3即3轮

16个号码位置数=2^4即4轮

32个号码位置数=2^5即5轮

64个号码位置数=2^6即6轮

例如，14名运动员参加淘汰赛，则按16号码位置数计算，比赛轮次为4轮。16个人单淘汰赛的轮数如图2-2-2所示。

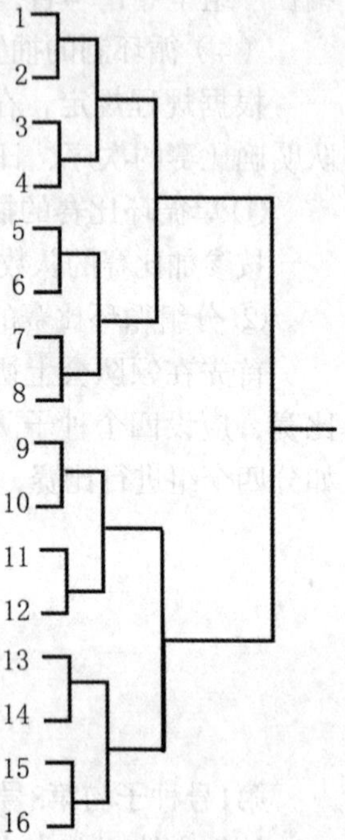

图 2-2-2

（2）计算场数。

场数=参赛人（队）数-1

例如，16人参加单淘汰赛，比赛场数为16-1=15（场）。

3. 淘汰赛

运动员或队按编排的秩序进行比赛，失败两场即被淘汰，最后失败一场者为亚军，不败者为冠军，这种比赛方法称为双淘汰赛。

（1）双淘汰赛轮数和场数的计算。

① 计算轮数。

胜方与负方轮数分别计算。胜方轮数与单淘汰赛计算方法相同，即所选用的号码位置数（2的乘方）其指数（自乘的次数）即为轮数。负方轮数等于胜方轮数加1。

② 计算场数。

场数=2X-3（X为参加人数或队数）

这个计算公式实际上是胜方比赛场数与负方比赛场数之和。胜方场数为参加人数-1，负方场数为参加人数-2。设X=参加人数（或队数），则淘汰赛场数=胜方比赛场数+负方比赛场数，即（X-1）+（X-2）=2X-3。

例如：8人参加双淘汰赛，胜方比赛轮数为2自乘3次即2^3，需比赛三轮。胜方比赛场数为参加人数-1=8-1=7场。负方比赛轮数=胜方轮数+1=3+1=4轮，负方比赛场数=参加人数-2=8-2=6场。故8人参加双淘汰赛共需打7轮，13场比赛。

（2）双淘汰赛比赛秩序表如图2-2-3所示（以8人为例）。

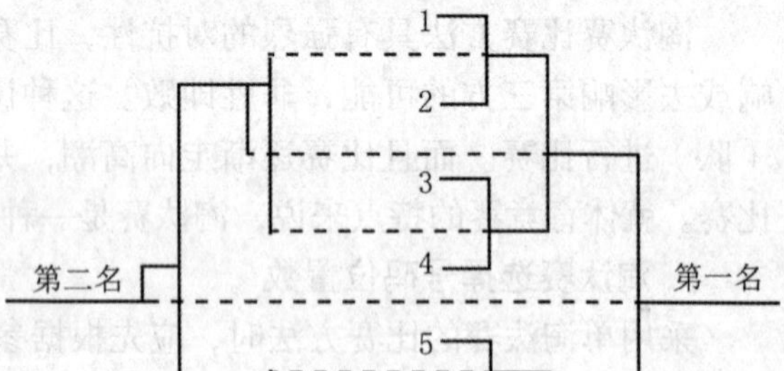

图 2-2-3

（三）轮换法

将参赛员分成若干小组，在规定的同一时间内，分别进行各个项目的比赛。赛完一项后，各组按预先排定的比赛顺序依次轮换再进行下一轮比赛。体操团体比赛的男子6个项目、女子4个项目均采用这种方法进行。

评定成绩和名次的方法

第三节　体育竞赛工作实施的程序

◎ 学习目标

了解体育竞赛工作实施的一般程序。

一、设立竞赛领导机构

体育竞赛工作应在大会组委会的统一领导下，各赛区成立竞赛组委会，由承办单位主要领导担任赛区竞赛组委会执行主任。赛区竞赛组委会下设办公室、会务接待组、竞赛组、场地器材组、宣传组、安全保卫组、医务监督组等部门。

二、各部门任务与分工

（一）办公室

设主任1名，副主任1～2名，成员若干。

（1）组织部门全体工作人员，认真学习竞赛规程及各项规章制度，制定全组工作细则，确保全体工作人员及服务人员责任清晰，分工明确。

（2）制定赛会工作日程。

（3）提前制作好各种相关证件，并有序发放。

（4）做好各类会议的会场布置及服务工作。

（5）做好开、闭幕式的各项筹备工作。

（6）加强各相关部门之间的协调与联络，确保赛事工作畅通有序。

（7）负责赛事服务及礼仪人员的具体分工与管理。

（8）负责开、闭幕式的现场组织工作。

（9）及时收集、汇总各类相关资料，做好文件汇编工作。

（10）组织赛区工作人员，做好赛区的赛事工作总结。

（二）会务接待组

设组长1名，副组长1名，组员若干。

（1）负责全体与会人员赛会期间的日常接待及管理工作。

（2）负责完成竞委会交办的其他事宜。

（3）组织部门全体工作人员，认真学习竞赛规程及各项规章制度。制定全组工作细则，确保全体工作人员及服务人员责任清晰，分工明确。

（4）统计各代表队、裁判员及工作人员抵离信息。

（5）安排各代表队、裁判员及工作人员住房、收费、报销、补助、统计用餐、各种相关证件、裁判服装及用具的发放等工作。

（6）制定好交通运输工作计划。

（7）负责欢迎宴会的筹备及组织工作。

（8）根据赛会日程，安排好比赛用车。

（9）为运动员、裁判员及工作人员提供赛会期间的起居、餐饮、娱乐等生活保障。

（10）及时完成各种相关经费的结算工作。

（11）安排各代表队成员、裁判员以及其他工作、服务人员安全离会。

（12）组织全组人员进行工作总结。

（三）竞赛组

竞赛组任务与分工

设组长1名，副组长1～2名，组员若干。

（四）场地器材组

设组长1名，组员若干。

场地器材组任务与分工

（五）宣传组

设组长1名，副组长1～2名，组员若干。

（1）负责赛会的各项宣传工作。

（2）负责完成竞委会交办的其他事宜。

（3）组织全组人员认真学习竞赛规程、赛区工作手册及单项竞赛规则，制定全组工作细则，确保全组工作人员及服务人员都能够责任清晰，分工明确。

（4）制定宣传工作计划。

（5）制作各种宣传标语，筹划赛场宣传标语及各类广告的布局。

（6）负责营造赛场及驻地的宣传氛围。

（7）联络相关媒体，做好新闻报道的前期准备工作。

（8）负责新闻发布会的各项筹备及组织工作。

（9）协调相关部门，及时收集各种竞赛信息，配合新闻媒体做好相关宣传报道工作。

（10）按照赛会的有关规定，合理有序地组织新闻媒体的工作人员进行赛会采访。

（11）安排好新闻媒体工作人员的工作和生活。

（12）做好新闻资料的收集及汇编工作。

（13）组织全组人员进行工作总结。

（六）安全保卫组

设组长1名，副组长1名，组员若干。

安全保卫组任务与分工

（七）医务监督组

（1）确保各种医疗设施按时到位。

（2）负责比赛期间各种意外伤病的及时救治。

（3）负责比赛期间对运动员及相关官员驻地医疗卫生及饮食卫生的监督管理工作。

（4）负责完成竞委会交办的其他事宜。

（5）组织全组人员认真学习竞赛规程、赛区工作手册及单项竞赛规则，制定全组工作细则，确保全组工作人员及服务人员责任清晰，分工明确。

（6）在比赛中对医疗救护点做好明确标示。

（7）每个比赛单元必须有专人在场，对突发伤病做到及时救治。

（8）整理医疗场地、器材。

（9）组织全组人员做好赛后工作总结。

知识窗

体育竞赛的特点

竞赛规程总则

体育竞赛是竞技体育的核心，没有竞赛也就没有竞技体育的存在。其强烈的竞争性特点主要体现在体育竞赛之中，体现在竞赛与胜负、竞赛与规则、竞赛与观众、竞赛与训练等紧密的相互关系之中。体育竞赛是竞技体育通过竞赛的途径和手段，在参加者努力争取胜利而顽强拼搏的情况下，去最大限度地发挥参赛者生理、心理、智力等方面的潜能，攀登运动的技术高峰，创造优异的运动成绩的过程。体育竞赛是以运动训练、竞赛规则（含裁判工作）和观众为三大支柱，并由运动员、教练员、裁判员和观众共同去实现奥林匹克“更快、更高、更强”的远大目标。

思考题

1. 体育运动竞赛的类型分为哪几种？
2. 体育运动竞赛的方法有哪几种？
3. 简述运动竞赛一般程序。
4. 根据要求编写某一单项竞赛规程。

第三章　大学生的行为与健康

第一节　个人行为对健康的影响

◎ 学习目标

明确健康的概念和健康的标志，养成良好的个人行为和生活习惯。

一、行为与健康的定义

（一）行　为

人的行为是指具有认知、思维能力和情感、意志等心理活动的人对内外环境因素刺激所做出的能动的反应。人的行为可以分为外显行为和内在行为两类。外显行为是可以被他人直接观察到的行为，如言谈举止。内在行为是不能被他人直接观察到的行为，如意识、思想等，即通常所说的心理活动。

一个人的行为举止不仅反映了本人的道德素质，对自己的身心健康也有着不可忽视的影响。心正则气正、行为正，心正就会对身心产生正面的影响，结果就是身体健康，相反就会影响健康。一个人的行为举止，是内心文化素质的外在表现，因此通过一个人的行为举止，如一个人的穿着、谈笑、行、住、坐、卧、举手投足等，可以看出这个人的内心世界。

行为具有的特点是：① 人的行为具有目的性；② 人的行为受思维、情感、意志、气质、性格、能力等心理活动的调节；③ 人的行为表现出较大的差异性；④ 人的行为具有极大的可塑性；⑤ 人的相同的行为可来自不同的刺激；⑥ 相同的刺激可引起人的不同的行为。

（二）健　康

健康的概念是随着人类对客观世界认识的不断深化而改变的。过去人们认为健康的定义就是没有疾病，有疾病就是健康受损，在形式上形成了健康的循环定义。这种建立在疾病基础上的健康概念，只反映了健康的负向方面，可称之为健康的消极定义。1948年，世界卫生组织（WHO）在其《组织法》中首次明确了健康的含义："健康不仅为疾病或羸弱之消除，而系体格、精神与社会之完全健康状态。"此后，世界卫生组织在1978年9月召开的国际初级卫生保健大会上指出："健康是基本人权，达到尽可能的健康水平是世界范围内一项重要的社会性目标。"后来，又有学者对这一定义进行了补充，认为健康应包括躯体健康、心理健康、社会适应良好和道德良好，要求人们不仅以躯体状态来评判一个人的健康，还应从这四个方面综合评价。

（1）躯体健康。躯体健康一般指人体生理的健康。按照一般理解，躯体健康是指人体结构完整和生理功能正常，同时用现有的仪器进行检查，没有明显的异常和疾病，没有残废，能够顺利完成日常工作，具有良好的健康行为和习惯。躯体健康是心理健康的基础。

（2）心理健康。心理健康指整个心理活动和心理特征相对稳定、相互协调，无意识障碍、感知觉障碍、思维障碍、注意障碍、记忆力障碍与智能障碍。一般有三个方面的标志：第一，具备健康的心理的人，人格是完整的，自我感觉是良好的，情绪是稳定的，积极情绪多于消极情绪，有较好的自控能力，能保持心理上的平衡，有自尊、自爱、自信心以及有自知之明。第二，一个人在自己所处的环境中，有充分的安全感，且能保持正常的人际关系，能受到别人的欢迎和信任。第三，健康的人对未来有明确的生活目标，能切合实际地、不断地进取，有理想和事业的追求。

（3）社会适应。社会适应指一个人的心理活动和行为，能适应当时复杂的环境变化，为他人所理解，为大家所接受。

（4）道德健康。道德健康最主要的是不以损害他人利益来满足自己的需要，有辨别真伪、善恶、荣辱、美丑等是非观念，能按社会规范的准则约束、支配自己的行为，能为人的幸福做贡献。

健康的标准

二、良好行为对健康的意义

健康行为是指个体或团体与健康或疾病有关联的行为。按行为对行为者自身和他人健康状况的影响，健康相关行为可分为促进健康行为和危害健康行为。危害行为包括不良生活方式和不良生活习惯。健康行为是有利于自身和健康的行为，其对个体身心健康的维护和促进、生活质量的提高具有非常重要的意义。

健康行为

第二节　危害大学生健康的行为因素

◎ 学习目标

了解危害大学生的行为方式。

一、危害大学生健康的行为方式

危害健康行为是指个体或群体表现出的对个人、他人、整个社会的健康有直接或间接危害性的行为方式。该行为是个体在后天生活经历中习得的，对健康的危害有相对的稳定性，对健康的影响具有一定作用强度和持续时间。

当代大学生健康状况及主要问题

依据危害健康行为的定义和实际状况，危害大学生健康的行为主要有以下几点。

（一）吸烟行为

烟草的化学成分十分复杂，仅有毒物质就有20多种。有研究表明，在香烟点燃后产生的烟雾中，有多达种刺激和毒害细胞的物质。肺癌的发病率与开始吸烟的年龄有直接的关系。例如，20～26岁开始吸烟者，肺癌的发病率为不吸烟者的10倍；15～19岁开始吸烟者为不吸烟者的15倍；小于15岁吸烟者为不吸烟者的19倍。童年时期就有吸烟习惯的成年人比不吸烟者死亡率高。

吸烟对大学生的危害

（二）酗酒与嗜酒行为

大学生饮酒一般包括以下三个原因：第一是社会习得，第二是借酒助兴，第三是借酒浇愁。大学生之间喝酒往往缺乏理智，没有人约束，因此酗酒是一个大学生不可回避的话题。

酒的主要成分是酒精（乙醇）。长期酗酒将造成慢性酒精中毒，对人体的危害极大。酒能损害口腔、胃、肠黏膜，诱发胰腺炎、食道炎、胃及十二指肠溃疡。酒精对肝脏的影响是非常大的，它会使肝脏及结缔组织增生，从而导致肝硬化。20%～25%的肝硬化患者大多数是嗜酒所致。饮下的酒一部分是从肺部排出去的，呼吸道受到刺激，就会降低其防御功能。

大量饮酒会造成的危害

酗酒会严重危及生活质量。酗酒大大增加了人面临其他负面后果的危险，如考试成绩差、旷课、丧失记忆、酒后驾车、后悔的举动和故意破坏公物等。高剂量的酒精使人们攻击性变强、易发交通事故、昏昏欲睡或感到恶心。

（三）赌博行为

赌博是一种丑恶的社会现象，是利用赌具，以钱财作赌注，以占有他人利益为目的的违法犯罪行为。近年来，大学生参与赌博活动有增长趋势，而且大学生赌博形式正向多样化、智能化方向发展。

（四）网络游戏成瘾行为

随着网络技术的发展，网络游戏的发展十分迅速，而大学生作为年轻群体，对新事物接受能力特别强，因此网游首先影响的便是大学生。网络游戏以其强大的娱乐性吸引着大学生，给大学生提供了一种娱乐方式，但其危害也日益突显，由于玩游戏而引发的道德失范、行为越轨甚至违法犯罪问题正逐渐增多。网络游戏成瘾已经成为一个社会不容忽视的难题。

网络游戏成瘾的危害

（五）饮食不科学的危害行为

不良的饮食习惯，如不吃早餐、饥一顿饱一顿、挑食、三餐饮食不均衡或暴饮暴食等都是有损健康的。不科学的饮食有下列危害。

（1）损害胃肠，诱发胃肠疾病。饮食不规律，就会打乱胃肠消化的生物钟。当不吃早餐或饥饿时，胃酸等消化液分泌后得不到食物中和，可侵蚀胃黏膜，加上幽门螺杆菌的感染，可引起急慢性胃炎、胃和十二指肠溃疡等疾病。另外暴饮暴食，可引起急性胃扩张，严重损害胃肠功能。

不健康饮食行为

（2）引起营养失衡。饮食不规律，或经常不吃早餐，或饮食不均衡，不能给身体提供足够的能量和营养，会导致皮肤干燥、贫血、细胞衰老等营养缺乏症状。

（3）饮食不规律的其他危害。在三餐定时情况下，人体内会自然产生胃结肠反射现象，可使排便规律，有利于身体内代谢产物的排出。饮食不规律、不吃早餐，可造成胃结肠反射作用失调，产生皮肤疾病、痤疮、便秘、体内代谢紊乱等症状。

（六）作息不规律行为

作息不规律可能导致如下问题。

（1）胃肠道问题。大学生常常熬夜聚餐、喝酒，通宵达旦，剥夺了胃肠道休息的机会，导致消化性胃溃疡、十二指肠溃疡、功能性消化不良、腹胀、腹痛等。

（2）诱发心脑血管疾病。熬夜时人处于紧张状态，得不到放松，造成血管收缩异常，血压比正常人高，容易诱发高血压或者加重病情。现在心脑血管疾病发病率逐渐增多且越来越年轻化，常熬夜或是诱因之一。

（3）提高患癌风险。作息不规律会导致内分泌激素水平紊乱，使得细胞代谢异常，影响人体细胞正常分裂，导致细胞突变，提高患癌风险。

（4）夺走好视力。熬夜等于是超负荷用眼，对眼睛的伤害不仅仅是拥有“黑眼圈”，更重要的是，长期熬夜、超负荷用眼，会导致视力功能性减退。

（5）失眠抑郁。熬夜伤身也伤神，许多学生晚上不睡，白天发困，出现神经衰弱等问题，严重的甚至会导致抑郁症的发生。

（6）皮肤严重伤害。不规律的睡眠及压力，会影响内分泌代谢，造成皮肤水分流失，容易导致皱纹出现、皮肤暗淡、长暗疮、黑眼圈加重等，尤其是上完妆后情况会更糟。

影响大学生身体健康的主要原因

二、大学生不良行为习惯的矫正

（一）戒　烟

1. 认知疗法

帮助患者充分认识吸烟对自己及他人的危害，树立戒烟的决心和信心，不要认为自己抽烟历史较长而戒不掉，一定要认为：我一定会戒掉。

2. 厌恶疗法

对嗜烟者的抽烟行为选用一些负性刺激，使之对其产生厌恶感。

3. 系统戒烟

要求戒烟者立刻将烟完全戒掉，是比较困难的，特别对烟瘾大的人来说更不现实。因此，应采取逐步戒烟的方法。

4. 控制环境

许多人吸烟往往同一定的生活、环境、情绪状态联系在一起，因此应设法避免这些因素的影响。

5. 家庭治疗

亲人和朋友可做戒烟者的监督人，帮助吸烟者彻底戒掉，如把吸烟人原来每天吸烟的钱积攒下来，买件有意义的物品送给他作为奖励。

6. 刷牙戒烟

边刷牙，边戒烟，这是一种轻松戒烟方法。

（二）避免酗酒

为了大学生的健康，大学生应在饮酒前吃饱饭，饮酒时要慢饮，饮酒后应准备好解酒。可用以下几个方法戒酒。

（1）疏远法。既然喝酒上瘾，先离酒远点。

（2）循序渐进戒酒。可有计划地戒酒，比如每天喝一斤酒，可以每天减少半两，这样的话20天循序渐进地减少喝酒量，不仅能远离酒精，还不会出现一下子戒酒引起的不良反应。

（3）以茶代酒。建议平时要多喝茶，特别是推辞不掉的聚会或者宴会上，要多喝几杯茶，把肚子先充实一下，不仅能够减少喝酒，还能够避免戒酒的不良反应。

（4）借助药物。有时候借助药物的帮助也是必要的，这样能够提高戒酒成功率。但是市面上的戒酒药物要谨慎购买，选择安全有保障的药店。

（5）他人帮助。让家人监督戒酒，还要和朋友说自己戒酒，不要让朋友强行劝酒，要让朋友在聚会和宴会上不让你喝酒，这样才能长期戒酒。

（6）饮食习惯。最好多吃富含B族维生素的食物，如燕麦、全麦面包、动物内脏、瘦肉、花生、蔬菜、麦麸、牛奶等。

（三）根除赌瘾

（1）冻结资金。把用作赌注和筹码的资金来源冻结起来，控制赌博的欲望。

（2）远离赌友。赌友也许很多时候有福可以同享，但是有难之时却不能同当，你可以尽量远离他们，或明确地表示“自己没有钱，而且不想借钱赌博”。

（3）生财有道。想要更多的钱，就多琢磨一下如何用自己勤劳的双手和智慧创造更多脚踏实地的财富。

（4）移情。尽量克制自己，不要想去赌博，多想一下未来、学业，多想一下家人和朋友。

（四）远离网络游戏

（1）限制上网的时间。

（2）转移兴趣爱好。

（3）删除游戏。

（4）必要时去看医生。

（五）科学安排饮食

我们应该合理安排饮食，养成良好的饮食习惯。营养学家的研究表明，早餐吃饱、吃好，可维持血糖水平。饮食应全面平衡，即样样都吃，不挑食，不偏食。太胖或太瘦都不利于健康。以往养生经验提出的“食不过饱”的主张，其目的就是要使饮食适度，饥饱适当，热能和蛋白质等营养素摄入与消耗相适应，避免过胖或消瘦。三餐要合理。要建立合理的饮食制度，切忌暴饮暴食，提倡不吃或少吃零食。一日三餐中每餐的热能分配以早餐占全天总热能的30%，午餐占40%，晚餐占30%较为合适。

第三节　大学生健康行为的养成

◎ 学习目标

充分了解体育锻炼对大学生的影响；促进健康饮食习惯的养成。

一、养成科学体育锻炼的习惯

（一）体育锻炼对大学生学习的影响

人在运动时会产生多巴胺、血清素和肾上腺素，这三种神经传导物质都和学习有关。多巴胺是种正向的情绪物质，人要快乐，大脑中一定要有多巴胺，我们的快乐中心伏隔核里面都是多巴胺的受体。运动完的人心情都愉快，打完球的孩子精神都亢奋，脾气都很好。血清素跟我们的情绪和记忆有直接的关系。血清素增加，记忆力会变好，学习的效果也更好了。很多抗抑郁的药都会阻挡血清素的回收，以使大脑中的血清素比较多。肾上腺素跟注意力有直接的关系，它在面对敌人决定要战或要逃时分泌得最多。肾上腺素使人的专注力增强。因此运动能使学生心情愉快、上课专心，记得快、学得好，提升自信心与自尊心。

（二）体育锻炼对大学生身体的影响

首先，体育锻炼能增强我们的体质。每天深陷繁重的学习生活，若想应对自如，一个强壮的身体是必不可少的坚强后盾。另外，强健的体质还能帮我们抵御许多疾病的侵袭，使我们免于疾病的干扰。体育锻炼有助于智力的发展和提高，经常参加体育锻炼，可以促进大脑的开发，使神经系统的兴奋和抑制过程更加集中，对外刺激的反应更加迅速、准确，还可以提高人的视觉、听觉、感觉、神经传导速度、神经过程的均衡性和灵活性，促进神经系统功能的增强。

（三）体育锻炼对大学生心理的影响

体育锻炼对心理健康的积极影响主要表现在以下几个方面。

（1）改善情绪状态。情绪状态是衡量体育锻炼对心理健康影响的最主要的指标。心情郁闷时去运动一下能有效宣泄坏心情。

（2）提高智力功能。经常参加体育锻炼可以提高自己的智力功能，使锻炼者的注意、记忆、反应、思维和想象等能力得到提高，还可以使其情绪稳定、性格开朗、疲劳感下降，这些非智力成分对人的智力功能具有促进作用。

（3）确立良好的自我观念。人在运动中对自己身体的满意可以增强自信，提高自尊；竞争又使自己的社会价值被认可。坚持体育锻炼可使体格强健、精力充沛，因而体育锻炼对于改善人的身体表象和身体自尊至关重要。

（4）培养坚强的意志品质。在体育锻炼中要不断克服客观困难（如气候条件的变化、动作的难度或意外的障碍等）和主观困难（如胆怯和畏惧心理、疲劳和运动损伤等），锻炼者越能努力克服主、客观方面的困难，也就越能培养良好的意志品质。

（5）消除疲劳。大学生持续的学习压力极易造成身心疲劳和神经衰弱，保持良好的情绪状态和参加中等强度的体育锻炼则可以使他们身心得到放松。

（6）增进快乐，调节情绪。大学生通过参加体育锻炼特别是参加那些自己喜欢和擅长的运动项目，可以从中得到快感。

（7）治疗心理疾病。体育锻炼被公认为是一种心理治疗方法。在大学生中，有不少人由于学习和其他方面的挫折而引起焦虑症和抑郁症，通过体育锻炼可以减缓或消除这些心理疾病。由于体育运动的集体性和公开性，在体育运动中的人际交往能促进良好人际关系的发展，使人们团结协作。

二、养成合理营养、平衡膳食的习惯

（一）合理的膳食制度

膳食制度是指每日的食物定质、定量、定时地分配给人们食用的一种制度。根据消化系统的功能及规则，食物一般在胃里停留4～5小时，一般人以一日三餐较合理，早餐时间为上午7点左右，午餐时间为中午12点左右，晚餐时间为下午6点左右。

（二）平衡膳食

合理营养的关键在于适度，主要是通过平衡膳食来实现。平衡膳食是指膳食中所含营养素种类齐全、数量充足、比例适当，膳食中所供营养素与机体需要两者保持平衡。

（1）食物多样，合理搭配；
（2）吃动平衡，健康体重；
（3）多吃蔬果、奶类、全谷、大豆；
（4）适量吃鱼、禽、蛋、瘦肉；
（5）少盐少油，控糖限酒；
（6）规律进餐，足量饮水；
（7）会烹会选，会看标签；
（8）公筷分餐，杜绝浪费。

饮食原则与方法

思考题

1. 大学生不良行为主要表现在哪几个方面？如何进行纠正？
2. 结合自身情况，谈一谈促进身体健康的途径。

第四章　科学健身与体质健康标准

第一节　科学健身的内容与原则

◎ **学习目标**

掌握科学的体育健身方法、了解体育运动常见的误区。

一、科学安排锻炼内容

（一）科学选择锻炼项目

1. 因地制宜

锻炼者根据所处环境条件不同，所采取的锻炼方式也不同。例如，北方严寒地区可选择以滑雪、滑冰等冰雪运动为主的运动；如果是地处南方江河湖泊资源丰富地区，则可选择划船、游泳等水上运动为主的项目。另外，可根据学校场馆设置情况选择项目进行锻炼。球类场地设施较多，可以选择球类项目进行健身。喜欢排球项目，但羽毛球球友较多，也可适当培养自己对羽毛球的兴趣，选择羽毛球作为健身项目；球场紧张也可以选择跑步、武术作为自己的健身项目。

2. 因人而异

不同年龄阶段、身体素质、体态和身体情况的人群，所采取的运动方式也应有所不同。大学生正处青春期，可以多选择发展力量和心肺功能的练习。根据自身身体素质情况，有针对性地进行锻炼，使自己的各项身体素质均衡发展。体脂含量较高、体重指数过大的，可采用长时间低强度的有氧运动作为自己的健身项目。体质羸弱有慢性疾病，医嘱不宜参加剧烈运动的同学，可以选择太极拳、瑜伽、散步等养生类的项目进行锻炼。

（二）合理把握运动强度、运动时间和运动频率

1. 运动强度

运动强度是指单位时间内的运动负荷程度，影响运动强度的主要因素是练习时的速度和负

重量。它是评价锻炼是否科学的重要指标，也是控制运动安全界限和有限性的重要指标。如果运动强度过大，容易造成过度疲劳，甚至对身体造成某些损害。如果运动强度过小，又不足以形成对机体的良性刺激，则达不到锻炼效果。为了达到锻炼效果，应遵循适宜强度原则，选择适合自己的运动强度。

怎样掌握好运动强度？目前研究认为，确定合理运动强度的最好方法是将心率和主观运动强度感觉相结合，即先按照适宜的心率范围运动，然后在运动过程中再结合主观运动强度感觉来掌握负荷强度。

计算运动强度的方法主要有以下几种。

（1）年龄减算法：运动适宜心率=180或170−年龄。

（2）心率百分比：运动适宜心率=（220−年龄）×70%～85%。

（3）库珀评定法：最佳心率=（最大心率−安静时的心率）×70%+安静时心率。

注：最大心率=220−实际年龄。

2. 运动时间

运动时间是每次运动持续的时间，是组成运动负荷的重要因素。运动时间的长短对身体的刺激是不同的。时间过短，对机体的刺激不够，达不到预期效果。时间过长又可能对机体造成过度负荷，造成疲劳而导致身体受损。一般而言，一次运动的时间以不少于30分钟为宜，而其中达到靶心率的时间应不少于10分钟。不过也应考虑练习者自身情况，强度等因素可适当调整，15～90分钟都是在比较合理的运动时间范围内。

3. 运动频率

运动频率是指每周运动的次数。体育锻炼中的运动频率也是非常重要的要素，正确的运动频率应使人没有疲劳的积累而且能够收到良好的健身效果。如果运动频率过小，运动的效果就不能形成良好的积累，也达不到健身的目的。如果运动频率过大，则会造成疲劳积累，长期坚持下去就会使机体疲劳过度。推荐的运动频率是每周3～5次。此外运动时还应考虑到运动时间段、运动环境等因素。

二、体育健身应遵循的基本原则

（一）全面发展

全面发展包括两方面内涵：一是要掌握多种项目的锻炼方法。掌握多种项目的锻炼方法不仅使自己容易适应条件的变化，有利于机体增强适应能力，也使锻炼变得丰富多彩，保持新鲜感和趣味性；二是应全面发展自己的身体机能，能够使身体各器官系统、各身体素质、各生态形态指标得到全面发展。

（二）循序渐进

循序渐进是在健身锻炼过程中，安排运动量或练习运动技能时的方法。运动量应由小到大，动作技术由简到繁，实践技能由易到难，切不可操之过急，否则会欲速则不达，事倍功半。

（三）区别对待

区别对待是指在健身锻炼过程中，应根据每个练习者的性别、兴趣、爱好、身体条件、锻炼基础、锻炼目的等具体情况，做到区别对待，使体育锻炼的内容

体育健身的误区

更有针对性。

（四）持之以恒

经常参加锻炼，效果才会明显而持久。体育锻炼会对身体产生一定的刺激作用，持续的刺激会使机体形成良好的应激反应，长时间停止锻炼，就达不到效果，所以体育锻炼活动内容和项目可以更换，锻炼不能停止。室外条件不允许，可以在室内进行锻炼。没有集中时间，可以利用零散时间锻炼。

（五）安全第一

从事体育锻炼，要注意安全。要重视锻炼前的准备活动。锻炼过程的安排和锻炼后的放松，对运动器材、场地周边环境情况和项目特点，要做到心中有数。此外还应根据锻炼时自身的情况，有针对性地采取防范措施。身体不适，就应立即停止活动。

第二节　常见运动损伤的防护与救治

◎ 学习目标

了解常见运动损伤，掌握运动损伤的预防与处理方法。

体育运动过程中所发生的各种损伤统称为运动损伤。它的发生与运动安排、运动项目、技术动作、训练水平、运动环境以及条件有关。学生进行体育活动时有可能发生擦伤、肌肉拉伤、关节韧带扭伤、关节脱位甚至骨折和危及生命的损伤。因此，在鼓励学生进行体育锻炼的同时，要使学生了解运动损伤的发生规律、预防措施及常用的处理方法。

一、运动中常见损伤的类型

（一）按受伤的组织结构分类

皮肤损伤、肌肉与肌腱损伤、关节损伤、骨骼损伤、神经损伤、内脏器官损伤。

（二）按伤后皮肤或黏膜完整性分类

开放性损伤：伤处皮肤或黏膜的完整性遭到破坏，伤口与外界相通，如擦伤、刺伤、撕裂伤及开放性骨折等。

闭合性损伤：伤处皮肤与黏膜仍保持完整，无伤口与外界相通，如挫伤、肌肉拉伤、关节扭伤、腱鞘炎与闭合性骨折等。

（三）按伤性轻重分类

轻伤：伤后能按原计划进行锻炼。

中等伤：伤后不能按原计划进行锻炼，需停止患部练习，减少患部的活动。

重伤：完全不能锻炼。

（四）按损伤病程分类

急性损伤：指瞬间受直接暴力或间接暴力导致的损伤。

慢性损伤：指局部过度负荷 、多次微细损伤积累成的劳损，或由于急性损伤处理不当转化为陈旧损伤。

运动损伤的发生与专项技术要求有密切的关系，因而不同的运动项目各有其损伤易发部位及专项的多发病。例如，篮球、排球项目易伤膝和踝关节，体操易伤肩、腰、膝及腕关节，跨栏易伤大腿后部肌群。这主要与以下两个潜在因素有关。首先是运动项目的特殊技术要求；其次是身体某些部位存在的生理解剖弱点。当这两方面不相适应时，就将发生运动损伤。

运动损伤的原因

二、运动损伤的预防

（一）积极开展预防损伤的宣传教育工作

要充分认识运动损伤给体育锻炼参加者带来的危害。通过课堂教学、案例分析、宣传板报、广播等各种途径，对学生进行经常性和针对性的宣传教育，组织他们学习防伤知识，掌握运动损伤发生规律及其与专项技术、解剖生理弱点的密切关系，普及预防运动损伤的知识，提高对预防工作重要性的认识，才能把运动损伤发生率降到最低限度。

（二）加强身体全面训练，提高机体对运动的适应能力

在全面发展身体素质的同时，还要针对不同的运动项目，注意加强该项目易伤部位及相对薄弱部位的训练，提高身体运动能力，这也是预防运动损伤的一种积极手段。

（三）合理安排健身锻炼

锻炼计划的制订和执行应合乎科学性原则。在安排不同运动项目时，要采取相应的措施，加倍注意易伤及相对薄弱部位的锻炼安排。准备活动结束与正式运动的间隔时间以1～4分钟为宜，一般做到身体发热、微微出汗即可，冬天活动量可大些。要合理安排运动负荷，尤其要注意运动器官的局部负担和伤后的安排，防止局部负担过重。

（四）加强运动中的保护

运动中适当的保护与帮助可避免一些意外事故的发生。体育运动参加者应学会自我保护的方法，如自高处落地时必须双腿屈膝并拢；当重心不稳快摔倒时，立刻低头、屈肘团身，以肩背着地顺势翻滚，切忌直臂撑地。

（五）加强医务监督，建立和健全自我监督制度

要注意发现可能发生运动损伤的潜在因素，注意场地、器材、设施的卫生安全问题。有条件的要进行定期的身体检查，防止慢性损伤的发生。

三、常见损伤的处理和急救

（一）开放性软组织损伤

软组织包括肌肉、筋膜、腱鞘、滑囊、关节囊、韧带、椎间盘、关节盘软骨等。

1. 擦　伤

机体表皮与粗糙的物体相互摩擦而引起的皮肤表层损害，称为擦伤。

（1）病因及损伤病理。

皮肤与粗糙物体摩擦引起皮肤表层的损伤。

（2）征象。

表皮剥脱，伤处有小出血点和组织液渗出，伤口无感染时干燥结痂而愈，伤口有感染时局部可发生化脓，有分泌物。

（3）处理。

小面积的擦伤用1%～2%红汞或1%～2%甲紫涂抹，面部擦伤抹0.1%新洁尔溶液。大面积擦伤、伤口深、易受污染的擦伤需用2.5%碘酒和75%酒精在伤口周围消毒，用生理盐水冲洗消毒伤口，清除伤口异物，然后敷以凡士林油纱布，并用加压包扎。如无感染，两周后即可痊愈；如有感染，伤口应每日或隔日换药。

2. 撕裂伤、刺伤与切伤

这三种创伤，皮肤（皮下组织）都有不同程度规则或不规则的裂口。

（1）病因与损伤病理。

撕裂伤：因硬物打击引起皮肤和软组织撕裂，伤口边缘不整齐，组织损害广泛。

刺伤：因尖细物体刺入人体所致。

切伤：因锐器切入皮肤所致。

（2）征象。

撕裂伤、刺伤、切伤均有伤口和出血，撕裂伤口边缘不整齐，组织损害广泛；刺伤伤口细小，但较深；切伤边缘整齐，多呈直线，出血较多，但周围组织损害较轻。

（3）处理。

处理原则是止血，保护伤口，预防和减轻感染。轻者可先用碘酒、酒精将伤口周围皮肤消毒，然后在伤口上撒上消炎药，用消毒纱布覆盖，加压包扎。小的裂口，伤口消毒后可用黏膏黏合。凡伤情和污染较重者，应口服或注射适当的抗菌素，预防感染。凡被不洁物致伤且伤口小而深者，应注射破伤风抗毒素1500～3000国际单位，预防破伤风。

（二）闭合性软组织损伤

1. 急性软组织损伤

（1）病因与损伤病理。

它属于因某一刻的受力或非生理性运动牵引造成的局部软组织损伤。当肌肉或韧带猛烈收缩，超过它可承受的负荷时，或拉长超过它的伸展极限时，会使肌纤维、神经纤维受损，毛细血管破裂，但同时损伤部位的皮肤及黏膜仍保持完好，伤处与外界没有相通。

（2）征象。

局部表现为红、肿、热、痛、功能障碍，亦称反应性炎症。

（3）处理。

早期：伤后24～48小时，处理原则是制动、止血、防止肿胀、镇静和缓解炎症。具体做法是制动、冷敷、加压包扎和抬高患肢。一般是先冷敷后加压包扎，可用海绵和棉花放于受伤部位，然后用绷带进行加压包扎，再视情况做进一步处理。这一时期切忌揉动和按摩，否则会加重出血和组织液透出，使肿胀加重，影响损伤后的康复。

中期：伤后24～48小时之后，此时出血已停止，急性炎症逐渐消退。处理原则是改善损伤部位的血液和淋巴循环，促进新陈代谢，加快瘀血和渗出液的吸收，加速组织修复与再生。可采用热敷、按摩、拔罐、药物治疗，适当进行功能康复锻炼，防止肌肉萎缩。

后期：损伤基本修复，肿胀和疼痛等局部征象也已消除，但功能未完全恢复。处理原则是增强和恢复肌肉、关节的功能。以按摩、理疗、功能锻炼为主，适当配合药物治疗。

2. 慢性软组织损伤

它通常是由于急性闭合性软组织损伤治疗不当，逐渐转为慢性，或由于反复长期多次的微细损伤累积形成的劳损。当组织受到压力、牵拉力或摩擦时可以引起微细损伤，使小部分细胞遭到破坏，并产生慢性炎症与组织再生。长期微细损伤积累加重就形成劳损。

（1）病因与损伤病理。

病理变化主要是变性和增生。

（2）征象。

疼痛和活动受限。

（3）处理。

主要改善伤部血液循环，促进组织的新陈代谢。治疗方法与急性损伤的中后期大致相同，但要注意加强功能锻炼。在各种疗法中以按摩、针灸、理疗、局部注射肾上腺皮质激素类药物等效果较好。

3. 关节脱位

关节脱位是指骨关节失去正常的连接位置。常见有全脱位和半脱位。

（1）原因。

造成脱位的原因通常是间接暴力。

（2）征象。

疼痛、肿胀及皮下瘀血、功能丧失、畸形。

（3）处理。

上肢关节脱位，一般采用大三角巾悬挂固定或固定在自己躯干上，减缓震动，送医院；下肢关节脱位，可用夹板固定伤肢或将伤肢固定在自己的健肢上，减缓震动，用担架送医院。

（三）骨　折

骨的完整性遭到破坏的损伤叫骨折。

1. 病因与损伤病理

造成骨折的原因常见的有直接暴力、间接暴力、肌肉及韧带牵拉等。

2. 征　象

骨折的征象主要有疼痛、肿胀及皮下瘀血、功能丧失、畸形、压痛和震痛、假关节活动、骨擦音。X线检查可以确定是否有骨折或骨裂。

3. 处　理

正确的判断及临时固定对于骨折的复位及愈合、功能恢复有着重要作用。临时固定的目的是限制骨折断端的活动，避免断端损伤周围血管、神经和其他组织，减轻伤员的疼痛，同时便于转送医院。在临时固定前，根据伤者受伤的原因、征象初步判断是否出现骨折。疑是骨折，一律按骨折情况处理。在固定肢体时，应同时将骨折远近两端的关节固定，夹板与肢体之间要有垫衬物，空隙处要填紧。

临时固定时，如果没有合适的夹板，可利用木杆、树枝等硬物替代。对于脊柱骨折，尤其要注意严禁随意搬动，也禁止伤者自己活动，要求医生到受伤场地对伤

紧急救护知识

员实施固定。搬运胸腰椎伤员时，必须由3～4人同时托住伤员，最好俯卧位搬运，绝对不能只抬头、脚，这样使脊柱弯曲增大，加重脊髓压迫和损伤。对于颈椎骨折，应由3人搬运，其中一个专管头部的牵接固定，使头部与身体保持水平，不发生震动，将伤员仰卧置于硬板床上，防止头部左右摇动。

第三节　体育运动促进心理健康

◎ 学习目标

了解心理健康的内涵，掌握运用体育锻炼来调整心理状态的方法。

一、心理健康概述

1948年世界卫生组织对健康下了这样的定义：健康不仅为疾病或羸弱之消除，而系体格、精神与社会之完全健康状态。1989年又进一步指出，健康包括躯体健康、心理健康、社会适应良好和道德健康。可见心理健康是健康的重要组成部分，并越来越受到人们的关注。

心理健康是指在身体上、智能上、情感上与他人的心理健康不相矛盾的范围内，将个人心境发展成最佳状态。世界卫生组织指出，心理健康的标志是身体、智力、情绪调和；适应环境，在人际关系中能彼此谦让；有幸福感；在工作和职业中，能充分发挥自己的能力，过着有效率的生活。

把握心理健康时应掌握以下几点。

（1）心理健康标准应兼顾个体内部协调与对外部适应良好两个方面。从内部来说，心理健康的人各项心理机能健全，人格结构完整；从外部来说，心理健康的人能适应环境，与他人建立良好的人际关系。

（2）心理健康的概念具有连续性和层次性，并不是绝对的、唯一的。人的心理健康可以分为不同层次，低层次的心理健康主要是指没有心理疾病，高层次的心理健康不仅指没有疾病，而且指能充分发展其身心潜能的丰富状态。

（3）心理健康既是一种状态，也是一个过程。心理健康不是指没有失败、没有烦恼、没有痛苦，而是指能在这些情境中有效调整自己，不影响正常的工作、学习和生活。

（4）心理健康是较长一段时间内持续的心理状态。因此，判断一个人心理健康状态，不能简单根据一时一事下结论，偶尔出现一些不健康的行为和心理，并非意味着就一定是心理不健康。

二、大学生心理特点

大学生心理成长正处于走向独立和成熟的初期。他们不仅要面对学习和环境的变化，还有面对复杂的人际关系以及经济独立、择业等压力，其心理发展必是一条坎坷之路。目前大学生心理状况不容乐观，部分大学生存在不同程度的心理障碍或心理异常表现，有的还很严重。归纳起来主要有以下几种情况。

（一）环境变化引起的心理压力

从中学走进大学生活，是人生之旅的一大转折期。经过艰苦的高考，新生往往带着目标实现的喜悦走进大学，仿佛来到静谧的、充满知识养分的理想世界。然而，现实的困难总是让美好理想产生失落和冲突。老师同学的更新，在新环境的角色变化，使他们的内心或多或少产生了不安和焦虑。这种变化特别给那些长期在家庭保护下长大的、性格内向、应变能力差的学生带来很大的心理压力。

（二）学习方式变化带来的心理压力

中学强调基础学习，目的是为日后深造做准备，为高考做准备。所以日常时间统一安排，学习内容在高考设置的几个科目之间来回突击，强记硬背，学习方法是学校老师日日相伴、天天辅导。大学重视通识学习和专业学习，它架构复杂、科目繁多，要求学生进行自主性、探究性和拓展性学习。刚刚拿到时间、学习自主权，往往需要一个适应过程。有些同学因此迷失学习方向，产生学习疲劳，形成不安和焦虑。

（三）人际交往带来的心理压力

心理问题很多都是人际交往的问题。人际交往是大学生不可或缺的行为之一，它直接影响大学生的学习和生活，是大学生社会价值和自我价值的体现。大学生从以群落交往为中心走向个体交往，心理的认同需求促使学生主动结识新伙伴，而交际学习和经历的缺失会使学生产生交际焦虑。认知的偏差会使一些同学产生错觉，出现自卑、猜疑心理，给人际关系带来负面影响。调查表明，80%以上的大学生最想得到的是真挚的友谊。70%以上的大学生最担心的是失去朋友。

（四）情感问题带来的心理压力

情感问题主要是指恋爱和性心理。大学生处于青春期的中期，随着性机能的发展，寻找自己的另一半的愿望越来越强。但现实生活中，不少大学生心理尚未成熟。不能了解爱的真正含义，不懂得接纳与包容，不懂得奉献和给予，恋爱过程中常常以自我意愿为中心，不能正确处理恋爱过程中产生的矛盾与冲突，在怦然心动中追求，在争吵中情绪失控，在僵持中失落自责，在分手中自暴自弃。情感挫折是许多大学生心中的痛。

（五）就业带来的心理压力

就业是大学生走向社会的标志，是人生的一个重大转折点。严峻的就业状况，激烈的竞争以及来自社会的各种压力，使大学生在择业问题上表现出复杂的心理状态和内心冲突。这是对大学生心理品质的重大考验，是对人格的挑战。经济来源、专业发展、婚姻事业、个人兴趣、家庭愿望、生活品质的一切问题都交汇在一起，此时不安、焦虑、胆怯、抑郁、心理紊乱等心理问题会不同程度地反映在大学生身上，有的导致行为失常、萎靡不振，甚至产生迁怒、对抗报复心理，造成严重的后果。这已经成为学校、家庭和社会特别关注的问题。

三、体育运动与心理健康

（一）体育运动改善心理状态

体育运动给锻炼者带来显著的心理效益见表4-3-1。无论是长期的体育锻炼，还是一次性的身体活动，都可产生良好的情绪效益。长期体育运动是指每天都进行或定期进行且持续时间在10个月以上，一次性身体活动指持续时间30分钟左右的运动。

表 4-3-1

增加或提高	减少或降低
学业成绩	工作缺勤
做事和决定果敢	过度饮酒
信　心	怒　气
情绪稳定	焦　虑
独立性	抑　郁
智力水平	痛　经
心理控制源内控倾向	敌意态度
记忆力	恐惧感
良好心境	神经质表现
知觉能力	应激反应
人际关系	紧　张
积极身体自我评价	A型行为
性生活满意度	工作错误
心理自我感觉良好	慌　乱
工作效率	艾滋病在体内发展

1. 身体锻炼后的即刻心理效益

心境状态得到改善。心境是指具有感染力的微弱而较持久的情绪状态。保持良好的心境是心理健康的重要标志之一。有研究报道，30分钟的跑步可显著改善紧张、困惑、疲劳、焦虑、抑郁和愤怒等不良情绪，同时使精力充沛；仅一次功率自行车练习就可使焦虑程度下降；5分钟的步行也有改善心境的作用。

焦虑水平得到下降。焦虑是一种对当前或预计的威胁所反映出的恐惧和不安的情绪状态。一项研究对3组被试的处理分别是：一以70%最大心率在跑台上行走；二在舒适的沙发上休息。比较20分钟后的焦虑状态水平，其结果是2组被测小组的焦虑水平均下降。

应激和紧张减少。紧张是应激的一种表现形式。一项研究结果表明，适当的体育锻炼可以使应激减少，但是身体活动的情绪效益并非自动产生，身体活动负荷必须适量，否则便没有心理效益。

良好的情绪体验。在体育运动中还可以获得良好的情绪体验，最典型的就是流畅体验和跑步者高潮。流畅体验就是在运动中通体舒畅，如一股电流通透身体的舒适感；高潮体验是在跑步中的一种欣快感，跑步者与情景融为一体，身体轻松，忘却自我，充满活力，超越时空障碍。

2. 长期体育运动的心理效益

长期有计划的体育锻炼对心理疾病患者的焦虑、抑郁具有长期稳定的缓解作用。

心理自我感觉良好。心理自我感觉良好也称“感觉良好现象”，是心理健康的重要标志之一。它是指与积极参加体育锻炼有关的某种兴奋、自信和自尊的情绪和态度体验。研究表明，心理自我感觉良好与运动有正相关的关系，积极参加体育锻炼者比不锻炼者的自我评价积极，其中女子较男子相关程度更高。体育锻炼对心理自我感觉良好产生积极影响的原因可能有生理的、心理的和社会的，或者是三者综合的结果。

对焦虑、抑郁的治疗作用。有研究表明，体育锻炼必须超过20分钟才可以有效降低焦虑；渐进性放松练习同身体锻炼一样可以有效地降低状态焦虑；身体锻炼比渐进性放松练习更能有效地降低特质焦虑；无氧练习不能降低焦虑；长期的和一次性的有氧运动均可有效地降低状态焦虑；身体锻炼必须坚持10周以上，才可能有效地降低特质焦虑。

（二）体育运动产生心理效益的机制

1. 认知行为机制

体育运动可诱发积极的思维和情感，这些积极的思维和情感对抑郁、焦虑和困惑等消极心境具有抵抗作用。人们完成了一项自己认为较为困难的任务后，会感到自我效能的提高。对于没有锻炼习惯的人来说，身体锻炼是一件困难的事。如果能够使自己养成锻炼习惯，则会体验到一种成功感和自我效能提高感。这种感受有助于打破与抑郁、焦虑和其他消极心境状态相关联的恶性循环。

2. 社会交互作用机制

体育运动中与朋友、同事等进行的社会交往是令人愉快的，它具有改善心理健康的作用，集体锻炼具有健心的作用。

3. 分散注意力机制

体育锻炼给人们提供了一个机会，使他们能够分散对自己的忧虑和挫折的注意力。例如，慢跑、游泳等活动能使参与者进入自由联想状态。在单调的重复性的技术动作中，通过思考等思维活动，可以促进思维的反省和脑力的恢复。这种对注意力的有效集中和转移，可以达到调节情绪的目的，从而有利于锻炼者的心理健康。

4. 心血管功能机制

心境状态的改善同心血管功能的改善相关。体育锻炼通过加强心血管系统的功能，增强了血管的收缩性和渗透性。健康的血液循环可使体温恒定，有助于保持神经纤维的正常传导，从而有利于心理健康。

5. 深化功能机制

神经递质类化学物质分泌量的增加同心理健康状况的改善有关。神经递质在神经之间以及神经与肌肉之间起传递信号的作用。体育锻炼刺激了神经递质的分泌，进而对心理健康起到促进作用。

体育锻炼还可以促进大脑分泌一种具有止痛并出现欣快感的物质，引起的这种欣快感可降低抑郁、焦虑、困惑以及其他消极情绪的程度。

四、体育运动获得较大心理效益的方法

并非任何形式的体育活动都能产生相同的情绪效益，只有科学的体育锻炼才与一定的心理

效益相联系。对于不同的个体，怎样为其制订适当的锻炼计划，或者对于心理疾病患者，怎样为其开具运动处方，以使体育活动产生最大的情绪效益，这是个重要的问题。但目前这方面的研究不能满足锻炼者的需求，现就研究成果推荐一些基本原则。

（一）选择令人愉快和有趣的运动

锻炼者从身体锻炼中获得情绪效益的前提，是锻炼者喜欢该项目，或能从该项目的活动中获得乐趣或愉快，因此锻炼者首先要选择自己喜欢或感兴趣的运动项目。寻求改善心境，选择某个项目长时间进行锻炼，却不能从活动中获得快感，不能增加积极情绪，这是很难想象的。应针对个体不同情况，帮助锻炼者选择自己喜欢的项目，并让锻炼者在锻炼中强化这种良好的情绪体验。

（二）选择有氧运动或者有节奏的腹式呼吸运动

有氧练习与心境改变和应激减少有关。慢跑与心理自我良好感的许多方面相联系，包括降低焦虑和抑郁、增强自我概念与应激忍受力和跑步者高潮等。除有氧练习因素之外，对身体产生有益情绪的另一种可能的解释是腹式呼吸。我国传统的健身术一直很重视有节奏的腹式呼吸对健康的积极作用，太极、健身气功、导引等项目十分强调呼吸技术，看来这也是腹式呼吸身心双健的一个佐证。

（三）选择回避人际竞争的运动

有学者对持续参加高强度、长时间训练的高校代表队的女游泳运动员与只参加娱乐性游泳锻炼者进行了比较研究，发现娱乐性游泳者的抑郁、愤怒和慌乱感等消极情绪显著低于代表队运动员。这一研究提示，选择回避人际竞争的锻炼方式更有利于形成积极健康的情绪。

回避人际竞争的锻炼方式之所以能加强体育锻炼的心理效益，原因有许多。其中之一是，非比赛性的体育活动能使参与者回避因失败产生的消极心理。对于许多个体来说，失败减损了许多有益的情绪，如兴奋、自我效能感、自豪感、成就感、胜任感及控制感等。另一个原因是运动员有过度训练的倾向。过度训练和随后的耗竭与心理自我良好感的缩减相关。第三种解释是竞技运动可能增加运动员的应激。当然这还要看每个人的具体情况，因个体的差异会产生不同的情感体验，许多人的情绪可能正是在挑战和竞争中得到发展和完善的。

（四）选择自控性运动

自控性运动泛指闭锁的、可预测结果的、时间和空间上可确定的以及动作具有节奏和重复性的运动。慢跑和游泳等活动项目均符合这一特征。自控性运动容易使锻炼者进入自由联想状态，并为独处、反思和退缩提供了机会。这种“退缩”能使人将注意力集中于孤芳自赏和脑力恢复上，而这种注意力的集中和转移，对于心境状态的调节具有积极的意义。

应当注意的是，锻炼者在项目的选择上存在巨大的个体差异。也有许多人不喜欢闭锁性运动，他们喜欢开放性运动的不可预测性，如选择羽毛球和篮球，也能获得良好的情绪体验。

知识窗

3Q

IQ（intelligence quotient）智商：主要指感知、记忆、想象、思维等认知能力。

EQ（emotion quotient）情商：指一个人调节和控制情绪的能力。

AQ（adversity quotient）逆境商：指一个人承受挫折和战胜逆境的能力，也就是挫折承受力。

第四节 《国家学生体质健康标准（2014年修订）》简介

◎ 学习目标

掌握体质测试方法、了解体质测试成绩的评定办法。

国家重视学生的体质健康状况。《宪法》第四十六条明确规定：国家培养青年、少年、儿童在品德、智力、体质等方面全面发展。这一规定不仅特别强调了体质在青少年发展中的重要地位和作用，规定了增强体质是学生全面发展教育中不可缺少的重要组成部分，而且还表明了国家在培养和保障青少年体质发展中应当承担的重要责任。

1996年原国家体委联合有关部门发布了《中国成年人体质测试标准施行办法》。2002年，教育部、国家体育总局向全国各级各类学校颁发《学生体质健康标准（试行方案）》。2003年正式颁布实施了该标准。2007年，教育部、国家体育总局为贯彻落实“健康第一”的指导思想，切实加强学校体育工作，促进学生积极参加体育锻炼，养成良好的锻炼习惯，提高体质健康水平，在认真总结试行《学生体质健康标准》的基础上，经过进一步的修改和完善，重新颁布了《国家学生体质健康标准》。2014年4月，在2007年版《国家学生体质健康标准》的基础上进行了部分修正，推出新版《国家学生体质健康标准》。新版《国家学生体质健康标准》在认真对待标准测试成绩的基础上，突出了对学生体质状况监测本身的重要性，统一了测试项目，组别更加细化，针对性更强。通过对项目权重的微调，增加加分因素，测试更加科学化、人性化。

《国家学生体质健康标准》简介

思考题

1. 简述科学健身的内容与原则。
2. 如何进行常见运动损伤预防及处理？
3. 体育运动对心理健康有哪些作用？

体育俱乐部应用实践篇

第五章　大球类教学俱乐部

第一节　篮球教学俱乐部

◎ 学习目标

掌握篮球的基础知识、基本技术和基本战术。

一、篮球概述

类似于篮球的运动形式在我国有着久远的历史。宋代的“飞砣”又称投绣球，与现代篮球相近。现代篮球运动的发祥地在美国，它是由侨居美国的加拿大人詹姆斯·奈史密斯于1891 年发明的。当时他所执教的学校位于美国的马萨诸塞州斯普林菲尔德市。1892年，奈史密斯组织举行了该校教师队和学生队的一场篮球对抗赛，这场比赛被认为是篮球史上最早的正式比赛，并由此产生了最早的十三条比赛规则。为了减少篮球投入篮筐后将球取出的麻烦，1913年改用金属圈篮筐和无底球网，篮球运动初具雏形。

篮球运动自从诞生的那天起，就已经显示出了强大的生命力，并以惊人的速度在美国普遍展开，进而在世界各国开展起来。现代篮球运动于1895年传入我国。1904年，篮球运动第一次在奥运会上崭露头角，进行了表演赛。1914年5月，第2届全国运动会上，篮球运动被列为正式的比赛项目。1932年，国际业余篮球联合会在日内瓦成立并统一了篮球规则。1936年，奥运会将男子篮球列为正式比赛项目（女子篮球1976 年列为比赛项目），1986年又通过了职业球员可以参加世界大赛的决议，这一重大的改革将篮球运动推向了一个崭新的发展阶段。1996年，在亚特兰大奥运会上，中国男篮获得

篮球运动的特点与分类

第8名，实现了历史性的突破。2001年，在世界大学生运动会篮球赛中，中国男女篮分别获得亚军。至此，我国篮球运动才冲出亚洲，走向世界。

中国篮球运动竞技水平不断提高。中国国家男子篮球队分别于1996年、2004年、2008年获得奥运会男子篮球比赛第八名。在2020年东京奥运会女子三人篮球比赛决赛中，中国队击败法国队，历史性夺得铜牌。

知识窗

“北极星计划”

2004年，中国篮协制定了中国职业篮球发展的“北极星计划”，提出“竞技篮球、娱乐篮球、财富篮球、文化篮球”四位一体的新篮球观，以“大目标、大开放、大整合、大协作”为工作方针，对中国篮协管辖和主办的职业联赛进行了一系列引人注目的改革，为职业联赛的发展注入了新的活力，带动了社会对篮球的关注，出现了篮球新秀不断涌现的可喜局面。如今中国男子篮球职业联赛（CBA）已成长为国内形象最好、声誉最佳、影响力最大、商业前景和市场开发潜力最大的职业联赛。

二、篮球基本技术

（一）传接球

传接球是篮球比赛中队员之间有目的地转移球，是组织进攻配合和实现战术的基础。

1. 传球技术动作要点

（1）持球。

正确的持球姿势是一切传球技术动作的前提。持球时，双手自然分开，拇指相对成“八”字形，用指根以上部位握住球的两侧后下方，手心空出，两臂弯曲，肘关节下垂，持球于胸前。

（2）双手胸前传球。

手臂伸向传球方向，后脚蹬地，身体重心前移，两手腕下压、外翻，快速地抖腕、拨指将球传出。出球后，手心和拇指向下，其余手指向前。（图5–1–1）

图 5–1–1

（3）双手头上传球。

两手持球于头上，前臂稍前摆，利用手腕和手指短促、快速地抖动将球传出。

（4）双手反弹传球。

与双手胸前传球动作基本相同，两臂向前下方用力，腕、指快速抖动传球。球的击地点和力量大小要以球反弹后接球队员能顺利接到球为宜。

（5）单手肩上传球。

以右手传球为例。传球前，左脚向前跨半步，向右转体将球引至右肩侧上方。传球时，上体向左转动并带动肩肘，前臂快速前摆，扣腕，手指用力将球传出。（图5–1–2）

图 5–1–2

（6）单手胸前传球。

持球方法与双手胸前传球相同。传球时，传球手的前臂快速前伸，手腕急促前扣，手腕、手指用力将球传出。

（7）单手反弹传球。

单手反弹传球的手法与单手胸前传球基本相同，只是手臂向前下方用力，球击地后反弹给同伴。

2. 接球技术动作要点

（1）双手接球。

双手接腰部以上的球时，手臂伸出迎球，两拇指相对成“八”字形，虎口相对，手指朝上。手指触球后迅速收臂，将球置于身前或体侧。双手接腰部以下的球时，手臂伸出迎球，两拇指相对成“八”字形，虎口相对。手指触球后迅速收臂，将球置于身前或体侧。（图5–1–3）

图 5–1–3

（2）单手接球。

单手接球时，接球手自然伸出迎球，五指自然分开，手心对球。手指触球后迅速收臂，将球引至身前，另一只手迅速扶球。

（二）投　篮

1. 原地双手胸前投篮

双手持球于胸前，肘关节自然下垂，上体稍前倾，两腿微屈。投篮时，两脚蹬地，腰腹伸展，两臂向前方伸出，手腕同时外翻，最后用拇指、食指和中指将球投出。

2. 原地单手肩上投篮

以右手投篮为例。右手五指自然分开，向后屈腕、屈肘，持球于肩上；左手扶球，右脚在前，左脚在后，重心放在两腿之间，上体稍前倾，两腿微屈。投篮时用力蹬地，腰腹伸展，从下向上发力，同时提肘且手臂向前上方充分伸展，最后通过食指、中指指端将球投出。球出手后，手腕前屈，手指向下。（图5-1-4）

图 5–1–4

3. 行进间单手高手投篮

以右手投篮为例。接球和运球上篮时，在右脚跨出一大步的同时，双手持球，左脚紧接着跨出一小步，用力蹬地起跳。当身体接近最高点时，右手手指向后，掌心向上，托球的下部向球篮的方向伸臂，用食指、中指以柔和的力量拨球，将球从指端投出。

4. 行进间单手低手投篮

以右手投篮为例。接球和运球上篮时，在右脚跨出一大步的同时，双手持球，左脚紧接着跨出一小步，用力蹬地起跳，腾空时间要短。当身体接近最高点时，右手手指向前，掌心向上，托球的下部向上伸展。当接近篮筐时，用食指、中指、无名指以柔和的力量向上拨球，将球从指端投出。（图5-1-5）

图 5–1–5

5. 原地跳起单手肩上投篮

以右手投篮为例。投篮时屈膝降低重心，两脚掌用力蹬地向上起跳。同时双手举球至肩上，右手托球，左手扶球的左侧方。当身体接近最高点时，左手离球，右臂向前上方伸展，手腕用力前屈，通过食指、中指的力量将球投出。球出手后，手指、手腕自然前屈。落地时，屈膝缓冲。（图5-1-6）

图 5–1–6

6. 急停跳起投篮

接球急停跳起投篮：移动中跳起腾空接球后，两脚同时或先后落地，脚尖对篮筐，两膝弯曲，迅速跳起投篮，投篮出手动作与原地跳起单手肩上投篮相同。

运球急停跳起投篮：运球过程中及时降低重心，用跨步急停或跳步急停，持球屈膝跳起投篮，投篮出手动作与原地跳起单手肩上投篮相同。

（三）运　球

1. 高运球

抬头，目视前方，上体稍前倾，以肘关节为轴，手按拍球的后上方。球的落点在身体的侧前方，球反弹高度约在腰胸之间。（图5–1–7）

2. 低运球

抬头，目视前方，两膝深屈，身体半蹲，重心下降，上体前倾，手按拍球的后上部。球的落点在身体侧面，球的反弹高度在膝部以下。（图5–1–8）

图 5–1–7

图 5–1–8

3. 运球体前变方向

运球队员在防守队员右侧变向时，用右手按拍球的右侧后上方，使球反弹至左手外侧，右脚迅速向左前方跨步，向左侧转体探肩，及时换手继续向前运球。（图5–1–9）

图 5–1–9

4. 运球背后变方向

运球队员在防守队员右侧变向，变向前开始运球时，要把球控制于身体右侧后方，左脚前跨，右手按拍球侧后方，球经身后拍到左前方，右脚迅速前跨，换用左手运球继续前进。也可用胯下换手运球。

5. 运球急停急起

快速运球中运用两步急停，同时按拍球的前上方，用臂、身体和腿保护球，目视前方。急起时，后脚（异侧脚）用力蹬地，上体迅速前倾，手按拍球的后上方，快速起动，加速超越对手。（图5–1–10）

图 5–1–10

6. 运球后转身

以右手运球为例，右手运球后转身时，把球运到身体后侧，按拍球的右侧前上方，左脚向前跨一步，以左脚的前脚掌为轴，右脚用力蹬地后撤做后转身动作，同时右手向后拉球，然后换左手运球。

知识窗

蝴蝶穿花步，也被称为蝴蝶穿插步，就是胯下运球加变向过人（有时候并不会胯下运球）。事实上，这是交叉步，主要是交叉步和垫步的结合。篮球运动员利用自己强大的控球技术，通过不断的上身晃动、胯下换球以及交叉步来晃过防守者。

三、篮球基本战术

篮球是集体项目，需要所有队员默契配合。那么，如何才能使大家配合好而赢得篮球比赛的胜利呢？这就需要学习并熟练掌握篮球的基本战术。

（一）常用的基础配合方法

基础配合是指两三个人之间的配合，是整体战术的配合基础，包括进攻和防守两类基础配合。进攻基础配合有掩护、突分、传切和策应等配合；防守基础配合有补防、夹击和关门等配合。下面通过图例展示几种常用的基础配合方法。

1. 掩护配合

掩护配合是掩护队员采用合理的行动，用自己的身体挡住同伴的防守者的移动路线，使同伴借以摆脱防守，或利用同伴的身体和位置使自己摆脱防守的一种配合方法。

示例一：给持球队员做侧掩护，如图5–1–11所示，⑤传球给④后跑到❹的侧面做掩护，④接球后做投篮或突破的动作，吸引❹的防守，当⑤到达掩护位置时，④持球从❹的右侧突破投篮。⑤掩护后及时移动到有利的位置去接球或抢篮板球。

示例二：给无球队员做侧掩护（反掩护），如图5–1–12所示，⑤传球给④后，跑去给同伴⑥做掩护，当⑤跑到❻侧面掩护到位时，⑥贴着⑤切入篮下接④传来的球投篮。④接到⑤传来的球后，要做投篮、突破假动作吸引自己的防守人和调整配合时间，当⑥借助⑤的掩护插入篮下无人防守时，④及时将球传给⑥投篮。⑤掩护后要根据防守的情况及⑥的移动情况及时采取其他战术行动。

掩护配合的要点：掩护队员要站在同伴的防守队员的移动路线上；掩护配合行动要突然、快速，运用假动作造成防守队员错觉，完成掩护配合；同伴之间必须掌握好动作配合的时间；当防守队员交换防守时，掩护队员运用掩护后的第二个动作，突然转身切入篮下或寻找其他的进攻机会；进行掩护的过程中，掩护队员和同伴都要做一些进攻动作，吸引对手，达到隐蔽掩护配合的意图。

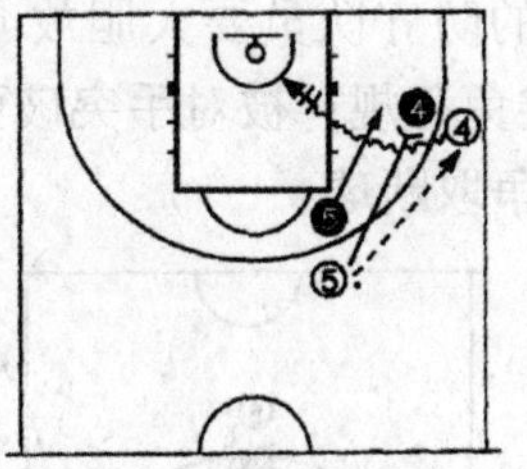

图 5–1–11

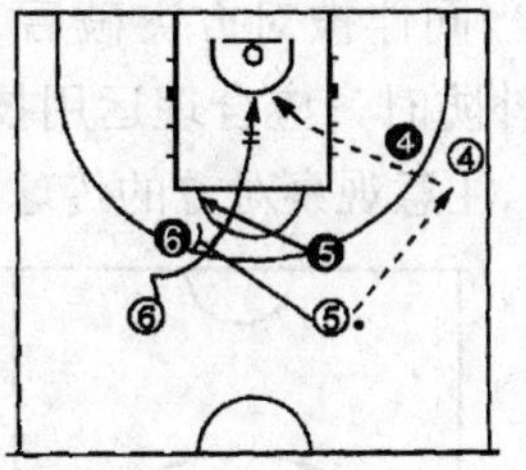

图 5–1–12

2. 突分配合

突分配合是指持球者突破后利用传球与同伴配合的方法。如图5–1–13所示，⑤突破防守者，❹协防，封堵⑤向篮下突破的路线，此时④及时跑到有利的进攻位置，接⑤的球投篮，或做其他进攻配合。

突分配合的要点：突破队员的动作要突然、快速。在突破过程中，既要有传球的准备，又要有投篮的准备；突破队员在突破过程中，要始终注意观察场上攻守队员的位置变化，及时分球或投篮；场上其他进攻队员要掌握时机，跑到有利的进攻位置上去接球。

3. 关门配合

“关门”是两名防守队员靠拢协同防守突破的配合方法。如图5–1–14所示，当⑤从正面突破时，❹❺或❺❻进行“关门”配合。

“关门”配合要点：防守突破队员要积极防守，堵住进攻队员的突破路线，临近突破一侧的防守队员及时、快速地向同伴靠拢进行“关门”，不给突破队员留空隙；“关门”后，突破队员一停球，协助“关门”的队员迅速回防自己的对手。

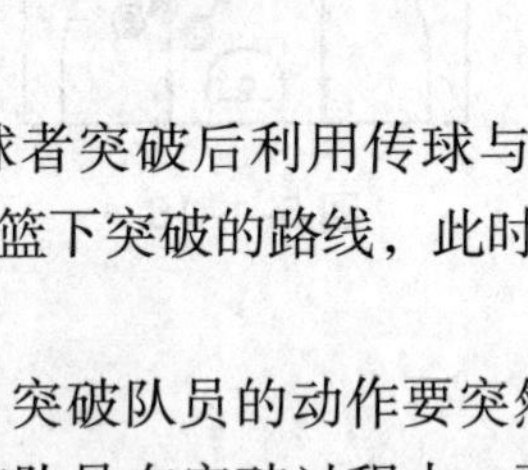

图 5–1–13

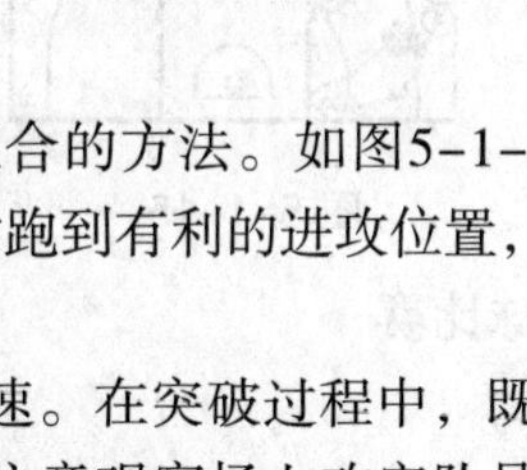

图 5–1–14

4. 夹击配合

夹击配合是两名防守队员积极防守一名进攻队员的配合方法。如图5–1–15所示，④从底线突破，❹封堵底线，迫使④停球，❺同时迅速向底线跑去与❹协同夹击④，封堵其传球路线，迫使其违例或失误。

夹击配合要点：正确选择夹击的区域和时机；夹击配合时，行动要果断、突然，两名夹击队员应充分运用身体、两臂严密防守持球队员，两人的双脚位置约成90°角，不让对手向场内跨步；夹击时，防止因身体接触或抢球造成不必要的犯规动作；防守的两名队员在夹击配合过程中，其他防守队员要紧密配合，放弃远离球的进攻队员，严防靠近球的进攻队员接球。

5. 补防配合

补防配合是指防守队员在同伴漏防时，立即放弃自己的对手，去补防威胁最大的进攻者，而漏人的防守队员及时换防。如图5-1-16所示，⑤持球突破❺，直接威胁球篮，❻放弃对⑥的防守而补防⑤，❺立即换防⑥。

补防配合要点：当同伴被对方突破后，临近的防守队员要大胆放弃自己的对手，果断、突然、快速地补防；补防时，应合理运用技术，避免犯规；被对手突破而漏防的队员应积极追防，补防同伴的对手，注意观察对方的传球路线，争取断球。

图 5-1-15

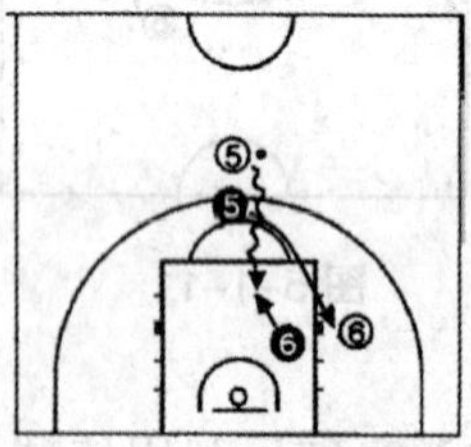

图 5-1-16

（二）三打三篮球比赛

1. 半场三打三练习

方法：进攻队投中后继续进攻，不中或球被对方抢去，则防守变进攻，两组攻守交换继续练习。

要求：通过移动、传球、突分、掩护和策应等配合，创造与选择好的投篮时机。投篮要果断、迅速，机会不好时不勉强投篮。投篮后积极冲抢篮板球。防守以防接球、防投篮为核心，积极顽强地进行防守。

2. 如何打赢三打三篮球比赛

（1）进攻方法——侧掩护、传切、掩护传切、反掩护、后掩护、双低位掩护配合进攻。

（2）防守方法——挤过、人盯人、补防、交换防守、迅速卡位争夺篮板球。

（三）如何打赢五打五篮球比赛

1. 进攻方法

（1）进攻半场人盯人：单中锋进攻法；反掩护通过中锋策应进攻法。

（2）进攻区域联防：常用战术有“1-3-1”“1-2-2”“2-3”“2-2-1”“1-4”等进攻队形。

2. 防守方法

（1）人盯人防守。

（2）联防防守。

联防，即5个防守队员通过一定的队形站位，每人防守相应的区域，从而形成一张活动的防守网。这种防守的特点是守区、防人、防球和加强对篮的纵深防守；以球为主，人球兼顾。防守队形有“2-3”“3-2”“1-3-1”“2-1-2”等。每种队形都有其针对性，以“2-1-2”队形兼顾性最好，常被采用。

以2-1-2区域联防为例，防守原则和运用时机如下。

“2-1-2”区域联防的防守原则：5名队员必须协同一致，积极随球移动，加强对近球一侧的防守，兼顾远球的一侧，以防球为主，人球兼顾。对持球队员要采用盯人防守，对远离球的队员要把有利位置抢占好，减少对手在离篮近的地区接球的机会。

“2-1-2”区域联防的运用时机：当对方内线威胁较大，中远距离投篮不准时；当对方突破、穿插能力强，本队个人防守能力差时；有策略地改变防守战术，控制篮板球或组织快攻时。

四、篮球比赛规则简介

（一）比赛定义

篮球比赛由2队参加，每队出场5名队员。每队的目标是进攻对方球篮得分，并阻止对方队得分。被某队进攻的球篮是对方的球篮，由某队防守的球篮是该队的本方球篮。比赛时间结束时比赛得分较多的队，是比赛的胜者。

（二）比赛场地

比赛场地应是一块平坦、无障碍物的硬质地面。其尺寸是长28米、宽15米，从界线的内沿丈量。

（三）器材

下列器材是必需的：挡件（包括篮板、含有抗压篮圈和篮网的球篮、篮板支 撑构架），篮球，比赛计时钟，记录屏，进攻计时钟，供暂停计时用的计秒表或适宜的（可见的）装置（不是比赛计时钟），2个独立的、显然不同的、非常响亮的声响信号（分别提供给进攻计时员、计时员），记录表，队员犯规标志牌，全队犯规标志牌，交替拥有指示器，比赛地板，比赛场地，足够的照明。

（四）球队

（1）当一名球队成员按照竞赛组织部门的规程（包括年龄限制）已被批准为某队参赛时，他是合格参赛的球队成员。当一名球队成员的姓名在比赛开始前已被登记在记录表上，并且他既没有被取消比赛资格，又没有发生5次犯规，是有资格参赛的球队成员。

（2）在比赛时间内，一名球队成员：①当他在比赛场地上，并且有资格参赛时，是一名队员；②当他未在比赛场地上，但他有资格参赛时，是一名替补队员；③当他已发生5次犯规，并且不再有资格参赛时，是一名出局的队员。

（3）在比赛时间内，每队应有5名队员在场上并可被替换。

（五）主要竞赛规则

1.违例

违例是违犯规则。

【罚则】将球判给对方队员从最靠近发生违例的地点掷球入界，但正好在篮板后面的地点除外，除非本规则另有规定。

（1）队员出界和球出界。

当队员身体的任何部分接触界线上方、界线上或界线外的除队员以外的地面或任何物体时，即是队员出界。

当球触及了：在界外的队员或任何其他人员时，界线上方、界线上或界线外的地面或任何物体时，篮板支撑架、篮板背面或比赛场地上方的任何物体时，是球出界。

（2）带球走。

当队员在场上持着一个活球，其一脚或双脚超出本条款所述的限制，向任一方向非法的运动是带球走。

在场上正持着一个活球的队员用一脚（称为“中枢脚”）始终接触着该脚与地面接触的那个点，而另一只脚向任一方向踏出一次或多次的合法运动是旋转。

一名队员接住球时，双脚站在地面上：一只脚抬起的瞬间，另一只脚成为中枢脚。开始运球时，在球离手前中枢脚不得离开地面。队员可以跳起中枢脚传球或投篮，但在球离手前，任意一只脚不得落回地面。

（3）3秒钟。

某队在前场控制活球并且比赛计时钟正在运行时，该队的队员不得在对方队的限制区内停留超过持续的3秒。

（4）8秒钟。

每当一名在后场的队员获得控制活球时，或在掷球入界中，球触及后场的任何队员或者被后场的任何队员合法触及，掷球入界队员所在队仍拥有在后场的球权时，该队必须在 8 秒内使球进入该队的前场。

2.犯规

犯规是对规则的违犯，含有与对方队员的非法身体接触和 / 或违反体育运动精神的举止。

（1）侵人犯规。

侵人犯规是无论在活球或死球的情况下，攻守双方队员发生的非法身体接触的犯规。队员不应通过伸展手、臂、肘、肩、髋、腿、膝、脚或将身体弯曲成“不正常的姿势”（超出他的圆柱体）去拉、阻挡、推、撞、绊对方队员，或阻止对方队员行进；也不得放纵任何粗野或猛烈的动作去这样做。

【罚则】应登记犯规队员一次侵人犯规。如果对没有做投篮动作的队员发生犯规：由非犯规的队在最靠近违犯的地点掷球入界重新开始比赛；如果犯规的队处于全队犯规处罚状态，则应运用“全队犯规：处罚”的规定。如果对正在做投篮动作的队员发生犯规，应按下列所述判给投篮队员若干罚球：如果出手投篮成功，应计得分并追加一次罚球；如果从2分投篮区域的出手投篮不成功，2次罚球；如果从3分投篮区域的出手投篮不成功，3次罚球。

（2）技术犯规。

技术犯规是没有身体接触的犯规，行为种类包括但不限于：无视裁判员的警告；与裁判员、技术代表、记录台人员、对方队或允许坐在球队席的人员讨论和/或交流中没有礼貌；使用很可能冒犯或煽动观众的粗话或手势；戏弄或嘲讽对方队员；在对方队员眼睛附近挥手或手保持不动妨碍其视觉；过分挥肘；在球穿过球篮之后故意地触及球，阻碍迅速地掷球入界或罚球以延误比赛；伪造被犯规；悬吊在篮圈上，致使队员的重量由篮圈支撑，除非扣篮后，队员瞬间抓住篮圈，或者根据裁判员的判断，他正试图防止自己受伤或另一名队员受伤；在最后一次的罚球中防守队员干涉得分，应判给进攻队得1分，随后执行登记在该防守队员名下的技术犯规罚则。

【罚则】如果：判罚队员技术犯规，应作为队员的犯规登记在该队员名下，并计入全队犯规中；判罚球队席人员，应登记在主教练名下，并不计入全队犯规次数中。

（3）违反体育运动精神的犯规。

违反体育运动精神的犯规是一起队员身体接触的犯规，并且根据裁判员判定，包含：

①与对方发生身体接触并且不在本规则的精神和意图的范畴内努力比赛；

②在尽力抢球或在与对方队员尽力争抢中，造成与对方队员过分的严重身体接触；

③一起攻防转换中，防守队员为了中断进攻队的进攻，与进攻队员造成不必要的身体接触。该原则在进攻队员开始他的投篮动作之前均适用；④一起对方队员从正朝着对方球篮行进的队员身后或侧面与其造成的非法接触，并且在该行进队员、球和对方球篮之间没有其他队员，该原则在进攻队员开始他的投篮动作之前均适用；⑤在第4节和每一决胜期比赛计时钟显示2:00分钟或更少，当掷球入界的球在界外并且仍在裁判员手中，或掷球入界队员可处理时，防守队员在比赛场内对进攻队员造成身体接触。

第二节　排球教学俱乐部

◎ 学习目标

掌握排球的基础知识、基本技术和基本战术。

一、排球概述

（一）排球的起源

排球运动起源于美国，由美国马萨诸塞州体育干事威廉·摩根于1895 年创造，开始时是用篮球胆在网球网的两边拍来拍去，使球不落地的一种游戏，称为“volleyball”，意为“空中飞球”。当时参加活动的人数和击球的次数都不受限制。由于排球运动传入的时间及采用的规则不同，世界各地排球运动的形式也不同。1900 年，排球首先传入加拿大，1905 年传入古巴，1912年传入乌拉圭，1914年传入墨西哥。约在1900年，排球先后传入印度、中国、日本和菲律宾等国。排球传入亚洲后，采用的规则与美国排球规则有很多不同之处，经历了由十六人制、十二人制、九人制到六人制的演变过程。1947年，国际排球联合会成立，排球运动成为正式的体育运动项目。

（二）我国排球发展概况

1905年，排球运动传入我国。当时人们根据“volleyball”的音译，称之为“华利波”。1930年开始使用“排球”这一名称。中华人民共和国成立后，排球运动有了较快的发展。1950年，为了适应国际比赛的要求，国家体委推广了六人制排球竞赛规则，排球运动在我国得到普及和发展。1953年，中国排球协会成立。

排球运动的特点和分类

1981 年，中国女排在世界杯的比赛中以七战全胜的战绩获得冠军。从1982 年到1986 年，中国女排又获得四次世界冠军，实现了“五连冠”。2003 年，中国女排再次获得世界杯赛冠军。2004年，中国女排在雅典奥运会上获得冠军。2015年，中国女排获得女排世界杯冠军。2016年，里约奥运会女子排球决赛，中国队3：1战胜塞尔维亚队获得冠军。

二、排球基本技术

（一）准备姿势和移动

两脚左右分开略宽于肩，脚跟稍抬起，两腿弯曲，上身前倾，重心靠前，双手放于腹前。上身放松，双眼注视来球，随时准备起动、移动（图5-2-1）。比赛中常用的准备姿势有稍蹲、半蹲、低蹲；移动步法有并步与滑步（图5-2-2）、踏步（图5-2-3），交叉步（图5-2-4）和跑步。

图 5-2-1

图 5-2-2

图 5-2-3

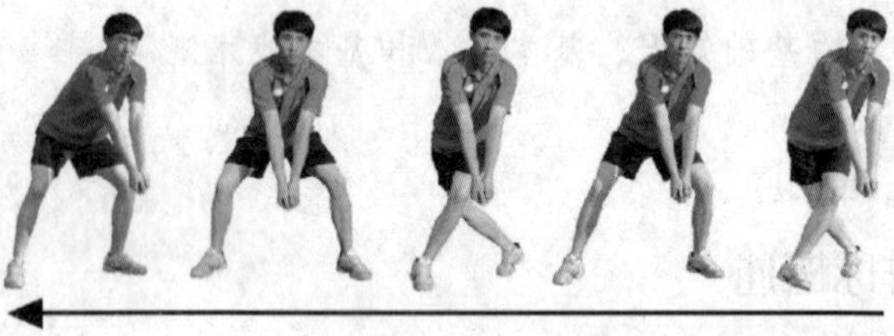

图 5-2-4

（二）传　球

传球是排球运动的基本技术，是进行比赛与组织战术的基础，主要用于连接防守和进攻。

1. 正面双手传球

正面双手传球是传球中最基本的方法，又是掌握和运用其他传球技术的基础。（图5-2-5）

图 5-2-5

（1）准备姿势：两脚开立，约与肩同宽，一脚稍前，另一脚脚后跟略抬起，两膝微屈，重心落于两脚之间。上体稍前倾或直立，两肩放松，抬头注视来球，两臂屈肘抬起，手与脸同高，两肘自然下垂，手腕稍后仰，两手手指弯曲，呈半球状。

（2）迎球或击球：当来球接近额前时，开始蹬地、直膝、伸臂，两手微张，从脸前向前上方迎球。击球点在额前上方约一球距离处。

（3）手型：两拇指相对，接近“一”字形，两手间要有一定距离（不超过球的直径）。用拇指内侧、食指全部、中指的二三指节接触球，无名指和小指在球的两侧辅助控制传球方向。

（4）用力：正面传球主要靠伸臂的力量，配合蹬地的力量，通过球压在手上所产生的反弹力将球传出。

运用正面双手传球，可以传正面一般拉开球、正面集中球（小夹角球、大夹角球、平冲来球、近网高球、低球）。

2. 背　传

二传队员背对传球目标的传球方法叫背传，主要用于组织进攻。传球前背对传球目标，上体保持正直或稍后仰，击球点比正面传球要高。迎球时，微仰头挺胸，在下肢蹬地的同时，上体向后上方伸展，击球时手腕适当后仰，掌心向后上方击球的底部，利用抬臂、送肘的动作和手指、手腕主动向后上方传出。运用背传可以传拉开球，也可以传近体快球和短平快球。

3. 侧　传

二传队员侧对传球目标，并将球向体侧方向传出的方法叫侧传。传球前的准备姿势、手型与正面传球相同。迎球时，通过下肢蹬地使身体重心向上伸展，但上体和手臂应向侧上方用力，触球下方，传球方向异侧手臂的动作幅度和用力的距离要大于同侧手臂。侧传具有隐蔽性强的特点，可以传各种快球以增强进攻的效果。

（三）垫　球

垫球主要用于接发球、接扣球和接拦网球，有时也用来组织进攻。

1. 正面双手垫球

（1）准备姿势：根据球的落点，迅速移动并成半蹲姿势站立。

（2）手型：当球接近腹前时，两手掌根紧靠，两手手指重叠后合掌互握，两拇指平行，手腕下压，两臂外翻形成一个平面。（图5–2–6）

（3）击球：当球距腹前一臂距离时，两臂夹紧前伸，插到球下，向前上方蹬地，抬臂垫击球的后下部。身体重心随击球的动作前移。

（4）用力：主要靠手臂上抬力量增加球的反弹力，同时配合蹬地、跟腰动作，使重心向前上方移动。两个手臂要适当放松，便于灵活控制垫球的方向和力量。

（5）垫球部位：保持腹前击球，触球时用前臂腕关节以上10厘米左右的桡骨内侧平面为宜。

（6）手臂角度：根据来球的角度和要垫出的方向，运用入射角与反射角相等的原理，调整手臂与地面的角度和转动左右手臂的平面来控制垫球方向。

2. 体侧垫球

球向体侧飞来，队员来不及移动去对推来球时，可用双臂体侧垫击。如球向左侧飞来，右脚前脚掌内侧蹬地，左脚向左跨出一步，重心移至左脚，左臂弯曲夹紧向左侧伸出，右肩微向下倾斜，用向后转腰收腹的动作，配合两臂自左后方向前截住球飞行的路线，用两前臂垫击来球的后下部。切忌随球向左侧摆臂击球，这样会使球飞向侧方。（图5–2–7）

图 5-2-6

图 5-2-7

3. 滚翻垫球

做滚翻垫球时应快速向来球方向移动，最后跨出一大步，重心下降并落在跨出脚上，上体前倾，使胸部贴近大腿，双臂或单臂伸向来球方向。同时，两脚继续用力蹬地，使身体向来球的落点方向腾出，用小臂、虎口或手腕部分击球的下部。击球后脚尖内转，以大腿外侧、臂部侧面、背部以及跨出腿的异侧肩部依次着地，然后顺势低头、收腹、团身做单肩后滚翻成半蹲姿势。

4. 背垫球

判断好球的飞行方向，迅速移动到球的落点处，背对击球方向，两臂夹紧伸直，击球手型与正面垫球相同，击球点要高于肩部。击球用力是通过抬头挺胸、展腹后仰，带动手臂向后上方抬送而实现的。在背垫低球时，也可以做屈肘、翘手腕动作，以虎口处将球向后上方垫起。

（四）扣　球

现代排球运动的扣球技术，已打破位置分工的限制，更多地运用各种变步、变向的助跑起跳，充分利用网长和纵深，进行立体进攻。

1. 正面扣球

（1）准备姿势：采用稍蹲姿势，两臂自然下垂，观察来球，做好向各个方向助跑起跳的准备。

（2）助跑：助跑的步数要视球的远近和个人习惯采用一步、两步或三步等不同的步法。扣球助跑可采用并步法起跳和跨跳法起跳（图5-2-8）。现以两步助跑右手扣球为例。助跑时左脚先向前迈出一步，接着右脚再迅速跨出一大步，左脚及时并上踏在右脚之前，脚尖稍向右转，脚跟先着地过渡到全脚掌着地，两腿从弯曲制动的最低点猛力蹬地向上起跳，两臂也配合起跳有力地向上摆动。

图 5-2-8

（3）空中击球：起跳后挺胸展腹，上体稍向右转，右臂向后上方摆起，身体成反弓形。挥臂时以迅速转体和收腹动作发力，依次带动肩、肘、腕各关节成鞭甩动作向前上方挥击。击球时五指微成勺形，并保持紧张，以全手掌包住球，掌心为击球中心击球的后中部，同时主动用力屈腕，五指向前推压，使扣出的球加速上旋。击球点在起跳的最高点和伸直手臂最高点的前上方。

（4）落地：前脚掌先着地，再过渡到全脚掌着地，顺势屈膝、收腹。

2. 近体快球

近体快球是在二传队员体前或体侧约50厘米处扣的快球。扣球队员要在二传传球的同时，助跑到网前起跳，助跑角度一般与网成45° 左右。当二传队员传球时，扣球队员应在二传队员前近网处迅速起跳并在空中等球，紧接着快速挥臂，将刚刚传出网口的球扣过网去。击球时，利用含胸、收腹动作带动前臂和手腕迅速甩挥，以全手掌击球的后上部。

（五）发　球

1. 侧面下手发球

这种发球法比较省力，能充分利用身体的力量，适于初学女生，但攻击性不强。左肩对网，两脚左右开立，与肩同宽。两膝微屈，上体稍前倾，重心落在两脚之间，左手持球于腹前。左手将球平稳地抛至胸前约一臂距离，离手约30 厘米高。在抛球的同时，右臂摆至右侧下方，接着利用右脚蹬地向左转体的力量，带动右臂向前上方摆动，在腹前用全掌击球的后下方。击球后，立即进场比赛。（图5-2-9）

图 5-2-9

2. 正面上手发球

这种发球便于观察对方，发球的准确性大，易控制落点。发球时能利用屈体动作，加大发球的力量和速度，适用于初级水平的练习者。两脚自然开立，左脚在前，左手托球于身前。用抬臂和手掌的平托上送将球平稳地垂直抛于右肩的前上方，高度应适中。在左手抛球的同时，右臂抬起，屈肘后引，肘与肩平，上体稍向右侧转动。挥击时利用蹬地使上体向左转动，同时收腹带动手臂挥动。在右侧肩上方伸直手臂，用全手掌击球的中下部，击球时手指自然伸平与球吻合，手腕要迅速主动做推压动作，使击出的球成上旋飞行。击球后随着重心前移，迅速进场比赛。（图5-2-10）

图 5-2-10

3. 正面下手发球

发球前要面对球网，两脚前后开立，左脚在前，右脚在后，两膝微屈，上体前倾，左手持球置于腹前，右臂自然下垂，两眼注视球。发球时左手将球在体前右侧抛起20～30 厘米。在抛球的同时要做好右臂的后摆动作。击球时，右脚踏地，身体重心前移，右臂伸直，以肩为轴由后向前摆动到腹前，用虎口、掌根或手掌击球的后下部。随之重心前移，迅速入场。

4. 上手飘球

上手飘球易于控制方向，准确性高。发球时两脚自然开立，左脚向前，左手托球于体右前方。用抬臂和手掌的平托上送动作，将球平缓地垂直抛向右肩上侧，高度在头上方半米以内。在左手抛球同时，右臂屈肘后引，肘高于肩，上体稍向右转，挺胸、展腹。击球时利用蹬地、向左旋转和收腹的力量，带动手臂向前直线加速挥动，身体重心随之从右脚过渡到左脚。挥臂至头前上方时用手掌击球中后部，击球时手掌、手腕保持紧张，五指并拢，不要用手指击球。击球主要靠挥臂力量，用力突然、短促，击球应通过球重心，使球不旋转。击球后手臂有突停动作，然后随球前移，迅速进场。

（六）拦　网

1. 单人拦网

（1）准备姿势：队员面对球网，两脚平行站立，约与肩同宽，距网30 厘米，两膝稍屈，两臂在胸前，自然屈肘。

（2）移动：运用并步、交叉点步或跑步移动。

（3）起跳：起跳时重心降低，两膝弯曲，用力蹬地，使身体垂直起跳，起跳技术要与助跑技术相结合。

（4）空中击球：拦网时，两臂尽力过网伸向对方上空，两手自然张开，屈指、屈腕成勺形。当手触球时，两手要突然紧张，手腕用力下压盖住球的前上方。

（5）落地：如已将球拦回，可面对对方，屈膝缓冲，双脚落地。如未拦到球，则在下落时就要随球转头，转身面对后场，为下一个动作做准备。

2. 集体拦网

集体拦网有双人拦网和三人拦网两种。集体拦网技术动作除要求具备个人拦网技术外，还应重视互相配合。

三、排球基本战术

（一）阵容配备

阵容配备就是合理地安排场上队员技术力量的组织形式。

1. 阵容配备的主要形式

（1）“四二”配备。“四二”配备是指场上队员有4个进攻队员和2个二传队员。4个进攻队员又分为2个主攻，2个副攻，他们都站在对角位置上（图5-2-11）。其优点是无论怎样轮转，前后排都能保持1个二传和2个进攻队员，便于组织和发挥攻击力量，给对方的拦网及防守造成困难。但对2个二传队员的进攻和拦网能力要求较高，否则就会影响“四二”配备的进攻效果。

（2）“五一”配备。“五一”配备是指场上有5 个进攻队员和1个二传队员（图5-2-12）。这种阵容配备的优点是拦网和进攻力量得到加强，全队只要适应一个二传队员的打法，相互之间容易建立默契，有利于二传队员统一贯彻战术意图。但二传队员在前排时，只有两点攻。要充分利用两次球、吊球及后排扣球等战术变化突袭对方，以弥补“五一”配备的不足。

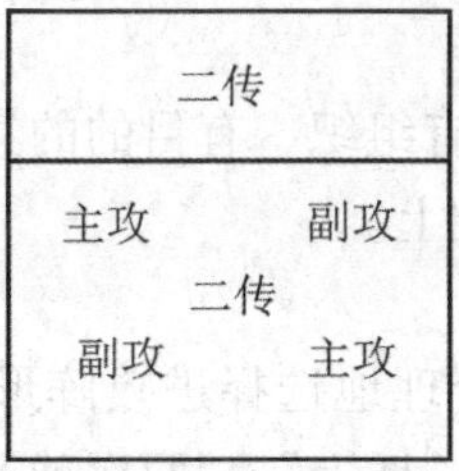

图 5–2–11

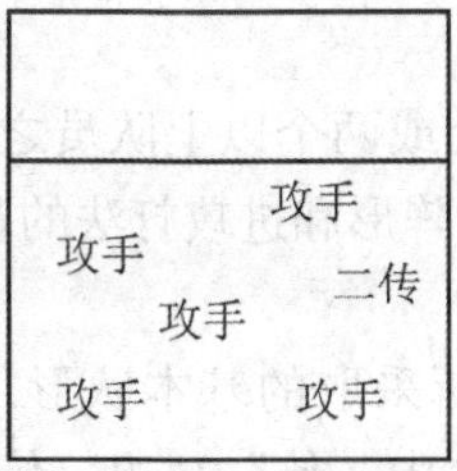

图 5–2–12

2. 主攻、副攻、二传队员的职责和特点

（1）主攻队员在比赛中主要担任攻坚任务，要在困难的情况下突破对方的集体拦网。主攻队员主要进行中网、远网、后排及调整扣球进攻。因此，对主攻队员击球的高度、力量、技巧、线路变化及准确性等方面都有较高的要求。

（2）副攻队员主要以快、变、活等进攻手段去突破对方的拦网，并积极跑动掩护，给其他进攻队员创造有利条件，同时还要担负中间和两侧的拦网任务。这样，对副攻队员在体能和技术上都提出了很高的要求。

（3）二传队员是战术进攻的核心，要根据临场情况随机应变，合理地组织各种战术进攻，积极贯彻教练的意图。一个优秀的二传队员对团结全队、鼓舞士气、取得良好成绩起着重要作用。从排球运动发展趋势来看，主、副攻队员和前后排的界限逐渐被打破，队员都应兼备强攻、快攻的技术和战术能力。这样，才能适应进攻战术进一步发展的需要。但主、副攻队员的职责和特点应有所侧重。

（二）位置交换

为了最大限度地发挥每个队员的特长，调动一切积极因素，加强攻防力量，以及弥补由于队员身体条件、体能、技术发展不平衡所带来的缺陷，可采用交换位置的方法。

1. 前排队员之间的换位

为了加强进攻力量，发挥队员的进攻特点，把进攻能力强的队员换到最便于扣球的位置上。如右手扣球队员换到4号位，左手扣球队员换到2号位，善于扣快球的队员换到3号位。要善于运用交叉、夹塞、围绕等进攻战术进行自然换位，以便组织下一个回合的进攻。

2. 后排队员之间的换位

为了加强后排防守，发挥个人防守专长，把队员换到各自擅长的防守区域，采用专位防守，如两侧防守能力较强的队员，在采用“边跟进”防守时，可放在6 号位防守；采用“心跟进”防守时，可放在1号位或5号位防守。还可根据临场情况，把防守能力强的队员换到防守任务较重的区域。为了在比赛中连续运用行进间“插上”，可把二传队员换到1号位（“边跟进”防守时）或6 号位（“心跟进”防守时），以缩短“插上”时跑动的距离，便于组织进攻。为了加强后排进攻，提高“立体进攻”的效果，把后排进攻能力强的队员换到1、6号位，以缩短与二传队员之间的距离，更便于组织“立体进攻”战术。

（三）“自由人”运用

“自由人”主要负责接发球和后排防守，其上下场之间只需经过一次发球比赛过程，换人不计为正规换人次数，且次数不限。因此，选择接发球和后排防守技术高超的队员作为“自由人”，能大大提高全队的防守水平。“自由人”又可在当前排进攻、拦网队员体力下降，需要休息并轮到后排时替换而上，所以，合理地运用“自由人”能大大提高全队的进攻水平。

（四）集体进攻战术

集体进攻战术是指两个或两个以上队员之间有组织、有目的的集体协同配合。任何集体进攻战术的变化都建立在进攻阵形和进攻打法的基础上。

1. 进攻阵形

进攻阵形就是进攻时所采取的基本队形。合理地选择进攻阵形是各种进攻战术变化的基础，排球界取得共识的有“中二传”“边二传”“插上”“两次球及其转移”四种进攻阵形。由1名前排或后排队员在前排中间位置做二传，其他队员参与进攻的阵形，称作“中二传”进攻阵形。“中二传”进攻阵形是最基本的进攻阵形，其特点是二传队员在中间，一传容易到位，战术可简可繁，适合不同技术水平的球队。其站位及变化如下：①“大三角”站位，这是最基本的站位方法，其主要以2、4 号位进攻为主，辅以后排进攻等（图5–2–13）。②“插上”成“中二传”阵形，后排队员都可以“插上”做二传，如6 号位队员从3 号位队员右侧“插上”成“中二传”阵形，其他队员分别进行前排或后排进攻。（图5–2–14）

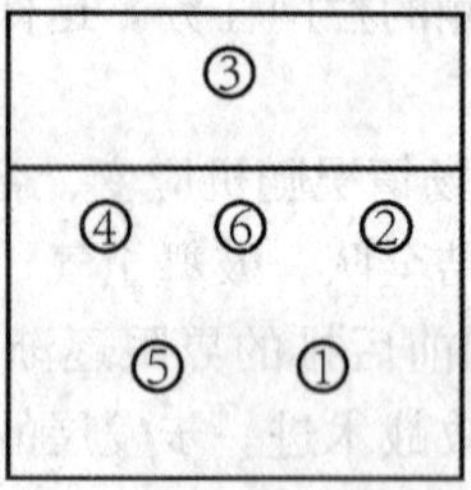

图 5–2–13

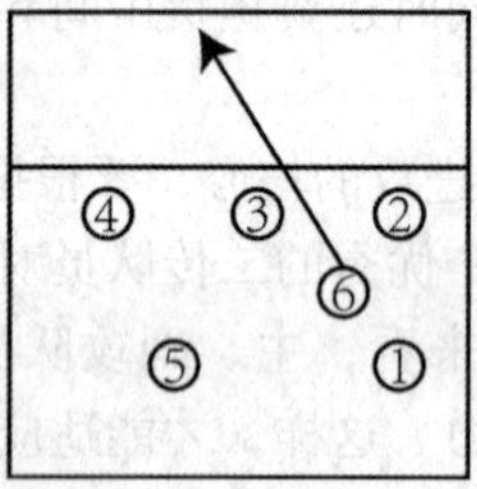

图 5–2–14

2. 进攻打法

进攻打法是指二传与扣球队员之间所形成的配合。

（1）强攻。无掩护或掩护较小时，凭个人力量、高度、技巧强行突破对方的拦防。

（2）快攻。以各种快球为掩护进行的进攻称快攻，包括短平快、背快、背溜、平拉开等。

（五）防守战术

根据临场比赛的不同情况，排球比赛的防守战术可分为无人拦网、单人拦网、双人拦网和三人拦网的防守战术。

1. 无人拦网

适用于未掌握拦网技术或不需要拦网的情况下运用。本方二传队员在2号位，对方从4号位进攻时，前排队员要撤到进攻线后，既准备防前排的球，又便于反攻。二传队员则留在网前，以防对方吊球和做好反攻传球的准备。1、6、5、4 号位队员成弧形站立，各防一条线（图5–2–15）。对方从2号位进攻时，则本方防守形式方向相反。如果二传队员在3号位，且对方从3号位进攻时，也可按“中一二”接发球位置站位。（图5–2–16）

2. 单人拦网

在对方扣球威力不大、路线变化少时，或本方来不及集体拦网时采用。单人拦网可分为以下两种防守阵形。

（1）与对方扣球队员相对位置队员拦网的防守阵形。如果对方4 号位队员进攻，由本方2

号位队员拦网，3 号位队员后撤防吊球，不拦网的4 号位队员后撤，与后排3 人共同组成半弧形防守圈（图5–2–17），每人防守一个区域。

（2）固定由3 号位队员拦网的防守阵形。无论对方从任何位置进攻，均由3号位队员单人拦网，2、4号位队员后撤与后排3人共同组成防守阵形，但6号位队员可根据场上情况上前防吊球。

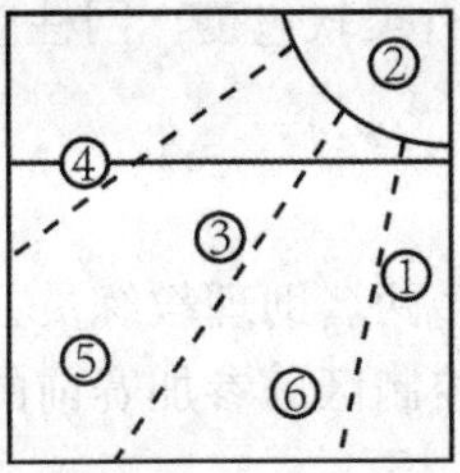

图 5–2–15

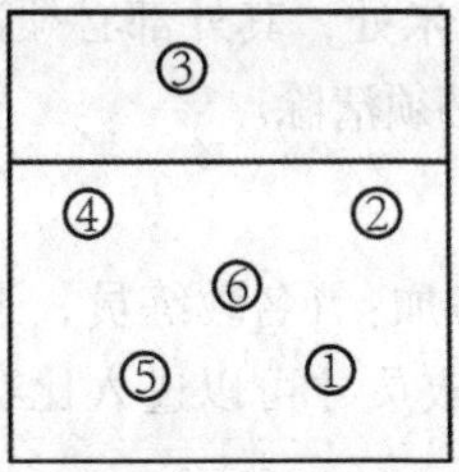

图 5–2–16

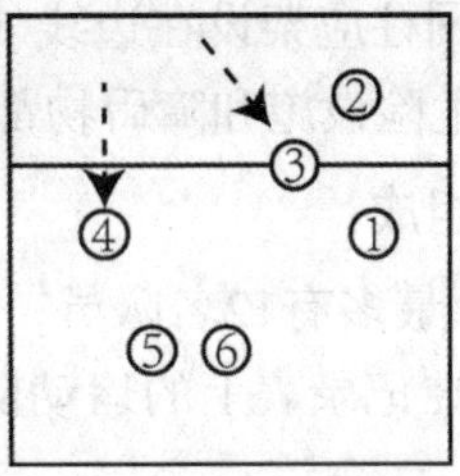

图 5–2–17

3. 双人拦网

在对方进攻较强、路线较多时，为了加强本方防守反攻的情况下采用。当对方在4 号位进攻时，本方2 号位、3 号位队员组成双人拦网；对方在2 号位进攻时，本方3 号位、4 号位队员组成双人拦网；对方在3 号位进攻时，则由3 号位主拦，与球相近一侧的队员配合组成双人拦网，不拦网的队员后撤防守。

四、排球比赛规则简介

（一）器材与设备

1.比赛场地

比赛场地为对称的长方形，包括比赛场区和无障碍区。比赛场区为18米 × 9米的长方形。其四周至少有3米宽的无障碍区。比赛场区上空的无障碍空间从地面量起至少高7米，其间不得有任何障碍物。国际排联、世界和正式比赛，比赛场区边线外的无障碍区宽应5米，端线外的无障碍区宽应6.5米。比赛场地上空的无障碍空间至少高12.5米。

2.球网与网柱

（1）球网高度。

球网架设在中线上空，高度为男子2.43米，女子2.24米。球网的高度应从场地中间丈量，球网两端（边线上空）的高度必须相等，并不得超过规定网高2厘米。

（2）构造。

球网为黑色，宽1米，长9.50 ~ 10米（每边标志带外25 ~ 50厘米），网眼直径10厘米。球网上沿的全长缝有7厘米宽的双层白帆布带。帆布带的两端留有孔，用绳索系在网柱上使网上沿拉紧。用一根柔韧的绳索穿过帆布带，拉紧球网上沿固定在网柱上。球网下沿的全长缝有另外一条构造与球网上沿相同的5厘米宽帆布带，用绳索系在网柱上使网下沿拉紧。

（3）标志带。

两条宽5厘米、长1米的白色带子为标志带，分别系在球网的两端，垂直于边线。标志带被认为是球网的一部分。

（4）标志杆。

标志杆是有韧性的两根杆子，长1.8米，直径10毫米，由玻璃纤维或类似的材料制成。两根标志杆分别设置在标志带外沿球网的不同侧面。标志杆高出球网80厘米。高出部分每10厘米应涂有明显对比的颜色，最好为红白相间。标志杆被认为是球网的一部分，并视为过网区的边界。

（5）网柱。

两根网柱分别架设在两条边线外0.5～1米处，高2.55米，最好可以调节高度。国际排联、世界和正式比赛，网柱应架设在边线外1米处，其外部必须进行柔软包裹。网柱应为光滑的圆形，并无拉链。一切危险设施和障碍物都必须清除。

（二）队的组成

（1）一个队最多有12名队员，另加：1名教练员，最多两名助理教练员；1名理疗师和1名医生。只有登记在记录表上的运动队成员才可以进入比赛控制区，参加赛前的正式准备活动和比赛。

（2）除自由防守队员外的1名队员担任队长，队长在记录表上被注明。

（3）只有登记在记录表上的队员才可以进入场地和参加比赛。教练员和队长在记录表上签字以后，已登记在记录表（和电子记录表）上的队员名单不得更改。

（三）得1分

1.得分

某队得一分：球成功落地在对方场区；对方犯规；对方受到判罚。

2.犯规

当队员的比赛行为违背规则（或其他方式的犯规）时，裁判员按以下规则做出判定：如果两个或更多的犯规先后发生，只判罚第1个犯规；如果双方队员同时犯规，判为“双方犯规”，该球重新比赛。

（四）犯规

1.队员在球网附近的犯规

（1）对方进攻性击球前或击球时，在对方空间触及球或对方队员。

（2）从网下穿越进入对方空间并干扰对方比赛。

（3）队员的双脚（单脚）全部越过中线进入对方场区。

（4）队员干扰比赛有下列情况（但不限于）：击球行为触及标志杆及标志杆以内球网任何部分；利用球网进行支撑或稳定身体；造成了对本方有利；妨碍了对方合法的击球试图；拉网/抓网。

任何运动员靠近球击球或准备击球，不管是他/她能否击到球都是击球行为。但是，队员身体触及标志杆以外的球网，不算犯规（另有规则除外）。

（五）发球时的犯规

1.发球犯规

下列犯规应判为发球犯规，即使对方位置错误。发球队：发球次序错误；没有遵守“发球的执行”的规定。

2.发球击球后的犯规

球被发出后出现以下情况仍为发球犯规（除非位置错误）：球触及发球队队员或球的整体没有从过网区通过球网垂直平面；界外球；球越过发球掩护。

（六）击球时的犯规

（1）4次击球：一个队连续击球4次。

（2）借助击球：队员在比赛场地内借助于同伴或任何物体的支持进行击球。

（3）持球：球被接住和/或抛出，而不是被弹击出。

（4）连击：一名队员连续击球两次，或球连续触及身体不同部位。

（七）进攻性击球的犯规

（1）在对方空间击球。

（2）击球出界。

（3）后排队员在前场区完成进攻性击球，并且击球时球的整体高于球网上沿。

（4）在前场区内对高于球网上沿的对方发球完成进攻性击球。

（5）自由防守队员对高于球网上沿的球完成进攻性击球。

（6）队员在高于球网处，对同队自由防守队员在前场区用上手传出的球完成进攻性击球。

（八）拦网犯规

（1）在对方进攻性击球前或击球的同时，在对方空间完成拦网。

（2）后排队员或自由防守队员完成拦网或参加了完成拦网的集体。

（3）拦对方的发球。

（4）拦网出界。

（5）从标志杆以外伸入对方空间拦网。

（6）自由防守队员试图进行个人或参加集体拦网。

知识窗

排球最大型、最重要的比赛是每四年举办一届的世界三大赛，即世界锦标赛、世界杯赛、奥运会排球赛。世界锦标赛是由国际排球联合会主办的国际排球比赛，是排球最早的、规模最大的世界性比赛，每四年举行一届，从1962年起改在奥运会后第二年举行。世界杯排球赛的前身是“三大洲”排球赛，1964年，国际排联将其更名为世界杯排球赛，并决定于1965年9月在波兰举行首届世界杯男子排球赛。世界杯是由全球高水平的男、女球队参加的国际性的排球比赛，获得前三名的队伍有资格进入奥运会。1964年，排球运动第一次被列为奥运会的比赛项目，有资格参加的队是各大洲的冠军队、主办国的代表队、上一届世界杯的前三名，由国际排联直接管辖的预选赛产生的三支球队等，共12支。也就是说，只有获得传统三大赛的冠军才是真正的世界冠军。另外世界上的大型比赛还有奥运会后第一年举行的世界大冠军杯赛以及每年举行的世界女排大奖赛。虽然瑞士女排精英赛、俄罗斯总统杯、中国四国赛等赛事是在国际排联注册的A级赛事，但不是由国际排联举办，取得的成绩不计入世界排名积分。

第三节　足球教学俱乐部

◎ 学习目标

掌握足球的基础知识、基本技术和基本战术。

一、足球概述

古代足球运动起源于中国，源远流长，已被世界所公认。2004 年 7 月，在第 3 届国际足球博览会上，国际足联主席布拉特正式宣布"足球起源于中国"。亚洲足球联合会、中国足球协会也正式宣布古代足球起源于中国春秋时期齐国都城临淄（今淄博），距今已有 2300 多年的历史。

16世纪以后，足球运动在欧洲的一些国家盛行起来。1857 年 10 月 24 日，英国谢菲尔德成立了世界上第一个足球俱乐部。1863 年 10 月 26 日，英国人在伦敦皇后大街弗里玛森酒店成立了世界上第一个足球协会——英格兰足球总会。协会诞生的这一天也被公认为现代足球运动的诞生日。1904 年 5 月 21 日，法国、比利时、西班牙、荷兰、丹麦、瑞典、瑞士7个国家足球协会的代表在巴黎召开会议，成立了国际性足球组织——国际足球联合会（FIFA）。足球运动深受世界各国人民的喜爱，有"世界第一运动"之称。中国足球协会（英文缩写为 CFA）于 1955 年 1 月 3 日成立，1994 年开始进行以俱乐部为依托的全国 A组、B 组职业联赛，2004 年联赛更名为中国足球超级联赛。

20世纪50年代至60年代初，我国的足球运动水平有了大幅度的提高，并在亚洲处于领先地位。1978年，全国足球甲乙级联赛制度和青少年足球联赛制度的恢复，使我国的足球运动水平快速回升。1994年，中国足球联赛走上了职业化道路。在职业化的推动下，中国国家男子足球队在第17届世界杯足球赛中，首次打入了决赛圈，冲出了亚洲，走向了世界。

二、足球基本技术

足球的基本技术主要包括踢球、停球、运球、头顶球、抢截球、假动作、守门员技术和掷界外球等技术。

（一）踢　球

1. 脚内侧踢球

脚内侧踢球是用脚内侧部位（跖趾关节、舟骨和跟骨所构成的三角部位，即脚弓）踢球。其特点是脚与球接触面积大、出球平稳、准确，多用于短距离传球和射门。

踢定位球时，直线助跑，支撑脚踏在球的侧方 15 厘米左右处，膝关节微屈，两臂自然张开，在支撑脚着地的同时踢球腿以髋关节为轴由后向前摆动，在前摆过程中屈膝外转，踢球腿的内侧正对出球方向，小腿加速前摆，脚尖稍跷，脚掌与地面平行，用脚内侧部位踢球的后中部。向左（右）侧踢球时，支持脚踏在球的后方，用右（左）脚足弓对准出球方向，提起大腿，带动小腿由右（左）向左（右）横摆，同时身体重心向出球的相反方向移动，用推送动作将球踢出。踢空中球时，大腿在踢球前先屈膝抬起并外转，小腿拖在后面，足弓对准出球方向，以髋关节为轴，利用小腿摆动平敲球的后部。

2. 脚背正面踢球

脚背正面踢球是用脚背的正面部位（楔骨和跖骨的末端）踢球。其特点是踢球腿摆幅大、摆速快、踢球力量大，多用于长距离传球和射门等。

踢定位球时，直线助跑，最后一步稍大并积极着地，支撑脚踩在球的侧方 12～15 厘米处，脚尖正对出球方向，膝关节微屈，两臂自然张开。踢球腿在支撑脚前跨和助跑的最后一步蹬离地面时，顺势向后摆起，膝弯曲，在支撑的同时以髋关节为轴，大腿带动小腿由后向前摆，当膝盖摆至接近球正上方的一刹那，小腿做爆发式的前摆，脚背绷直，脚趾扣紧，以脚背的正面踢球的后中部，踢球腿随球继续前摆。（图5–3–1）

图 5–3–1

3. 脚背内侧踢球

脚背内侧踢球是用脚背内侧部位楔骨、趾骨末端击球，其特点是踢球腿的摆幅大、摆速快、踢球的力量大。由于助跑方向、支撑脚选位灵活性较大，出球方向变化幅度较大，因此可踢出平直球、远距离弧线球等，也便于转体踢球。脚背内侧踢球在比赛中多用于中长距离的传球和射门等。

踢定位球时，斜线助跑，助跑方向与出球方向成45° 角。支撑脚以脚掌外沿积极着地，踏在球的侧方20～25厘米处，屈膝，脚尖指向出球方向，身体稍向支撑脚一侧倾斜。在支撑脚着地的同时，踢球腿以髋关节为轴，由大腿带动由后向前摆，在身体转向出球方向、膝盖摆到接近支撑腿膝盖的内侧正上方的瞬间，小腿做爆发式的前摆，脚尖稍外转，脚面绷直，脚趾扣紧，脚尖指向斜下方，以脚背内侧部位击球的后中部（踢高球时，击球的中下部），踢球脚继续前摆。（图5–3–2）

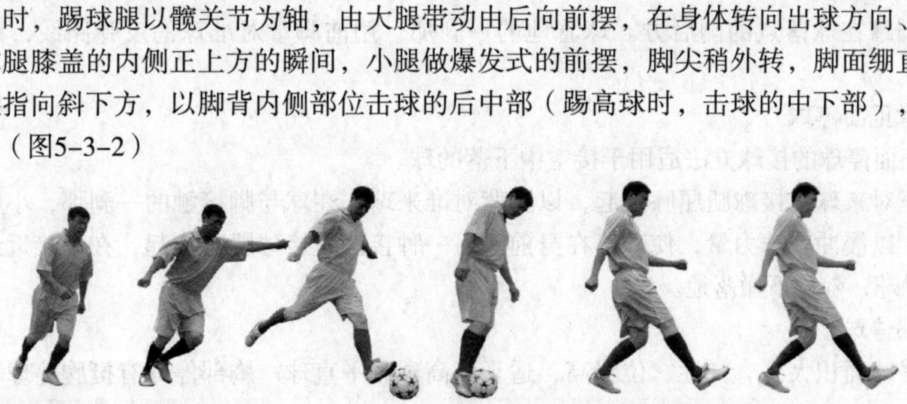

图 5–3–2

4. 外脚背踢球

外脚背踢球与正脚背踢球的动作基本相同，只是用脚背的外侧触球。在触球的一刹那，脚背要绷直，脚趾用力下扣，脚尖内转，踢球的后中部。

（二）停　球

停球是指运动员有目的地用身体的合理部位把运行中的球停挡在所需要的控制范围内。

1. 脚内侧停球

脚接触球的面积大，易将球停稳，并且便于改变方向和结合下一个动作，多用来停地滚球、反弹球和空中球。

（1）停地滚球。

支撑脚正对来球，膝关节微屈，停球腿屈膝外转并前迎，脚尖稍翘起，在脚与球接触前的一刹那开始后撤，在后撤过程中用脚内侧接触球，缓冲来球力量，把球控制在连接下一动作所需要的位置上。

（2）停反弹球。

支撑脚踏在球的落点的侧前方，膝关节弯曲，上体稍向前倾并向停球方向微转，同时停球腿提起，踝关节放松，用脚内侧对准来球的反弹路线，在球落地反弹刚离地面时，用脚内侧推球的中上部。

（3）停空中球。

停空中球的方法有两种：一种是根据来球的高度，将停球脚抬起前迎，脚内侧对准来球路线，在脚与球接触前的一刹那开始后撤。在后撤过程中用脚内侧触球，缓冲来球力量，把球控制在所需要的位置上；另一种是将脚提起稍高于选择的停球点，在脚与球接触的一刹那开始下切，在下切过程中用脚内侧切球的侧上部，将球停在地上。接空中球时，先提大腿，脚弓正对来球。触球时，小腿放松下撤。

2. 脚底停球

脚底接触球面积大，易将球停稳。比赛中多用于停正面来的地滚球和反弹球。

（1）停地滚球。

支撑脚站在球的侧后方，膝关节微屈。停球脚提起，膝关节自然弯曲，脚尖翘起高过脚跟（脚跟离地面稍低于球高），踝关节放松，用前脚掌触球的中上部。

（2）停反弹球。

支撑脚踏在球落点的侧后方。球着地的一刹那，用前脚掌对准球的反弹路线，触球的后上部。

3. 脚背正面停球

脚背正面停球的接球方法适用于接空中下落的球。

身体正对来球，接球腿屈膝提起，以脚背对准来球。在球与脚接触的一刹那，小腿和脚踝放松下撤，以缓冲来球力量，使球落在身前。另一种接法是接球腿稍抬起，在球接近地面时，用正脚背触球，随球下撤落地。

4. 胸部停球

胸部停球面积大、有弹性、位置高，适于停高球和平直球。胸部停球有挺胸停球和收胸停球两种方法。

（1）挺胸停球。

挺胸停球一般用于停高于胸部的下落球。身体正对来球，两脚前后开立，重心落在两腿之间，两膝微屈，两臂自然张开，上体稍后仰，收下颌。球与胸部接触前的一刹那，脚跟提起，向上挺胸，使球弹起，然后落于体前。

（2）收胸停球。

收胸停球一般用来停接近胸部高度的水平球。身体正对来球，两脚前后开立，两臂自然张开，挺胸迎球，球与胸部接触的一刹那迅速收胸、收腹，以缓冲来球力量，把球停在身前。

5. 大腿停球

停球时，大腿抬起迎球，与球接触的一刹那即随球下撤，使球落在体前；也可用大腿上抬垫球，使球平稳弹下。如做转体接球时，以支撑腿为轴向左或右转体，把球接到身体左侧或右侧。

（三）运　球

运球是运动员在跑动中用脚连续推拨球，使球处于自己控制范围内的动作，是完成个人突破与战术配合必不可少的技术。

跑动时身体自然放松，上体前倾，步幅可大可小。脚背外侧运球时，运球脚提起，脚尖稍内转，以脚背外侧推球前进。脚背内侧运球时，运球脚提起，脚尖稍向外摆，以脚背内侧推球前进。脚背正面运球时，脚背绷紧，脚趾下指，在着地前用脚背正面推拨球前进。（图5–3–3）

图 5–3–3

（四）头顶球

头顶球是运动员在比赛中为了争取时间和取得空中优势，用头部的前额部位击球的动作，常用来传球、抢截球和射门，是进攻和防守中不可缺少的重要技术之一。头顶球分为前额正面顶球和前额侧面顶球。这两个部位都可以做原地顶球、跑动中顶球、跳起顶球和鱼跃顶球等。下面只介绍原地前额正面顶球。

原地前额正面顶球：身体正对来球，两脚前后开立，膝关节微屈，两臂自然张开，上体稍向后仰，眼睛注视来球。在球运行到身体垂直部位前的一刹那，后脚用力蹬地，身体重心由后脚移向前脚的同时，迅速向前摆体，颈部紧张，快速摆头，用前额正面顶球的后中部，接着上体随球继续前摆。（图5–3–4）

图 5–3–4

（五）抢截球

抢截球是防守中的主动行动，是转守为攻的积极手段。

1. 正面跨步抢球

面向对手两脚前后开立，两膝微屈，在对手运球脚触球后即将着地或刚着地时，支撑脚立即用力后蹬，抢球脚以脚内侧对着球跨出，膝关节弯曲，上体前倾，身体重心移至抢球脚上，另一脚立即前跨。如双方脚同时触球，则要顺势向上提拉，使球从对方脚背滚过，同时身体重心要迅速跟上，把球控制住。如离球稍远可用脚尖捅抢截。

2. 侧面冲撞抢截

当与对方平行跑动争球时，要降低身体重心，两臂紧贴身体，当对方近侧脚着地时，可用肩和上臂做合理冲撞动作，使对方失去平衡，从而截获球。侧面冲撞抢截用于抢截者和运球者平行跑动时抢截球。

3. 侧后铲球

防守人追到距运球人1米左右时，可用脚掌或脚背外侧进行铲球。当运球人将球拨动时，先蹬腿，抢球腿跨出，以脚掌或脚掌外侧在地面滑行将球踢出，小腿、大腿、臀部、上体依次着地。侧后铲球适用于对手运球刚越过防守者时。

假动作　　守门员技术　　掷界外球

三、足球基市战术

足球战术是指比赛双方为充分发挥本队队员个人与集体的特长和优势，攻击对方的弱点和不足，从而战胜对方所采取的手段与方法。足球战术可分为进攻战术和防守战术两大系统。

不同位置队员的职责

知识窗

足球比赛阵型

比赛阵型是指在比赛场上队员基本位置的排列，是本队攻守力量搭配和职责分工的形式。比赛阵型的运用，要以本队队员的技术水平、身体素质、战术的需要和对方的情况为根据，要有利于发挥己方的特长，以达到克敌制胜的目的。比赛阵型随攻守技术的发展及规则的修改而不断变化。

从1930年至今，足球比赛阵型经过了多次的变化。从“WM”（即 3-2-2-3）阵型、“四二四”阵型到“一三三三”阵型、“四三三”阵型、“四四二”阵型、“五三二”阵型、“三五二”阵型。所谓“四四二”阵型，即 4 个后卫、4 个前卫、2 个前锋。20世纪80年代至90年代，在欧洲足球锦标赛和世界杯赛上，一些优秀球队采用了“三五二”、“五三二”和“四四二”阵型，踢法更具效率，对抗更加激烈，早期足球的个人英雄主义正在逐渐减弱。21世纪以来，足球阵型已经趋于成熟，具有跨时代意义的战术思想不再井喷式出现，但其特点却越加鲜明，最显著的特点是减少锋线人数，增加中场人数；压缩三线之间的空当，力争主动控制中场；强化攻守转换速度和时空争夺力度；进攻要求两前锋积极穿插扯动，前卫及时灵活轮番插上，边中结合，攻击点多面广；防守强调逼迫攻击或整体防守。这些战术思想力图进一步加强攻守的机动性和最大限度地发挥整体的力量，这标志着现代足球运动在战术打法上已经走上了一个顶峰。

（一）个人进攻战术

个人进攻战术包括摆脱与跑位、运球过人等。

1. 摆脱与跑位

摆脱就是摆脱对手的紧逼，造成空当；跑位是摆脱对方，跑向有利位置或空当。跑位的作用是摆脱对手去接球，可牵制或扯动对方，为同伴制造空当，扰乱对方防线。比赛中队员跑位时不断交叉换位，有利于扰乱对方防线制造空当，推进进攻。在对手紧逼的情况下，多数的跑位都要采取摆脱的动作。摆脱对手的方法很多，可采用突然起动、冲刺跑、急停、突然变向、变速和假动作等。摆脱与跑位要有明确的目的，无目的的乱跑反而会造成堆积、堵塞，使队友跑位和接球发生困难。跑位要机动灵活，必须随时观察场上情况，随机应变。另外，摆脱要及时，动作要突然。场上空当的出现往往只是一瞬间，因此进攻队员必须抓住时机，及时摆脱对手跑向空位。

2. 运球过人

运球过人是进攻战术中一种极为重要的个人战术。现代足球比赛，防守时大都采用紧逼盯人，以多防少。运球过人是调动、扰乱对方防线造成以多防少，寻找传球空当，突破密集防守，制造射门机会的有效手段。在没有传球配合的机会时或运球过人后能有更好的传球战机、射门机会时，则应大胆运球突破。运球者要不断运用变向、变速和假动作，使对手判断错误，从而失去平衡或向相反方向移动，以达到过人的目的。优异的控球能力和高度的应变能力是运球过人的基础。如果队员不善于运球过人，那么，全队的进攻就会受到很大影响。

（二）局部进攻战术

局部进攻战术是指进攻中两个或几个队员之间的配合方法，它是集体配合的基础。基本配合形式有交叉掩护配合、传切配合和二过一配合。

1. 交叉掩护配合

交叉掩护配合是指在局部地区两名进攻队员在运球交叉换位时，以自己身体掩护同伴越过一名防守队员的配合方法。如在图5-3-5中，⑦用离对手较远的脚运球，⑧向⑦有球一侧跑动，两人贴近时⑦将球交给⑧，⑧运球快速切入，⑦向运球队员反向跑动。

2. 传切配合

传切配合是指控球队员将球传给切入的进攻队员的配合方法。如在图5-3-6中，⑧向身后传球，⑦快速切入得球。

3. 二过一配合

二过一配合是指在局部地区两名进攻队员通过两次连接传球配合越过一名防守队员的配合方法，如在图5-3-7中，⑧横传给⑦，并快速起动斜插防守队员背后接⑦的直传球，⑦与⑧交叉换位。

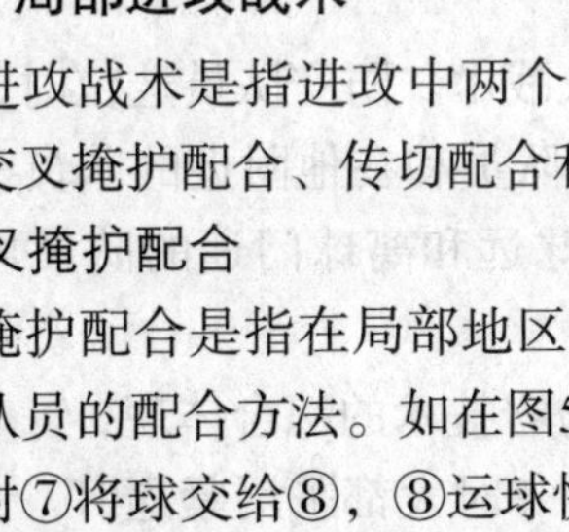

图 5-3-5

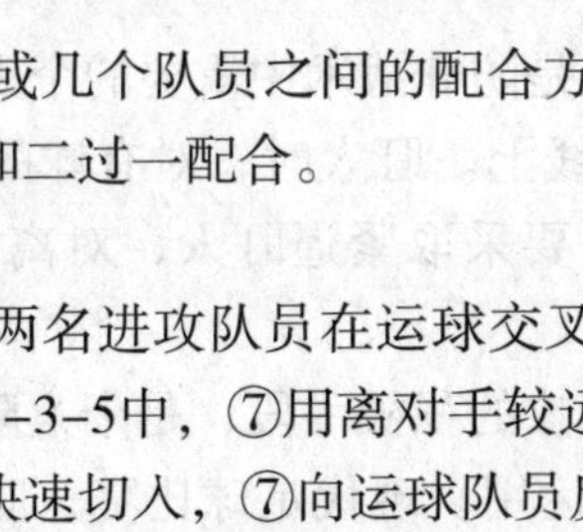

图 5-3-6

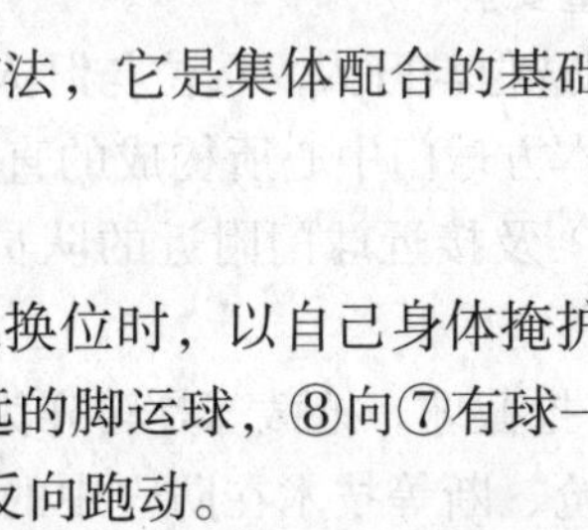

图 5-3-7

（三）集体进攻战术

1. 边路进攻

边路进攻指在对方半场两侧地区发动的进攻。边线区域防守力量相对薄弱，容易突破对方防线，运用边路进攻可达到边线运球传中进攻的目的。边路进攻要求边锋速度快，运球突破能力强，传中技术好，而其他前锋线和前卫队员应抓准时机包抄插上进攻射门。

2. 中路进攻

中路进攻指在对方半场中间地带发动的进攻。中间地带正对球门，一旦突破防线，便可直接威胁球门，且射门角度大，但中间防守队员密集，不易突破。因此，可通过中锋、内切的边锋或插上的前卫队员之间的配合或个人运球过人等方法突破对方的防线。

3. 转移进攻

进攻时，当一侧受阻而另一侧有利，要及时快速转移进攻方向。此方法多采用有效而准确的中长距离传球来实现，以拉开对方的一边防守，达到声东击西的进攻目的。

4. 快速反击

快速反击是在本方半场防守对方进攻时，一旦得球，趁对方立足未稳时，快速传球，以多打少，达到进攻射门得分的目的。

定位球进攻战术

（四）防守基本战术

1. 个人防守战术

个人防守战术是局部和集体防守战术的基础。所谓“一点突破，全线崩溃”，可见个人防守战术的重要。

（1）选位与盯人。选位与盯人是防守战术中重要的个人战术。防守队员选位时，一般应处于对手与本方球门中心所构成的直线上。盯人时，对有球的队员和在他附近的队员（有可能接球的队员）及接近球门附近的队员要采取紧逼盯人，对离球远和离球门远的队员可采取松动盯人。

（2）抢截球。抢截球是转守为攻的积极手段，是个人防守技术的综合体现，包括堵、抢、断等技术在防守中的运用。现代足球比赛，防守时大都采用紧逼盯人，因此要求每个队员都能很好地运用抢截技术破坏对方的进攻。抢截时要选择适当的位置，一般要与对方保持 1 米左右的距离。当对方控制球时，不能盲目拼抢，可用后撤步跑动的方法来封堵对方运球突破的企图，要有意识地延缓对方的进攻速度，争取时间使同伴回防。同时要寻找时机，伺机把球抢过来或破坏掉。假如对方是在边线附近，防守队员应封堵内侧空当，放开外侧空当，这样即使进攻队员突破防守，射门的角度也较小，同伴也容易补位。

局部防守战术

2. 集体防守战术

集体防守战术主要有人盯人防守、区域盯人防守和混合防守 3 种方法。

（1）人盯人防守。除拖后中卫外，每个队员都要盯住一个指定对手。拖后中卫（自由人）进行区域防守，执行补位任务。人盯人防守任务明确，但要有良好的体力和个人突破能力，否则被突破后补位较困难，有时因队员技术不全面，不能胜任其位置的职能，易出现漏洞。

（2）区域盯人防守。每个队员在自己的防守区域内进行盯人防守，不管是哪个对手进入该区域就盯住对手，不越区盯人，拖后中卫（自由人）执行补位的任务。区域盯人防守有比较固定的位置，但在交换防守时，若默契不好也易出现漏洞。

（3）混合防守。混合防守是把人盯人防守和区域盯人防守结合起来，是现今比赛中运用比较多的一种方法。一般 3 个后卫盯人，前卫和前锋区域盯人，拖后中位（自由人）执行补位任务。根据对方的具体情况，有时指定某一前卫死盯对方某一重点队员。不论采用哪种防守战术，都要考虑到本队的特长，更要针对对方的进攻战术，采取有效的防守战术，阻止对方的进攻。

四、足球比赛规则简介

（一）比赛场地

1.场地表面

比赛场地必须为全天然草皮。若竞赛规程允许，可使用全人造草皮。此外，如果竞赛规程允许，可使用人造和天然结合材料制成的整体草皮（混合系统）。人造草皮场地的表面必须为绿色。

2.场地标识

比赛场地形状必须为长方形，且由不具危险性的连续标线标示。不具危险性的人造草皮材料可作为天然草皮场地的标记使用。这些标线作为边界线是其所标示区域的一部分。

（二）队员

1.场上队员人数

一场比赛由两队参加，每队最多可有11名上场队员，其中1名必须为守门员。如果任何一队场上队员人数少于7人，则比赛不得开始或继续。

2.替换人数

国际足联、各洲际联合会或各国足球协会可决定在其正式赛事中可使用的替补队员人数，但最多不能超过5人次替换，涉及顶级联赛球队一队及国家队A队的男子、女子赛事最多可进行3人次替换。

（三）比赛时间

1.比赛阶段

一场比赛分为两个45分钟相同时长的半场。依照竞赛规程，在比赛开始前经裁判员和双方球队同意后，方可缩短各半场比赛时长。

2.中场休息

队员享有中场休息的权利，休息时间不得超过15分钟。加时赛中场阶段可短暂补水（时长不超过一分钟）。竞赛规程必须明确中场休息的时长，在经裁判员许可的情况下方可调整中场休息时长。

3.对损耗时间的补足

裁判员对每半场所有因如下情况而损耗的比赛时间予以补足：队员替换；对受伤队员的伤情评估和/或将其移出比赛场地；浪费的时间；纪律处罚；竞赛规程允许的医疗暂停，例如“补水”暂停（不超过1分钟）和“降温”暂停（90秒至3分钟）；与视频助理裁判员“查看”及“回看分析”有关的延误；任何其他原因，包括任何明显延误比赛恢复的情况（如庆祝进球）。第四官员在每半场最后一分钟结束时展示裁判员决定的最短补时时间。裁判员可增加补时时间，但不得减少。

裁判员不得因上半场计时失误而改变下半场的比赛时长。

4.罚球点球

如需执行罚球点球或重踢罚球点球，应延长该半场时长直至罚球点球程序完成。

（四）比赛进行与停止

1.比赛停止

当出现如下情况时，比赛即为停止：球的整体从地面或空中越过球门线或边线；裁判员停止了比赛；球接触了比赛官员后仍在比赛场地内，并且，任一队开始了一次有希望的进攻，或直接进入了球门，或控球球队发生了转换。上述情况下，比赛以坠球恢复。

2.比赛进行

所有其他时间，如果球接触了比赛官员，或从球门柱、横梁、角旗杆弹回并且仍在比赛场地内，均为比赛进行中。

（五）确定比赛结果

1.进球得分

（1）当球的整体从球门柱之间及横梁下方越过球门线，且进球队未犯规或违规时，即为进球得分。

（2）如果守门员手抛球直接进入对方球门，则由对方踢球门球。

2.获胜队

（1）进球数较多的队伍为获胜队。如果双方球队没有进球或进球数相等，则该场比赛为平局。

（六）裁判员

1.裁判员的职权

每场比赛由一名裁判员掌控。裁判员拥有全部权力去执行与比赛相关的竞赛规则。

2.裁判员的决定

裁判员依据足球竞赛规则和“足球比赛精神”，尽自身最大能力，在规则框架内酌情考量，做出自己认为最合适的决定。

裁判员根据与比赛相关的事实所做出的决定，包括进球与否以及比赛的结果，都是最终的决定。必须无条件地尊重裁判员及其他所有比赛官员的决定。

3.裁判员的权力和职责

裁判员：①执行足球竞赛规则；②与其他比赛官员协作管理比赛；③记录比赛时间、比赛成绩、并向相关机构提交比赛报告，报告内容包括赛前、赛中、赛后发生的纪律处罚信息及任何其他事件；④监管和/或示意比赛恢复。

（1）有利。

当犯规或违规情况发生时，未犯规或违规的一队能从有利原则中获益，则允许比赛继续。如果预期的有利没有在那一时刻或随后几秒内出现，则判罚最初的犯规或违规。

（2）纪律措施。①当多种犯规同时发生时，从纪律处罚、比赛恢复方式、身体接触程度和战术影响等方面考量，判罚相对严重的犯规。②对应被警告和罚令出场的队员执行纪律措施。

（3）纪律处罚。①从开赛前进入比赛场地直至比赛结束，包括中场休息、加时赛和罚球点球决胜期间，裁判员都有权出示红黄牌，以及在竞赛规程允许下，将队员暂时罚离。②暂时罚离是指队员在被警告（黄牌）时，受到的即时性“停止参加”接下来一段时间比赛的处罚形式。其理念是通过“即时的处罚”来对犯规队员乃至其球队产生有效的和立即的正面影响。

第四节　气排球教学俱乐部

◎ 学习目标

掌握气排球的基础知识、基本技术和基本战术。

一、气排球概述

（一）气排球的起源

气排球是我国土生土长的一项群众性排球活动。1984年，呼和浩特铁路局集宁分局为了开展老年人体育活动，在没有规则限制的情况下，组织离退休职工用气球在排球场上打。由于气球过轻且易爆，他们将两个气球套在一起打，最后又改用儿童软塑球。随后又参照六人制排球规则制定了简单的比赛规则，并将这种活动形式取名为“气排球”。

（二）气排球的发展

气排球运动是一项集运动、休闲、娱乐为一体的群众性体育项目，作为一项新的体育运动项目，如今已经受到越来越多老年人的青睐。气排球运动是纯粹的“中国制造”。现在气排球作为全国老年体协的五大竞技项目之一，自从中国火车头老年体协首先推出该项目以来，先后在浙江、福建、上海、江苏、湖南、广西、重庆等地得到了很好的推广，打球健身的老年人越来越多。气排球由于运动适量、激烈程度较低，男女都可以混合进场参与，特别适合中老年人进行强身健体活动。1991年，在北京举行的全国铁路老年体育工作会议决定在全路老年人中推广气排球。火车头老年体协依据排球规则，编写了第一本《气排球竞赛规则》，并在上海特制了比赛用气排球。1992年3月，在石家庄举办了第一期全路气排球学习班。同年11月，在武汉举行了首届全路老年人气排球比赛，共有7支男队和6支女队参赛。1993年3月，火车头老年人气排球协会在北京正式成立。同年7月，全路第2届老年人气排球赛分别在齐齐哈尔和锦州举行。从此，一年一届的老年气排球赛在全路形成。

二、气排球基本技术

气排球与传统的硬式排球相比，在技术上有所创新，如衍生出来的较为常用的有挡球、捞球、捧球、抓球、托球等。下面重点阐述气排球技术的不同之处，相同技术参考排球基本技术的内容。

（一）挡球的技术

两脚开立与肩同宽，成半蹲或稍蹲姿势站立，两肘弯曲，两手掌根相对，一手掌心朝上，另一手扶持并夹住来球，夹角大于90°，位于胸前。挡球时，一手插入球底托住来球，另一手迅速扶住来球外侧并挡住来球，击球瞬间，两手成挡搬姿势，前臂上抬，靠手腕、手指触球形成的弹力将球挡出。击球点一般在胸前或两肩外侧。挡球特点是伸手动作快，可挡击任何位置来球，特别是胸前、腰上来球。挡球技术可扩大防守范围，容易控制球的落点和方向。挡球动作易学、实用，是气排球垫球常用的重要技术之一。（图5–4–1）

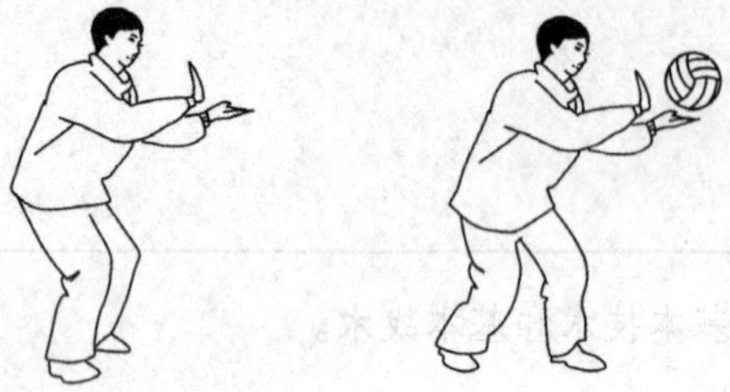

图 5–4–1

（二）捞球的技术

两脚开立，成半蹲姿势，两肘弯曲，上臂与前臂夹角大于90°，两手平行成一个平面，位于腹前，两手掌心朝上，手背与前臂成45°夹角。来球时，前臂前伸，掌心朝上，两手形成一个平面。击球瞬间，两手插入球底部，托住来球，前臂上抬，靠两手触球捞住来球并击出。击球点一般位于膝关节以下或膝关节以上腰腹以下。气排球捞球技术是垫球技术的重要补充，特别适用于速度快的低球。（图5–4–2）

图 5–4–2

（三）捧球的技术

两脚开立，成半蹲姿势，两肘弯曲，上臂与前臂夹角成90°，分别位于腰部，掌心朝上。来球时，两手基本形成一个平面。击球瞬间，两掌心插到球后部捧住来球，靠前臂、手腕手指力量击出来球，击出点一般在身体腹部前方。气排球捧球技术特别适用于速度快的追身球。（图5–4–3）

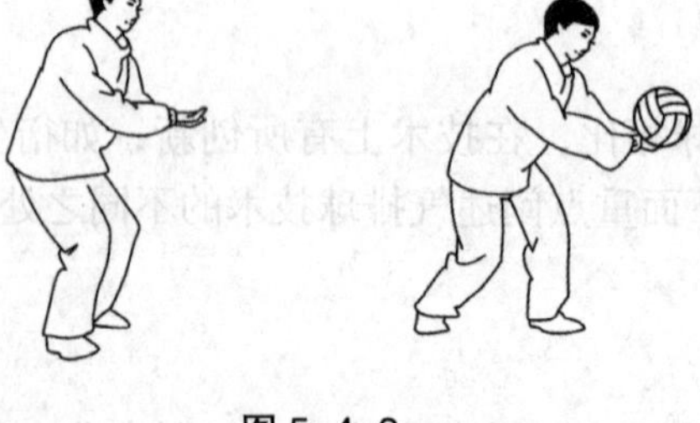

图 5–4–3

（四）抓球的技术

两脚开立，成高重心姿势，两肘弯曲，上臂与前臂夹角成90°，五指张开，大拇指朝上，手掌心相对。击球瞬间，两臂前伸，两手夹住来球的外侧并抓住来球，靠手腕、手指的力量抛出来球。击球点一般在腰部以下正前方位置。抓球技术适合于脚步移动较慢的练习者。（图5–4–4）

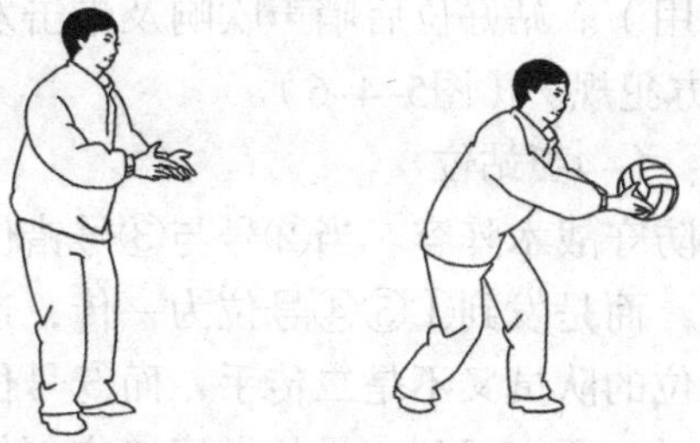

图 5–4–4

（五）托球的技术

两脚开立，成高重心姿势，单臂置于腰腹前，五指自然张开，形成一个平面，掌心朝上。上臂与前臂成90° 角。击球瞬间，上臂与前臂的夹角大于90° ，前臂主动引球，置球于手掌心上。击球位置可在腹部以下，靠手指手腕力量托住并击打来球。托球在气排球的垫球中，主要用于近距离快速送球，常用于短距离接送球，但稳定性较差，气排球初学者较容易掌握。（图5–4–5）

图 5–4–5

三、气排球基本战术

（一）阵容配备和位置

（1）五人制阵型队员场上位置：双方队员各分为前排三名，后排二名。前排左边为4号位，中间为3号位，右边为2号位，后排左边为5号位，右边为1号位。发球时判断队员的位置错误，应以队员身体着地部分为依据，在发球队员击球的一刹那，球未击出前，同排队员的站位不得左右超越或平行，前后排队员不得前后超越或平行。即4号位队员不得站在3、2号位队员的右边，2号位队员不得站在3、4号位队员的前面或平行。否则，应判失球权或对方得分。发球队员与本方5号位队员不受站位的限制。每局比赛开始，场上队员必须按位置表排定的次序站位，在该局中不得调换。在新的一局，每个队上场队员的位置可重新安排。

（2）四人制阵型队员场上位置：双方队员各分为前排二名，后排二名。

（二）气排球的基本战术

气排球与竞技排球是一样的，战术千变万化，参赛人数不同，排兵布阵也不尽相同，但赛场上强调的攻守平衡、位置和阵容变化及战术打法与竞技排球相似，基本战术可以参考排球的基本战术内容。这里主要介绍几种常用的气排球战术打法。

1. 五人气排球发球站位

④③②号位肩距不得小于50厘米，手不得高于自己的肩膀，但可十指交叉抱于头后（主要可防发球砸在后脑，起保护作用）。站好位后哨声吹响及未击发球前不得左右摇晃，不然裁判可判阻挡对方接球视线，发球方犯规。（图5–4–6）

2. 五人气排球接发球站位：1–4弧站位

这是接男队员发球为主的防守战术阵容。当②号与③号错位接球，主要应明确二传，②号是二传时，在球未发到②号时，而是发到①⑤④号位为一传，这时②号与③号位准备二传；如果球发向②号位，这时在③号位的队员又不是二传手，而⑤号位是接应二传手，那么⑤号位的队员在看到对方球发向②号位时，要立即到③号位做好接应二传准备。这时③号位的队员在⑤号位上来传出二传攻击球后要和上来的⑤号与③号位的队员做好拦网防守准备。（图5–4–7）

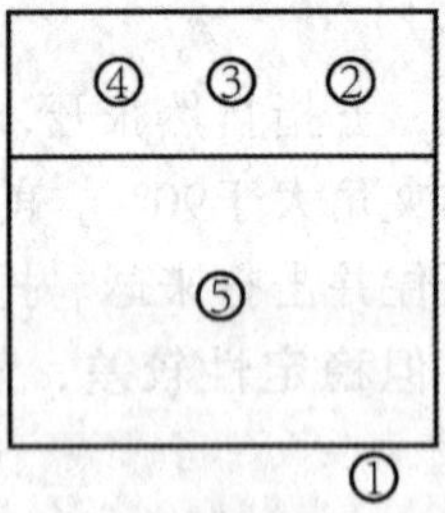

图 5–4–6

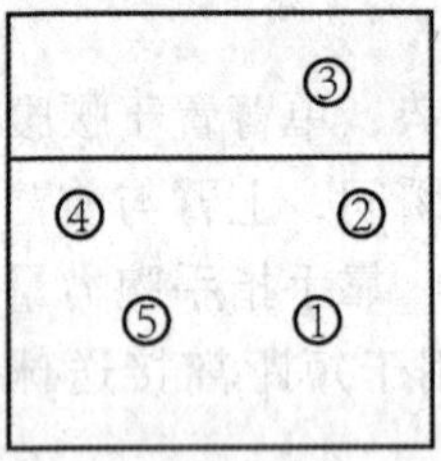

图 5–4–7

3. 五人气排球接发球站位：1–3–1站位

这是接女队员或男队员力小的发球为主的防守战术阵容，注重一传的质量，随时准备多点进攻和战术的变化，1–3–1与1–4弧防守战术阵容接球时可根据对方发球势态前后左右收缩或扩张本队防守阵容，灵活机动。（图5–4–8）

4. 五人气排球双人拦网防守站位

以防守对方④号攻击扣球为主。明确对方的战术意图，②③号位队员协调配合，重点布局拦防对手④号位强攻，④号位队员注意对手大斜线扣杀和网前轻吊，⑤号位重点防守对方的小斜线大力扣杀，②号位队员注意直线扣球和吊球跟进布防。（图5–4–9）

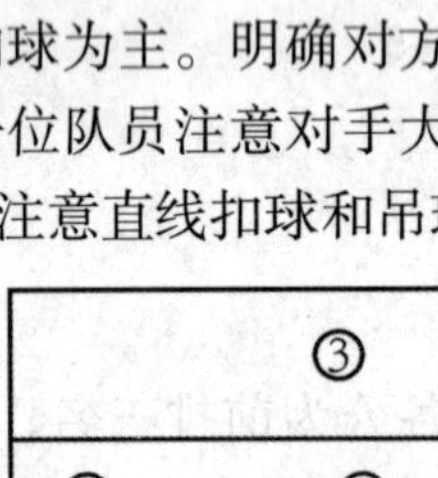

图 5–4–8

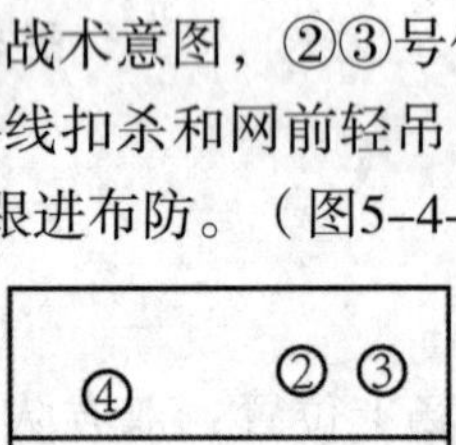

图 5–4–9

5. 五人气排球三人边网拦网防守站位

以防守对方④号位强攻扣球和平拉开为主。对手攻击能力强大，速度快，拦网队员协调配合，注意拦防的高度和宽度，⑤号位队员注意对手扣杀和网前轻吊，①号位重点注意直线扣球和吊球跟进布防。（图5–4–10）

6. 五人气排球三人中网拦网防守站位

以防守对方③号位强攻扣球和近体快球及后排时间差为主。对手攻击手段多样，速度快，能力强，拦网队员协调配合，注意拦防的高度、深度和时间差，⑤号位队员注意对手扣杀和网前轻吊，①号位重点注意直线扣球和吊球。（图5-4-11）

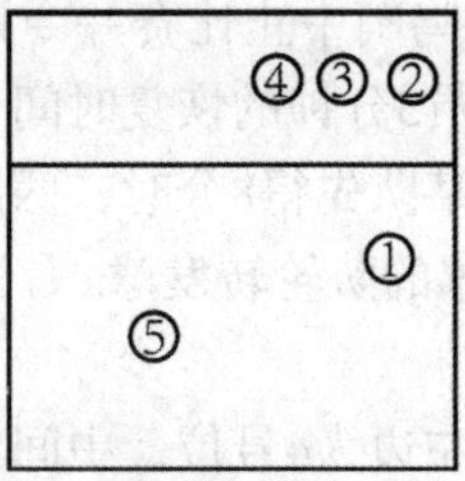

图 5-4-10

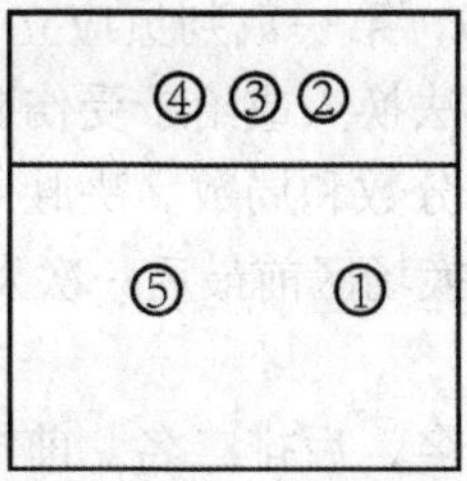

图 5-4-11

四、气排球比赛规则简介

（一）比赛场地与设施

比赛场地长13.4米、宽6.1米，球网高度男子组为2.1米，女子组为1.9米。每个场区画一条距离中心线2米并与边线连接的平行线叫限制线。中线与限制线以内的地区为前场区，长为2米，限制线与端线间为后场区，长为4.7米。限制线和前场区向边线以外是无限延长的。无障碍区必须有2米以上，高7米（图5-4-12）。球是圆形的，由柔软的塑胶制成，圆周为78～85厘米，重量110～125克。

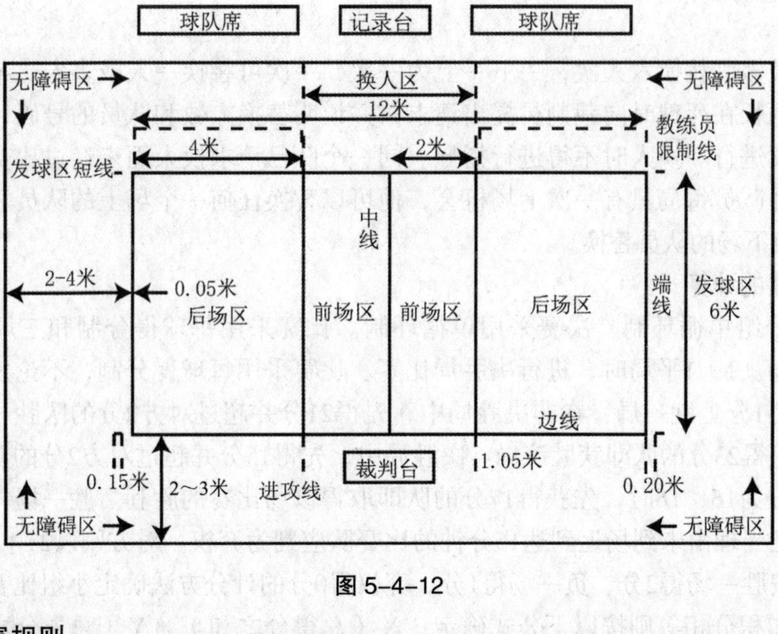

图 5-4-12

（二）比赛规则

1. 球队组成

比赛队队员最少5名，最多10名。领队教练各一名，领队可兼运动员。只有登记在记分表上的队员可以参加比赛。队员必须穿着运动服装，队员服装要统一、整洁，颜色相同。队员上衣必须有号码，应由1至10号。身前号码为10厘米 × 10厘米，身后号码为15厘米 × 15厘米。

2. 场区的选择与交换及比赛中断

比赛三局两胜，第一局和第三局（决胜局）比赛前，由第一裁判员召集双方队长抽签选择场区或发球权。第一局比赛前有5分钟的准备活动。第一局与第二局间休息为3分钟，第二局与第三局间休息5分钟。第一局结束后两队交换场区。局间休息时，队员可离开场区接受教练员的指导。场上队员如发生伤病，第一裁判员应立即鸣哨中止比赛并令该队进行换人，如不可能合法换人，则准许特殊的不合法换人或给予受伤队员3分钟的恢复时间，如仍不能继续参加比赛，则算该队该场失败，保留其分数和局数。决胜局某队先得8分时，两队交换场区，队员不得进行休息，位置不得变动，由交换场区前最后一次发球的队轮转发球。

3. 队员场上位置

双方队员各分为前排三名，后排二名。前排左边为4号位，中间为3号位，右边为2号位，后排左边为5号位，右边为1号位。每局比赛开始，场上队员必须按位置表排定的次序站位，在该局中不得调换。发球时场上队员位置不能调整，前排队员可以站在限制线以外，但后排队员不能站在前排队员前面。发球队员可在本场区端线外任意地方发球。当发球队员击球后，双方队员在场内可随意换位，即队员可以在本场区内的任何位置上，不受上述限制。在新的一局，每个队上场队员的位置可重新安排。登记在记分表上的队员都可被列入新的上场阵容。

4. 暂　停

每局比赛中，每个队可请求两次暂停，每次暂停时间为1分钟。只有成死球时经教练员或场上队长向裁判员请求后才准予暂停。第一裁判员鸣哨后，比赛应立即继续进行。每队每局可请求两次暂停，某队请求第3次暂停，应予拒绝，并提出警告，在同一局中如再次发生则判该队失球权或对方得分。暂停时队员可离开场区接受教练员的指导。

5. 换　人

每局每队最多可替换六人次，一下一上为一次，一次可替换一人或多人。某队换人时应由教练员或场上队长在死球时向裁判员提出请求，并说明替换人数和队员的号码，经记录员登记完毕，比赛继续进行。换人时不得进行指导。同一个队已请求换人而未经过比赛过程不准再次请求换人。替补队员每局只有一次上场机会，他可以替换任何一个场上的队员。同一局中，他只能由被他替换下场的队员替换。

6. 比赛成绩的计算

预赛采用分组单循环制，决赛采用单循环制。比赛采用每球得分制和三局两胜制，胜两局的队为胜一场。1：1平局时，进行决胜局比赛。比赛采用每球得分制，不论发球队或接发球队，胜球时即得1分。胜一局：在非决胜局中，先得21分并超过对方2分的队胜一局，当比分为22：22时，先获得23分的队即获胜该局。决胜局中，先得15分并超过对方2分的队获得这场比赛的胜利，当比分为16：16时，先获得17分的队即取得该场比赛的胜利。胜一场：先胜两局的队为胜一场。无正当理由未到场迟到达15分钟的比赛队应判为弃权。对方则以21：0的比分和2：0的比局取胜。按胜一场得2分、负一场得1分、弃权得0分的计分方法确定小组比赛名次。积分多者名次列前。如积分相等则按以下公式确定：X（总得分之和）/ Y（总失分之和）＝Z，Z值大的名次列前。如Z值相等，则按：A（总胜局数）/ B（总负局数）＝C，C值大的名次列前。

7. 发　球

发球时球必须清晰地离手，抛出后用一只手或手臂击球，并使球由两标志杆内直接越过球网或球触网落入对方场地即为好球，发球方得1分；如球未过网或触及两标志杆应判违例，接球方得1分。第一局和决胜局经抽签由取得发球权的队1号位队员首先发球。第二局由前一局未首先发球的队发球。发球队胜一球或接发球队取得发球权时，该队队员必须按顺时针方向轮转一个位置，由轮转到1号位的队员发球，如没有按发球次序轮转发球，则为轮转错误，必须立即纠正，判失去发球权。发球队员必须在端线发球区内发球，可以自由移动或起跳，但击球时不得踏线或超越发球区，击球后可落在场内。发球队员必须在第一裁判员鸣哨发球后8秒钟内将球发出。球被抛起，发球队员未击球，球也未触及发球队员而落地，第一裁判员应再一次鸣哨继续发球，如发生第二次则视为违例。发球队的队员不得以任何方式阻挡对方观察发球队员和球的飞行路线。

8. 击　球

每队最多击球三次（拦网除外）将球回击过网进入对方场区。一名队员不得连续击球两次。队员的身体任何部位都允许触球。球可以同时触及身体的不同部位，但必须是一次发力，一个动作。队员可采用各种动作将球击出。如把球接住或把球顺势缓冲至停留后再将球送出，则应判违例犯规。本队多名队员同时去击球则记为犯规。双方队员在球网上空同时击球，球落在某方，某方仍可击球三次，如球落在界外则判对方击球出界。双方队员在球网上沿将球按住则判双方犯规，该球应重新进行。如一个队连续击球四次（拦网除外），应判四次击球犯规。

9. 飞向对区的球

球必须由过网区通过球网垂直面进入对方场区。过网区为球网上空两标志杆及其假想延长线以内的空间。发出的球触及球网后通过网区进入对方场区是允许的。一名队员将球击入球网后，在球落地前另一队员可再次击球。球触及标志杆、标志杆以外的网或网绳或网柱及场外观众和任何物体等均判界外球。球的整体通过过网区以外的垂直面及球网以下的垂直面都应判为界外球。但当球的整体尚未越过球网及其延长垂直面时，本队队员可以将球击回。

10. 触网和过中线

比赛进行中，队员身体任何部位触及球网时，应判触网犯规。因对方击球入网而使网触及本方队员时，不算触网犯规。队员的一脚或双脚踏过中线同时触及对方或影响到对方比赛为犯规。允许队员的一只脚或双脚越过中线触及对方场区的同时，脚的一部分还接触中线或置于中线上空。除脚以外，不允许队员身体的任何其他部分接触对方的场区。

11. 进攻性击球

队员直接向对方击球即为进攻性球，包括扣球、吊球、传球和垫球。任何队员在后场区可以对任何高度的球做进攻性击球，扣球起跳时不得触及限制线，否则即为犯规。队员在前场区对高于球网上沿的球不准扣球，包括快抹、啄球、高压吊球等无弧度攻球，否则判压球，只允许将球传入对方区域并必须具有一定向上的弧度过网。

12. 拦　网

对方进攻时前排三名队员可以进行单人或集体的拦网。球可迅速而连续触及一名或多名的拦网队员，拦网后的队员仍可击球。拦网时球可以触及拦网队员的手以及身体任何部位。拦网队员不得将手或手臂伸过球网进行拦网。过网击球指球体的大部分未进入本方场内而伸手过网在对方场地内击球。拦网不算一次击球，还可再击三次。后排两名队员不准到网前进行拦网，如参加拦网并起到拦网作用时应判犯规。不得拦对方的发球。

13. 不良行为及其判罚

球队成员对裁判员、对方队员、同队队员或观众有不良行为，应给予判罚。根据其犯规的严重程度分为三类：① 粗鲁行为：违背体育道德原则和文明举止，有侮辱性表示。② 冒犯行为：诽谤、侮辱的言语或形态。③ 侵犯行为：人身侵犯或企图侵犯。对不良行为的裁判方法：对轻微不良行为不进行判罚，以手势或语言进行警告。对粗鲁行为出示黄牌，判该队失一球；对冒犯性行为，出示黄牌，判罚取消一局比赛资格。对侵犯性行为，出示红黄牌，判罚取消一场比赛资格。

知识窗

小个子扣气排球主要有两种方法。一种为硬派打法，用力量使球直接着地；另一种为超后排打法，即将球传至离网三四米开外，利用发球的技术，使球反转形成下沉效果。两种打法各有长短。气排球场由于场地宽度不大，拦网队员很容易形成多人拦网，留给前排进攻队员的空间就不多了，如不选择打手出界，很难避开拦网手，往往容易被拦死，故前排进攻较适合弹跳好、力量大、击球点高的队员使用；超后排进攻角度大，即使多人拦网，进攻队员还是有很大的空间避开拦网手，选择进攻路线，甚至可以利用技术，调整击球点和力量，打出超手进攻，故较适合小个子的队员使用。

也许有人会问，快球怎么不能形成主流呢？气排球运行轨迹不稳定，一传到位率不高，故打战术球机会并不多，特别是在接发球时，多为打调整球，战术球多为防守反击时运用。提速也是最近两年气排球发展的一个方向，随着一传技术的不断提升，战术球已经成为高水平球队在比赛中不可或缺的得分手段。

第六章　小球类教学俱乐部

第一节　乒乓球教学俱乐部

◎ 教学目标

了解乒乓球运动的相关理论知识、基本技术和基本战术。

一、乒乓球概述

乒乓球运动的起源与网球有着密切的联系。乒乓球运动的英文名为table tennis，即桌上网球。1890年，几位驻守印度的英国海军军官偶然发现在一张不大的台子上玩网球颇为刺激。后来他们改用空心的小皮球代替弹性不大的实心球，并用木板代替了网拍，在桌子上进行这种新颖的“网球赛”，这就是table tennis之名的由来。

另据记载，大约在19世纪后半叶，由于受到网球运动的启示，在一些英国大学生中，流行着一种极类似现在乒乓球的室内游戏，发球时，可将球直接发到对方台面，亦可把球先发到本方台面再跳至对方台面。球拍是空心的，用羊皮纸贴成，形状为长柄椭圆形。为了不损坏家具，在橡胶或软木实心球外，往往包一层轻而结实的毛线。这种游戏当初叫作“弗利姆—弗拉姆”，又称“高西马”。

一位名叫詹姆斯·吉布的英格兰人到美国旅行时，偶然发现了一种用塑料制成的空心玩具球，弹性很强。于是，他就将这种球稍加改进后，代替了软木球和橡胶球，逐步在英国和世界各地推广起来。由于用拍击球和球碰桌面时发出的是“乒”“乓”的声音，“乒乓球”的名字也就由此产生了。

1904年，上海一家文具店的老板王道午从日本买回10套乒乓球器材，从此乒乓球运动传入中国。

乒乓球运动的特点与分类

中国国家乒乓球队是中国体育军团的王牌之师。在2020年东京奥运会上，中国乒乓球队取得4枚金牌、3枚银牌的好成绩。2021年世界乒乓球锦标赛，中国队获得男单、女单、混双、女双4枚金牌，中国男乒实现世乒赛男单项目上的9连冠。

知识窗

（1）世界乒乓球锦标赛有7项比赛，设有7个奖杯。奖杯各有捐赠者，是从1926年至1948年，经历23年才全部确定下来的。奖杯是流动的，每届比赛获杯者的名家或国家名称都被刻在奖杯上，以示永久纪念。国际乒联还规定，同一项连续3届获冠军的运动员，国际乒联将授予该运动员一个复制的奖杯。

男子团体冠军杯——斯韦思林杯：1926年12月，在首任国际乒联主席伊沃·蒙塔古的母亲斯韦思林夫人（Swaythling）的图书馆举行了第一次国际乒联全体会议，此次锦标赛的赞助人斯韦思林夫人捐赠了一只大奖杯，名为“斯韦思林杯”，作为男子团体赛的优胜奖杯。该奖杯是从蒙塔古家存放银器的仓库里选出来的。

女子团体冠军杯——考比伦杯：从1934年第8届世界乒乓球锦标赛开始，增设女子团体赛项目。这届比赛在法国巴黎举行，主办国法国乒协主席马赛耳·考比伦先生（Marcel Corbillon）捐赠了以他的名字命名的奖杯，作为女子团体赛的优胜奖杯。

（2）乒乓球大满贯是指囊括了乒乓球比赛所有赛事的冠军并取得了所有荣誉，而且依国际惯例，大满贯也仅指单打方面。乒乓赛事可分世界、洲际与国家三个层次。世界比赛有四大赛：奥运会，世乒赛，世界杯与国际乒联年终总决赛；洲际赛有欧洲锦标赛、亚洲锦标赛、亚运会等；还有各国的全国锦标赛（如中国的全运会）。如据以上大满贯的定义，真正意义的大满贯也只有邓亚萍一人，她真正拿到了所有比赛的冠军，获得了所有的荣誉。现如今乒乓球大满贯一般指奥运会、世锦赛、世界杯三大赛事的单项比赛冠军。

二、乒乓球基本技术

（一）基本站位与准备姿势

1. 基本站位

乒乓球运动的基本站位应与不同类型的打法及个人的打法特点相适应，不同类型打法的基本站位的范围大小也不相同。站位正确有利于保持稳定的击球姿势并便于向任何一个方向迅速移动。

站位动作要点：左推右攻打法基本站位在中间偏左，两面攻打法基本站位在近台中间，弧圈球为主打法基本站位在中台偏左，横拍攻削结合打基本站位在中台附近，削球打法基本站位在中远台附近。

2.准备姿势

准备姿势是指击球员准备击球或还击球时的身体各部位姿势。合理的姿势有利于脚、腿蹬地用力和腰、躯干各部位的协调配合与迅速起动；有利于保持正确的击球姿势，提高击球的命中率，制造出最大的击球力。

准备姿势动作要点：两脚左右开立约与肩同宽，身体重心稍向右侧，面向球台。两膝自然弯曲，提踵，重心置于两脚之间。含胸收腹，上体略前倾，下颌微收，两眼注视来球。持拍手和非持拍手均应自然弯曲置于身体侧方，保持相对的平衡态，身体重心置于前脚掌内侧。（图6-1-1）

图 6–1–1

（二）握拍法

握拍有直拍握法和横拍握法两种。① 直拍握法：拇指、食指自然弯曲，以拇指第一关节和食指握住拍柄两肩。中指、无名指、小指自然弯曲斜行重叠，以中指第一关节偏左侧部托于球拍背面上1/3处，或中指、无名指微屈，同时压住拍面。② 横拍握法：虎口压住球拍右上肩，拇指和食指自然弯曲分别握在拍身前、后两面。中指、无名指、小指弯曲握住拍柄。（图6–1–2）

图 6–1–2

（三）基本步法

步法指击球时选择合适的位置所采用的脚步移动方法。步法是乒乓球运动的生命。没有灵活的步法，就不可能有效地回击来球，无法使用有效的手法。

（1）单步：在来球距离身体一步以内的较小范围、角度不大的情况下，处理台内球、还击追身球时采用此种步法。

动作要点：以一脚前脚掌内侧为轴稍转动、蹬地用力，另一脚向来球方向做前、后、左、右移动一步。

（2）并步（亦称滑步或换步）：两面攻打法从基本站位向左右移动时多采用并步。

动作要点：一脚向来球方向移动，另一脚随即跟着移动一步。

（3）交叉步：在来球较远的情况下多采用交叉步。

动作要点：以来球反方向脚向来球方向交叉，并超过另一脚，然后另一脚随即向来球方向移动。

（4）侧身步：当来球逼近身体或者来球至反手位时，多采用侧身步。

动作要点：左脚先向左跨一步，然后右脚随即向左后方移动，另一种可以用左脚先向前插上，右脚向左后移动。

（四）发球与接发球技术

1. 发球技术

发球技术是连接整个乒乓球技战术的重要环节。发球、接发球、发球抢攻称为前三板技术，是我国的乒乓球强项技术。基本的发球技术分以下几种。

（1）平击发球。

平击发球有正手平击发球和反手平击发球两种。

正手平击发球：左脚稍前，抛球的同时转体，手臂向身体右后方引拍，当球下降至稍高于球网时，手臂向左前方发力，挥拍击球中上部，顺势还原。（图6–1–3）

反手平击发球：右脚稍前或平站，抛球的同时转体，手臂向身体左后方引拍，当球下降至稍高于球网时，手臂向右前方发力，挥拍击球中上部，顺势还原。

横板平击

直板平击

图 6–1–3

（2）正手发左侧上、下旋球。

特点：发球员在正手位由右向左挥拍摩擦球，球速较慢但左侧上（下）旋转力较强。

动作要点：正手发左侧上旋球时，手臂自右上方向左下方挥摆，球拍从球的右侧中下部向左侧面摩擦。正手发侧下旋球时，手臂自右后上方向左前下方挥摆，球拍从球的右侧中下部向左侧下部摩擦。（图6–1–4）

横板正手发下旋球

直板正手发下旋球

图 6–1–4

（3）反手发右侧上、下旋球。

特点：指发球员在身体的反手位由左向右挥拍摩擦，球速较慢，但右侧上（下）旋转力较强。

动作要点：反手发右侧上旋球时，执拍手由左上方经身前向右下方挥摆，触球的拍面从球的左中下部左侧上部摩擦。反手发右侧下旋球时，执拍手由左后上方向右前下方挥摆，触球时拍面从球的左侧中下部向右侧下部摩擦。同时，应注意配合转体动作使腰、臂协调用力，有利于增大发球的速度和力量，增强球的旋转。

（4）正手发转与不转球。

正手发转与不转球是指发球员正手用相似的动作发出下旋强弱差异较大的球。球速较慢，前冲力小。

（5）高抛式发球。

特点：利用高抛球，下落时的加速度增大对球拍的压力，从而加快了发球的速度，增加对方接发球的难度，为抢攻或抢拉创造有利条件。具有出手快、飞行急、旋转强、变化多的特点。

动作要点：高抛发球站位一般在左半台，侧身正手高抛发球。击球的要点和低抛基本相同，发球时应注意有旋转变化，还应有长、短落点和斜、直线变化。

2. 接发球技术

接发球技术具有被动转主动、技术难度大、要求判断反应快和心理素质稳定的特点。第一扳回接球是由被动转入主动进攻的第一步。回接球的质量直接影响自己技战术的发挥，决定了是否能将对手控制在被动状态，同时也直接影响到自己的心理状态。接发球好可直接得分或为抢攻创造有利条件。接发球的基本手法是由点、拨、带、拉、攻、推、搓、削、摆短、撇侧旋等多种综合技术组成。

（五）推挡球技术

推挡球包括平挡、快推、加力推、推挤、推下旋、减力挡等。它是控制球速、落点和稳定球性的手段，是初学者首先应该学习的技术。因此，要想学好打乒乓球，必须学好该项技术。

动作要点：两脚平行或左脚稍前站立。身体离球台40～50厘米，两脚开立约与肩同宽，两膝微屈。球拍置于腹前，上臂带动前臂沿台面做平行挥动。击球拍形呈半横状，约与台面垂直，在击球的上升期击球的中部，以借助对方来球的反弹力将球击回。

（六）攻球技术

乒乓球的攻球技术分为正手攻球、反手攻球。

1. 正手攻球

特点：站位近、动作小、速度快。比赛中能以攻代守应对对方进攻，是进台快攻打法使用最多的一种攻球技术。

动作要点：判断来球，选好站位。引拍于身体右侧方。击球时，右脚蹬地转腰，并向前移动重心至左脚。同时，上臂带动前臂向前向左上方挥拍，手腕配合前臂旋内转动做内收，在来球的上升期击球的中上部。击球后，执拍手及身体各部位迅速放松，随势挥拍至前额，立即还原。（图6–1–5）

图 6–1–5

2. 反手攻球

反手攻球是横拍打法常用技术之一。

动作要点：站位近台偏左，两脚平行站立，身体前倾，上臂自然地靠近身体，前臂迅速伸入台内迎球。击球前，肘关节自然弯曲，引拍至腹部左侧前，拍柄稍向下。击球时，前臂做旋外并稍加用力带动手腕向右前方挥动，肘略往后，拍形稍前倾，在来球的上升期击球中上部。

（七）搓球技术

特点：搓球是近台和台内回击下旋球的一种比较稳定的技术。它与削球的主要区别是站位近、动作小，由于具有旋转、速度、落点变化，常用于接发球或搓球过渡，为进攻创造机会。

动作要点：站位偏左台，两脚左右开立。

（1）反（正）手搓时：向左（右）上方引拍，拍形稍后仰。正手搓时，身体稍向右转。击球时，前臂做旋内转动，手腕配合用力，由上向前下方挥拍，在来球的下降前期或高点期，摩擦球的中下部或中部偏下，同时身体重心应向前移动。击球后，手臂立即放松，随势前送，迅速还原。

（2）搓转与不转球：尽可能用相近的手法搓出加转与不转的球，为抢攻创造机会。慢搓或快搓均可搓加转球或不转球，搓加转球，手腕加速用力向前下方切球，用球拍的下半部摩擦球。搓不转球时，手腕向前用力，用球拍的上半部或中部碰撞球。

（八）弧圈球技术

弧圈球技术可分为正手弧圈球技术和反手弧圈球技术。根据弧圈球技术的旋转特征，可将弧圈球技术分为加转弧圈球、前冲弧圈球和侧旋弧圈球。

1. 正手拉弧圈球动作要领

两脚左右开立，稍大于攻球时距离，右脚在后，身体重心较低。执拍手沉肩垂臂，引拍至身体后下方，拍面稍前倾，身体重心移至右脚。大臂带动前臂向前上方挥拍，逐渐加快挥拍速度。根据来球旋转程度控制好拍形角度并找准击球时间。身体重心向左脚移动。拍触球时，右脚蹬地转体向左侧转动，迅速收缩前臂，发力要以腰、手为主，在来球下降期击球的中部或中上部。拉球后，球拍随势挥至头部高度，身体重心移至左脚上。拉加转弧圈球要调整好重心，以便于下一次进攻。拉前冲弧圈球发力方向是向前为主略带向上，击球时，拍面的前倾角度比拉加转弧圈球大。

2. 反手拉弧圈球动作要领

两脚平行或左脚稍后，准备击球时，身体重心下降，右肩下沉，球拍向下后方引至大腿内侧，球拍适当前倾，肘关节略向前顶出，持拍手要适当放松，手腕稍外展。球拍向上前方挥动，击球点在腹前方，触球时，身体向前方顶起，前臂以肘关节为轴，快速发力带动手腕的扭动发力。摩擦球的中下部，拉球的高点，迅速还原。另外重视两脚蹬踏用力和身体迎前击球动作，加强手臂、腰、腿间的协调发力，尤其是前臂的快速收缩。此外，要加强中台和中远台反手拉的相持能力。

（九）削球技术

削球是削攻型打法的一项主要技术，它是通过旋转变化和落点的变化来控制对方，使对方直接失误或为自己造成进攻机会。旋转的差别是削球攻型打法争取主动的关键，削扣杀球、追身球和弧圈球是削球手应该掌握的重要技术。削球技术主要包括正、反手削加转弧圈球、削前冲弧圈球、削追身球。

削加转弧圈球动作要点：判断来球，降低重心，移动好削球的位置。

正手削球时左脚稍前，反手削时右脚稍前。以将球的击球点选在左右腹前为宜。正手削球时，身体向右后转并向右后上方引拍，动作幅度稍大些，使球拍与击球点之间有适当的挥拍加速距离。反手削球时，身体向左后转并引拍向左后上方，动作幅度略小于正手引拍。正手挥拍动作由右后上方向左前下方挥拍，反手削球挥拍动作由左后上方向右前下方。拍触球时，以大臂带动前臂发力为主，拍形稍立一些。手臂的发力顺序是先压后削再送，即先向下用力为主、向前为辅。击完球后，继续向前下方挥动，并迅速还原。

知识窗

（1）弧圈球的起源：弧圈球在20世纪50年代末起源于日本。据乒乓球历史资料记载，中国人知道在正式比赛中有弧圈球技术是在1960年，也就是第26届世乒赛的前一年。中文的“弧圈球”与英文意思差不多，均是呈圆弧状的东西。对这一技术，中西方均是根据拉球后球在空中运行的弧线形状命名的。日本队经过长期不断的摸索，在远台长抽的基础上，创造性地把上旋球又发展了一步，形成人们所说的弧圈球。这一步发展具有划时代的意义。正因为有了弧圈球，才有了近30年来旋转与速度的相互较量、相互融合、相互促进，推动了乒乓球运动向前发展，直至达到今天的水平。

（2）直拍横打的起源：20世纪80年代，江嘉良在他运动生涯的后期曾经偶尔应用这项技术。20世纪90年代，国内一些乒乓球技术人员和教练员对这项技术进行了专门研究、改进并在教学中使用，培养出不少直拍横打的选手。第一个成名的是刘国梁，他的直拍横打完善、丰富了直拍反手位技术，拓宽了快攻打法的球路，使直拍传统的左推右攻向两面攻发展。王皓更是显示了直拍横打这种技术创新的威力，使直拍反手可以直接向横拍反手叫板。

三、乒乓球基本战术

（一）发球抢攻战术

发球抢攻是我国直板快攻打法的杀手锏，是力争主动、先发制人的主要战术。各种类型打法的运动员都普遍采用发球抢攻来抢占第一回合的优势。发球战术运用的效果主要取决于发球的质量和第三板进攻的能力。发球抢攻战术因打法的类型不同而有所差异，但常用的发球抢攻战术，主要有以下几种：① 正手发转与不转。② 侧身正手（高抛或低抛）发左侧上（下）旋球。③ 反手发右侧上（下）旋球。④ 反手发急球或急下旋球。⑤ 下蹲式发球。

（二）接发球战术

接发球战术与发球抢攻战术同样重要，在某种意义上讲，接发球水平的高低可以反映运动员的实战能力以及各项基本技术的应用程度。事实上，接发球者只是暂时处在被控制状态，如果破坏了发球者的抢攻意图或者为他制造了障碍，减弱了对方抢攻的质量，也就意味着已经脱离被控制状态，变被动为主动了。

常用的接发球战术：① 稳健保守法。② 接发球抢攻。③ 盯住对方的弱点处，寻找突破口。④ 控制接发球的落点。⑤ 正手侧身接发球。

（三）搓攻战术

搓攻战术是进攻型打法的辅助战术之一，主要利用搓球旋转的变化和落点的变化为抢攻创造机会。这一战术在基层比赛中被普遍采用。搓攻战术也是削球型打法争取主动的主要战术之一。

常用的搓球战术有慢搓与快搓结合、转与不转结合、搓球变线、搓球控制落点、搓中突击、搓中变推或抢攻。

（四）对攻战术

对攻战术是进攻型打法在相持阶段常用的一项重要战术。对攻类打法主要依靠反手推挡（或反手攻球）和正手攻球（或正手拉弧圈球）的技术，充分发挥快速多变的特点来调动对方。

常用的对攻战术有下列几种：① 紧逼对方反手，伺机抢攻或侧身抢攻、抢拉。② 压左突右。③ 调右压左。④ 攻两大角。⑤ 攻追身球。⑥ 变化击球节奏，加力推和减力挡结合，发力攻、拉与轻打轻拉结合，也可造成对手的被动局面。⑦ 改变球的旋转性质，如加力推后推下旋，正手攻球后，退至中远台削一板，对方往往来不及反应，可直接得分或创造机会球。

（五）拉攻战术

拉攻战术是以攻为主的选手对付削球的主要战术。为了发挥拉攻的战术效果，首先要具备连续拉的能力，并有线路、落点、旋转、轻重等变化，其次要有拉中突击和连续扣杀的能力。

常用的拉攻战术主要有：① 拉反手后，侧身突击斜线或中路追身球。② 拉中路杀两角或拉两角杀中路。③ 拉一角或杀另一角。④ 拉吊结合，伺机突击。⑤ 拉搓结合。⑥ 稳拉为主，伺机突击。

（六）削中反攻战术

削中反攻战术主要靠稳健的削球限制对方的进攻能力，为自已的反攻创造有利条件。它不仅增强了削球技术的生命力，也促进了攻防之间的积极转化，常用的削中反攻战术主要有：① 削转与不转球，伺机反攻。② 削长短球，伺机反攻。③ 逼两大角，伺机反攻。④ 交叉削两大角，突击对方弱点。⑤ 削、挡、攻结合，伺机强攻。

四、乒乓球比赛规则简介

（一）球台

球台的上层表面叫作比赛台面，应为与水平面平行的长方形，长2.74米，宽1.525米，离地面高76厘米。比赛台面应呈均匀的暗色，无光泽。沿每个2.74米的比赛台面边缘各有一条2厘米宽的白色边线，沿每个1.525米的比赛台面边缘各有一条2厘米宽的白色端线。

（二）定义

（1）“回合”：球处于比赛状态的一段时间。

（2）“球处于比赛状态”：从发球时球被有意向上抛起前静止在不执拍手掌上的最后一瞬间开始，直到该回合被判得分或重发球。

（3）“重发球”：不予判分的回合。

（4）“一分”：判分的回合。

（5）“执拍手”：正握着球拍的手。

（6）“不执拍手”：未握着球拍的手。不执拍手臂：不执拍手的手臂。

（7）“击球”：用握在手中的球拍或执拍手手腕以下部分触及处于比赛状态的球。

（8）“阻挡”：当球处于比赛状态时，对方击球后，在比赛台面上方或向比赛台面方向运动的球，尚未触及本方台区，即触及本方运动员或其穿戴（带）的任何物品，即为阻挡。

（9）“发球员”：在一个回合中首先击球的运动员。

（10）“接发球员”：在一个回合中第二个击球的运动员。

（11）“裁判员”：被指定管理一场比赛的人。

（12）“副裁判员”：被指定在某些方面协助裁判员工作的人。

（13）运动员“穿或戴（带）”的任何物品，包括其在一个回合开始时穿或戴（带）的任何物品，但不包括比赛用球。

（14）球台的“端线”，包括端线两端的无限延长线。

（三）发球

（1）发球开始时，球自然地置于不持拍手的手掌上，手掌张开，保持静止。

（2）随后发球员须将球几乎垂直地向上抛起，不得使球旋转，并使球在离开不执拍手的手掌之后上升不少于16厘米，球下降到被击出前不能碰到任何物体。

（3）当球从抛起的最高点下降时，发球员方可击球，使球首先触及本方台区，然后直接触及接发球员台区。在双打中，球应先后触及发球员和接发球员的右半区。

（4）从发球开始，到球被击出，球要始终在比赛台面的水平面以上和发球员的端线以外；而且从接发球方看，球不能被发球员或其双打同伴的身体或他（她）们所穿戴（带）的任何物品挡住。

（5）球一旦被抛起，发球员的不执拍手及其手臂应立即从球和球网之间的空间移开。球和球网之间的空间由球和球网及其向上的无限延伸来界定。

（6）运动员发球时，有责任让裁判员或副裁判员确信他（她）的发球符合规则的要求，且裁判员或副裁判员均可判定发球不合法。如果裁判员或副裁判员对发球的合法性不确定，在一场比赛中第一次出现时，可以中断比赛并警告发球方。但此后如该运动员或其双打同伴的发球不是明显合法，将被判发球违例。

（四）发球、接发球和方位的次序

（1）选择发球、接发球和方位的权力应由抽签来决定。中签者可以选择先发球或先接发球，或选择先在某一方位。

（2）当一方运动员选择了先发球或先接发球，或选择了先在某一方位后，另一方运动员必须有另一个选择。

（3）在获得每2分之后，接发球方即成为发球方，依此类推，直至该局比赛结束，或者直至双方比分都达到10分或实行轮换发球法，这时，发球和接发球次序仍然不变，但每人只轮发1分球。

（4）双打的第一局比赛，先由有发球权的一方确定第一发球员，再由接发球方确定第一接发球员；以后的每局比赛，由先发球的一方确定第一发球员，第一接发球员则是前一局发球给他（她）的运动员。

（5）在双打中，每次换发球时，前面的接发球员应成为发球员，前面的发球员的同伴应成为接发球员。

（6）一局中首先发球的一方，在该场下一局应首先接发球。在双打决胜局中，当一方先得

5分时，接发球方应交换接发球次序。

（7）一局中，在某一方位比赛的一方，在该场下一局应换到另一方位。在决胜局中，一方先得5分时，双方应交换方位。

（五）轮换发球法

（1）除规则规定的情况之外，一局比赛进行到10分钟或在任何时间应双方运动员或配对的要求，应实行轮换发球法。

（2）如果一局比赛比分已达到至少18分，将不实行轮换发球法。

（3）当时限到且须实行轮换发球法时，球处于比赛状态，裁判员应立即暂停比赛，由被暂停回合的发球员发球，继续比赛；如果实行轮换发球法时，球未处于比赛状态，应由前一回合的接发球员发球，继续比赛。

（4）此后，每位运动员应轮发1分球，直到该局结束。如果接发球方进行了13次合法还击，则判接发球方得1分。

（5）实行轮换发球法不能更改该场比赛中按规则规定所确定的发球与接发球次序。

（6）轮换发球法一经实行，将一直执行到该场比赛结束。

知识窗

个人经典“十二大板”

在徐寅生的乒乓球生涯中，最让人津津乐道的就是以闻名世界的“十二大板”把日本的星野打得落花流水。在1961年4月9日的北京工人体育馆，那一瞬间成为永恒。

男子团体决赛中，轮到徐寅生上场的时候中国以1∶2落后。徐寅生的对手星野球路比较奇特，五夺世界冠军，又是弧圈球的发明者，相当难缠。前两局，两人打成1∶1平。

第三局的时候，徐寅生还是攻的战术，打到20∶18，星野一看这个形势不对，就尽量给徐寅生从底下放高球，一直放到四五米高。徐寅生还是采取了比较稳妥的办法，一板一板地扣，连续扣了十二板，后来就被称为“十二大板”。

第二节 羽毛球教学俱乐部

◎ 学习目标

掌握羽毛球运动的基本知识、基本技术和基本战术，了解羽毛球运动的基本规则。

一、羽毛球概述

（一）羽毛球的起源

1. 起源于日本

羽毛球最早出现于14—15世纪时的日本，球拍是木制的，球用樱桃核插上羽毛制成。这种球由于球托是樱桃核，太重，球飞行速度太快，使得球的羽毛极易损坏，加之球的造价太高，因此该项运动就慢慢消失了。

2. 出现在印度

大约至18世纪时，印度的普那出现了一种与早年日本的羽毛球极相似的游戏，球用直径约6厘米的圆形硬纸板，中间插羽毛制成（类似我国的毽子）。板是木质的，玩法是两人相对站立，手执木板来回击球。

3. 诞生在英国

现代羽毛球运动诞生于英国，大约在1800年左右，由网球派生而来。现今的羽毛球场地和网球场地仍非常相似。1870年，出现了用羽毛、软木做的球和穿弦的球拍。1873年，英国人鲍弗特在格拉斯哥郡伯明顿镇的庄园里进行了一次羽毛球游戏表演。从此，羽毛球运动便逐渐开展起来，“伯明顿”即成了羽毛球的名字，英文的写法是“Badminton”。那时的活动场地是葫芦形，两头宽中间窄，窄处挂网，直至1901年才改作长方形。

（二）羽毛球的发展

1877年，英国的巴斯羽毛球俱乐部成立，第一本羽毛球比赛规则在英国出版。

1893年，在英国成立了世界上第一个羽毛球协会。1899年，该协会举办了第1届全英羽毛球锦标赛，每年举办一次，沿袭至今。

20世纪初，羽毛球运动从斯堪的纳维亚到英国，流传到亚洲、美洲、大洋洲，最后传到非洲。

1934年，国际羽毛球联合会成立，总部设在伦敦。

1939年，国际羽毛球联合会通过了各会员共同遵守的《羽毛球竞赛规则》。

20世纪20年代至40年代，欧美国家的羽毛球运动发展很快，其中英国、丹麦、美国、加拿大的水平相当高。20世纪50年代，亚洲羽毛球运动发展很快，马来西亚取得了两届汤姆斯杯赛冠军。同时，印度尼西亚队在技术和打法上有所创新，很快取得了霸主地位。

1981年5月，国际羽毛球联合会重新恢复了中国在国际羽联的合法席位，从此揭开了国际羽坛历史上新的一页，进入了中国羽毛球选手称雄世界的辉煌时代。

中国羽毛球运动的竞技水平居世界前列。在2015年5月17日，在第14届世界羽毛球混合团体锦标赛（苏迪曼杯赛）决赛中，中国国家羽毛球队成功卫冕，实现六连冠。在2020年东京奥运会上，中国国家羽毛球队获得2金4银的好成绩。

在1988年汉城奥运会上，羽毛球被列为表演项目；1992年巴塞罗那奥运会将羽毛球比赛列为正式比赛项目；1996年亚特兰大奥运会将混双比赛列为比赛项目。从此羽毛球运动进入新的发展时期。

羽毛球运动在中国的发展　　羽毛球的特点　　羽毛球的锻炼价值

二、羽毛球基本技术

（一）握拍法

握拍法如图6-2-1所示。

1. 正手握拍法

握拍之前，先用左手拿住球拍，使拍面与地面垂直；再张开右手，使手掌下部靠在球拍的握柄底托部位，虎口对着球拍框；小指、无名指和中指自然并拢，食指与中指稍稍分开，自然弯曲并贴在拍柄上。

2. 反手握拍法

反手握拍法是在正手握拍法的基础上把球拍框往外转（即往左方转），拇指前内侧部位贴在拍柄的窄面部位上，食指往中指、无名指、小指并拢。反手握拍时，通常情况下，手心与拍柄之间要有一定的空隙，这种握拍法有利于手腕力量和手指力量的灵活运用。

对于握拍来说，并没有严格的限制，无论哪种握法，最终目的都是使自己的手腕能更加灵活地转动，手指能最大限度地发挥力量。握拍法不能限制或影响手腕的活动，不能影响手指的发力，否则握拍法就是错误的，要尽快改正。

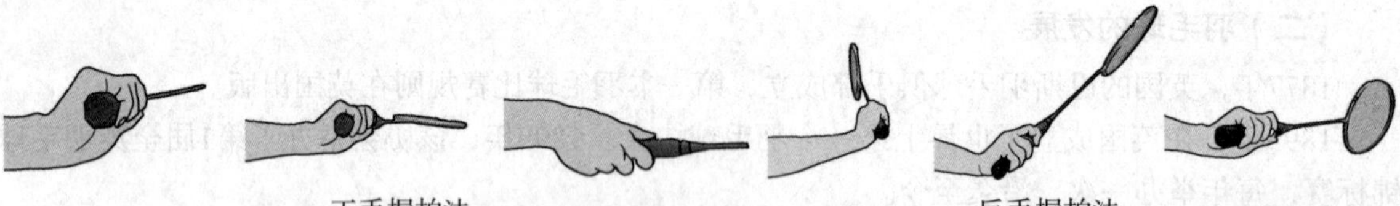

正手握拍法　　反手握拍法

图 6-2-1

（二）步　法

1. 起　动

起动对来球一有反应判断，即从准备接球姿势转为向击球位置出发，称为起动。一场比赛要起动几百次（基本上是每回击一拍起动一次）。要做到起动快，必须反应敏捷、判断准确和起动的准备姿势正确。准备姿势可分为两种，一种是接发球姿势（必须按规则要求原地站立），左脚在前，右脚在后，侧身对网，重心在左脚，右脚跟离地，双膝微屈，收腹含胸，放松提拍，屈肘举在胸前，两眼注视对方发球动作；另一种是双方对打过程中的准备姿势，应该是右脚在前，左脚在后，前脚掌着地，脚跟提起，膝关节微屈，上体稍前倾，重心落在两脚之间，持拍于腹前，整个姿势要协调放松，保持一触即发的起动姿态。

2. 移　动

移动主要指从中心位置起动后到击球位置的移动方法。移动的基本步法有垫步、交叉步、小碎步、并步、蹬转步、蹬跨步和腾跳步等，运用这些方法，构成了从中心位置到场区不同位置击球的组合步法——后退步法、两侧移动步法和上网步法。自中心位置到击球点的步数，一般用一步、两步或三步，这必须根据当时球离身体的远近来决定。影响移动速度的因素有步数的多少、步频的快慢。

3. 回动（回中心位置）

击球后，应尽力保持（或尽快恢复）身体平衡，并立即向中心位置移动，以便在中心位置上做好迎击下一个来球的准备，称为回动。初学者往往缺乏回中心的意识，哪里打完球就停在哪里，这是必须改正的。当然，随着比赛经验的积累，运动员会逐渐体会到并非每击一次球都必须回中心，而应根据比赛当时的实际情况，根据双方技战术的特点，选择最合理的回击对方来球的回动路线和回动位置。

4. 上网移动步法

从中心位置移动到网前击球的步法，称为上网步法。上网步法可根据各人习惯采用交叉步、并步、垫步或蹬跨步。（图6-2-2、图6-2-3）

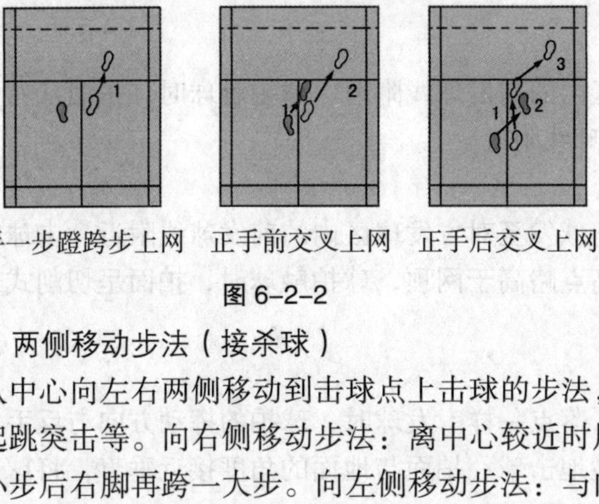

正手一步蹬跨步上网　正手前交叉上网　正手后交叉上网

图 6-2-2

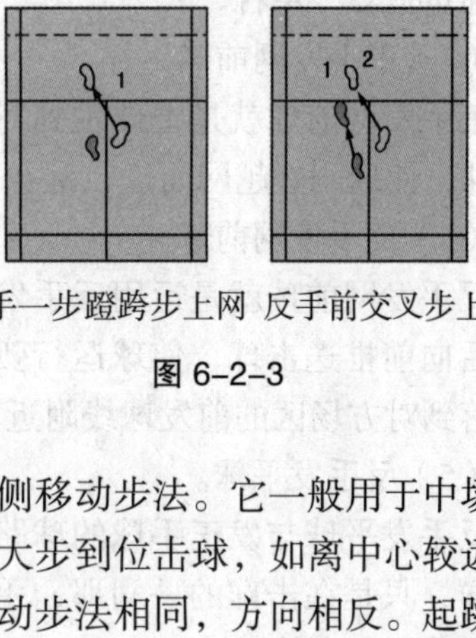

反手一步蹬跨步上网　反手前交叉步上网

图 6-2-3

5. 两侧移动步法（接杀球）

从中心向左右两侧移动到击球点上击球的步法，称为两侧移动步法。它一般用于中场接高球、起跳突击等。向右侧移动步法：离中心较近时用蹬跨一大步到位击球，如离中心较远，则垫一小步后右脚再跨一大步。向左侧移动步法：与向右侧移动步法相同，方向相反。起跳腾空步法：为了争取时间进行高点击球时用单脚或双脚起跳，居高临下，凌空一击的方法叫起跳腾空击球，主要采用并步加蹬跳步，这种步法在两侧突击进攻时使用较多。

6. 后退移动步法

从中心移动到后场各个击球点的位置上击球的步法，称为后退步法。正手后退（右场区）步法：一般采用侧身后退步法，有利于到侧后方挥拍击球，多采用并步加跳步。头顶击球（左场区）步法：一般采用侧身后退步法，移动方向是向左后场，采用后交叉加跳步步法。

7. 前后场连贯移动步法

连贯移动是指两个或两个以上的击球动作之间的移动是连贯的。原因一般有两种，一是战术目的明确或预测判断有十分把握的情况下步法移动迅速；另一种是双方互相还击的球速都比较快，如接杀抽球、放网前球、勾球、推球等类型的技术，运动员跑起来步法之间衔接很快，也被认为是连贯的。无论什么情况，两个技术动作之间的步法必然会有稍停顿的现象，只要运动员节奏掌握得好，就不为人所注意了。

（三）发球、接发球技术

1. 发球技术

发球技术可分为正手发球技术和反手发球技术。

（1）发高远球。（图6–2–4）

高远球就是把球发得又高又远，使球向对方后场上方飞去，球的飞行路线与地面形成的角度要大于45°，使球在对方场区底线附近垂直下落。

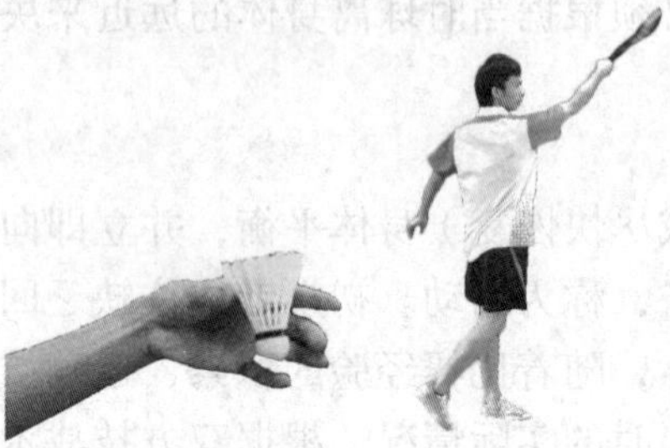

图 6–2–4

（2）正手发平高球。

发球时，姿势、动作和发正手高远球一样，只是发力方向和击球点不同。发平高球时球运行的抛物线角度不大，球迅速地越过对方场区上空而落到底线附近，球在空中的路线和地面形成的仰角是45° 左右。

（3）正手发网前球。

正手发网前球就是把球发到对方发球区内的前发球线附近。球拍触球时，拍面从右向左斜切击球，使球刚好越网而过，落在对方前发球线附近。

（4）反手发网前球。

反手发网前球就是运用反手发球技术把球发至对方发球区内的前发球线附近。击球时，球拍由后向前推送击球，使球运行弧线的最高点略高于网顶，球拍触球时，拍面呈切削式击球，使球落到对方场区的前发球线附近。

（5）反手发平球。

反手发平球与发正手球的球路、角度、落点一样。发球时，球拍的挥动方向与反手发网前球一样，只是在击球的一刹那，手腕有弹性地击球，拍面与地面的角度接近垂直，将球击到双打后发球线以内的区域。

2. 接发球技术

（1）接发球的站位和姿势。

单打站位一般是站在离发球线1.5米处，右发球区靠近中线的位置，在左发球区则站在中间的位置。这样站主要是防备对方直接进攻反手部位，一般左脚在前，右脚在后，双腿微屈，收腹含胸，身体重心放在前脚上，后脚脚跟稍抬起，身体半侧向球网，球拍举在身前，双眼注视对方。（图6–2–5）

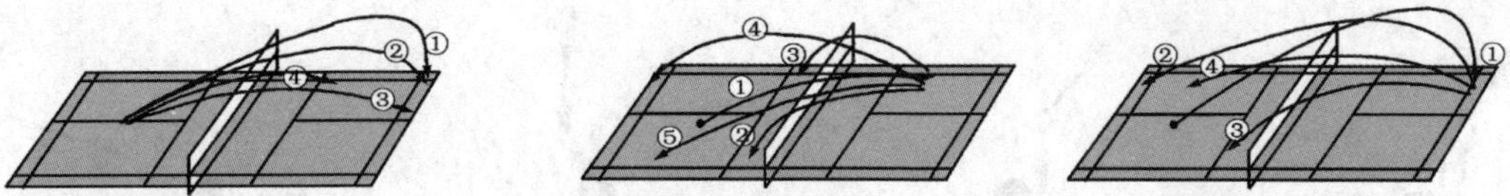

① 高远球；② 平高球；
③ 平射球；④ 网前球

接前场小球的种类
① 发前场小球；② 勾对球；
③ 搓（放）小球；④ 推后场球；⑤ 扑球

接后场小球的种类
① 发后场高远球；② 回后场球；
③ 吊前场球；④ 杀球

图 6-2-5

双打发球区比单打发球区短0.76 米，发高远球易被对方扣杀，因此双打发球多以发网前球为主，接发球时要站在靠近前发球线的地方。双打接发球准备姿势和单打姿势基本相同，只是身体前倾较大，接发球时身体重心可前可后，球拍要举得高些，在球飞行到网上最高点时击球，争取主动。但要注意对方在右场区发平快球突袭反手部位。

（2）接发各种来球。

对方发高远球或平高球时，可用平高球、吊球或杀球还击。一般来说，接发高远球是一次进攻的良好机会，还击得好，就掌握了主动。一些初学者常因后场技术没掌握好，还击球的质量较差，遭到对方的攻击。如图6-2-6所示，实线为对方发来的高远球，“1”为还击高球；“2”为还击吊球；“3”为还击杀球。对方发来网前球时，可用平高球、高远球、放网前球、平推球还击；如对方发球质量不好，也可用扑球还击。要洞察对方发网前球的意图，如果是要发球抢攻，而自己的防守能力又不强，那么，就放网前球或平推球还击，落点要远离对方的站位，控制住球，不让对方进攻；当对方连续发球抢攻时，接发球一定要冷静、沉着，若疏忽麻痹，回球质量稍差，就可能让对方抢攻得手；对方发来平快球时，可用平推球、平高球还击，以快制快（图6-2-7）。由于接球方还击的击球点比发球方高，下压得狠些可以夺取主动，其次亦可用高远球还击，但不能仓促还击网前球，因为击球质量稍差，就有可能遭受对方的进攻。

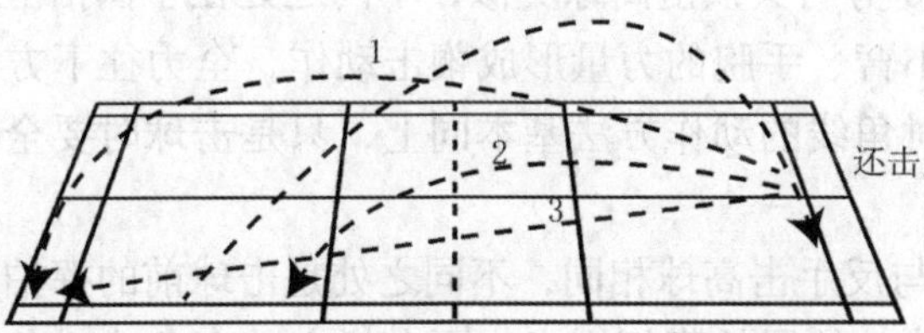

图 6-2-6

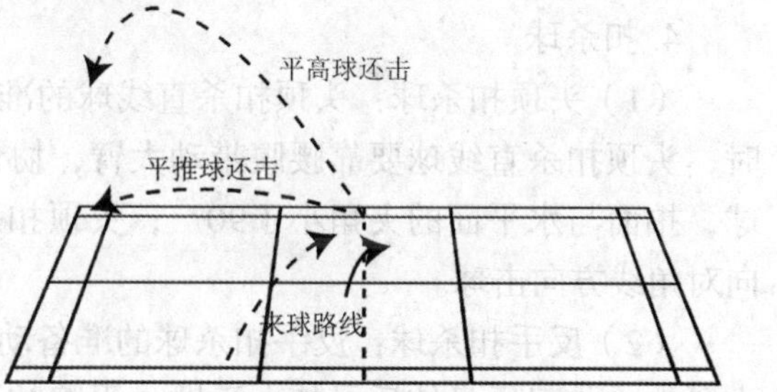

图 6-2-7

（四）后场击球技术

后场击球技术如图6-2-8所示。

1. 正手击直线高球和对角线高球

起跳后，手腕控制球拍，对准来球路线，快速挥拍击打球的后部，球即沿着直线飞行；若手腕控制拍面击球托的右下方，球则沿着对角线方向飞行。击球后，手臂随惯性自然回收至胸前。

图 6–2–8

2. 反手击高远球

如果对方的来球飞向左后场区，要迅速把身体转向后方，移动到合适的击球位置，背对球网，反手握拍，沿半弧形击球，把球击向后上方。

3. 吊　球

如果对方击来高球，可以用吊球从后场轻击、轻切、轻劈到对方近网附近。吊球根据其动作方法、球的飞行弧线的不同可分为轻吊、拦吊、劈吊；根据出手的位置和球落下的位置又可作以下划分。

（1）正手吊直线球和对角线球：吊直线球时，击球用力的方向是朝前下方，但在击球瞬间，小臂要突然减速，用手腕的闪动向下轻轻切击球托的右侧后下方，使球越网后即下落；吊对角线球时，击球用力的方向是对角线斜下方。

（2）反手吊直线球和反手吊对角线球：反手吊直线球和反手吊对角线球的击球前动作与反手击高球动作类似，不同的是小臂要上摆，用拇指内侧顶住拍柄，手腕向后甩腕，轻击球托的后下部位，使球朝着直线和对角线方向落到对方的网前。

4. 扣杀球

（1）头顶扣杀球：头顶扣杀直线球的准备姿势与头顶击高球类似，不同之处在于挥拍击球时，头顶扣杀直线球要靠腰腹带动大臂，协调小臂、手腕的力量形成鞭击动作，全力往下方击球，拍面与水平面的夹角小于90°；头顶扣杀对角线的动作方法基本同上，只是击球时要全力向对角线方向击球。

（2）反手扣杀球：反手扣杀球的准备动作与反手击高球相同，不同之处是击球前的挥拍用力要大，跳起后身体反弓加上手臂、手腕的延伸、外展的鞭打用力，可向对方的直角或对角线的下方用力，击球瞬间球拍与扣杀球方向的水平夹角应小于90°。

（五）前场击球技术

前场技术包括网前的放球、搓球、推球、勾球、扑球、挑球等，其中搓球、推球、勾球、扑球属进攻技术，要求击球前期动作有一致性，击球瞬间产生突变。前场击球技术要求握拍要活，动作要细腻，手腕、手指要灵巧，以控制好球的落点。前场击球的威胁较大，因球飞行距离较短，落地快，常使对手措手不及而直接得分；即使不能直接得分，也能迫使对方被动回球，创造下一拍的机会。若网前进攻和中后场进攻能紧密结合起来，则能发挥前后场的连续进攻，掌握主动权。

1. 放网前球

（1）正手放网前球：当对方将球击至自己正手网前时，用正手握拍，用球拍轻轻切球托，将球向上弹起，恰好一过网就朝下坠落。其一般的动作是：侧身向球的方向移动，上身稍前倾，右手握拍于体前；步法移动的最后一步是右脚向着来球方向，跨一大步成弓箭步，身体重心要提高，前臂伸向来球，要往前上方举，稍上仰，斜对网，争取高点击球，握拍放松，稍收腕，向球托斜侧提击或搓切，击球过程中左手要向后平举以协调动作。挥拍的力量、速度和拍面角度的大小主要取决于来球离网的远近和速度的快慢，来球离网远、速度快，则放球时的力量要大些，反之力量则要小些。放网后，身体还原或成准备姿势。

（2）反手放网前球：击球前的动作要领同正手放网前球的动作，只是方向相反。反手握拍，反面迎球。击球时，主要靠小臂的前伸、外旋和手腕由内收至外展的合力，轻托底部把球送过网。击球后，整个动作还原成下次击球的准备姿势。

2. 网前搓球

网前搓球如图6–2–9所示。

（1）正手网前搓球：击球前，小臂稍外旋，手腕由后伸至稍内收闪动，击球时在正手放网前球动作的基础上，加快挥拍速度，搓切来球的右下部，使球旋转滚过网。

（2）反手网前搓球：击球前，小臂前伸外旋，手腕由内收至外展状，搓击球的右侧后底部，使球侧旋滚动过网；另外还可以使小臂稍伸直，手腕由外展至内收，带动球拍向前切送，击球托的后底部，使球下旋滚动过网。

图 6–2–9

3. 网前推球

（1）推直线球：站在网前，当球飞过来时，球拍向右侧前上举，在肘关节微屈回收时，小臂稍外旋，手腕稍后伸，球拍也随之往右稍下后摆，拍面正对来球，小指和无名指稍松开，使拍柄稍离开手掌鱼际肌，拇指和食指稍向外捻动拍柄，拍面更为后仰。

（2）正手推对角线球：准备姿势和击球前动作与推直线球相同，但是击球时击球点在右肩前，要推击球托的右侧后部，使球沿对角线方向飞去，手腕要控制拍面角度，闪腕时手臂不要完全伸直。

（3）反手推直线球：在网前较高的击球点上，反手握拍，用推击的方法向对方底线击出弧度较平、速度较快的球。其击球动作是：用反手握拍法，前臂伸直时稍外旋，手腕由外展至伸直闪腕，中指、无名指和小指突然握紧拍柄，拇指顶压球拍，往前挥拍，推击球托的左侧面。

（4）反手推对角线球：反手推对角线的击球动作基本上与推直线球相同，区别在于击球一刹那要急速向右前方挥拍，推击球的左侧后部，使球沿对角线方向飞行。

4. 网前勾球

（1）正手网前勾对角线球：勾球一般采用并步加蹬跨步上网的步法。在步法移动的同时，球拍随着前臂往右前上方举起；前臂前伸的同时，稍有外旋，手腕微后伸，这时的握拍稍有变化，即将拍柄稍向外捻动，使拇指贴在拍柄的宽面上，食指的第二指节贴在与其相对的另一个宽面上，拍柄不触及掌心。击球时，前臂稍有内旋往左拉收，手腕由稍后伸至内收，拍面拨击球托的右侧下部，由手腕和手指控制拍面角度；击球后，球拍回收至胸前。

（2）反手网前勾对角线球：步法移动的同时，手臂向左侧前方平举（注意手臂不要伸直，应稍弯）。击球时，肘部下沉、前臂回收外旋的同时，食指和拇指协调用力捻动拍柄，使拍面拨击球托的左侧后部，让球沿对角线飞越过网。击球后，球拍回收至胸前，为下次的来球做积极的准备。

5. 扑　球

扑球是当来球在网顶上方时，以最快的速度上网扑压来球的技术动作。扑球可分为正手扑球和反手扑球两种，其路线有直线、对角线和补随身球三种。扑球在网前进攻技术中是威胁较大的一种技术。扑球的关键在于"快"，即首先判断要快，一经作出判断，即要求起动快并采用蹬跨步或跳步上网，其次是出手要快，抓住来球在网顶的最高点出手。

（1）正手网前扑球：身体腾空跃起或右脚蹬跨的同时，前臂往前上方举起，球拍正对来球方向。正手击球时，随着手臂由屈至伸、手腕由后伸至向前闪动及手指的顶压，将球扑下，其中手腕是控制力量的关键。当挥拍距离短、动作小、爆发力强的时候，扑击的球才会给对方造成一定的威胁。如果球离网顶较近，就采用"滑动式"扑球方式，用手腕从右向左将球拍压下去，这样可以避免球拍触网犯规。扑球后，注意腿上的缓冲，控制重心，以免身体触网。

（2）反手网前扑球：反手握拍持于体前左侧。当身体跃起或蹬跨上网时，球拍随前臂前伸而举起，手腕微屈，拇指顶压在拍柄宽面上，其他四指自然并拢，拍面正对来球。击球时，手臂由屈至伸，手腕由微张至后伸并用力闪动，拇指顶压，加速挥拍扑击。击球后，球拍随手臂回收至体前。

6. 网前挑球

（1）正手网前挑球：准备姿势同正手放网前球动作。击球前前臂充分外旋，手腕尽量后伸。击球时，从右下向右前方至左上方挥拍击球。在此基础上，若球拍向右前上方挥动，挑出的是直线高球；若球拍向左前方挥动，挑出的则是对角高球。（图6-2-10）

（2）反手网前挑球：准备姿势同反手放网前球动作。击球前，右臂往后拉使肘引拍；击球时前臂充分内旋，手腕由屈至后伸闪动挥拍击球。若球拍由左下向左前上方挥动，则球向直线方向飞行；若球拍由左下向右前上方挥动，则球向对角线方向飞行。

网前挑球易出现的问题：手腕与手指运用不当，不是用力过猛，就是拍面控制不好，使击出的球离网太高、太远或落网；站位离网过近，妨碍了击球动作；击球前肘部过直。

图 6-2-10

（六）中场击球技术

1. 挡网前球技术

正手挡网前球技术：用接杀球的步法移至右场近边线，身体右倾，手臂右伸，前臂外旋，手腕外展，持拍准备接球。击球时，前臂内旋带动球拍向右下旋转，同时向前上方推送击球，把球推向直线网前。

2. 抽球技术

（1）正手平抽球：站在右场区的中部，两脚平行站立，稍宽于肩，重心在两脚间，微屈膝，收腹，正手握拍举于右肩前。击球前肘关节前摆，前臂稍往后带外旋，手腕稍外展至后伸，引拍至体后。击球瞬间前臂内旋，手腕伸直闪动，手指抓紧拍柄，球拍由右后往右前方高速平扫盖击来球。击球后手臂左摆，左脚往左前方迈一步，右脚跟一步回中心位置。（图6-2-11）

（2）反手平抽球：右脚前交叉在左侧前，重心在左脚上，右手反手握拍在体前左侧，击球前，肘稍上抬，前臂内旋，手腕外展，引拍至左侧。击球时，在髋的右转带动下，前臂外旋，手腕由外展到伸直闪动，挥拍击球托的底部。击球后，球拍随身体的回动收回到右侧前。（图6-2-12）

图 6-2-11

图 6-2-12

3. 正手平挡技术（快打）

两脚分开，右脚稍前，左脚在后，两膝弯曲成半蹲式，正面握扣（虎口对宽面），举起球拍，拍面超过头顶。当判断来球是在头顶上时，身体稍往前移，同时左脚往前跨一小步，右脚稍微伸直，成左弓箭步，把击球点选在右肩的前上方，上臂向前上方抬起，肘弯曲，前臂稍后摆带有外旋，引拍于头后。击球时前臂向前，手腕由后伸至前屈闪动，挥拍击球托的后部，使球平直、急速地飞向对方中间场区附近。击球后，球拍随势前盖，右脚往左前方迈一步，站在中线两侧稍偏后的位置上，球拍由左下回举至前上方，准备迎击第二次来球。

4. 反手平挡技术（快打）

两脚平行开立站在左场区，重心在右脚，举拍于右侧体前。当判断来球是在左场内时，右前臂往左摆，身体稍向左转至右肩对网，左脚也往左侧迈一小步，前臂内旋，手腕外展，引拍于体后左侧。击球时，前臂外旋，手腕伸直闪动，手指突然抓紧拍柄，前盖球托后部，使球比较平直地向前飞进。

三、羽毛球基本战术

（一）单打战术

1. 发球抢攻

发球抢攻战术是指运动员利用发球使对方被动，为自己创造进攻机会的一种战术。这种战术一般用发网前低球结合平快球、平高球，争取第三拍的主动进攻。尤其对付防守能力较差或临场经验不足的对手，采取此战术较为有效。在比赛关键时刻实施此战术突袭对手，可打乱其接发球的准备，争取主动权。运用此战术时，运动员应具有高质量的发球，否则难以成功。

2. 攻后场

这种战术一般通过击高球、重复压对方底线两角，造成对方被动，然后寻找机会进攻。此战术一般用来对付初学者或技术不熟练、后场还击能力不强、后退步法较慢和急于上网的对手较为有效。

3. 攻前击后

这种战术是先以吊球、放网前球、搓球吸引对方到网前，然后用推球、平高球或杀球突击对方的后场底线。它一般用于对付上网步法较慢或网前球技术较差的对手。采用此战术，要求运动员具有较好的网前击球技术。

4. 打四方球

这种战术以快速、准确的落点攻击对方场区的四个角落，调动对方前后左右奔跑，伺机向空当进攻。它用于对付体力差、反应和步法移动慢的对手。

5. 打对角线

这种战术无论是进攻还是防守均以打对角线为主。它用于对付身体灵活性差、转体较慢的对手。由于对方灵活性差，转体慢，左右来回奔跑能使其重心不稳而被动失误，或为自己创造进攻机会。

（二）双打战术

1. 攻　人

攻人战术即“二打一”或避强击弱战术。双打比赛中，双方两名队员的技术水平一般是不均衡的，应集中力量攻击对方较弱的队员，尽量使对方的特长得不到发挥，充分暴露对方的弱点。攻人战术要灵活运用，若对方有意保护其弱者，则两个人对付对方的强者，消耗其体力，减弱其进攻威力，伺机突击空当，这也称为“二打一”战术。

2. 攻中路

当对方队员分边站位时，要尽可能将球攻到对方两人之间的空隙区，以造成对方争夺回击或相互让球而出现失误，用以对付配合较差的对手。攻半场战术是攻中路战术的另一种方式。当对方成前后站位时，将球还击到两人之间靠边线的位置上，用以对付配合欠佳、动作不灵活、接半场球技术较差的对手。

3. 软硬兼施

这种战术先用吊网前球或推半场球迫使对方被动防守，而后大力扣杀进攻。若硬攻不下，则重吊网前球，待对方挑球欠佳时，再度强攻。攻击对象最好是选择对方刚后退而立足未稳者。

4. 挑拉反击

这种战术是通过挑、拉对方两底角高远球，诱使对方在左右移动中进攻，伺机反击，后发制人。它用于对付后场进攻能力较差的对手，或用于消耗对方体力。运用此战术必须具有较强的防守能力，顶得住对方的连续攻杀。

5. 后杀前封

当本方取得主动欲采取攻势时，站在后场者见高球则强攻杀球或吊网前球，迫使对方被动还击；站在前场者则应立即积极移位，准备封网扑杀。

四、羽毛球比赛规则简介

（一）羽毛球场地

场地应是一个长方形，用宽40毫米的线画出，从场地地面起，场地中心点处网高1.524米，双打边线中心点处网高1.55米。

（二）挑边

比赛开始前应挑边，赢方应在①或②选项中做出选择：①先发球或先接发球；②在一个场区或另一个场区开始比赛。输方在余下的一项中选择。

（三）计分方法

（1）除非另有规定，一场比赛应以三局两胜定胜负。

（2）除（4）和（5）的情况外，先得21分的一方胜一局。

（3）一方“违例”或球触及该方场区内的地面成“死球”，则另一方胜这一回合并得一分。

（4）20平后，领先2分的一方胜该局。

（5）29平后，先得30分的一方胜该局。

（6）一局的胜方在下一局首先发球。

（四）交换场区

以下情况，运动员应交换场区：第一局结束；第二局结束（如果有第三局）；在第三局比赛中，一方先得11分时。

（五）发球

（1）一旦发球员和接发球员做好准备，任何一方不得延误开始发球。

（2）发球员球拍头的向后摆动一旦停止，任何对发球开始的迟延都是延误。

（3）发球员和接发球员，应站在斜对角的发球区界线以内，脚不得触及发球区和接发球区的界线。

（4）从发球开始，至发球结束，发球员和接发球员的两脚都必须有一部分与场地的地面接触，不得移动。

（5）发球员的球拍，应首先击中球托。

（6）发球员的球拍击中球的瞬间，整个球应低于距场地地面高度1.15米。

（7）自发球开始，发球员挥拍必须连贯向前，直至将球发出。

（8）发出的球应向上飞行过网，如果未被拦截，球应落在规定的接发球区内（即落在界线上或界线内）。

（9）发球员发球时，应击中球。

一旦运动员站好位置准备发球，发球员的球拍头开始向前挥动，即为发球开始。一旦发球开始，发球员的球拍击中或未能击中球，均为发球结束。发球员应在接发球员准备好后才能发球，如果接发球员已试图接发球，即视为已做好准备。双打比赛发球时，发球员和接发球员的同伴应在各自的场区内。其站位不限，但不得阻挡对方发球员或接发球员的视线。

（六）单打

（1）发球区和接发球区。一局中，发球员的分数为0或双数时，双方运动员均应在各自的右发球区发球或接发球；一局中，发球员的分数为单数时，双方运动员均应在各自的左发球区发球或接发球。

（2）击球顺序和位置。一回合中，球应由发球员和接发球员交替从各自场区的任何位置击出，直至成“死球”为止。

（3）得分和发球。发球员胜一回合则得一分，随后发球员再从另一发球区发球；接发球员胜一回合则得一分，随后接发球员成为新发球员。

（七）双打

1.发球区和接发球区。

（1）一局中，发球方的分数为0或双数时，发球方均应从右发球区发球。

（2）一局中，发球方的分数为单数时，发球方均应从左发球区发球。

（3）接发球方按其上次发球时的位置站位。

（4）接发球员应是站在发球员斜对角发球区的运动员。

（5）发球方每得一分，原发球员则变换发球区再发球。

（6）除发球区错误的情况外，球都应从与发球方得分相对应的发球区发出。

2.击球顺序和位置。

每一回合发球被回击后，由发球方的任何一人和接球方的任何一人，交替在各自场区的任何位置击球，如此往返直至“死球”。

知识窗

1. 汤姆斯杯

即世界男子团体羽毛球锦标赛，1948年举行首届比赛，现为两年一届，在偶数年举行。比赛由三场单打、两场双打组成。历史上夺得汤姆斯杯冠军最多的国家是印度尼西亚队。

2. 尤伯杯

即世界女子团体羽毛球锦标赛，1956年举行首届比赛，两年一届，在偶数年举行。比赛由三场单打、两场双打组成。历史上夺得尤伯杯冠军最多的队伍是中国队。

3. 苏迪曼杯

即世界羽毛球混合团体比赛。1989年开始举办，两年一届，在奇数年举行，比赛由男女单打、男女双打和混合双打5个比赛项目组成。历史上夺得苏迪曼杯冠军最多的队伍是中国队。

第三节　网球教学俱乐部

◎ 学习目标

掌握网球的基础知识、基本技术和战术运用。

一、网球概述

网球的特点

古代网球运动可追溯到12世纪的法国，它是一种“掌中游戏”。现代网球运动起源于英国。1873年，英国人温菲尔德在掌握了古代网球游戏之后，使网球运动从古老的宫廷走进了寻常百姓家。

1877年，英国在温布尔登举行了第1届草地网球锦标赛，以亨利·琼为首的裁判委员会草拟的比赛规则是现代网球比赛规则的基础，其中的盘制、局制、换位法一直沿用至今。

网球运动走向普及和形成高潮之地是在美国。第二次世界大战期间，其他国家的网球赛事都停止了，唯独美国的网球运动继续开展并进入鼎盛时期，普及率非常高，这为网球运动的发展作出了很大的贡献。

1912年3月1日，世界网球的最高组织——国际网球联合会成立，总部设在巴黎，后迁到伦敦。1896—1924年，网球为奥运会的比赛项目。此后，国际网联因运动员参赛资格问题而与国际奥委会发生冲突，网球不再是奥运会项目，直到1988年才重新进入奥运会。

中国网球著名运动员有李娜、郑洁、张帅、王蔷、郑赛赛、王雅繁等。中国网球选手经过不断努力和顽强拼搏，逐渐走到世界排名的前列。其中，在2011年法国网球公开赛和2014年澳大利亚网球公开赛上，李娜获得女子单打冠军，创造了中国网球运动的新历史，成为亚洲第一位大满贯女子单打冠军。

知识窗

从1963年起，大多数世界顶级网球赛事开始允许职业运动员参加。大满贯赛事包括澳大利亚网球公开赛、法国网球公开赛、美国网球公开赛以及温布尔登网球公开赛。这些赛事在3种球场展开比赛：硬场地、红土场地和草地球场。

二、网球基本技术

（一）握拍方法

现代网球运动握拍方法有四种，即东方式握拍、大陆式握拍、西方式握拍和反手双手握拍。

1. 东方式握拍法

东方式握拍法如图6-3-1所示。

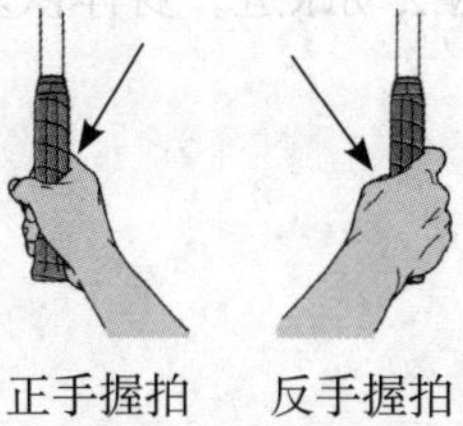

正手握拍　　反手握拍

图 6-3-1

（1）东方式正手握拍法。

左手先握住拍颈，使拍子与地面垂直，然后右手手掌也垂直于地面，在齐腰高的地方与拍子相握。手指朝下，大拇指搁在中指旁边，食指稍展开。

（2）东方式反手握拍法。

手掌移到拍柄上部，食指关节跨在右斜面上部，拇指放在拍柄左侧面，在击球时起到稳定作用。

2. 大陆式握拍法

大陆式握拍正反手击球都无须换握拍，手掌大部分放在拍柄顶部的小右斜面上。（图6–3–2）

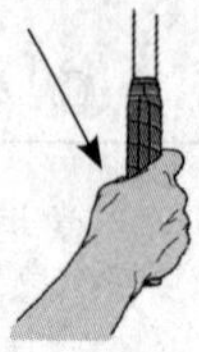

图 6–3–2

3. 西方式握拍法

这种握拍法俗称“大把抓”，把球拍平放在地面上，用手在拍柄顶端顺手一把抓起。正反拍无须换握，而且击球在同一拍面上。（图6–3–3）

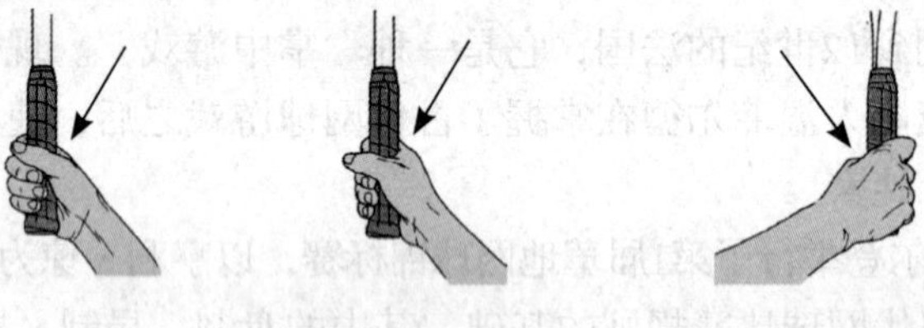

西方式正手握拍法 半西方式正手握拍法 超西方式正手握拍法

图 6–3–3

4. 反手双手握拍法

打球手（右手）采用东方式正手握拍法，右手在下，左手在上。

上面介绍的几种握拍法，各有长处，各有特点，可根据不同的击球技术，采用不同的握拍方法。采用哪种握拍法，要根据个人情况，在实践中试验和应用，选择最适合自己的握法。（图6–3–4）

图 6–3–4

（二）正手击球

正手击球如图6–3–5所示。

1. 准备动作

面对对方场区站立，两脚开立略宽于肩。两膝微屈，上体略前倾，脚跟稍抬起，重心位于两脚间。右手握拍柄，左手扶着拍颈部位，持拍于体前。两眼注视来球。

2. 击球动作

以左脚为轴开始转身并向后拉拍，拍头高于手腕，左臂自然前伸以保持身体平衡。在开始向前挥拍时，左脚应向要击球的方向迈步，以肩为轴向前挥拍，拍面在击球时与地面垂直，并尽量使拍面和球有较长时间的接触。击球后，球拍应继续随球挥动，拍子结束在左肩上方，右腿摆动跟进，身体恢复准备姿势。

图 6-3-5

（三）反手击球

反手击球如图6-3-6所示。

1. 单手反手击球

（1）准备动作。

同正手击球的准备动作。

（2）击球动作。

向左侧转体、转肩并变换成东方式反手握拍，向后拉拍，右脚向左前方跨步，右肩对网，重心前移。球拍向前再向上挥拍击球，击球点在右腿前腰部高度，击球时拍面垂直于地面，挥拍轨迹朝目标方向由下至上。随挥动作结束在身体的右前方。

2. 双手反手击球

（1）准备动作。

准备动作与单手相同，只是双手握在拍柄上。

（2）击球动作。

转肩、向后拉拍并变换握拍。身体重心转移到左脚上。球拍拉向后方并低于来球的高度，右脚向来球方向迈出。双手向前挥动并击球，击球点比单手略靠后，击球时右臂伸直，拍面垂直于地面。击球后球拍应沿目标方向继续挥出，动作完成时双手高于肩。

图 6-3-6

（四）截击球

截击球是指来球在空中飞行、还没有落地就加以还击的一种打法。通常在球网和中场之间拦击。

1. 正手截击球

打截击球应该采用大陆式握拍方法，因为截击球速度快，没有足够的时间变换握拍，所以正反手截击球准备动作相同。

肩部稍做转动，球拍与肩平行，后拉拍要稳固，不得过肩。在向前挥拍的同时，用左脚朝球飞行的方向迈步，保持手腕固定并在身体前方击球。随挥动作要短，以便快速回到准备接下一个球的位置。（图6–3–7）

图 6–3–7

2. 反手截击球

肩部稍微转动，球拍与肩平行；后拉拍要稳固，在向前挥拍时右脚朝球飞行的方向迈出；保持手腕固定，并在身体前方击球；随挥动作要短，以便快速回到准备接下一个球的位置。（图6–3–8）

图 6–3–8

（五）发　球

现代网球运动中，发球是最重要的技术之一，是唯一由自己掌握的击球技术。一分的得失常取决于发球的好坏。发球既可以直接得分，又可以为进攻创造条件。（图6–3–9）

1. 握　拍

采用东方式正手握拍法。

2. 准备动作

双脚齐肩宽，在端线后侧身站立。右脚与底线基本平行，左脚正对右网柱。手腕和手臂放松，握拍于体前，左手在拍颈处握住拍。

3. 抛　球

左臂放松，持球自然、平稳地向上抛球，抛球和挥拍几乎是同时开始；手臂达到肩部高时，手指自然松开，球借助惯性自然上升。抛球的高度要合适，在最高点击球最好。

4. 击球动作

两手臂同时向下和向上运动，球从伸展的左手中向上竖直抛出，在身体前面和左脚上部，持拍臂弯肘上举。抛球后，身体开始向前转动，球拍在身后做绕环动作，接着向前挥动击球。尽量伸展身体，在最高点击球，击球的后部（拍面与球垂直）。击球时，身体重心向前转移。

随挥动作结束在身体左侧下方。

图 6–3–9

（六）高压球

高压球是将对方挑来的高球加以扣杀的一种技术。用大陆式握拍法，抬头盯着球，侧身转体用短促的垫步调整位置，左手高举指向击球点，右手举起球拍向后拉拍，球拍后摆做搔背动作，球拍在右肩的前上方对准球心挥出，击球臂继续伸直跟进摆动，随挥动作结束在身体左侧下方。

（七）挑高球

挑高球可分为防守性和进攻性两种。防守性挑高球是为了赢得时间、摆脱困境。进攻性挑高球是在对方上网时，将球挑到对方后场较深处，使之被动或失误。

准备时将球拍做好充分的后摆。击球时向上挥拍打球的下部，手腕绷紧，挥拍动作要尽可能地向前、向上送出。

（八）放小球

放小球通常采用大陆式握拍法。放小球的准备动作和正反手击球一样。侧身对网，要求更多的手腕动作，利用小臂带动手腕的力量使球拍沿着球的下部急剧滑动，缓冲球的前冲作用，使球随着球拍的下切动作向后旋转。正反拍都可以放小球，动作要领是一样的，最重要的是突然性和隐蔽性，不能让对方看出自己的意图。

（九）接发球

接发球是网球运动中较难掌握的一项技术。一次错误的回击常常会失去一分。相反，一个巧妙的接发球又能削弱发球者进攻的锐气，减少被动，甚至可以化被动为主动。

在接发球的全过程中，眼睛要始终注视来球，一直到完成回击动作。接发球时不要做大幅度的后摆动作，主要是要控制好拍面的角度，并紧握球拍以免被震而转动。选择好落点，对控制对手发球后抢攻有重要意义。

三、网球基本战术

（一）单打基本战术

通常的单打比赛开始时，双方都用自己最擅长的技术迎战。在摸透对方的战术后，改变战术策略，以达到使对方失去节奏，消耗对方体力，最终赢得比赛的目的。

1. 发球战术

发球是最不受对方制约的技术，所以一定要充分利用，争取拿下发球局，掌握主动权。然而一成不变的发球会使对方很容易适应，并找到应对的方法。也许侥幸能拿下第一个发球局，但第二个、第三个发球局就非常危险了。发球战术具体就是：内角、外角、中路三种路线相结合，上旋、侧旋、平击多变化。

2. 接发球战术

面对快速的发球，不要急于加力回球，这样往往失误较多。如果对方反手较弱，那就打对方的反手；对方发球动作较大就打追身球，令其没有时间调整步法。最终化被动为主动。

3. 发球上网战术

如果能准确、快速地发出外角球，那就准备上网。注意不要一次冲到近网，以免导致没有回旋的余地。在发球线附近停顿一下，仔细观察对方回击球的情况，采取下一步行动。上网的要点是选择适当的时机，把球发到外角时，对方接球的另一侧是空场。对方要想把球回到场内，必须把球从靠近发球区的这一侧的球网上方回过来，否则球一定出界，所以你只需防住你发球的这个区域的来球就可以。对方的回球质量不高，可以截一个深球或者放一个小球到对方的空场区轻松得分。

（二）双打基本战术

双打比赛和单打比赛有很大的差别，双打更多地依赖两名搭档球员的默契配合以及网前的截击技术。网球双打比赛通常有以下常用的战术。

1. 双上网进攻战术

男、女职业选手均可采用此类型战术，这也是近年来职业网球双打比赛中采用最多的战术。发球方发球后上网，接发球方也采用积极的进攻型接发球上网，双方四人均来到网前，通过小斜线截击或其他方式得分。①发球者：发出刁钻的一发后上网，在发球线处截击将球打到接发球方脚下，待接发球方回球时跟进到网前，在网前打出直接得分球。②接发球者：选择进攻型的接发球，回到发球者脚下，同时迅速上网，在发球线处截击，把球打到对方中间结合部，再来到网前，找机会打出得分球。③发球者搭档：根据发球落点，适时调整网前位置，盯住接球方，判断回球方向，及时上前抢网，同时注意防守双打边线和单打边线之间区域的直线穿越球。④接发球搭档：在发球线附近，防守发球者搭档的截击球，同时要提防发球方第一次截击球，根据来球，来到网前打出小斜线或高压球得分。

2. 双上网防守战术

男子职业选手均采用此类型。由于在双上网进攻型中，两人太靠近球网，无法照顾到挑高球，因此该类型重点是接发球方接发上网后，来到发球线附近，防守发球方的挑高球，且大部分球由此人处理，接发球搭档则伺机打出截击或高压球得分。①发球者：发出刁钻的一发后上网，在发球线处截击，将球打到接发球方脚下，待接发球方回球时跟进到网前，在网前打出直接得分球。②接发球者：选择进攻型的接发球，回到发球者脚下，同时迅速上网，在发球线处截击，并把球打到对方中间结合部，同时防守对方打出的挑高球，把得分机会让给网前搭档。③发球者搭档：根据发球落点，适时调整网前位置，盯住接球方，判断回球方向，及时上前抢网，同时注意防守双打边线和单打边线之间区域的直线穿越球。④接发球搭档：在发球线附近，防守发球者搭档的截击球，同时要提防发球方第一次截击球，根据来球，来到网前打出小斜线或高压球得分。

四、网球比赛规则简介

（一）比赛场地

网球场地为长方形，长度为23.77米，单打比赛的场地宽度为8.23米，双打比赛的场地宽度为10.97米。场地由一条球网从中间处分隔开，悬挂在网绳或金属绳上，附着或绕在1.07米高的两根网柱上。球网应充分伸展开，填满两个网柱之间的空间，网孔的大小应确保球不能从中间穿过。球网中心的高度为0.914米，并用中心带向下绷紧固定。

（二）局分

1.常规局

在常规局的比赛中，应首先报发球运动员的得分，计分如下：无得分，0；第一分，15；第二分，30；第三分，40；第四分，本局比赛结束。

若两名运动员/队都得到三分，则比分为“平分”。“平分”后如果一名运动员/队得分，则比分为“占先”，如果“占先”的这名运动员/队又得分，他便赢得了这一局；如果“占先”后是另一名运动员/队得分，则比分仍为“平分”。运动员/队需要在“平分”后连续得到两分，才能赢得这一局。

2.平局决胜局

在平局决胜局中，使用阿拉伯数字0、1、2、3等计分。首先赢得7分并净胜对手两分的运动员/队赢得这一局及这一盘。决胜局有必要进行到一方运动员/队净胜对手两分为止。

轮及发球的运动员在平局决胜局中首先发第一分球，随后的两分由他的对手发球（在双打比赛中，对方队中轮及发球的运动员进行发球）。此后，每一名运动员/队轮流连续发两分球，直到平局决胜局结束（在双打比赛中，队内发球顺序应与该盘发球顺序相同）。

在平局决胜局中首先发球的运动员/队应当在下一盘的第一局首先接发球。

（三）盘分

盘分有不同的计分方法。主要的计分方法是“长盘制”和“平局决胜局制”两种。比赛中可以使用其中任何一种计分方法，但必须在赛前宣布。如果使用的是“平局决胜局制”的计分方法，还必须宣布决胜盘采用“平局决胜局制”还是“长盘制”。

1.“长盘制”

先赢得6局并净胜对手两局的运动员/队赢得一盘。一盘有必要进行到一方运动员/队净胜两局为止。

2.“平局决胜局制”

先赢得6局并净胜对手两局的运动员/队赢得一盘。如果局分达到6：6，则须进行“平局决胜局”。

（四）赛制

比赛可以采用三盘两胜制，先赢得两盘的运动员/队赢得比赛；或采用五盘三胜制，先赢得三盘的运动员/队赢得比赛。

（五）发球次序

在常规局结束后，该局的接发球员在下一局中发球，该局的发球员在下一局中接发球。

双打比赛中，在每一盘第一局开始前，由先发球的那队决定哪一名运动员先在该局发球。同样，在第二局开始前，他们的对手也应当决定由谁在该局先发球。第一局发球的运动员的搭档在第三局发球，第二局发球的运动员的搭档在第四局发球。这一次序一直延续到该盘结束。

（六）发球动作

在即将做出发球动作前，发球员必须静止站在底线后（即远离球网的那一侧），双脚位于中心标志的假定延长线和边线的假定延长线之间。

然后，发球员应当用手将球向任何方向抛出并在球落地前用球拍将球击出。在球拍击到球或未能击到球的那一刻，整个发球动作即被认为已经完成。对于只能使用一只手臂的运动员，可以用球拍完成抛球。

（七）发球程序

（1）在常规发球局中，发球员在每一局都应当从场地的右侧半区开始，交替在场地的两个半区发球。

（2）在平局决胜局中，第一分发球应当从场地的右半区发出，然后交替从场地的两个半区发球。

（3）发出的球应当越过球网，在接发球员回球之前落到对角方向的发球区内。

第四节　垒球教学俱乐部

◎ 学习目标

掌握垒球的基本理论知识和基本技术、战术。

一、垒球概述

（一）垒球的起源

垒球运动是在棒球运动的基础上产生的，在国际上开展较为广泛，影响较大。它既是一项激烈的竞技性比赛项目，又是一项有着广泛群众基础、深受大众喜爱的休闲体育运动。垒球运动在棒球运动基础上诞生于19世纪80年代的美国芝加哥。这项运动具有所需场地小、球体大和球速慢等特点，很快发展起来，风靡世界各地。

由于垒球运动需要的场地过大，雨雪天气时无法在室外开展，1887年在美国芝加哥，人们首先将垒球场缩小并移至室内进行，时称“室内垒球”。不久，这项运动便很快发展起来了，并逐渐又转移到室外，取名为“软球”“游戏场球”等。1933年，美国业余垒球协会成立，制定了统一的竞赛规则，并根据球的软硬程度，正式将其命名为“softball”（垒球）。自此，垒球运动逐渐流行于世界各地。

（二）垒球的发展

第二次世界大战结束以后，垒球运动在许多国家和地区都有所发展。随着技术的进步、规则的完善，以及国际赛事的举办，垒球运动逐步走上规范化道路，并成为全民健身运动的有机组成部分。

1. 传　播

1949年，日本垒球协会成立，垒球运动成为日本最普及的运动项目之一。

1952年，国际垒球联合会成立，总部设在美国的俄克拉荷马城，这有力地促进了垒球运动的传播与发展。

在垒球运动的发展过程中，由于投球手法的不同，垒球运动被分为快速投球与慢速投球比赛两种。在1996年亚特兰大奥运会上，女子垒球（快投）被列为正式比赛项目。

垒球运动传入中国较早，开始时是作为学校体育课的内容引进的。1933年，在全国运动会上，女子垒球被列入正式比赛项目。目前女子垒球运动在我国开展得较为广泛，中国女子垒球队的运动水平也逐年提高，多次在国际比赛中创造佳绩。

2. 机　构

国际垒球联合会（ISF）简称国际垒联，成立于1952年，是国际奥委会承认的国际单项体育组织，也是国际单项体育联合会总会的成员。

中国垒球协会于1979年3月成立，并于1979年11月加入国际垒球联合会。

3. 发展趋势

垒球运动是一项集体对抗性运动。它的传接球、击球和跑垒等，与田径运动中的投掷和奔跑动作十分相近，比较容易掌握。它既是竞技比赛项目，也是很好的群众健身项目。目前，中国垒球协会正在采取多种方式，推进垒球运动的普及与提高。

垒球的特点

二、垒球基本技术

（一）进攻技术

进攻技术包括击球、跑垒和滑垒等，是得分的主要手段。

1. 击　球

击球有持棒挥击和持棒触击两种方法，击球员双手握棒，手指第二指关节对齐。（图6–4–1）

图 6–4–1

挥击时，双手靠拢，前肘离身，小臂拉平，后肘不宜过于贴身，挥棒时前脚伸踏不要过大，以免影响挥棒的准确性，甚至妨碍下一步的起跑。挥棒力量主要靠后蹬、转体、拉臂、甩腕来完成。（图6-4-2）

图 6-4-2

2. 跑　垒

击球后要利用挥棒的力量迅速迈出第一步，沿跑垒线冲向1垒。安全到达1垒后可以冲过垒位，但应立即返回。有可能更进一垒时，应按照跑垒指导员的手势，及早做好拐小弯的动作，用左脚踏触1垒包内侧后，奔向2垒。

3. 滑　垒

滑垒是为了避免守方的触杀，避免冲撞守队队员。滑垒共有4种姿势：单脚冲前坐势滑进；双脚冲前，单脚勾垒；双脚冲前从垒侧滑过后，翻身用手抓垒；双手冲前，用腹部滑进触垒。在滑垒中，双方均应注意避免互相冲撞和钉鞋伤人。

（二）防守技术

防守技术包括接球、传球、投球、触杀和封杀。

1. 接　球

面向本垒，两脚左右开立，两手置于胸前，眼睛注视来球。一般用双手接球，双眼注视来球，接球时双手应有后撤缓冲动作，以避免碰撞反弹出手。（图6-4-3）

2. 传　球

以食指、中指和拇指持球，掌心不触球（图6-4-4）。传球和投球一样，伸踏脚要指向目标，传出时注意扣腕，投传后要把前送和跟进动作做完（图6-4-5）。传球姿势有3种，即肩上传球、肩侧传球、肩下或低手传球。

图 6–4–3

图 6–4–4

图 6–4–5

3. 投　球

一般采用身体正对击球员的正面投球和身体侧对击球员的侧面投球两种投球姿势。球出手时通过手指、手腕的压、拧、拨等动作，可投出不同性能的曲线球、直线球、变速球、飘球和下坠球。投球动作有肩上高压、低肩侧投、低手3种。

4. 触　杀

守备员持球碰触离开垒位的跑垒员使之出局。

5. 封　杀

守备员持球，在跑垒员进垒或退垒到达垒位前，先触及垒位，或对击跑员进行传杀，使之出局。

三、垒球基本战术

（一）进攻战术

进攻战术一般是按照全队所规定的战术及教练临场所发的战术暗号进行，常用的进攻战术如下。

（1）等一个球战术，即投手投来的第一个球不击，以观察投手的动作及实力。

（2）积极迎击第一个球，以达到攻其不备的目的。

（3）击出高远球时应准备牺牲自己促使同队进垒得分。

（4）打跑战术，即把球击到1垒跑垒员身后的空隙地带，使其他跑垒员安全进到2垒或抢到3垒，破坏对方企图制造双杀的机会。

（5）跑打战术，即跑垒员先偷垒，击球员随后击球。

（6）触击牺牲打，击球员用触击将球击向1垒或3垒，击出地滚球引诱守队“杀”1垒，击球员牺牲自己，使同队进垒或返回本垒得分。

（7）1、3跑垒员双偷垒战术，制造3垒跑垒员返回本垒得分机会。

（二）防守战术

须全队密切配合，及时移动补位和进行掩护，以防止攻队进垒或得分，常用的战术如下。

（1）接球后传1垒封杀击跑员。

（2）双杀战术，接球后传到最近垒位封杀跑垒员，随即传球到1垒，封杀击跑员造成双杀。

（3）夹杀战术，守队互相配合传球，截杀在垒间的跑垒员，逼赶跑垒员退回原垒并趁机在垒间触杀。

（4）防止双偷垒战术，由接手指挥行动，由游击手、2垒手或投手做中间策应，拦截接手传2垒的球，再传回本垒，截杀3垒跑垒员。如3垒跑垒员不抢回本垒，即由守2垒的队员接球，截杀1垒跑垒员。

（5）变换投球战术，投手针对击球员不同弱点投出不同的球，如快速球、变速球、曲线球或下坠球等，使击球员无法击中来球，造成出局。

（6）缩小防圈战术，为了防止击球员采用牺牲触击球战术，缩短防守距离，明确本垒前各区有人负责截接球，其余各队员应移动补位防守。

四、垒球比赛规则简介

（一）比赛场地、设施

垒球运动对场地、器材和装备的要求都比较高。高质量的场地是垒球运动开展的前提，良好的器材和装备是运动参与者发挥较高水平的必要保证。

1. 场　地

垒球运动对场地的要求较高，正规的比赛场地有着严格的标准，初学者应该对此有所了解。

垒球比赛场地是一块直角扇形平地，直角的两条边为垒球场的边线，其长度要求，在女子快速投球比赛中，一般在60～70米之间，直角两边所夹的地面为界内，两边以外的地面为界外，界内和界外都是垒球比赛的有效区域。垒球内场每边垒间距离为27.43米。投手板的前沿中心和本垒尖角的距离为18.44米。本垒后面和两边线以外不少于18.29米的范围内为界外的有效比赛地区。两边线至少长76.20米。两边线顶端连结线的任何一点距本垒尖角的距离都不应少于76.20米。本垒尖角后18.29米处应设置后挡网。网高4米以上，长20米以上。场地周围设置围网，高度1米以上为宜。

界内地区又分内场和外场两个部分，由直角交点（即本垒）起，在界内画一个边长为18.3米的正方形称为内场，内场之外的界内地区称为外场。

2. 设　施

（1）投手板。（图6-4-6）

投手板是投手投球时脚踏的短板，长60厘米，宽15厘米，用木料、软塑料或橡胶制成，固定在地表。

（2）本垒板。（图6-4-7）

本垒板呈五边形，用橡胶制成，固定在地表，与地面平行。它是判断投手投球是否左右偏出的标志，也是跑垒员跑回本垒踏触的垒位。

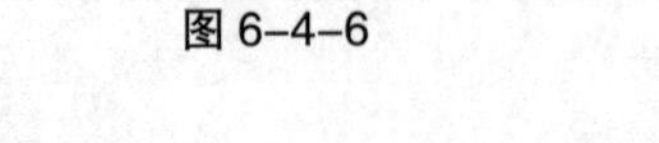

图 6-4-6

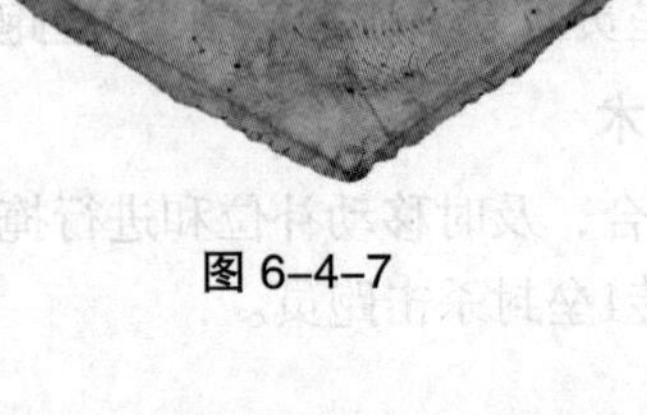

图 6-4-7

（3）垒包。（图6–4–8）

内场正方形的每个角上各设一个垒位，由本垒起按逆时针的顺序依次称为本垒、一垒、二垒和三垒。垒包呈正方形，使用帆布或其他适当的材料制成，必须钉牢在地上。一垒用白色、橙色两色的长方形两色垒包。二、三垒为白色。

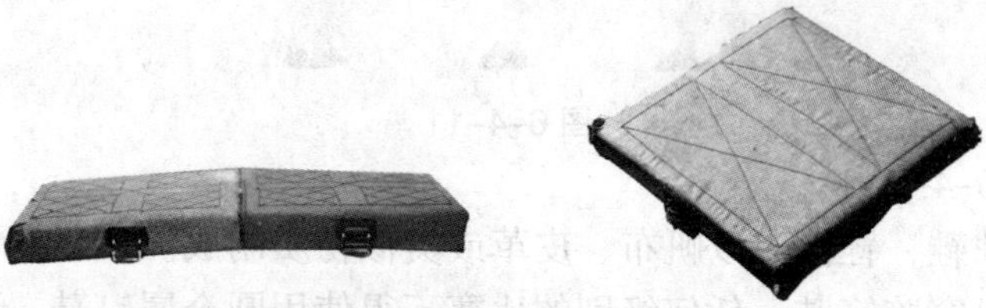

图 6–4–8

3. 器　材

进行垒球运动的必备器材是球棒和垒球，良好的器材是垒球运动开展的重要保障。

（1）球棒。（图6–4–9）

球棒长度不超过87厘米，重量不得超过1100克，圆形球棒最粗处不得超过6厘米。

球棒可以使用国际垒联审定的金属、竹子、塑胶、碳铅、镁、玻璃纤维、陶瓷或其他合成材料制成。在国际比赛中使用的任何球棒，都必须经过国际垒联的审定。目前在国际比赛中，普遍采用金属球棒。

（2）垒球。（图6–4–10）

垒球圆周长要求30～31厘米，重180～200克，球体表面用双针缝法缝合，针数不少于88针。

垒球呈圆状，用橡胶或软木为球芯，以纱线或尼龙线缠紧并涂上胶质，球面用马皮或牛皮与球芯粘牢，用明线缝合，球面应整洁平滑。

图 6–4–9

图 6–4–10

4. 装　备

在进行垒球运动时，舒适、得体的装备对运动参与者而言，不但有安全保护作用，还有助于技术水平的充分发挥。

（1）服装。（图6–4–11）

在参加垒球运动时，最好穿专业的垒球服，同队队员服装的颜色、款式必须一致。不得佩戴任何金属类饰品或其他装饰物，如手表、手镯、耳环和项链等。

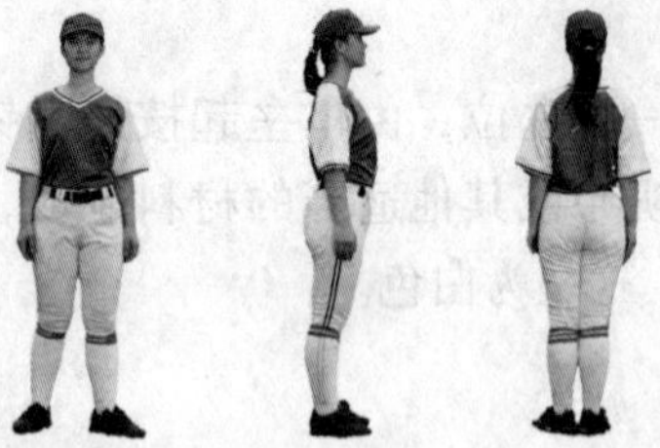

图 6-4-11

（2）球鞋。（图6-4-12）

比赛队员应穿着球鞋，鞋面应以帆布、皮革或类似物质制成。成年赛可穿铁钉鞋，青少年赛不得穿着铁钉鞋，可穿胶钉鞋。任何级别的比赛不得使用圆金属钉鞋，不得使用硬橡胶或聚氨酯等类金属鞋底。

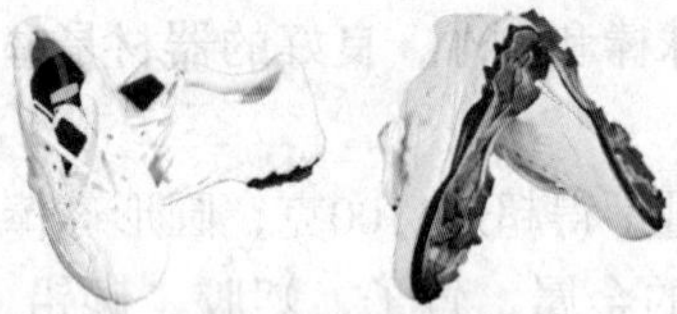

图 6-4-12

（3）护具。

① 手套（图6-4-13）

投手手。套必须为单一颜色，除白色及灰色外，其余均可；其他队员可戴拼色手套，但背面不得有白色或灰色圆圈；任何队员皆可戴分指手套，但是“连指手套”仅限接手及一垒手使用；任何手套的虎口上端长度（即拇指与食指间上端之间隔）不得大于12.7厘米。

② 面罩。（图6-4-14）

面罩一般由较粗的铁丝按照头面部的形状焊接而成，前面留有空隙，避免影响视线。利用系带固定于头部，保护头面部，防止队员被球等击伤。

③ 护胸。（图6-4-15）

护胸一般由帆布、皮革或塑料等物质按照胸腹部的形状缝制而成，内部填充海绵等软物，也是通过系带固定于胸部，防止队员被球等击伤。

图 6-4-13

图 6-4-14

图 6-4-15

④ 接手头盔。（图6-4-16）

接手头盔一般由硬质塑料或金属物质制成，与面罩一起佩戴于接手头部，防止头顶部被球或球棒击伤。

⑤ 护腿。（图6-4-17）

护腿由硬质塑料和帆布按照膝关节、小腿和脚的形状制成，膝关节和踝关节可以活动。通过系带固定于小腿部，防止队员被球等击伤。

⑥击球员或跑垒员头盔。（图6–4–18）

击球员或跑垒员的头盔由硬质塑料按照头部的形状制成，内部附有海绵等软物，以减少震动和冲击。击球员或跑垒员必须佩戴头盔，防止头部被球击伤，或因与防守队员冲撞而产生伤害。

图 6–4–16

图 6–4–17

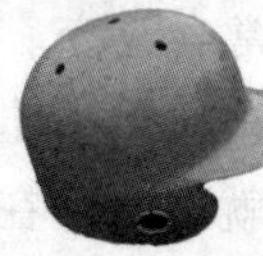
图 6–4–18

知识窗

垒球观赛礼仪

垒球运动是一项在室外场地进行攻守对抗的球类运动，比赛双方的目标是赢得比对方更多的得分。观众在看比赛之前，最好先了解垒球比赛的基本规则，这样才能看出趣味和精彩之处。

与其他激烈的球类比赛一样，看垒球比赛时观众可能相当狂热，但是一定要把自己的热情控制在理智的范畴之内。观众可以组织啦啦队为自己喜爱的球队鼓劲加油，但是要控制好节奏感，最好不要一味狂呼乱喊。投球和击球的时刻是最让人紧张的，这时候运动员集中了全部的注意力，此时最好不要发出声响，球击出之后，就可以尽情喝彩。高涨的观众情绪将有助于感染运动员，让他们发挥最佳水平，如果场上出现精彩的本垒打，欢呼声将达到顶点。

观赛时禁止吸烟，手机要关机或设置在振动、静音状态。

（二）比赛规则简介

1. 好球带

在本垒板的垂直上空，在击球员肩部上沿与双膝上沿之间的立体区域叫“好球带”。好球区按击球员准备迎击投球时所采取的站立姿势判定。

2. 坏　球

投手合法投出的没有直接通过“好球带”而击球员又未挥击的球叫“坏球”。

3. 好　球

投手的合法投球如符合下列任一情况时为“好球”。

（1）击球员击球未中（包括触击）。

（2）击球员未挥棒击球，但该投球的任何部分在飞行状态中通过了好球带的任何部分。

（3）两“好球”前击成界外球。

（4）触击成界外球。

（5）击球未中而球触及身体。

（6）未落地而通过“好球带”的球触及击球员。

4. 垒　位

跑垒员为得分而必须按顺序踏触的、位于内场四角的四个位置叫“垒位”。垒位通常放置帆布垒包或塑料胶板作为标志。

5. 触击球

不挥动球棒但有意等球碰棒或使棒轻触来球，使球缓慢地滚入内场的击球，叫“触击球”。

6. 封　杀

守场员对击跑员进行传杀或对由于击跑员上垒而被迫进垒的跑垒员进行传杀的防守行为叫“封杀”，这种攻守局面叫“封杀局面”。

比赛中的封杀局面常会改变。记住这点就不会在处理封杀局面时导致混乱。例如：① 一垒有跑垒员，一人出局，击球员击出一迅猛的地滚球到一垒手，一垒手接住后立即触一垒使击跑员出局，这时封杀局面就不再存在。守场员对进入二垒的跑垒员必须触杀，如果当时二垒或三垒有跑垒员而任一跑垒员在进入二垒的跑垒员被触杀出局以前已进入本垒得分，则得分有效。如果一垒手接球后不是先踏一垒而是传球到二垒，则是两个封杀，二垒或三垒跑垒员的得分就无效。② 一人出局，一、三垒有跑垒员，击球员击出腾空球被接住，成二人出局，三垒跑垒员在接杀后离垒跑进本垒得分。但一垒跑垒员离垒过早，球先传到一垒被申诉判三人出局。这时如果裁判员判定三垒跑垒员进入本垒在先，传杀申诉在后，则得分有效。

7. 触　杀

守场员用手或手套牢固地将球握住，同时以身体任一部分触垒或持球的手或手套碰触跑垒员的防守行为叫“触杀”。

8. 夹　杀

守场员对跑在两个垒位之间的跑垒员进行传杀的防守行为叫“夹杀”。

9. 双　杀

守场员无失误而使攻队两名队员连续出局的防守行为叫“双杀”，有两种“双杀”。

（1）双封杀：两个封杀造成的双杀叫“双封杀”。

（2）封触双杀：先用封杀，再用触杀造成的双杀叫“封触双杀”。

封触双杀的例子：一垒有跑垒员，一人出局，击球员击出地滚球到一垒手。一垒手接球触踏一垒（一个封杀出局）后传给二垒手或游击手，使一垒跑垒员在二垒被触杀出局（触杀成双杀）。另一个例子是：满垒，无人出局，击球员击出地滚球到三垒手，三垒手接球触踏三垒（一个封杀出局），传给接手触杀三垒跑垒员成双杀。

10. 界内球

合法击出的球如遇下列任一情况时均为“界内球”。

（1）停止在本垒至一垒或本垒至三垒之间界内地区时。

（2）击球在界内地区触地后越过一、三垒垒位后从垒位后面的界内地区滚出外场时。

（3）触及一垒、二垒或三垒垒包时。

（4）先落在一、二垒及二、三垒的垒线上或该线外的界内地区时。

（5）在界内触及裁判员、比赛队队员身体时。

（6）从界内地区上空直接越出本垒打线时。

需要注意的是：① 在边线上包括边线标杆接球时，应按守备员手套触球时与地面的垂直线判定，在边线内（包括在边线上）为界内球，不应以守备员触球时是站在界内或界外地区来判定。② 飞球落在内场后，如在一、三垒前没有触及任一比赛队队员或裁判员而弹出界外地区时，判“界外球”。如停留在界外地区或界外地区被队员触及时，亦判“界外球”。但是飞球落在一、三垒上或落在一、三垒后面的外野界内地区然后弹出界外地区时，判“界内球”。③ 打击区在界内地区的小三角为界内地区，如果击出的球停止在小三角内为界内球。击球员在所站立的打击区内无意触及该球为界外球，如有意碰触则判击球员出局。如果击球员碰触了另一个击球员区小三角内的球，不管有意无意均判击球员出局。

11. 界外球

合法击出的球如遇下列任一情况时为“界外球”。

（1）停止在本垒到一垒或本垒到三垒之间的界外地区时。

（2）地滚球在经过一、三垒垒位时，从垒位外侧界外地区滚入外场或继续滚出界外地区时。

（3）飞球在第一个落点在一、三垒垒位后界外地区时。

（4）在界外触及裁判员、比赛队队员的身体或其他障碍物时。

需要注意的是：① 击出的球在没有触及守场员前击中投手板然后反弹到本垒到一垒或到三垒之间反弹出界外地区，时判“界外球”。② 击球员击出球之后在尚未离开击球员区时，再次被击出的球无意碰触身体或球棒时，为“界外球”。

12. 飞 球

击向空中的高飞球叫“飞球”。

13. 地滚球

在地面滚动或弹跳的击球叫“地滚球”。

14. 局

局是全场比赛的一部分。比赛双方分别因三人出局而交换攻守各一次为“一局”。一方一次进攻为半局。先攻队进攻时为上半局，后攻队进攻时为下半局。

15. 妨碍行为

凡影响比赛队员进行正常攻守活动的行为叫“妨碍行为”。

（1）攻队妨碍行为是指攻队队员对正在防守的守场员进行妨碍或干扰。如果裁判员宣布击球员、击跑员或跑垒员因妨碍行为而出局，则所有跑垒员都得回到裁判员认为在妨碍行为发生时他们合法占有的最后垒位，除非另有规定。

发生妨碍行为时如击跑员没有达到一垒，则所有跑垒员都要回到投手投球时的原占垒位。但已判出局的跑垒员除外。

（2）守队妨碍行为是指守场员妨碍或干扰击球员击球。

（3）裁判员妨碍行为是指：① 阻碍或影响接手传杀偷垒的跑垒员；② 击出的界内球在穿过守场员前（投手除外）在界内碰触裁判员。

（4）观众妨碍行为是指在继续比赛时，观众走出看台或进入比赛场地而触及正在进行攻守的传球、击球或投球。

一旦发生妨碍行为即成死球局面。

16. 阻 挡

守场员没有持球，也不是在接球，而阻碍跑垒员进垒的行为叫“阻挡”。

如果守场员正在接传来的球，而传来的球直接飞向该守场员以致必须在其所占的位置上接球时，应看作是“在进行接球”。这时守场员究竟是否“在进行接球”，完全取决于裁判的判断。在守场员准备接球而又漏接后发生阻碍跑垒员跑垒的行为时，就不再看作“在进行接球”而应判为“阻挡”。例如内场手扑地接球，但未接住，球滚至身后，如果他继续躺在地上因而延误了跑垒员的跑垒，就要判“阻挡”。

17. 出　局

攻队队员被取消击球、跑垒或得分的权利或者防守队为使本队改守为攻，使进攻队失去三次进攻条件之一，叫“出局”。

18. 安　全

裁判员对跑垒员合法取得欲占垒位的判定叫“安全”。

19. 得　分

攻队队员击球后跑垒并依次踏触一、二、三垒，最后安全踏触本垒的进攻行为叫“得分”。

第七章 武术教学俱乐部

第一节 太极拳教学俱乐部

◎ 学习目标

掌握太极拳的基本动作风格和24式太极拳基本动作。

一、太极拳概述

太极拳是中国武术的一个重要拳种，根据我国古代哲学的原理而命名。太极拳中所有动作的开合、起落、进退、刚柔、蓄发、顺逆、虚实和曲直等，无不和谐地体现出对立与统一的辩证规律。

太极拳在长期的流传过程中逐渐形成了陈式、杨式、吴式、孙式、武式与和式等流派。中华人民共和国成立以后，国家体育总局组织专家创编了24式简化太极拳，更适合广大群众普及练习。

（一）太极拳的运动特点

中正安舒、轻灵圆活、松柔慢匀、开合有序、刚柔相济，如行云流水，连绵不断。经常练习太极拳可体会到音乐韵律、哲学内涵、美的造型、诗的意境。在高雅的享受中，身心得到放松。

生理、生化、解剖、心理和力学等多学科的研究证明，太极拳对防治高血压、心脏病、肺病、肝炎、关节病、胃肠病和神经衰弱等慢性病有很好的疗效。

（二）太极拳的功法要领

1. 虚灵顶颈

头颈似向上提升，保持正直，松而不僵，使身体重心保持稳定。

2. 含胸拔背、沉肩垂肘

指胸、背、肩、肘的姿势，胸要含不能挺，肩不能耸而要觉沉，肘不能抬而要下垂，全身要自然放松。

3. 手眼相应，以腰为轴、虚实分明

打拳时必须上下呼应，融为一体，要做到动作出于意、发于腰、动于手，眼随手转，弓步和虚步分明而交替，练到腿上有劲，轻移慢放没有声音。

4. 意体相随，以意发力

如果软绵绵地打完一套拳，身体不发热，不出汗，心率没有变化，打拳就没有作用。应该随意用力，内功使劲而外表动作看不出来。

5.意气相合，气沉丹田

就是用意与呼吸相配合，用腹式呼吸，一吸一呼正好与动作一开一合相配。

6. 动中求静，动静结合

即肢体动而脑子静，意念要集中于打拳，所谓形动于外，心静于内。

7. 行云流水，连绵不断

指每式动作快慢均匀，各式间连绵不断，全身各部位肌肉舒松协调而紧密衔接。

二、24 式太极拳动作名称

24式太极拳动作名称如表7-1-1所示。

表 7-1-1　24 式太极拳动作名称

组别	动作名称		
第一组	1. 起势	2. 左右野马分鬃	3. 白鹤亮翅
第二组	4. 左右搂膝拗步	5. 手挥琵琶	6. 左右倒卷肱
第三组	7. 左揽雀尾	8. 右揽雀尾	
第四组	9. 单鞭	10. 云手	11. 单鞭
第五组	12. 高探马	13. 右蹬脚	
第六组	14. 双峰贯耳	15. 转身左蹬脚	16. 左下势独立
	17. 右下势独立		
第七组	18. 左右穿梭	19. 海底针	20. 闪通背
第八组	21. 转身搬拦捶	22. 如封似闭	23. 十字手
	24. 收势		

三、24 式太极拳动作图示

24式太极拳动作图示如下。

1. 起　势　　2. 左野马分鬃

第一组

左脚开立　两臂前举　屈膝按掌　抱球收脚　转体迈步　弓步分手

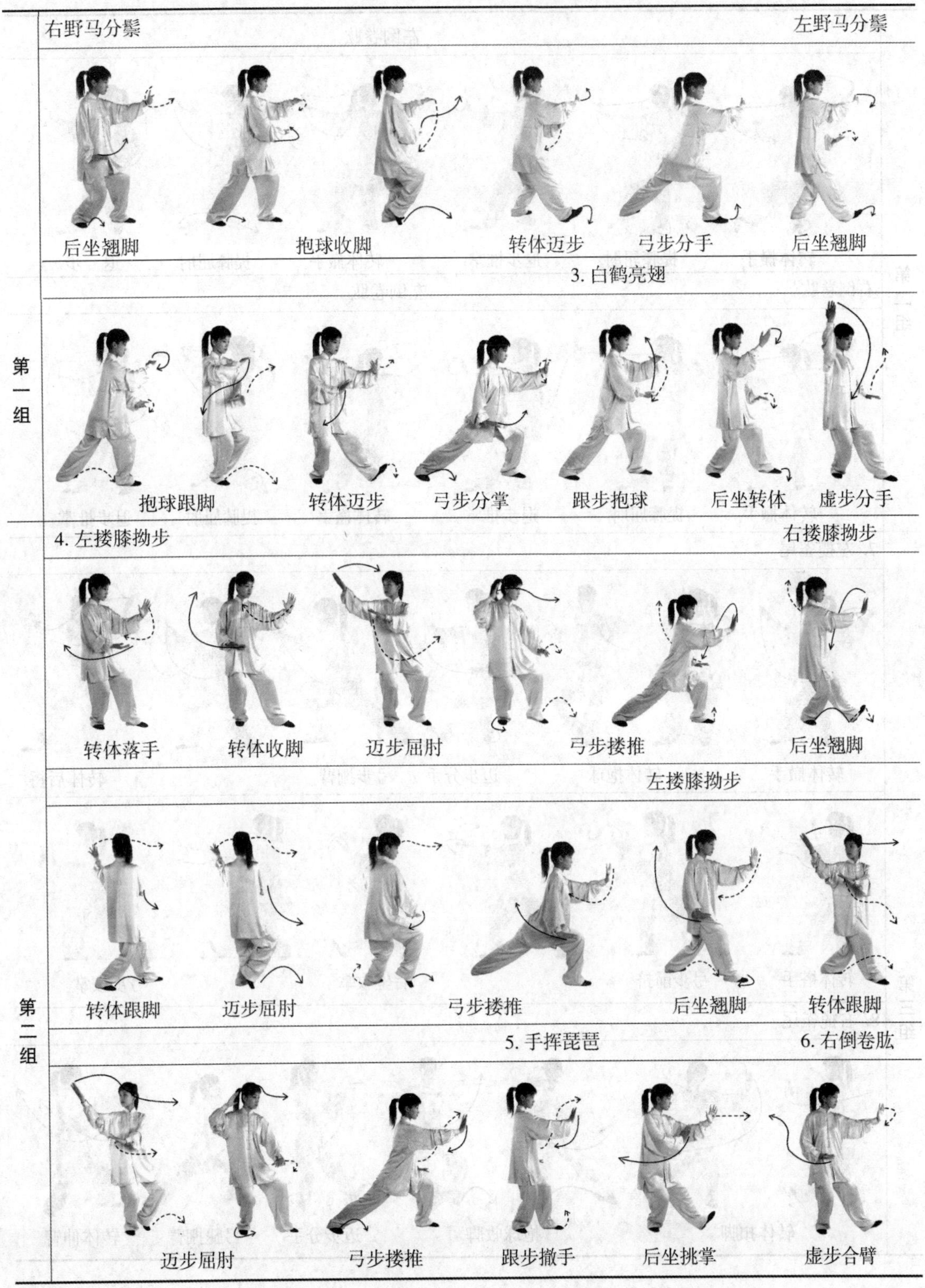
第一组
右野马分鬃
左野马分鬃
后坐翘脚
抱球收脚
转体迈步
弓步分手
后坐翘脚
3. 白鹤亮翅
抱球跟脚
转体迈步
弓步分掌
跟步抱球
后坐转体
虚步分手
第二组
4. 左搂膝拗步
右搂膝拗步
转体落手
转体收脚
迈步屈肘
弓步搂推
后坐翘脚
左搂膝拗步
转体跟脚
迈步屈肘
弓步搂推
后坐翘脚
转体跟脚
5. 手挥琵琶
6. 右倒卷肱
迈步屈肘
弓步搂推
跟步撤手
后坐挑掌
虚步合臂

第二组

左倒卷肱

转体撤手　提膝屈肘　退步推掌　转体撤手　提膝屈肘　退　步

右倒卷肱　左倒卷肱

转体撤手　提膝屈肘　退步推掌　转体撤手　提膝屈肘　退步推掌

第三组

7. 左揽雀尾

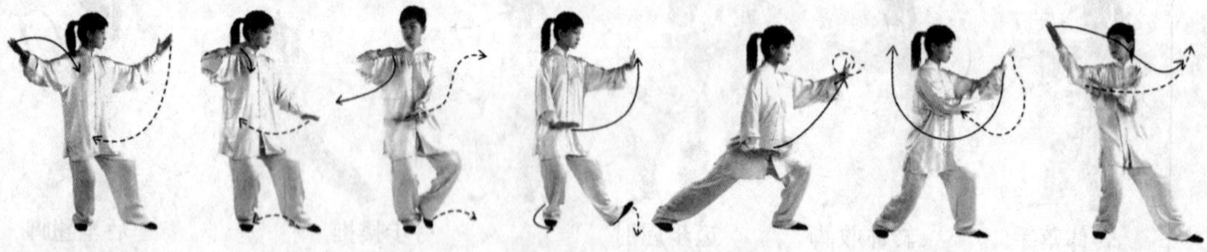

转体撤手　转体抱球　迈步分手　弓步掤臂　转体后捋

转体搭手　弓步前挤　后坐收掌　弓步按掌

8. 右揽雀尾

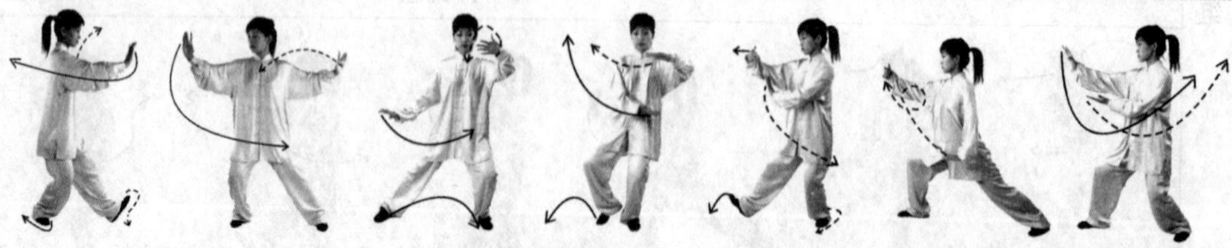

转体扣脚　抱球收脚　迈步分手　弓腿掤臂　转体伸臂

第三组

转体后捋 转体搭手 弓步前挤 伸手分手 后坐收掌 弓步按掌

9. 单 鞭

转体扣脚 云 手 撑掌收步 勾手收脚 转体迈步 马步推掌

10. 云 手

第四组

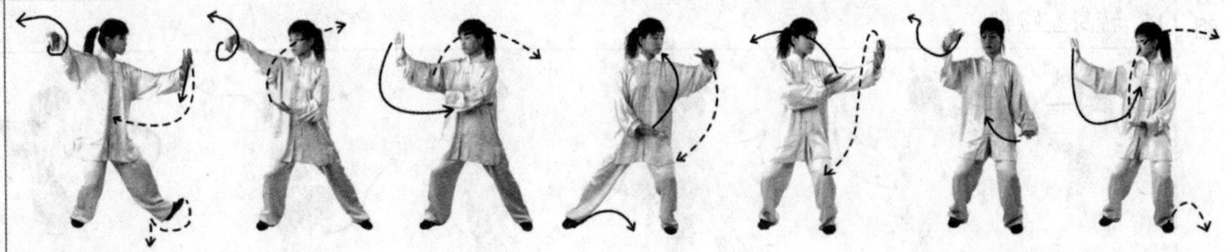

转体扣脚 转体撑掌 转体云手 撑掌收步 转体云手 撑掌出步 转体云手

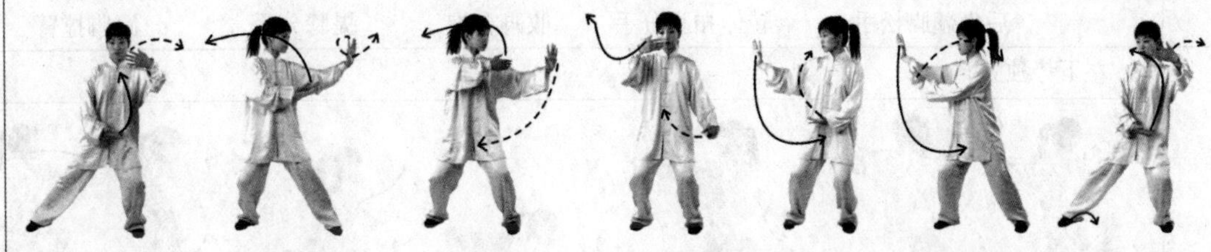

撑掌出步 转体云手 撑掌收步 转体云手 撑掌出步 转体云手

11. 单 鞭

撑掌出步 转体云手 撑掌收步 转体勾手 转体迈步 弓步推掌

第五组

12. 高探马　　13. 右蹬脚

跟步后坐翻掌　虚步推掌　穿掌提脚　弓步分手　跟步合抱　提膝分手　蹬脚撑臂

14. 双峰贯耳

收腿落手　迈步分手

15. 转身左蹬脚

后坐翘脚松手　转体扣脚分手　收脚合抱　提膝分手　蹬脚撑臂

第六组

16. 左下势独立

收腿屈肘　提膝勾手　蹲身侧步　仆步穿掌　弓腿起伸　提膝挑掌

17. 右下势独立

抱脚收手　蹲身侧步　仆步穿掌　弓腿起身　提膝挑掌

第七组

18. 左右穿梭

落脚转体　抢球跟脚　迈步分手　弓步推架　重心后移　抱球跟脚

19. 海底针　20. 闪通臂

迈步分手　弓步推掌　跟步提手　虚步插掌

21. 转身搬拦捶

（反面）　（反面）

第八组

22. 如封似闭

穿掌交叉　后坐收手　弓步推掌

23. 十字手　24. 收　势

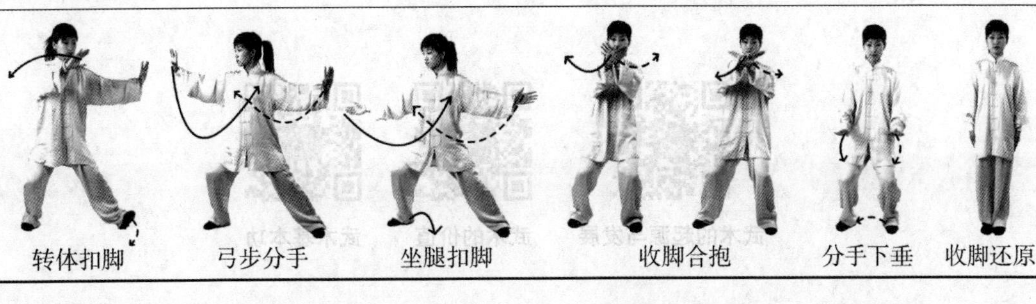

转体扣脚　弓步分手　坐腿扣脚　收脚合抱　分手下垂　收脚还原

知识窗

太极拳的流派

发源于河南省温县陈家沟的太极拳产生于明末清初，由陈王廷潜心研究创编。之后，太极拳先在陈家沟陈氏家族经历了百余年传承，到了陈氏十四世陈长兴和陈有本时，二人由博归约，分别创编出太极拳大架一路、二路和太极拳小架一路、二路。陈长兴从理论上对太极拳进行总结，著有《太极拳十大要论》《太极拳用武要言》《太极拳战斗篇》等。清代中后期至民国，太极拳开始对外繁衍传播。陈长兴首传外姓弟子河北永年人杨露禅，杨露禅学成回乡后到北京传拳，逐渐衍变创编出杨式太极拳。陈氏第十五世陈清平传拳于温县赵堡镇人和兆元、河北永年人武禹襄、温县陈新庄人李景炎、温县南张羌村人李作智和温县北冷村人王赐信。清末，满族人全佑师从杨家学杨式太极拳后，传子吴鉴泉，创编出吴式太极拳。河北武清（今天津武清区）人李瑞东师从王兰亭学杨式太极拳后，创编出李式太极拳。民国初期，河北完县（今顺平县）人孙禄堂，师从郝为真学武式太极拳后，创编出孙式太极拳。20世纪50年代，陈家沟陈氏十七世陈发科，在祖传拳械套路的基础上，创编出陈式太极拳新架一路、二路。

知识窗

太极拳如何技击

太极拳的八种劲：掤（用于化解或合力发人），捋（用于借力向后引力），挤（对下盘的外掤劲），按（对上盘的外掤劲，或作反关节拿法），采（顺力合住对方来力，或作拿法），挒（以侧掤之劲破坏对方平衡），肘（以肘尖击人），靠（以肩膀前后寸劲击人）。太极拳是一种技击术。其特点是：“以柔克刚，以静待动，以圆化直，以小胜大，以弱胜强”。

第二节　长拳（三路）教学俱乐部

◎ 教学目标

掌握长拳的基本技术，了解长拳的动作风格。

武术的起源与发展　　武术的价值　　武术基本功

一、长拳概述

长拳是在查拳、华拳、花拳、红拳、炮拳、少林拳等传统拳术的基础上发展起来的一种影响广泛的拳术，其主要特点是动作舒展大方、姿势雄壮、精神勇往、力法快长。长拳讲究动迅静定、快速灵活、刚劲勇猛、节奏鲜明；在技击上讲究放长击远，出拳要拧腰送肩，以发挥“一寸长一寸强”的优势。其运动均衡全面，能有效地提高人体的柔韧、力量、耐力、协调、灵敏、反应、平衡等身体素质，尤其适合大学生习炼。

二、长拳（三路）动作图解

预备动作

预备势：两脚并步站立，两臂垂于身体两侧，五指并拢贴靠大腿外侧，两眼向前平视。（图7–2–1）

要点：头要端正，下颌微收，挺胸、塌腰、收腹。

（一）虚步亮掌

（1）右脚向右后方撤步成左弓步。右掌向右、向上划弧，掌心向上；左臂屈肘提至腰侧，掌心向上。目视右掌。（图7–2–2）

（2）右腿微屈，重心后移。左掌经胸前从左臂上方向前穿出伸直；右臂屈肘，右掌收至腰侧，掌心向上。目视左掌。（图7–2–3）

（3）重心继续后移，左脚稍向右移，脚尖点地，成左虚步。左臂内旋向左、向后划弧成勾手，勾尖向上；右手继续向后、向右、向前划弧，屈肘抖腕，在头前上方成亮掌（即横掌），掌心向前，掌指向左。目视左方。（图7–2–4）

要点：三个动作必须连贯。成虚步时，重心落于右腿上，右大腿与地面平行。左腿微屈，脚尖点地。

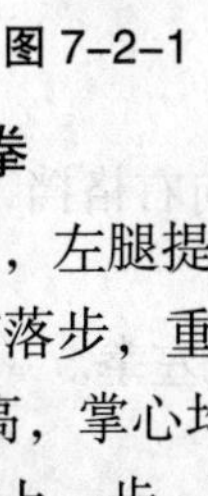
图 7–2–1

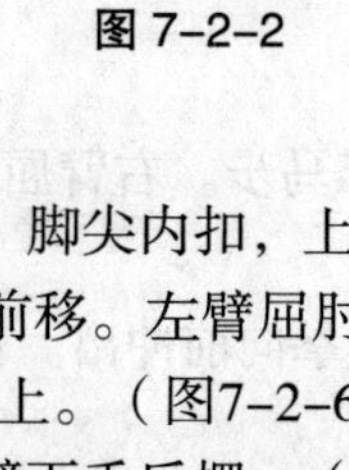
图 7–2–2

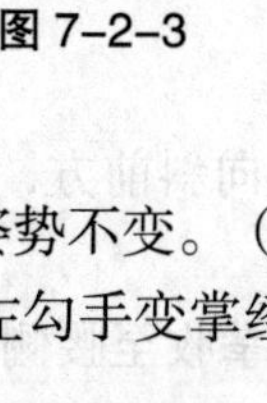
图 7–2–3

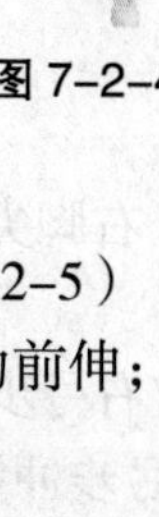
图 7–2–4

（二）并步对拳

（1）右腿蹬直，左腿提膝，脚尖内扣，上肢姿势不变。（图7–2–5）

（2）左脚向前落步，重心前移。左臂屈肘，左勾手变掌经左肋前伸；右臂外旋向前落下于左掌右侧，两掌同高，掌心均向上。（图7–2–6）

（3）右脚向前上一步，两臂下垂后摆。（图7–2–7）

（4）左脚向右脚并步，两臂向外向上经胸前屈肘下按，两掌变拳，拳心向下，停于小腹前。目视左侧。（图7–2–8）

要点：并步后挺胸、塌腰；对拳、并步、转头要同时完成。

图 7-2-5　图 7-2-6　图 7-2-7　图 7-2-8

第一段

（一）弓步冲拳

（1）左脚向左上一步，脚尖向斜前方；右腿微屈，成半马步。左臂向上、向左格打，拳眼向右，拳与肩同高；右拳收至腰侧，拳心向上。目视左拳。（图7-2-9）

（2）右腿蹬直成左弓步。左拳收至腰侧，拳心向上；右拳向前冲出，高与肩平，拳眼向上。目视右拳。（图7-2-10）

要点：成弓步时，右腿充分蹬直，脚跟不要离地。冲拳时，尽量转腰送肩。

（二）弹腿冲拳

重心移至左腿，右腿屈膝提起，脚面绷直，猛力向前弹出伸直，高与腰平。右拳收至腰侧；左拳向前冲出。目视前方。（图7-2-11）

要点：弹出的腿要有爆发力，力点达于脚尖。弹腿和冲拳要协调，同时完成。

（三）马步冲拳

右脚向前落步。脚尖内扣，上体左转。左拳收至腰侧，两腿下蹲成马步；右拳向前冲出。目视右拳。（图7-2-12）

要点：成马步时，大腿要呈水平，两腿平行，脚跟外蹬，挺胸，塌腰。

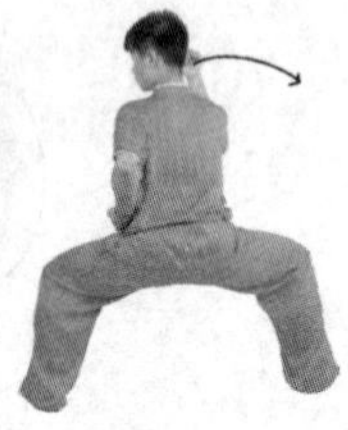

图 7-2-9　图 7-2-10　图 7-2-11　图 7-2-12

（四）弓步冲拳

（1）右转90°，右脚尖外撇向斜前方，成半马步。右臂屈肘向右格挡，拳眼向后。目视右拳。（图7-2-13）

（2）左腿蹬直成右弓步。右拳收至腰侧，左拳向前冲出。目视左拳。（图7-2-14）

要点：与本段的弓步冲拳相同，唯左右相反。

（五）弹腿冲拳

重心前移至右脚，左腿屈膝提起，脚面绷直，猛力向前弹出伸直，高与腰平。左拳收至腰侧，右拳向前冲出。目视前方。（图7-2-15）

要点：与本段的弹腿冲拳相同。

图 7-2-13　　图 7-2-14　　图 7-2-15

（六）大跃步前穿

（1）左腿屈膝上提。右拳变掌内旋，以手背向下挂至左膝外侧，上体前倾。目视右掌。（图7-2-16）

（2）左脚向前落步，两腿微屈。右掌继续向后挂，左拳变掌，向后、向下伸直。目视右掌。（图7-2-17）

（3）左腿屈膝向后提起，右腿立即猛力蹬地向前跃出。两掌向前、向上划弧摆起。目视右掌。（图7-2-18）

（4）右腿落地全蹲，左腿随即落地向前铲出成仆步。右掌变拳抱于腰侧，左掌由上向右、向下划弧成立掌，停于右胸前。目视左方。（图7-2-19）

要点：跃步要远，落地要轻，整个动作要协调、连贯完成。

（七）弓步击掌

右腿蹬直成左弓步。左掌经左脚面向后划弧至身后成勾手，左臂伸直，勾尖向上；右拳由腰侧变掌向前推出，掌指向上，掌外侧向前，目视右掌。（图7-2-20）

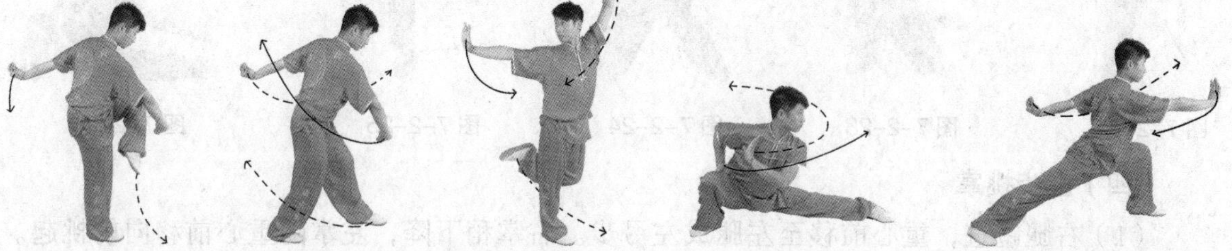

图 7-2-16　　图 7-2-17　　图 7-2-18　　图 7-2-19　　图 7-2-20

（八）马步架掌

（1）重心移至两腿中间，左脚脚尖内扣成马步，上体左转。右臂向左侧平摆，稍屈肘；同时左勾手变掌由后经左腰侧从右臂内向前上方穿出，掌、指均朝上，目视左手。（图7-2-21①）

（2）右掌立于左胸前，左臂向左上屈肘抖腕亮掌于头部左上方，掌心向上。目右转视。（图7-2-21②）

要点：抖腕、甩头要同时。马步的要求同前。

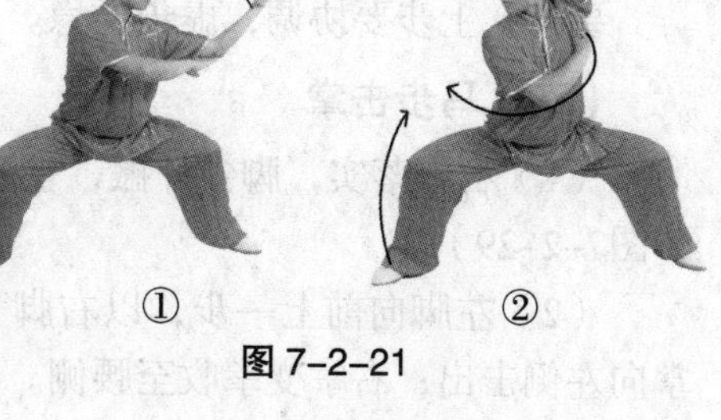

①　　②

图 7-2-21

第二段

（一）虚步栽拳

（1）右脚蹬地，屈膝提起；左腿伸直，以前脚掌为轴向右后转体180°；右掌由左胸前向下经右腿外侧向后划弧成勾手；左臂随上体转动并外旋，使掌心朝右。目视右掌。（图7-2-22）

（2）右脚向右落地，重心移至右腿上，下蹲成左虚步；左掌变拳下落于左膝上，拳眼向内；右勾手变拳，屈肘上架于头右上方，拳心向前。目视左方。（图7-2-23）

要点：落步、架拳、栽拳、转头要同时完成。

（二）提膝穿掌

（1）右腿稍伸直。右拳变掌收至腰侧，掌心向上；左拳变掌由下向左、向上划弧盖压于体前，掌心向前。（图7-2-24）

（2）右腿蹬直，左腿屈膝提起，脚尖内扣。右掌从腰侧经左臂内向右前上方穿出，掌心向上；左掌收至右胸前成立掌。目视右掌。（图7-2-25）

要点：支撑腿与右臂充分伸直。

（三）仆步穿掌

右腿全蹲，左腿向左侧铲出成左仆步。右臂不动，左掌由右胸前向下经左腿内侧，向左脚面穿出。目随左掌转视。（图7-2-26）

图7-2-22

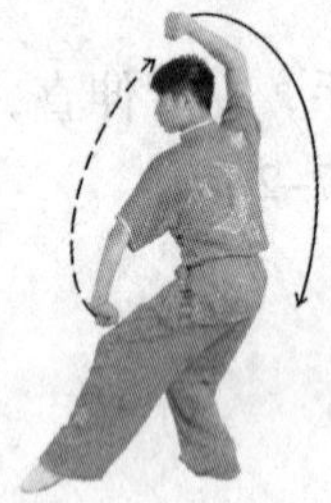
图7-2-23

图7-2-24

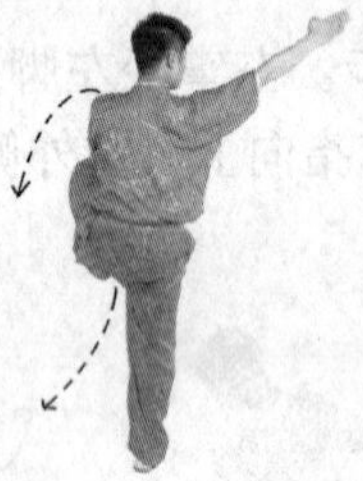
图7-2-25

图7-2-26

（四）虚步挑掌

（1）右腿蹬直，重心前移至左腿成左弓步。右掌稍下降，左掌随重心前移向前挑起。（图7-2-27）

（2）右脚向左前方上步，左腿半蹲，成右虚步。上体随上步左转180°。在右脚上步的同时，左掌由前向上、向后划成立掌，右掌由后向下、向前上方挑起成立掌，指尖与眼平。目视右掌。（图7-2-28）

要点：上步要协调，虚步要稳。

（五）马步击掌

（1）右脚落实，脚尖外撇，重心稍升高并右移，左掌变拳收至腰侧；右掌俯掌向外搂手。（图7-2-29）

（2）左脚向前上一步，以右脚为轴向后转体180°，两腿下蹲成马步。左掌从右臂上成立掌向左侧击出；右掌变拳收至腰侧。目视左掌。（图7-2-30）

要点：右掌搂手时，先使臂内旋、腕伸直，手掌向下、向外转；接着臂外旋，掌心经下向上翻转，同时抓握成拳。收拳和击掌动作要同时进行。

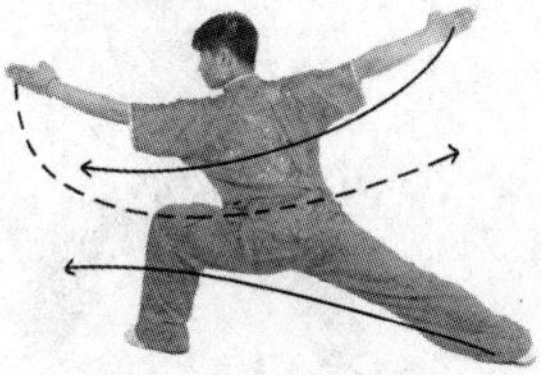

图 7–2–27

图 7–2–28

图 7–2–29

图 7–2–30

（六）插步双摆掌

（1）重心稍右移，同时两掌向下、向右摆，掌指向上。目视右掌。（图7–2–31）

（2）右脚向左腿后插步，前脚掌着地。两臂继续由右向上、向左摆，停于身体左侧，均成侧立掌，右掌停于左肘窝处。眼随手动。（图7–2–32）

要点：两臂要划立圆，幅度要大，摆掌与后插步配合一致。

（七）弓步击掌

（1）两腿不动。左掌收至腰侧，掌心向上；右掌向前划弧推出，掌心向前。（图7–2–33）

（2）左腿后撤一步，成右弓步，右掌向下、向后伸直摆动成勾手，勾尖向上，左掌成立掌向前推出。目视左掌。（图7–2–34）

图 7–2–31

图 7–2–32

图 7–2–33

图 7–2–34

（八）转身踢腿马步盘肘

（1）两脚以前脚掌为轴向后转体180° 。在转体的同时，左臂向上、向前划半立圆，右臂向下、向后划半立圆。（图7–2–35）

（2）上动不停，两脚不动，右臂由后向上、向前划半立圆，左臂由前向下、向后划半立圆。（图7–2–36）

（3）上动不停，右臂向下、向身后成反臂勾手，勾尖向上；左臂向上成亮掌，掌心向前上方；右腿伸直，脚尖勾起，向额前踢。（图7–2–37）

（4）右脚向前落地，脚尖内扣。右手不动，左臂屈肘下落至胸前，左掌心向下。目视左掌。（图7–2–38）

（5）上体左转90° ，两腿下蹲成马步。同时左掌向前、向左平掳变拳收至腰侧，右勾手变拳，右臂伸直，由体后向右、向前平摆，至体前时屈肘，肘尖向前，高与肩平，拳心向下。目视前方。（图7–2–39）

要点：两臂抡动时要划立圆，动作连贯。盘肘时要快速有力，右臂前送。

图 7-2-35

图 7-2-36

图 7-2-37

图 7-2-38

图 7-2-39

第三段

（一）歇步抡砸拳

（1）重心稍升高，右脚尖外撇，右臂由胸前向上、向右抡直；左拳向下、向左，使臂抡直。目视右拳。（图7-2-40）

（2）上动不停，两脚以前脚掌为轴，向右后转体180°，右臂向下、向后抡摆，左臂向上、向前随身体转动。（图7-2-41）

（3）紧接上动，两腿全蹲成歇步，左臂随身体下蹲，同时左拳向下平砸，拳心向上，臂部微屈；右臂伸直向上举起。目视左拳。（图7-2-42）

要点：抡臂动作要连贯完成，划成立圆。歇步要两腿交叉全蹲，左腿的大小腿靠紧，臀部贴于小腿外侧，膝关节在右小腿外侧，脚跟提起；右脚尖外撇，全脚着地。

（二）仆步亮掌

（1）左脚由右腿后抽出上前一步，左腿蹬直，右腿半蹲，成右弓步。上体微向右转。左拳收至腰侧，右拳变掌向下经胸前向右横击掌。目视右掌。（图7-2-43）

（2）右脚蹬地屈膝提起，上体右转。左拳变掌从右掌上向前穿出，掌心向上；右掌平收至左肘下。（图7-2-44）

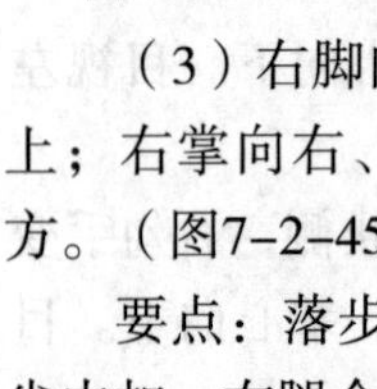

图 7-2-40

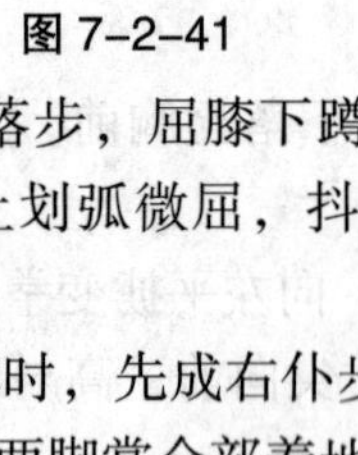

图 7-2-41

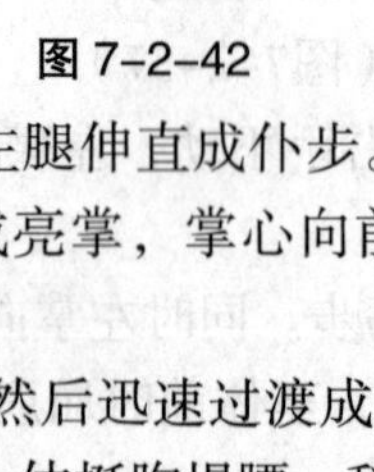

图 7-2-42

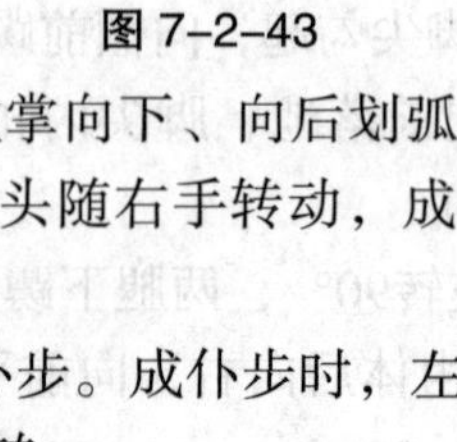

图 7-2-43

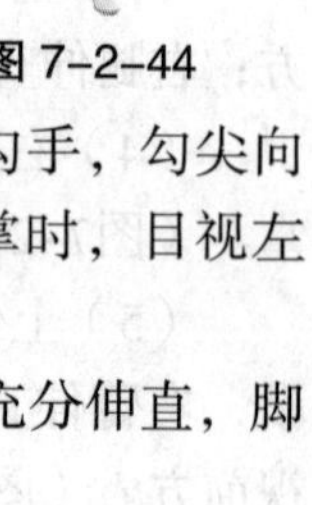

图 7-2-44

（3）右脚向右落步，屈膝下蹲，左腿伸直成仆步。左掌向下、向后划弧成勾手，勾尖向上；右掌向右、向上划弧微屈，抖腕成亮掌，掌心向前。头随右手转动，成亮掌时，目视左方。（图7-2-45）

要点：落步下蹲时，先成右仆步，然后迅速过渡成左仆步。成仆步时，左腿充分伸直，脚尖内扣，右腿全蹲，两脚掌全部着地。上体挺胸塌腰，稍左转。

（三）弓步劈拳

（1）右腿蹬地立起；左腿收回并向左前方上步。右掌变拳收至腰侧，拳心向上；左勾手变

掌由下向前上经胸前向左做捋手。（图7–2–46）

（2）右腿经过左腿前方向左绕上一步，左腿蹬直成右弓步。左手向左平捋后再向前挥摆，虎口朝前。（图7–2–47）

（3）在左手平捋的同时，右掌向后平摆，然后再向前、向上做抡臂劈拳，拳高与耳平，拳心向上，左掌外旋接扶右前臂。目视右拳。（图7–2–48）

要点：左右脚上步稍带弧形。

图 7–2–45

图 7–2–46

图 7–2–47

图 7–2–48

（四）换跳步弓步冲拳

（1）重心后移，右脚稍向后移动，右拳手臂内旋，向下划弧挂至右膝内侧；左掌背贴靠右肘外侧，掌指向上。目视右拳。（图7–2–49）

（2）右腿自然上抬，上体稍向左扭转。右拳变掌挂至身体左侧，左掌伸向右腋下。目随右掌转视。（图7–2–50）

（3）右脚以全脚掌用力向下震跺，与此同时，左脚急速离地抬起。右手由左向上、向前捋盖而后变拳收至腰侧；左掌伸直向下、向上、向前屈肘下按，掌心向前。上体右转，目视左掌。（图7–2–51）

（4）左脚向前落步，右腿蹬直成左弓步。右拳向前冲出，拳眼朝上，拳高与肩平；左掌藏于右腋下，掌背贴靠腋窝，掌指向上。目视右拳。（图7–2–52）

要点：换跳步动作要连贯、协调。震脚时腿要弯曲，全脚掌着地。左脚离地不要高。

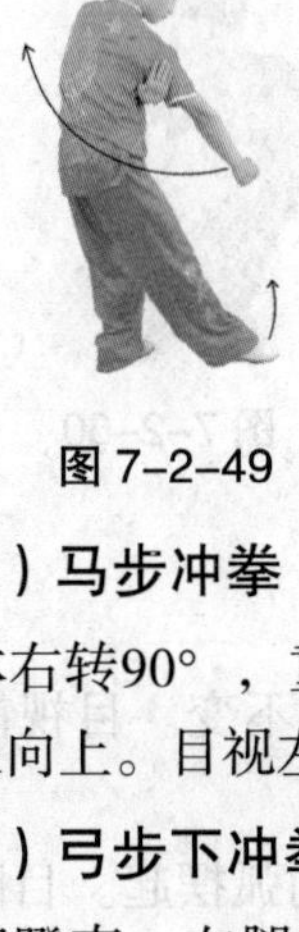
图 7–2–49

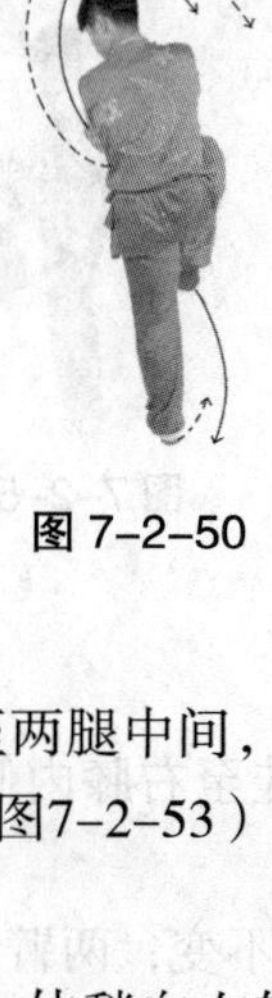
图 7–2–50

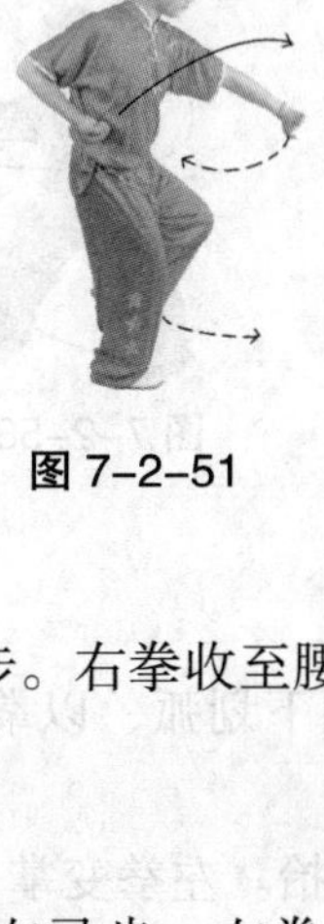
图 7–2–51

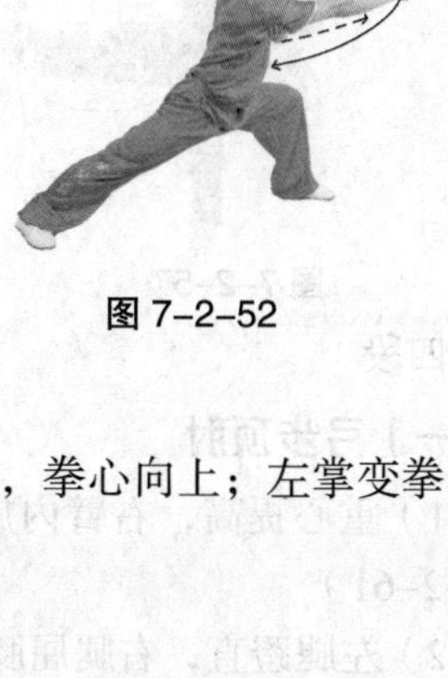
图 7–2–52

（五）马步冲拳

上体右转90°，重心移至两腿中间，成马步。右拳收至腰侧，拳心向上；左掌变拳向左冲出，拳眼向上。目视左拳。（图7–2–53）

（六）弓步下冲拳

右脚蹬直，左腿弯曲，上体稍向左转，成左弓步。左拳变掌向下经体前向上架于头左上方，掌心向上，右拳自腰侧向右前下方冲出，拳眼向上。目视右拳。（图7–2–54）

（七）插步亮掌侧踹腿

（1）上体稍右转。左掌由头上下落于右手腕上，右拳变掌，两手交叉成十字。目视双手。（图7–2–55）

（2）右脚蹬地并向左腿后插步，以前脚掌着地。左掌由体前向下、向后划弧成勾手，勾尖向上；右掌由前向右、向上划弧抖腕亮掌，掌心向上。目视左侧。（图7–2–56）

图 7–2–53

图 7–2–54

图 7–2–55

图 7–2–56

（3）重心移至右腿，左腿屈膝提起，向左上方猛力蹬出。上肢姿势不变，目视左侧。（图7–2–57）

要点：插步时上体稍向右倾斜，腿、臂的动作要一致。侧踹高度不能低于腰，着力点在脚跟。

（八）虚步挑拳

（1）左脚在左侧落地。右掌变拳稍后移，左勾手变拳由体后向左上挑，拳眼向上。（图7–2–58）

（2）上体左转90°，微含胸前俯。左拳继续向前、向上划弧上挑，右拳向下、向前划弧挂至身体右后侧，同时右膝提起。目视右拳。（图7–2–59）

（3）右脚向左前方上步，脚尖点地，重心落于左脚，左腿下蹲成右虚步。左拳向后划弧收至腰侧，拳心向上；右拳向前屈臂挑出，拳眼斜向上，拳与肩同高。目视右拳。（图7–2–60）

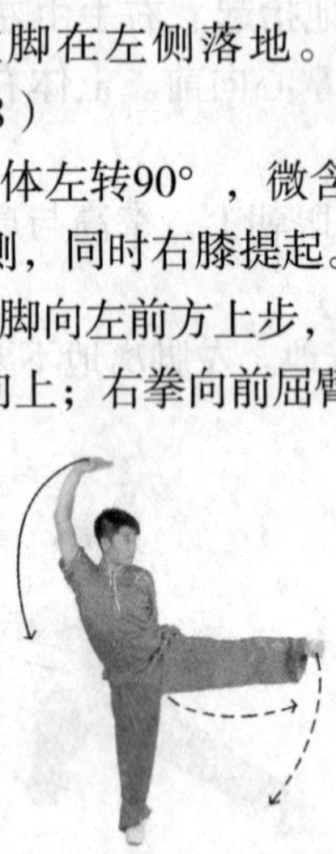
图 7–2–57

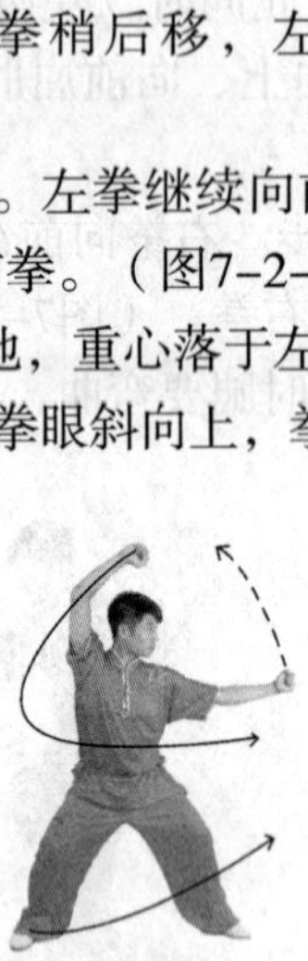
图 7–2–58

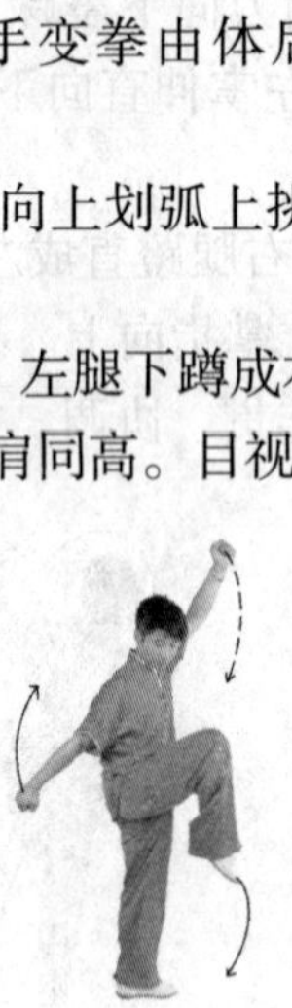
图 7–2–59

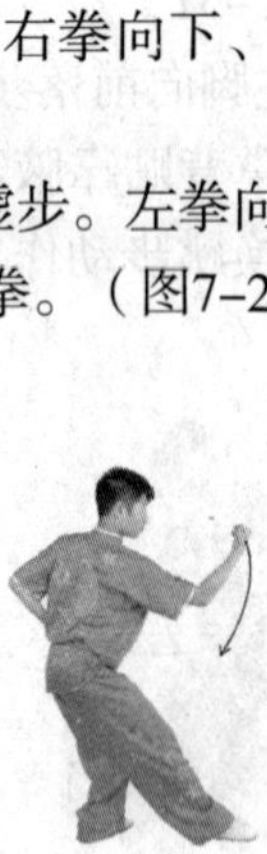
图 7–2–60

第四段

（一）弓步顶肘

（1）重心提高，右臂内旋向下划弧，以拳背下挂至右膝内侧，左拳不变。目视前下方。（图7–2–61）

（2）左腿蹬直，右腿屈膝上抬。左拳变掌，右拳不变，两臂向前上划弧摆起。目随左掌转视。（图7–2–62）

（3）左脚蹬地起跳，身体腾空，两臂继续划弧至头上方。（图7–2–63）

（4）右脚先落地，右腿屈膝，左脚向前落步，以前脚掌着地。同时两臂向右、向下屈肘停于左胸前，右拳变掌，左掌变拳。右掌心贴靠在左拳面。（图7–2–64）

（5）左脚向左上一步，左腿屈膝，右腿蹬直成左弓步，右掌推左拳，以肘尖向左顶出，高与肩平。目视左方。（图7–2–65）

要点：交换步时不要过高，但要快。两臂抡摆时要成圆弧。

图 7–2–61　图 7–2–62　图 7–2–63　图 7–2–64　图 7–2–65

（二）转身左拍脚

（1）以两脚前脚掌为轴向右后转体180°，左腿蹬直成右弓步。随着转体，右臂向上、向右、向下划弧抡摆，同时左拳变掌向下、向后、向前上抡摆。（图7–2–66）

（2）重心移至右腿，左腿伸直向前上踢起，脚面绷直，左掌变拳收至腰侧，右掌由体后向上、向前拍击左脚面。（图7–2–67）

要点：右掌拍脚时手掌稍横过来，拍脚要准而响亮。

（三）右拍脚

（1）左脚向前落地，左拳变掌向下向后摆，右掌变拳收至腰侧，拳心朝上。（图7–2–68）

（2）右腿伸直向前上踢起，脚面绷直。左掌由后向上、向前拍击右脚面。（图7–2–69）

要点：与本段的转身左拍脚相同。

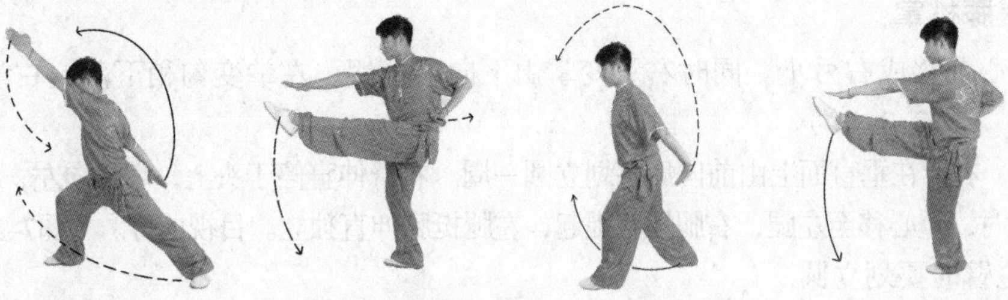

图 7–2–66　图 7–2–67　图 7–2–68　图 7–2–69

（四）腾空飞脚

（1）右脚落地。（图7–2–70）

（2）左脚向前摆起，右脚猛力蹬地跳起，左腿屈膝继续前上摆。同时右拳变掌向前、向上摆起，左掌先上摆而后下降拍击右掌背。（图7–2–71）

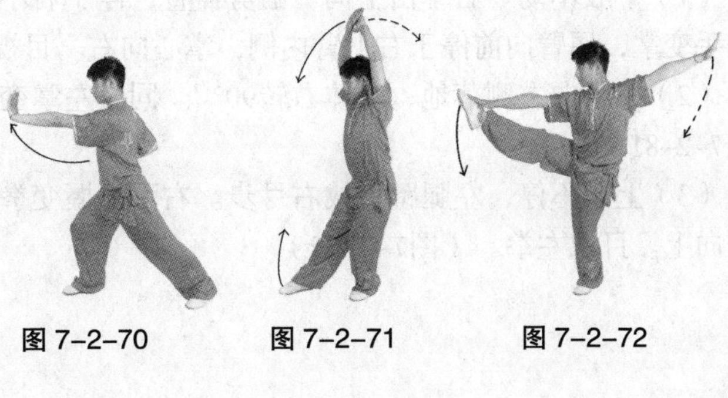

图 7–2–70　图 7–2–71　图 7–2–72

（3）右腿继续上摆，脚面绷

直。右手拍击右脚面，左掌由体前向后上举。（图7–2–72）

要点：蹬地要向上，不要太向前冲，左膝尽量上提。击响要在腾空时完成，右臂伸直成水平。

（五）歇步下冲拳

（1）左、右脚相继落地，右掌不变，左掌变拳收至腰侧，拳心向上。（图7–2–73）

（2）身体右转90°，两腿全蹲成歇步。右掌抓握、外旋变拳收至腰侧；左拳由腰侧向前下方冲出，拳心向下。目视左拳。（图7–2–74）

（六）仆步抡劈拳

（1）重心升高，右臂由腰侧向体后伸直，左臂随身体重心升高向上摆起。（图7–2–75）

（2）以右脚前脚掌为轴，左腿屈膝提起，上体左转270°。左拳向前、向后下划立圆一周；右拳由后向下、向前上划立圆一周。（图7–2–76）

（3）左腿向后落一步，屈膝全蹲，右腿伸直，脚尖内扣成右仆步。右拳由上向下抡劈，拳眼向上；左拳后上举，拳眼向上。目视右拳。（图7–2–77）

要点：抡臂时一定要划立圆。

图 7–2–73

图 7–2–74

图 7–2–75

图 7–2–76

图 7–2–77

（七）提膝挑掌

（1）重心前移成右弓步。同时右拳变掌由下向上抡摆，左拳变勾稍下落，右掌心向左，左手勾尖向上。（图7–2–78）

（2）左、右臂在垂直面上由前向后各划立圆一周。右臂伸直停于头上，掌心向左，掌指向上；左勾手不动，同时，重心移至左腿，右腿屈膝提起，左腿挺膝伸直独立。目视前方。（图7–2–79）

要点：抡臂时要划立圆。

（八）提膝劈掌弓步冲拳

（1）下肢不动。右掌由上向下猛劈伸直，停于右小腿内侧，用力在小指一侧，掌心向左。左勾手变掌，屈臂向前停于右上臂内侧，掌心向右。目视右掌。（图7–2–80）

（2）右脚向右侧落地；身体右转90°。同时左掌变拳收至腰侧，右臂内旋向右划弧搂手。（图7–2–81）

（3）上动不停，左腿蹬直成右弓步。右手抓握变拳收至腰侧，左拳由腰侧向左前方冲出，拳眼向上。目视左拳。（图7–2–82）

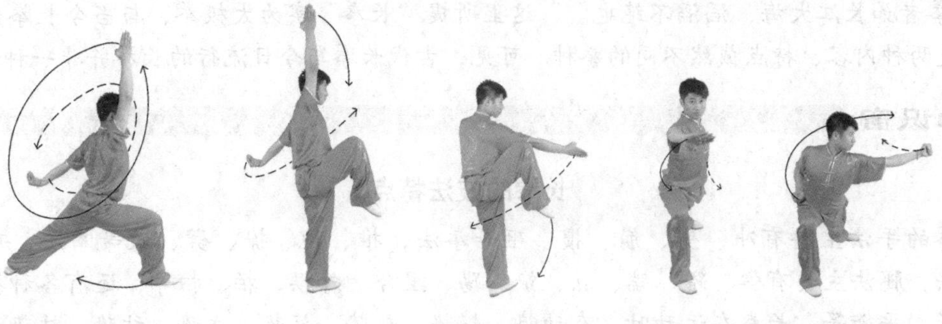

图 7-2-78　图 7-2-79　图 7-2-80　图 7-2-81　图 7-2-82

结束动作

（一）虚步亮掌

（1）左脚扣于右膝后，两拳变掌，两臂右下左上屈肘交叉于体前。目视前方。（图7-2-83）

（2）左脚向左前落步，重心后移，右腿半蹲，上体稍右转。同时左掌向上、向右、向下划弧停于右腋下；右掌向左、向上划弧至左臂上方，两手臂左下右上。目视右掌。（图7-2-84）

（3）左脚尖稍向右移，右腿下蹲成左虚步。左臂伸直向左、向后划弧成反勾手；右臂伸直向下、向右、向上划弧抖腕亮掌，掌心向上。目视左方。（图7-2-85）

（二）并步对拳

（1）左腿后撤一步，同时两掌从两腰侧向前穿出伸直，掌心向上。（图7-2-86）

（2）右腿后撤一步，同时两臂分别向体后下摆。（图7-2-87）

（3）左脚后退半步向右脚并拢。两臂由后向上经体前屈臂下按，两掌变拳，停于腹前，拳心向下，拳面相对。目视左方。（图7-2-88）

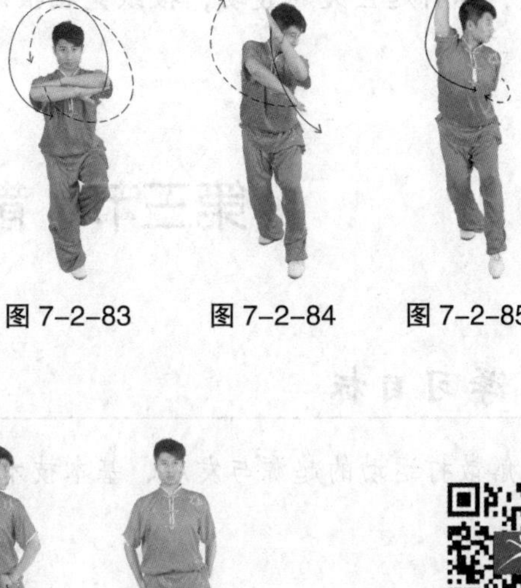

图 7-2-83　图 7-2-84　图 7-2-85

还　原

两臂自然下垂，目视正前方。（图7-2-89）

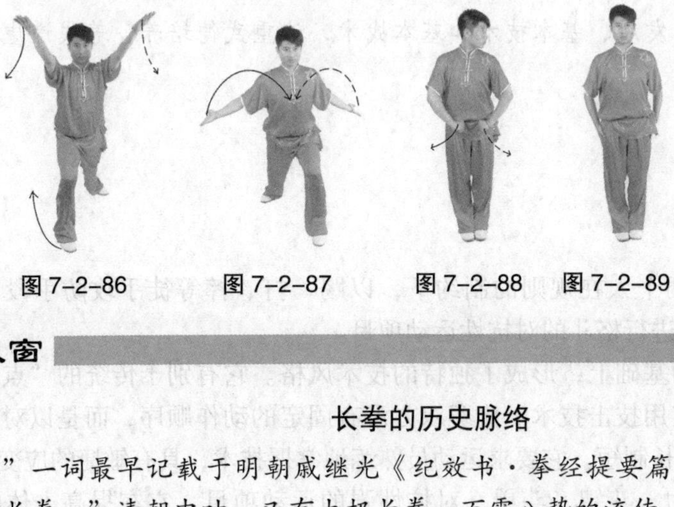

图 7-2-86　图 7-2-87　图 7-2-88　图 7-2-89

武术运动的比赛场地、设施及竞赛规则简介

知识窗

长拳的历史脉络

“长拳”一词最早记载于明朝戚继光《纪效书·拳经提要篇》中：“古今拳家，宋太祖有三十二势长拳。”清朝中叶，又有太极长拳一百零八势的流传。王宗岳的《十三势歌》中说:“长拳者如长江大海，滔滔不绝也。”这里所提“长拳”实为太极拳，与当今长拳内容相差甚远，是两种内容、特点截然不同的拳种。可见，古代长拳与今日流行的长拳并非一种拳种。

知识窗

长拳的技法特点

长拳的手法主要有冲、劈、崩、掼、砸等拳法，推、挑、撩、劈、砍等掌法，顶、盘、格等肘法，腿法主要有弹、蹬、踹、点、铲、踢、里合、外摆、拍、扫等，还有各种摔法、拿法、跳跃、平衡等。长拳在运动时，有动势、静势、起势、落势、立势、站势、转势、折势、轻势、重势、缓势、快势等十二种动静之势。以自然事物中的十二种形象来比喻这十二种动静之势。传统的“十二型”是动如涛，静如岳，起如猿，落如鹊，立如鸡，站如松，转如轮，折如弓，轻如叶，重如铁，缓如鹰，快如风。

知识窗

武术与奥运会

武术与奥运的接触可以追溯到1936年的柏林奥运会，当时中国派出了一支100多人的代表团，所参加的20余个项目竟然无一中标。沮丧之余，中国代表团的“编外军”——武术队出场了，郑怀贤的飞叉、刘玉华的双刀、张文广的查拳，让外国人们如醉如痴。武术队每到一处表演，都引起巨大的轰动，报纸竞相报道，政要名流设宴招待，武术队的表演获得了巨大的成功。

第三节　散打教学俱乐部

◎ 学习目标

了解散打运动的起源与发展、基本技术和基本战术，注重武德培养，养成谦虚、积极的高尚品格。

一、散打概述

散打，又称散手，是两个人在规则的制约下，以踢、打、摔等徒手攻防手段，通过攻、防、进、退、还击和反还击进行格斗的对抗性运动项目。

散打运动在继承传统的基础上，形成了独特的技术风格。它有别于传统的“点到为止”，也不同于“一招制敌”的实用技击技术。比赛双方没有固定的动作顺序，而是以对方技击动作随机应变，斗智、较技，以长制短。它要求运动员熟练地掌握技术，具有敏捷的应变能力。

散打运动是较技、较力、斗智、斗勇、对抗性强的运动项目。它在提高人体的速度、力量、柔韧、耐力等身体素质，提高内脏器官的机能，改善神经系统的灵活性等方面有较大的促进作用；并且能有效地提高人的应变能力，发展思维的敏捷性，增强竞争意识；还能培养顽强果断、勇于进取的意志品质和尊师爱友、讲礼崇德的良好风尚。

散打是一项具有独特民族风格的运动，在民间流传发展并深受人们喜爱，经过多年的总结与发展，现已成为一项现代竞技体育项目。当下，该项目本着"更快、更高、更强——更团结"的奥林匹克精神，逐渐与国际竞技体育接轨，不仅在国内发展迅速，更是在世界70多个国家和地区开展和普及。散打之所以经久不衰，具有很强的感染力和生命力，是由其本身的运动特点和作用决定的。

散打的特点　　散打的作用

知识窗

散打礼仪

（1）每场比赛开始前，介绍运动员时，运动员向观众行抱拳礼。

（2）每局比赛开始前，运动员上台后先向本方教练员行抱拳礼，教练员还礼；运动员之间再相互行抱拳礼。

（3）宣布比赛结果时，运动员交换站位。宣布结果后，运动员先相互行抱拳礼，再向台上裁判员行抱拳礼，裁判员还礼。然后向对方教练员行抱拳礼，教练员还礼。

（4）边裁换人时，互相行抱拳礼。

二、散打基本技术

（一）实战姿势

实战姿势通常也叫作预备式或格斗式，是格斗前所采用的临战运动姿势。它不仅能使身体处于强有力的状态，有最佳的快速反应能力、利于快速移动、发起进攻和防守，并且暴露面小，能有效地保护自己的要害部位。

实战姿势分为左实战式和右实战式。下面以左实战式为例：两脚前后开立，前脚脚跟与后脚脚尖距离约同肩宽。左脚全脚掌着地，右脚脚跟稍抬起，前脚脚掌着地，两膝稍弯曲，自然里扣，身体重心右移。上体含胸收腹扭臀，左臂内屈约120°，拳眼与鼻尖平行；右臂内屈约45°，拳置于脖前，两肘自然下垂并稍向里合，下颌内收，目视对方上体。

（二）手型、步法

1. 拳

五指内屈握紧，拇指第一指骨压在食指和中指的第二指骨上。拳心朝下为平拳，拳眼朝上为立拳。

2. 基本步法

基本步法是散打格斗中身体向前后左右移动的方法。灵活而敏捷的步法，不仅是调节重心、维持身体平衡的关键，也是进攻和防守占据有利位置、发挥最优攻势的基础步法，认真学习和演练是提高实战能力的重要环节。

进步：左脚提起，向前进步，右脚迅速蹬地，跟进同样距离。

退步：右脚向后退一步，左脚用力蹬地，迅速后退同样距离。

闪步：闪步有左右之分，以左向为例，左脚向左侧横跨一步，右脚内侧蹬地，迅速向左侧横跨跟进同样距离。

跨步：右脚向右前方与左脚平行处上一步，上体向左转体，右肩侧对前方，右臂前伸，左臂后拉并屈肘，左脚蹬地，向右后方弧形滑摆，落于右脚后侧方，成右势实战姿势。

盖步：右脚经左脚向前上步，脚尖外摆，两腿成交叉状，随即左脚向前上步，还原成实战式。

插步：右脚经左脚后向前上步，脚跟离地，两腿略成交叉状，随即左脚向前上步，还原成实战式。

垫步：右脚蹬地向左脚并拢，同时左脚屈膝提起向前落步，还原成实战式。

换步：前脚与后脚同时蹬地并前后交换，同时两拳也前后交换成右实战式。

3. 拳　法

拳法技术在散打运动中常用的有直拳、摆拳、勾拳、鞭拳等，在实战中具有速度快和灵活多变的特点，它能以最短的距离、最快的速度击中对手。拳法可以结合进行训练，并且能任意配合其他技术使用，掌握得好、利用得巧妙能给对手造成很大的威胁。

直拳：以左直拳为例，左势站立，右脚微蹬地，身体重心稍向左脚移动，同时转腰送肩，左拳直线向前击出，力达拳面，右拳自然收回颌前。实战范例：左右直拳抢攻对方头部。当对方侧弹腿进攻时，左手外挂防守，同时右直拳反击对方头部。

摆拳（掼拳）：以左摆拳为例，左势站立，上体微向右扭转，同时左臂稍抬起，前臂内旋向前弧形出击，力达拳面，大小臂夹角约130°，右拳自然收回颌前。实战范例：左拳虚晃，右摆拳抢攻对方头部。当对方右蹬腿攻击我中盘时，左手里挂防守，随即用右摆拳反击对方头部。

勾拳：以左上勾拳为例，左势站立，上体稍向左侧倾，重心略下沉，左拳微下落，随即左脚蹬地，上体右转，挺腹前送左髋，左拳由下向上屈臂勾击，力达拳面，大小臂夹角90°左右，右拳自然回收于颌前。实战范例：假动作虚晃，忽然上部靠近对方用上勾拳击其下颌。当对手由下向前抱摔时，迅速后退用左勾拳反击其头部。

鞭拳：鞭拳的运动轨迹呈弧线，一般分为平鞭拳、斜下鞭拳、斜上鞭拳三种。以右鞭拳为例，左势站立，以左脚前脚掌为轴，身体向后转180°，右脚经左腿后插步，身体继续右后转，同时以腰带动右臂向右侧横向鞭击，力达拳轮，左拳自然收于颌前。实战范例：左直拳假装进攻，随即突然用右鞭拳抢攻其头部，对手用左侧弹腿攻我中盘时，左手里挂防守同时以右鞭拳反攻其头部。

4. 腿　法

散打的腿法在实战中有举足轻重的作用，腿法机动灵活，变化多端，攻击力强，是中距离直接击打对手头部、躯干和下肢的主要得分手段，还可以重创对手，取得优势胜利。

散打的腿法主要包括蹬、踹、踢、扫、摆、弹等技术，下文着重介绍蹬、踹的腿法。

（1）蹬腿：蹬腿是指身体运动时双腿连续屈伸，分为前正蹬腿和后路蹬腿。蹬腿属直线腿法技术，可起到阻击和攻击对手的作用。

前正蹬腿：由基本姿势开始，身体重心移至右腿，右膝微屈，左腿提膝上抬，脚尖勾起；随即左腿伸膝，以脚跟领先向前方蹬出，送胯发力，力达脚跟，击出后原路收回，成基本姿势。技术要点：提膝要超过自己的腰部，出腿不能向下踏，注意送胯发力。

后正蹬腿：由基本姿势开始，身体重心移至左腿。后脚蹬地，左膝微屈，右腿提膝上抬，脚尖勾起；随即右腿伸膝，以脚跟领先向前方蹬出，送胯发力，力达脚跟，击出后原路收回，成基本姿势。技术要点：后脚蹬地迅速有力，提膝要超过自己的腰部；出腿不能向下踏；送胯时上体不可后仰太多，以免减少打击力度。

（2）侧踹腿：踹腿的动作是多样化的，而基本技术均以侧踹为主，只要将侧踹法练好，与步法、身法配合，便可随势变出任何一种踹腿。所以，我们在学习和训练踹腿时，都应该着重于侧踹腿。侧踹主要用于攻击对手低段膝关节和支撑脚，也用来阻击对方步法、腿法的进攻，此为低踹腿。攻击对手中段腹部、胸部、腰部、肋部的侧踹则为中位踹腿。攻击对手上段的颈部、头部者，称为高位踹腿。同时，侧踹腿法以前后而定，左脚在前时，左脚踹出为前脚踹腿，右脚踹出称为后脚踹腿。

前脚踹腿：从预备姿势开始，重心微微后移，上体稍后转，同时左腿屈膝提起，脚尖勾起微向外翻出，小腿外摆，使脚掌正对攻击方向，迅速由屈到伸向前踹出，力量集中在全脚掌。此时前手放于踹出腿的大腿上方，后手置于腮前方。在侧踹过程中提膝、展髋、踹击的动作要快速连贯。在攻击对方头部或胸部目标时，上体应侧倾，注意保持身体的平稳。

后脚踹腿：从预备姿势开始，重心前移，前脚尖外摆，后脚蹬地，上身向左外侧转动，后腿屈膝摆腿，随即展髋，使脚掌正对攻击方向，然后迅速向前踹出，力达全脚掌。在做动作时要求速度快，整体动作一气呵成。在做完侧踹后，应迅速恢复原位，尽量避免给对方造成反击的机会。

侧弹腿

5. 摔　法

散打的摔法大致可分为主动摔和接腿摔两类。主动摔法有夹颈过背摔、插肩过背摔、抱腿前顶摔等摔法；接腿摔法包括接腿别腿摔、接腿涮摔、接腿上托摔、接腿转压摔等技术。

夹颈过背摔：在对方用后摆拳攻击你头部时，应快速用前臂向外格挡并搂抓对手的手臂，随即上后脚落在对方的右脚前，同时右臂屈肘夹其颈部，随即向前转体，前脚背和右脚平行，背转向对方，两腿屈膝，用后侧臀部抵顶对方腹部。动作不停，两腿蹬伸向下弓腰，低头将对方背起摔倒。

插肩过背摔：用前手臂从对方所相对的后臂腋下穿过，后脚移至与前脚平行，两腿屈膝，同时，后手固定住对手另一手臂，随后两腿蹬直，向下弓腰、低头，前手臂由侧后方向前发力，将对手摔倒。在完成此动作时，插肩要快且要固定紧，背步转身要协调快速，低头、弓腰、蹬腿要连贯有力。

抱腿前顶摔：上步下潜，两手搂抱住对方双膝关节处，用力回拉，同时用前肩前顶对方大腿根或小腹部将对方摔倒。在完成抱腿前顶时，要注意下潜速度要快，抱腿要紧，两臂后拉时要与肩顶动作协调一致。

接腿别腿摔：接住对方左（右）腿，用一手将对方的踝关节固定住，用另一手搂抱住对方的膝关节部位，用左（右）腿伸至对方支撑腿侧后方别对方，同时胸部向外、向下压对方被搂抱的腿，摔倒对方。做此动作时，要快速、准确，要迅速把对方被固定的腿牵向自己的右

（左）肘部。在别腿、压腿时动作要协调一致。

接腿涮摔：接住对方的左（右）腿，用双手将其固定住，防止其挣脱。左（右）腿向侧后方撤一步，并固定住对方的腿往怀里带，并用双手固定住对方的腿向下、向左（右）、向上做弧形的牵引，将对方摔倒。做此动作时应注意的是要抓“把”牢固、准确，划弧牵引的动作幅度要大，动作连贯顺畅，使对方重心不稳而摔倒。

接腿上托摔：当对方用右正蹬腿攻击你胸部时，快速用两手接住对方小腿或踝关节，随即屈臂上抬，两手托对方左脚后，向前上方猛力推托，将对方摔倒。完成该动作时，抓脚要迅速准确连贯，推托迅猛有力。

接腿转压摔：当对方用左侧弹腿攻击你腹部时，快速上步用左手抄抱对方左膝后面，右手搂抓其小腿下部，右脚撤步，收腹含胸，向右转体，同时右手向内扳压，左肩前顶对方大腿内侧，将对手摔倒，动作要快速连贯，协调一致。

6. 防守技术

防守是一种可以节制和削弱对方的攻击，保护自己并能处于反击位置的方法，最终目的在于防守后的反击。准确巧妙的防守，不但能保护自己，而且能为攻击创造更好的条件。可分为接触防守（拍挡、挂挡、里抄、外抄、提膝、截击等）与闪躲防守（后闪、侧闪、下潜、上跳等）。

拍挡：以左拍挡为例，左手掌心向里贴，向里横拍并稍右转体。

挂挡：左右手屈臂，向同侧头部或肩部挂挡。

里抄：左右手臂微屈并外放，紧贴腹前，手心向上。

外抄：左右手臂外旋弯曲，上臂紧贴肋部。

提膝：重心后移，前腿屈膝提起，后腿支撑，上体姿势不变。

截击：当对方准备进攻时，用手截腿阻截对方攻势。

后闪：重心后移，上体略后仰闪躲。

侧闪：上体向左侧或右侧闪躲或用左右闪步防守。

下潜：屈膝降低重心，同时低头缩颈向下闪躲，两手护头。

上跳：两脚蹬地，使身体向上跳闪。

三、散打基本战术

散打战术是根据比赛双方的具体情况，为战胜对方而采取的计策和方法。散打比赛不仅是技术水平的对抗，也是心理意志和智慧的较量。

战术原则

（一）强攻战术

强攻战术是指硬性突破对方防守后发出的攻击。运用强攻战术时不要蛮干，要通过这一战术发挥自己之长来攻克对方之短。

（二）先得分战术

先得分战术是指比赛中利用对方立足未稳，还没有适应比赛的机会，主动进攻对方先得分。得分后根据实际情况选择继续扩大战果或防守反击以保住得分。

（三）直攻战术

直攻战术是指在没有假动作的掩护下，直接进攻对方。

（四）佯攻战术

佯攻战术也称为假动作战术，即比赛中有目的地利用假动作造成对方错觉，把对方引入歧途。佯攻战术也是散打比赛中最常见的战术之一。

（五）防守反击战术

防守反击战术是指利用自己反击能力较好的特点，待对方进攻时给予有力的回击。运用防守反击战术时，可以用防守反击为主，主动进攻为辅，以主动进攻掩盖自己反击战术意图。刺激对方，使其更加急躁，为反击战术创造条件。

（六）迂回战术

迂回战术是指利用步法移动从侧面进攻。

（七）制长战术

制长战术是使用相应的方法控制对方的技术专长，使其不能够正常发挥的战术形式。每名运动员都有自己的技术专长，可针对对方专长制订战术，使其专长不能发挥，从而被迫采用其他动作。

（八）制短战术

制短战术是指在比赛中集中力量专门进攻对方的薄弱环节，制其所短。每一名运动员在具备优点的同时也相对有自己的缺点，比赛中要善于发现其缺点，如有的运动员防拳能力差，有的运动员防腿能力差，有的运动员防摔能力差等。

（九）技术战术

技术战术是指利用技术全面、熟练、有效的特点，综合运用各种技术控制场上的主动权，抑制对方的进攻，从而取得比赛的胜利。

（十）多点战术

多点战术是指进攻点立体交叉，全方位攻击对方。在比赛中遇到技术水平较好的运动员时，单一的技术进攻很难奏效，应采取上、下、左、右进攻技术，综合运用拳法、腿法、摔法，针对对手的情况实施立体的攻击。

（十一）重创战术

重创战术是指比赛中利用自己的拿手技术或对方失误的机会，准确击中对方要害，使对方因被击倒或被击伤而丧失比赛能力。

（十二）体力战术

体力战术是指耐力好的运动员发挥自己体力比对方好的优势，在比赛中让对手和自己一直处于不断的运动中，消耗对方的体力，使对方因体力不支而影响技术和战术的发挥，甚至被击倒。

（十三）边角战术

边角战术是利用比赛中对方退到擂台边缘怕掉下去的心理状况进行攻击的战术。

（十四）下台战术

下台战术是指比赛中采用方法迫使对方掉下擂台的战术手段。下台战术按其形式可分为牵引下擂和逼打下擂两种。牵引下擂是指借用对方的力量，引进落空来达到使对方下擂的目的。

逼打下擂是指当对方退至警戒线时，使用动作连续进攻将对方打下擂台。

（十五）突袭战术

突袭战术是针对对方自然产生的习惯动作，采用相生相克的方法进攻对方。

（十六）心理战术

心理战术是通过一些特定的方式和措施，给对方造成心理上的压力，从而取得比赛胜利的方法。

散打运动的场地设施及竞赛规则介绍

（十七）规则战术

竞技散打比赛是在一定规则限制的前提下进行的，但规则也有限制模糊的地方，比赛时要认真研究比赛规则寻找漏洞，使用各种制胜的办法攻击对手。

散打战术绝不是一成不变的，需要运动员根据自己对场上的判断，依据自己的技术及专业素养，迅速做出决定，果断执行。

知识窗

散打护具的保养知识

1. 穿戴散打护具进行对抗实战时，规范的情形是双方都是赤足（或者戴护踝、护脚背）进行踢打。不能穿普通的硬底鞋训练。

2. 平时注意护具表面不要被坚硬的物品划伤。

3. 保持表面清洁，尤其不要沾染油污。

4. 每次使用后要擦干护具表面汗液，悬挂风干里面的汗液，再装入专用的背包内保存。

第八章 舞美与健身操教学俱乐部

第一节 有氧健身操教学俱乐部

◎ **学习目标**

了解有氧健身操的基础知识，熟练掌握有氧健身操的基本技术与成套动作。

一、有氧健身操概述

有氧健身操是建立在健美操运动基础之上的一种有氧运动，是健美操运动的一种新的形式。20世纪80年代，美国率先发展健身操和健身舞。有氧健身操属于有氧运动的一种。有氧与无氧的区别就在于有氧与无氧的运动时间和运动强度不同，如短距离跑就属于无氧运动，要求运动员在很短的时间里完成任务；而有氧的运动时间就要长一些，如长距离跑，要求运动员在给定的时间里完成长距离的任务，但是有氧健身操不同于其他的运动项目是因为练习者要配合长时间的音乐才能完成。有氧健身操是在有氧的基础上，在音乐的配合下，长时间的、富有韵律的一种健身运动项目。1995年，《全民健身计划纲要》正式颁布以后，有氧健身操得到了飞速的发展，期间也推广了多套有氧健身操的套路，而且内容越来越规范、动作越来越新颖。2012年，国家体育总局推出《全国全民健身操等级推广规定动作》。此外，2012—2016年的国际健美操比赛项目中不再是以往的纯竞技健美操，还融合纳入了有氧健身操等内容。有氧健身操在长时间持续的运动中，能够有效地提高心肺功能，突出有氧健身操的健康、力量、美丽的特点。目前，高等院校开展的比赛都是以有氧健身操为主，有氧健身操已经朝着科学化和多元化的方向发展，并为健美操的变革和创新做出突出的贡献。

知识窗

关于有氧健身操的频率，美国运动医学学会推荐，正常人应该每周健身2～5次，如果你以前没有健身的习惯，就要从少量开始，每周两次，然后慢慢增加到三四次。初学者常常犯的错误是开始健身时由于热情高涨，想要尽快达到效果，就要每天锻炼，每次锻炼的强度也很大，这样做往往会训练过度，短时间内就会出现疲劳、失眠、浑身过度酸痛等症状，于是就会停止下来。其实我们应该认识到，健身是个长期的习惯，想要有健美的体魄，一生都应该坚持健身。最佳体型需要几个月甚至几年的坚持才可以形成，循序渐进才是最佳方案。

二、有氧健身操基本技术

徒手体操动作是有氧健身操最基本的动作，是根据人体解剖学特点划分的7个部位的动作，即头颈、肩、胸、腰、髋部动作，上、下肢动作，以及所采用的屈、伸、绕、摆等各种基础动作。健身操基本动作包括基本姿态动作、基本难度动作、基础动作三大部分，是掌握其他动作的基础。

有氧健身操的特点

有氧健身操锻炼的功效与机能

（一）手　型

健身操手型主要有开掌、并掌和拳三种。

（1）开掌：五指用力分开，手腕保持一定的紧张程度。

（2）并掌：五指并拢、伸直。

（3）拳：五指弯曲紧握，拇指在外，压在食指弯曲部位。

（二）头、颈部动作

（1）屈：指头颈关节角度的弯曲，包括前屈、后屈、左屈、右屈。

（2）转：指头颈绕身体垂直轴的转动，包括左转、右转。

（3）绕和绕环：指头以颈为轴做弧形和圆形运动，包括左、右绕和左、右绕环。

要求：做各种头、颈动作时，上体保持正直，速度要慢，头、颈部移动的方向要准确，颈部被动肌群充分伸展。

（三）肩部动作

（1）提肩：指肩胛骨做向上的运动，包括单肩、双肩的同时提和依次提。

（2）沉肩：指肩胛骨做向下的运动，包括单肩、双肩的同时沉和依次沉。

（3）绕肩：指以肩关节为轴做小于360° 的弧形运动，包括单肩向前、后绕，双肩同时或依次向前、后绕。

（4）肩绕环：指以肩关节为轴做360° 及360° 以上的圆形运动，包括单肩向前、后绕环，双肩同时或依次向前、后绕环。

（5）振肩：指固定上体，肩急速向前或向后摆动，包括双肩同时和依次向前、后振。

要求：提肩时尽力向上，沉肩时尽力向下，动作幅度大而有力，绕肩时上体固定，两臂放松，头颈不能前探；动作连贯，速度均匀，幅度大；振肩动作要有速度、力度和弹性。

（四）上肢动作

（1）举：指以肩为轴，臂的活动范围不超过180° ，而停止在某一部位的动作，包括单臂和双臂的前、后、侧举以及中间方向的举。

（2）屈：指肘关节产生一定的角度，包括胸前屈、胸前平屈、头后屈、肩侧屈、肩上侧屈、肩下侧屈、肩上前屈、腰间屈、背后屈等。

（3）摆：指以肩关节为轴，带动手臂做钟摆式动作，包括单臂或双臂同时或依次向前、后、左、右摆。

（4）绕：指双臂或单臂向内、外、前、后做180～360° 以肩为轴的弧形运动，包括单臂、双臂绕，同时或依次向同方向和不同方向绕。

（5）绕环：指以肩关节为轴，单臂或双臂做360° 的圆形运动，包括双臂或单臂做向前、向后、向内绕环。

（6）振：指以肩为轴，手臂用力摆至最大幅度，包括侧举后振、上举后振、下举后振。

（7）旋：指以肩或肘为轴做臂的内旋或外旋动作。

要求：做臂的举、屈伸时，肩下沉；做臂的摆动时，起与落要保持弧形；上体保持正直，位置准确，幅度要大，力达身体最远端。

（五）胸部动作

（1）含胸：指两肩内合，低头，缩小胸腔。

（2）展胸：指两肩外展，挺胸，扩大胸腔。

（3）移胸：指髋部固定，做胸向左、向右的水平移动。

要求：练习时，收腹，立腰。动作达到最大极限。

（六）腰部动作

（1）屈：指下肢固定，上体沿矢状轴和水平轴运动，包括前、后、左、右的屈，可以结合手臂和腿的动作做各种练习。

（2）转：指下肢固定，上体沿垂直轴扭转，包括左、右转。

（3）绕和绕环：指下肢固定，上体沿垂直轴做弧形和圆形运动，包括左、右绕和绕环。

要求：练习时，身体远端尽力向外延伸，绕环幅度要大、充分而连贯，速度放慢；腰前屈、转时，上体挺直。

（七）髋部动作

（1）顶髋：指髋关节向前、后、左、右水平移动。

（2）提髋：指髋关节做急速向一侧上提的动作，包括左、右提髋。

（3）摆髋：指髋关节做钟摆式的连续移动动作，包括左、右侧摆和前、后摆。

（4）绕髋和髋绕环：指髋关节向左、右做360° 以内的弧形、圆形移动，包括向左、右的绕和绕环。

要求：髋关节做顶、提、绕和绕环时应平稳、柔和、协调，稍带弹性，上体要放松。

（八）下肢动作

（1）滚动步：两脚交替做由前脚尖至全脚掌滚动落地的动作。

（2）交叉步：一脚向另一脚前或后交叉行进。

（3）跑跳步：两脚交替进行，跑后支撑阶段有一次跳的过程。

（4）并腿跳：双腿并拢，直膝或屈膝跳。

（5）侧摆腿跳：单腿跳起，同时另一腿向侧摆动。

要求：跳跃要轻松自如，有弹性，注意呼吸配合。

（九）基本站立

1. 立

直立：指头颈、躯干和脚的纵轴保持在一条直线上。

开立；指两脚左右分开与肩同宽或宽于肩。

提踵立：指两脚跟提起，用前脚掌站立。

点地立：指一腿直立（重心在站立脚上），另一腿向各方向伸直，脚尖点地，包括侧点立、前点立、后点立。

2. 弓　步

弓步指一腿向某方向迈出一步，膝关节弯曲成90° 左右，膝部与脚尖垂直，另一腿伸直，包括左、右腿的前、侧、后弓步。

3. 跪　立

跪立指大腿与小腿成直角的跪姿，包括双腿跪立、单腿跪立。

要求：站立时，头正直，上体保持挺直，沉肩、挺胸、收腹、收臀、立腰、立背、直膝；弓步时，前弓步和侧弓步的重心在两腿之间，后弓步的重心在后腿，提踵立时，两腿内侧肌群用力收紧，提踵越高越好。

（十）健美操规则规定的7个基本步法

（1）踏步：屈膝上提大腿，小腿自然下垂，落地时用前脚掌过渡到全脚掌，两臂前后摆动，身体保持自然，两脚交替做踏地的动作。踏步包括脚尖不离地的踏步、脚离地的踏步、高抬腿的大幅度踏步。

要求：落地时，由脚尖过渡到脚跟着地；屈膝时，胯微收。两臂自然前后摆动。

（2）吸腿跳：屈膝抬起，大腿平行于地面，小腿垂直于地面，脚面绷直，跳起时，脚离地，身体保持自然，落地时由脚尖过渡到脚跟，两腿交替进行。

要求：大腿用力上提，小腿自然下垂。

（3）踢腿跳：一腿前踢，腿要高抬，膝盖伸直，收腹立腰。落地时还原到位，两腿交替进行。

要求：踢腿时，须加速用力，上体保持正直、立腰。

（4）后踢腿跳：两脚交替有短暂腾空过程（类似跑步），小腿向后屈，两手叉腰。

要求：髋和膝在一条线上，小腿叠于大腿

（5）弹踢腿跳：动力腿屈膝后摆，两膝靠拢，膝关节、髋关节伸直时要控制，然后换后腿做。

要求：大腿抬起至一定角度后，小腿自然伸直，膝关节稍有控制。

（6）开合跳：两腿跳起分开落地，髋部、脚尖朝外，膝关节在同方向弯曲，蹬地还原时，脚跟并拢，膝缓冲。

要求：分腿时，两腿自然外开。

（7）弓步跳：并腿跳起，落地时成前（侧、后）弓步，脚尖方向向前，身体稍前倾，立腰收腹。还原时屈膝缓冲。

要求：跳成弓步时，把握住身体重心。

知识窗

一般人在有氧健身操中一分钟消耗15千卡左右的热量（体重越大消耗越多），而一千克脂肪是3500千卡。如果每天锻炼有氧健身操30分钟，在饮食没有变化的情况下一星期可减一千克。当然这只是理论上的推算，实际上运动后多少都会多吃一点，专家建议的减肥速度是一个月1千克，这样减下来的体重不易反弹。

三、有氧健身操比赛规则简介

健身操的种类繁多，竞赛规则又不尽相同，以下简要介绍由国际体操联合会健美操技术委员会和中国健美操协会制定的健身健美操竞赛规则。

（一）总　则

（1）参赛资格：参加竞技健美操比赛的运动员不得参加健身性健美操的比赛。

（2）参赛分组：幼儿组，小学组，中学组（初中组、高中组），大学组（普通高校组、体育院系组、运动训练及高水平运动队组），社会组（青年组、中年组和老年组）。

（3）参赛人数要求：性别不限，小集体人数为5～10人，大集体人数为11～16人。

（4）成套动作时间：2分加减10秒。从可听到的第一个声音开始到最后一个可听到的声音结束，包括提示音。

（5）赛台：赛台高80～100厘米，后面有背景遮挡，赛台面积不得小于14米×14米，推广组场地大小为l2米×12米。提高组比赛场地大小为10米×10米。标记带为5厘米宽的白色或黑色带。标记带为场地的一部分。

（6）着装与仪容要求如下。

① 推广组。

男、女运动员着装应整洁美观，款式不限，适合运动，服装应与成套动作风格相吻合，自由健身舞可根据成套编排以及表演效果的要求佩戴饰物，不得造型怪异；必须着符合健美操竞赛规则要求的健美操鞋，踏板操、自由健身操除外。

运动员必须着合适内衣，不得过于暴露。服装上禁止有描绘战争、暴力、宗教信仰或性爱主题的元素。

② 提高组。

运动员必须着紧身运动服装，连体或分体均可。女运动员上装为长袖、短袖及吊带背心等，男运动员着短袖或背心，下装均为紧身合体的长裤。

男、女运动员着装应整洁美观，不得佩戴任何首饰和手表；运动员不得纹身，不得造型怪异；必须着符合健美操竞赛规则要求的健美操鞋，踏板操除外。

规定动作　　专业评判委员会

运动员必须着合适内衣，不得过于暴露。服装上禁止有描绘战争、暴力、宗教信仰或性爱主题的元素。

（二）违例动作

为了保持健美操的特色，对不利于健身健美操发展的其他项目的表现形式，以及身体各关节过分伸展与过分弯曲的易损伤身体的动作应禁止使用。

（1）所有沿矢状轴或横轴翻转的动作。

（2）所有高于30° 的水平支撑动作。

（3）任何与身体的自然姿态完全相反的动作，如反背弓、背部挤压、膝转、足尖起、仰卧翻臀等。

（4）使用爆发性加速或减速动作，如抽踢等。

（5）任何马戏或杂技动作。

（6）抛接动作：抛是指由同伴抛起或借助同伴的力量弹起至腾空位置（腾空是指一个人不触及地面或同伴）。根据以上原则，违例动作举例如下。

体操动作类：
桥
躯干后屈
各种滚翻
各种倒立
各种软翻、手翻、空翻
屈伸起
托马斯全旋
双腿全旋

艺术体操和舞蹈类：
挺身跳
劈叉后屈体跳
结环跳
站立后搬腿劈叉
鹿结环跳
膝转、颈转、背转
水平旋转跳（旋子）

武术动作类：
侧　踹
抽　踢

其他：
躺地翻臀
跪地足尖起

（三）纪律处罚

1. 警　告

对以下情况给予警告。

① 出现在禁止场地。② 不文明的举止。③ 不尊重评判员和官员。④ 非运动员举止。

2. 处　罚

对无故弃权、罢赛、罢奖以及不服从裁决等违反体育运动精神行为举止者，取消名次、停赛一年、通报批评，并报上级主管部门备案。

（四）特殊情况

以下被视为特殊情况。

（1）播放错音乐带。

（2）由于音响设备而出现的音乐问题。

（3）由于设备问题而出现的干扰，如停电、舞台坍塌等。

（4）运动员责任外的情况而引起的比赛中断或终止。

运动员在遇到以上情况发生时，应立即停止做动作，成套动作结束后提出的抗议将不被接受。

根据评判长的决定，运动员在问题解决后可重做，原先分数无效。

上述情况以外的问题，将由总评判长根据情况解决，总评判长的决定为最后决定。

第二节　啦啦操教学俱乐部

啦啦操

◎ 学习目标

掌握啦啦操的基本理论和基本技术，培养学生兴趣与表演能力。

一、啦啦操概述

（一）国外啦啦操的起源与发展

啦啦操是在音乐或口号的衬托下，借助标语、道具等表达手段，以徒手或手持轻器械的技巧动作或舞蹈动作为载体，以团队的形式出现，通过展示各种具有强烈鼓动性、感染性的动作为形式，旨在体现团队意识与集体主义精神，反映朝气蓬勃的精神面貌，具有竞技性、观赏性、表演性的一项体育运动。

啦啦操是一项新兴的体育运动项目，最早源于为美式足球呐喊助威的活动，并借助美国职业篮球联赛（NBA）逐渐在全球范围内广泛传播，至今已有100多年的历史。啦啦操的英文是“cheer leading”，其中“cheer”一词有振奋精神、提振士气的意思。19世纪70年代，第一个啦啦队俱乐部在美国普林斯顿大学成立。1898年，美国明尼苏达州立大学一年级医学生约翰尼·坎贝尔带领六名男生组成了世界上第一支啦啦队。20世纪，啦啦操的表演形式开始逐渐丰富起来，喇叭筒在啦啦操中开始流行，开始用纸制作成线球作为道具进行啦啦操表演。随着女性在啦啦操中发挥的作用越来越重要，体操技巧和舞蹈动作开始融入其中，极大地丰富了啦啦操的内容，使其更具表演性和观赏性。20世纪80年代初，啦啦操开始跨越美国国界向世界传播，并建立统一的啦啦操标准，啦啦操以其独特的魅力和价值赢得了许多国家人民的喜爱，迅速风靡全世界。1984年，英国成立了啦啦操协会，并与美国国际啦啦操协会合作，积极发展啦啦操运动，成为欧洲最大的啦啦操组织。1998年，国际啦啦操联合会（简称“ICU”）成立。2001年起，开始举办世界啦啦操锦标赛，每年参加该项运动的人数已超过2000万。2013年5月，ICU正式被国际单项联盟协会认可，成为世界上唯一的啦啦操单项官方体育组织，啦啦操运动陆续进入世界各大重要体育赛事，标志着啦啦操运动进入崭新的发展阶段。

（二）中国啦啦操的起源与发展

啦啦操运动于1998年传入我国，最初在我国广东、广西等地区得到推广与发展。在2008年北京奥运会、2010年广州亚运会及 2014 年南京青奥会上，啦啦操都作为体育表演项目进行了现场展示；2009 年在国家体育总局体操运动管理中心（以下简称体操中心）的扶持下，啦啦操运动开始快速发展。2014年1月，经体操中心批准，全国啦啦操委员会成立（China Cheerleading Association，简称 CCA）。2015年又建立了全国啦啦操委员会、省级啦啦操委员会和市级啦啦操委员会的“三级管理体系”，这为我国啦啦操项目的健康发展奠定了良好的基础和保证。为了展现啦啦操的青春、活力与团队精神，引领啦啦操项目的稳步发展，体操中心和全国啦啦操委员会陆续组织全国专家根据不同年龄特征和项目特征编写全国示范系列教材，全面向幼儿、小学、中学开展，这对啦啦操的推广与普及起到了积极的促进作用。2014—2015年在发展和推进“校园足球”和“校园啦啦操”的进程中，教育部体卫艺司总结出“一校一球一操”的江阴模式和成功创设金水区“一校一品一操”的金水模式，在一定程度上又引领着全国校园体育步入一个全新的阶段。目前，大部分省市教育行政主管部门都将啦啦操作为大课间的“升级版”倾力打造。

2010年，体操中心创办了全国啦啦操联赛，为我国啦啦操运动的交流与发展搭建了很好的平台。目前，每年的参赛人数以几何倍数迅猛增长，2015—2016年全国啦啦操联赛有20余站比赛，吸引来自全国各地的5万多名运动员参赛，成为国家体育总局发展最快的一级官方赛事。2013 年 12 月，南京市人民政府和体操中心共同主办了“首届中国（南京）啦啦操公开赛”，这是我国首次举办国际啦啦操赛事，揭开了我国啦啦操发展历史的新篇章。为了推动我国啦啦操运动更快地与国际接轨，体操中心积极与ICU展开合作，分别于 2013年10月、11月邀请国际啦啦操专家来华授课，举办了“啦啦操国际规则教练员和裁判员培训班”和“啦啦操国际级裁判员培训班”，我国首批 31 名啦啦操裁判员通过了ICU的国际级裁判员考核，加速了我国啦啦操与世界接轨的步伐。从2014年开始，中国啦啦操各级赛事都采用最新的ICU国际规则。国际交流的日益频繁，推动了我国啦啦操运动更好的发展。2015年，体操中心颁布了啦啦操“七彩星级”的政策，啦啦操“七彩星级”考级针对3～14岁的队员，考级制度不光是技术评分，还包含平时训练、公益活动、赛事的分数，打破了家长们一味突击练体育的思想，转而培养队员的全面素质。啦啦操运动虽然在我国仅有十几年的历史，但它深受广大青少年和学生的喜爱。

知识窗　啦啦操的特点　啦啦操项目的分类

二、啦啦操基本技术

（一）啦啦操的 36 个基本手位

啦啦操手臂动作是有着特殊规定和要求的，运动员必须按照规定的36个手位进行动作（图8-2-1）。所有啦啦操基本手位动作都是锁肩并制动于体前。动作要求在肌肉的控制下清晰、干脆、有力地完成，即在最短的时间完成向下一个动作的转变，其转变过程不得有多余的无控制形态出现，手臂到达下一个动作所规定的位置时不得有明显的晃动现象（手臂动作永远处于身体额状轴前方）。在每个动作移动迅速、定点准确的基础上，指间带动发力并选择最短的路线到达下一个动作。

（1）下A（Down A）：两臂胸前下举，拳心相对相碰。

（2）上A（Up A）：两臂上举，拳心相对相碰。

（3）高V（High V）：两臂侧上举，握拳，拳心朝外。

（4）倒V（Low V）：两臂侧下举，握拳，拳心朝内。

（5）加油（Applauding）：两手握式击掌于胸前，肘关节朝下，手低于下颌。

（6）T（T）：两臂侧平举，握拳，拳心朝下。

（7）短T（Half T）：两臂胸前平屈，握拳，拳心朝下。

（8）W（Muscle Man）：两臂肩上屈，肘关节成90°角，握拳，拳心相对。

（9）上L（Up L）：一臂握拳上举，拳心朝内，另一臂侧举，握拳，拳心朝下。
（10）下L（Down L）：一臂侧举，另一臂前下举，握拳，拳心朝下。
（11）斜线（Diagonal）：一臂侧上举，一臂侧下举，握拳，举成一斜线。
（12）K（K）：一臂前上举，另一臂前下举，握拳，拳心相对。
（13）侧K（Side K）：弓步或开立，手臂同K。
（14）弓箭（Bow And Arrow）：一臂胸前平屈，前臂低于上臂，另一臂侧平举。两手握拳，拳心朝下。
（15）小弓箭（Bow）一臂侧平举，拳心朝下，另一臂胸前屈，拳心朝内。
（16）短剑（Half Dagger）：以左手叉腰为例，右臂胸前屈，拳心朝内。
（17）侧上冲拳（High Side Punch）：以左手叉腰为例，右臂侧上冲拳，拳心朝外。
（18）侧下冲拳（Low Side Punch）：一手叉腰，拳心朝后，另一臂做下V的一半，拳心朝后。
（19）斜下冲拳（Low Cross Punch）：以左手叉腰为例，右臂左前下冲拳，拳心朝下。
（20）斜上冲拳（Up Cross Punch）：以左手叉腰为例，右臂左前上冲拳，拳心朝下。
（21）高冲拳（High Punch）：一臂前上举，拳心朝内，另一手叉腰，拳心朝后。
（22）R（R）：一手头后屈，拳心朝内，另一手向前下冲拳，做K的一半，拳心朝下。
（23）上M（Up M）：两臂肩上屈，手指触肩，肘关节朝外。
（24）下M（Hands On Hip）：两手叉腰于髋部，握拳，拳心朝后。
（25）屈臂X（Bend X）：前臂交叉于胸前，拳心朝内。
（26）高X（High X）：两臂交叉于头前上方，拳心朝前。
（27）前X（Front X）：两臂交叉于体前，拳心朝下。
（28）低X（Low X）：两臂交叉于体前下方，拳心朝斜下。
（29）X（X）：双腿开立，两臂头后平屈，拳心贴头，肘关节朝外。
（30）上H（Touch Down）：两臂上举与肩同宽，拳心相对。
（31）小H（Little H）：一臂上举，另一臂胸前屈，握拳，拳心朝内。
（32）下H（Low Touch Down）：两臂前下举，拳心相对。
（33）屈臂H（Bend H）：两臂胸前屈肘，拳心相对。
（34）后M（Behind M）：两臂屈肘于腰侧，拳心朝上。
（35）前H（Front H）：两臂前平举，拳心朝下。
（36）前H（Front H）：两臂前平举，拳心相对。

1. 上A　2. 下A　3. 高V　4. 倒V　5. 加油　6. T

图 8–2–1

7. 短T
8. W
9. 上L
10. 下L
11. 斜线
12. K
13. 侧K
14. 弓箭
15. 小弓箭
16. 短剑
17. 侧上冲拳
18. 侧下冲拳
19. 斜下冲拳
20. 斜上冲拳
21. 高冲拳
22. R
23. 上M
24. 下M
25. 屈臂X
26. 高X
27. 前X
28. 低X
29. X
30. 上H
31. 小h
32. 下H
33. 屈臂H
34. 后M
35. 前H（掌心向下）
36. 前H（掌心相对）

图 8-2-1（续）

（二）啦啦操的下肢动作技术

啦啦操的下肢动作要求在短时间内到达指定位置，每个步法清晰，落地铿锵有力。动作伸展时尽量不要屈膝，屈膝时角度有一定要求。膝盖与脚尖的方向保持一致。啦啦操常用的下肢基本动作如下。

（1）立正站：直立，两腿并拢，手臂贴于体侧。

（2）军姿站：直立，脚跟并拢，脚尖外开，两手背于体后。

（3）弓步站：前腿弯曲，后腿伸直，重心在两腿之间，两手背于体后。也有后腿弯曲的弓步站。

（4）侧弓步站：一腿弯曲支撑，另一腿伸直侧点地，身体重心在支撑腿上。

（5）锁步站：两腿弯曲，一腿交叉于另一腿前。

（6）吸腿站：一腿伸直，另一腿屈膝抬起，大小腿保持90°。

（三）转体技术

转体技术分为转动动力技术、转动稳定技术与转体的终止技术。

1. 转动动力技术

转体的动力来源一为身体下压然后突发性向上而产生的沿身体纵轴向上的力；转体的动力来源二为肢体与躯干左右两侧沿转动方向交换而产生的沿圆的切线方向的离心力（身体内部肌肉收缩使转动加速）。

2. 转动稳定技术

转动稳定技术来源于身体的轴与面的控制。首先在发力时，要迅速将重心稳定在一个与地面垂直的转动轴上，注意身体的肌肉应使各关节保持相对稳定的状态，转动过程中，脚、腿、髋、肩要始终控制在同一个平面。

3. 转体的终止技术

转体终止时通常采用压低重心和加大支撑面积来达到稳定的终止旋转的效果。

（四）跳跃技术

跳跃类型可分为双脚起跳、单脚起跳，按动作幅度又可以分为小跳、中跳和大跳。

整个起跳过程中要控制好腰腹以起到连接作用（防止身体上下部脱节），准备时双腿微屈，手臂成预摆姿势，抬头，目视前方。起跳瞬间，腿部肌肉收缩配合手臂的向下摆动给地面一个极大的作用力，地面在这一瞬间给人一个大小相同方向相反的作用力，人体受力越大腾空的高度就越高。起跳后按动作的顺序与要求由动力肢体远端带动，其他肌肉协调控制，迅速达到预定位置，然后瞬间变换至下一动作位置，注意变换动作时，如躯干需要变换，由躯干与肢体同时变换以保持身体的整体性和姿态的完美性。啦啦操常见的跳步动作有分腿小跳、分腿小跳、团身跳、C跳、鹿跳、莲花跳和跨栏跳等。

（五）技巧啦啦操的配合技术

1. 托　举

将同伴托离地面，其难点在于身体重心的控制和转变。负责将同伴托离地面的队员主要靠大腿在从蹲到立的瞬间将自身肌肉所发出的能量转化为被脱离地面的同伴的动能和重力势能，被托离地面的队员在离开地面的过程中要注意保持自身身体重心的稳定，这种配合一般高度限制在两个人的身高之和。

2. 抛　接

一般为一个或多个同伴将一名队员抛到空中，被抛者以一定的姿态腾空，（腾空后可以在空中加入一些姿态的变化），然后再由一名或几名队员接住。被抛者的力产生于同伴，负责将其抛向空中的队员全身肌肉（主要为：手臂肌肉、腿部肌肉、腰部肌肉）协调发力，以便产生更大的能量加快被抛者在空中的速度和高度，如果是多名队员一起发力，要注意发力方向和发力时间的一致性。

全国啦啦操比赛规定动作竞赛规则

第三节　瑜伽教学俱乐部

瑜　伽

◎ 学习目标

了解瑜伽的起源与发展，掌握瑜伽基本动作。

一、瑜伽概述

瑜伽（Yoga）是印度哲学六大正统体系之一。瑜伽是一门现实哲学。“瑜伽”一词，常见的解释有联结、驾驭和束缚，简言之，就是把人的意识与身体结合起来，加以引导、运用，并最终达到身心和谐的状态。瑜伽能够改善人们生理、心理、情感和精神方面的能力，是一种使生理和心理达到和谐统一的运动方式。

瑜伽起源于印度，距今已有5000多年的历史，被人们称为“世界的瑰宝”。古印度瑜伽修行者在大自然中修炼身心时，无意中发现各种动物与植物天生具有治疗、放松、睡眠或保持清醒的方法。于是古印度瑜伽修行者根据动物的姿势观察、模仿并亲自体验，创立出一系列有益身心的锻炼系统，也就是“体位法”，体位法即瑜伽。

知识窗　　瑜伽发展的现状

关于瑜伽的记载最早出现在《吠陀经》中。大约在公元前300年，瑜伽之祖帕坦伽利在《瑜伽经》中阐明了使身体健康、精神充实的修炼课程，这门课程被其系统化和规范化，构成当代瑜伽修习的基础。

瑜伽修炼者开始只有少数人，一般在寺院、乡间小舍、喜马拉雅山洞穴和茂密森林中心地带修持。之后瑜伽逐步在印度普通人中间流传开来。而今的瑜伽，已经是印度人民几千年来从实践中总结出的人体科学的修炼方法。目前，瑜伽已在全世界广泛传播。

瑜伽于20世纪80年代传入我国。目前，在我国流行的瑜伽不仅吸收了古老瑜伽的精髓，还融入了我国传统医学与养生的内容，同时加入了一些时尚健身的新内涵。经常练习瑜伽，能有效地增强心肺功能，降低血压，减缓心率，对预防高血压、心血管疾病有显著效果；能有效保持和增强肌肉、骨骼、关节等的功能，预防骨质疏松症，改善神经系统功能；还能增强免疫系统的功能。

瑜伽的流派与瑜伽八支分法　　瑜伽的特点与作用

二、瑜伽基本技术

（一）基本姿势

1. 站姿（山式站立）

基本站姿是所有站姿的起始动作。双脚并拢，大脚趾与小脚趾压地，其余脚趾自然伸展即可，大腿肌肉收紧内旋，膝关节收紧上提，腹肌收紧，双肩下沉，胸腔打开，腰背挺直，下巴平行于地面，眼看前方。感受头顶天、脚踩地的感觉。

2. 瑜伽常用坐姿

坐姿的要求：腰背立直，首先受益的是胸腔不受压迫，肺泡可以充分扩张，使气息下沉，增强肺活量；其次是脏器不受挤压，可以顺利完成血液循环；最后是有助于消化，保持体态，肌肉放松，双膝下沉。

（1）简易坐。

右脚脚心向上，脚背着地，放于左大腿（根部）下方；左脚脚心向上，脚背着地，放于右大腿（根部）下方。双脚脚踝交叉，双膝下沉，放松。腰背挺直向上，双肩、双臂放松下沉，下颌微收，拉长整个脊柱。双手搭放于膝盖上，两大腿和膝盖放松下沉。

（2）平常坐坐姿（至善坐）。

左脚跟抵住会阴，右脚跟置于左脚跟前，脚背着地，双脚脚跟前后在一条直线上。这个坐姿很稳很舒服。小腿可以贴在地面上，成等边三角形。

（3）半莲花坐。

左脚脚心向上，脚背着地，放于右大腿内侧下方；弯曲右小腿将右脚放于左大腿上面。这时头、颈、躯干保持在一条直线上。保持这个坐姿感到极不舒服时，可以交换两腿的位置继续练习。

（4）莲花坐。

双手握住右脚把它放在左大腿上面，脚跟位于肚脐区域下方；双手握住左脚把它放在右大腿上面，两脚心朝上，脊柱保持挺直，两膝关节尽量保持贴地。也可两腿交换位置重复练习。如果两膝和两腿感到难受，应立刻停止练习。

（5）雷电坐。

双膝跪地，两小腿胫骨和脚背平放于地面。两膝靠拢，两大脚趾相互交叉，脚跟向外侧展开。后背挺直，将臀部坐在分开的双脚之间。

（二）瑜伽呼吸

呼吸是生命存在的根本，但是有很多人并不知道怎样才是正确的呼吸。瑜伽呼吸是指有意识地延长吸气、屏气、呼气的时间。排除体内废气、浊气，使身心得到安定。瑜伽呼吸每次的吸气量可达3000～3500毫升，是一般呼吸的六七倍。有针对性地进行瑜伽呼吸法的训练，对于身心的改善是很有效果的。

瑜伽呼吸法的目的是通过各种不同的呼吸方法有效地按摩内脏，刺激各生理腺体良性的分泌，更好地清理洁净身体，为促进身心健康奠定基础。相反，如果呼吸有了问题，身体的循环系统、消化系统、排泄系统都会受影响，大量毒素会积蓄在身体各部分，从而成为致病之源。瑜伽呼吸是由以下两种呼吸方式结合而成的：腹式呼吸和胸式呼吸。

1. 腹式呼吸

以肺的底部进行呼吸，感觉只是腹部在鼓动，胸部相对不动，这是基本的呼吸法。缓慢有意识地用腹肌呼吸，把手放在腹部，可以感觉到腹部的运动，集中注意力。

动作要领：两手的拇指和食指做出三角状，放在肚脐中心位置。把手放在腹部上，两鼻孔慢慢地吸气，放松腹部，感觉空气被吸向腹部，手能感觉到腹部越抬越高，实际上横膈膜下降，将空气压入腹部底层。吐气时，慢慢收缩腹部肌肉，横膈膜上升，将空气排出肺部。吐气时间是吸气时间的2倍。

2. 胸式呼吸

以肺的中上部进行呼吸，感觉是胸部的扩张与收缩，腹部相对不动，这是使头部清晰，使身体活性化的一种呼吸法。可以加强腹肌肌力，镇静心脏，净化血液，改善循环，增加肺活量，延长寿命。

动作要领：吸气，腹部收紧微微内收上提，横膈肌上提，胸腔扩张，肋骨向两边扩张，双肩被动耸起，呼气时腹部放松，胸腔横膈肌下压，双肩和肋骨下沉，吸要充分，呼要彻底。

3. 瑜伽（完全）呼吸

瑜伽呼吸是把以上两种类型的呼吸方式结合起来完成的。肺部的上、中、下三部分都参与呼吸。腹部、胸部乃至全身都在起伏收缩。练习中会感觉到把滞留在肺部的能量放出去，同时会有新鲜的能量充满肺部。

动作要领：吸气时，慢慢地向腹部区域吸气，让空气充满腹部，腹部微微隆起，然后充满胸部，把腹部充满的空气提升到胸部并将胸部扩张到最大，可以略微提肩，使空气提到喉咙里。呼气时，胸部放松，膈肌下沉，放下肩部，腹部收紧，肚脐处向脊柱处靠拢。整个呼吸气过程的连接要柔和、缓慢，不要憋气。

（四）瑜伽体位法

瑜伽体位法的意思是在舒适的动作上维持一段时间，在缓慢的动作中，身体保持放松和做深沉的呼吸，使得血液能够携带大量氧气并且吸收。瑜伽修行者模仿动物的姿势并且亲身做实验，发现对身体有很大的益处，经过实践，创造了一系列身体锻炼的系统，即瑜伽体位法。

1. 下犬式

【方法】使身体成倒“V”形，双臂前伸，头颈向腿部延伸看齐，能看到双腿中间的天空，脚后跟紧挨地面不要抬起。（图8-3-1）

【益处】消除疲劳，恢复精力，缓解脚跟的僵硬和疼痛，帮助软化脚后跟的跟骨刺；增强脚踝，使腿部更匀称；有助于缓解肩胛骨区域的僵硬和肩周炎，使腹部肌肉得到增强。由于横膈膜被提升到胸腔，因此，练时心跳速度减缓。

2. 上犬式

【方法】身体要伸直，臀部与肩、腰形成舒缓的“S”形，头颈向前伸，肩部向前用力。（图8-3-2）

提醒：在练习上犬与下犬式的时候，往往会因为力度不够而做不到位，但要记住，瑜伽是在舒展筋骨，因此，应该把筋骨舒展到最大限度。

【益处】使脊柱恢复活力，对于腰部疼痛、坐骨神经痛及椎间盘突出的人有很好的效果，增强脊柱弹性，治疗背部疼痛。由于胸部得到完全扩张，因此，还可增加肺部弹性，使骨盆区域的血液得到完全的循环，使其保持健康。

3. 骆驼式

【方法】这时的身体应成一个“O”字形；头部后仰到最大限度；双肩胛向后伸展；双手扶住脚跟；大腿与臀部垂直绷紧。（图8-3-3）

【益处】伸展强壮脊柱，促进血液循环，使脊柱神经得到额外的血液滋养而受益，对于矫正驼背和两肩下垂等不良体态有极佳的效果。

4. 战士第二式

【方法】战士式讲究平衡感，上身一定要竖直，左腿弓步，右腿向后伸直，右脚回勾，弓步不能弓得太靠下，臀部要绷住劲，双臂伸平，头颈摆正。（图8–3–4）

【益处】使腿部肌肉更为匀称、强健，同时也能缓解小腿和大腿肌肉痉挛，增强腿部和背部肌肉弹性，强化腹部器官。

图 8–3–1

图 8–3–2

图 8–3–3

图 8–3–4

5. 树　式

【方法】树式讲究的是无限的延伸感觉，头颈挺直，胳膊伸直向上，想象身体将要冲上云霄，同时肘部向上提。（图8–3–5）

【益处】加强腿部、背部和胸部的肌肉；加强两踝的稳定性和支撑力，改善人体体态的稳定与平衡，增强集中注意的能力；放松两髋部位，且对胸腔区域有益。

6. 三角式

【方法】上身与下身的弧线要顺畅，胯部不能为省力挺起，双臂伸展成“一”字形。（图8–3–6）

【益处】增强腿部肌肉，消除腿部和臀部的僵硬，矫正腿部畸形；缓解背部疼痛及颈部扭伤，强健脚踝、胸部；治疗多种皮肤病，消除腰围区域的脂肪。

7. 后仰式

【方法】后仰时的臀、胯、腰部向前挺，可以用手臂支撑出力使臀、胯、腰向前，注意逐步做后仰练习，切忌用力过度，使身体仰过头。（图8–3–7）

【益处】有助于消除疲劳，使胸部得到完全伸展，伸展两腿、腹部和喉咙，强健两腕、两踝和骨盆，增强肩关节的灵活性，使神经系统得到增强，促进血液循环。

8. 蝴蝶式

【方法】此时的双腿就好像是蝴蝶的双翅，要向两边伸展到最大，挺胸抬头。（图8–3–8）

【益处】对骨盆区域有益，使骨盆、腹部和背部得到足够的血液供应，有助于消除泌尿功能失调和坐骨神经痛，预防疝气，纠正月经期不规律现象，孕期经常练习会使分娩更容易、顺利。

图 8-3-5

图 8-3-6

图 8-3-7

图 8-3-8

9. 犁　式

【方法】仰卧，手臂置于身体的两侧。吸气，抬起双腿上举越过身体，呼气，将两腿向后放在头的上方。脚趾触地。（图8-3-9）

【益处】对整个脊柱神经网络极为有益；伸展背部可减轻和消除各种背痛、腰部风湿痛和背部关节痛；消除肩部和两肘的僵硬；增强腘绳肌；有助于消除腰围线、髋部、腿部脂肪，治疗手部痉挛；促进血液循环，使血液流入头部，滋养面部和头皮；调整甲状腺，使身体新陈代谢得到改善；收缩腹部器官，促进消化功能，消除便秘和胃胀气；有助于纠正月经失调的毛病；还可以治愈头痛、痔疮和糖尿病。

10. 轮　式

【方法】仰卧，双手放在身体两侧。屈腿，脚后跟紧贴大腿后侧。双手移到头的两侧，掌心贴地。吸气，拱起背部，髋部与腹部向上升起。（图8-3-10）

【益处】这一后弯的体式可增强背部肌群的力量，放松肩关节和颈部肌肉，使脊柱得到完全的伸展，使身体更加柔软，头部供血加强，有效释放压力并感觉敏锐。

11. 脊柱伸展式

【方法】双手抓住脚踝，身体尽量接近腿，最终双手手掌可平放在脚边的地面上。（图8-3-11）

【益处】增强人体的弹性，伸展脊柱，脊柱神经得到补养、加强；身体前屈有助于强壮双肾、肝脏和脾脏；有助于减少月经期间下腹与骨盆部位的疼痛；是倒立练习必不可少的姿势，使头脑逐渐适应增加的血流和压力，可以克服所有的精神和情绪波动，情绪化严重的人可以练习此姿势以得到改善，使神经系统得到滋养，心率减缓。

12. 脊柱扭转式

【方法】挺直身子坐着，两腿前伸，右边小腿内收，将左脚移过右膝，将右臂穿左腿下方，双手在背后相握。（图8-3-12）

【益处】挤压、按摩脊柱周围的肌肉，刺激、兴奋脊柱神经；使背部肌肉更富有弹性，预防背痛和腰部风湿痛的发生；肝脏、脾脏得到强壮，对双肾起到按摩作用；促进肠胃蠕动，有助于提高消化和排泄功能；调整肾上腺的分泌，胰脏活动增强，有助于治疗糖尿病和轻微脊椎盘错位。

图 8-3-9

图 8-3-10

图 8-3-11

图 8-3-12

知识窗　双人瑜伽

第四节　花样跳绳教学俱乐部

◎ 学习目标

掌握花样跳绳运动的基础知识、基本技术、内容与分类方法。

花样跳绳

一、跳绳概述

（一）中国现代跳绳的发展

早在远古时代，古人就拿绳子来记事，用它来捆扎收获的农作物、搬运东西，或是驱使牛马等家畜，绳子是人类生活中重要的工具之一。绳子与我们的生活关系密切，同时在孩子们心中更是童年不可或缺的玩具之一。利用绳子玩出来的游戏，既是生产技能的传承，也是休闲娱乐的重要手段，实现了从“生产工具”向“游戏工具”的转变。随着时代的发展，跳绳从在民间的流传，慢慢演变成为一个世界性的体育竞技项目。

任何事物的发展都是有其规律性的，跳绳也不例外。陕西是跳绳的故乡，多次掀起跳绳热。1957年，西安高中创编了“跳绳舞”；1959年，陕西师大举办了中国第一个跳绳培训班；1981年4月3日，中国体育报发表了胡安民老师“论跳绳”的部分内容《跳绳的分类和方法》，随之全国各地响应国家体委号召，开展了“三跳”比赛。近年来，随着全民健身运动不断的深入开展，人们的健康生活观念和体育健身意识有了很大的提高。在北京、西安、济南、秦皇岛等地还涌现出一些跳绳特色学校，跳绳运动已经引起有关部门的重视和推广。在外国，跳绳与游泳一起被称为最完美的体育运动，是现代人释放压力、简便易得的最佳运动之一。

随着党和政府对全民健身事业的重视和《全民健身计划纲要》的贯彻实施，跳绳这项广大群众喜爱的传统体育运动也在逐步兴起。随着《中国跳绳竞赛规则》的出台，全国性的比赛和基层比赛的开展有了统一规则的依据，进一步细化了比赛中出现的具体情况，使其走上规范、健康、快速发展的轨道，开创了我国跳绳运动发展的新局面。中国是世界上跳绳人数最多的国家。

（二）世界跳绳的起源与发展

花样跳绳的特点与功用

1996年，世界跳绳联盟的成立标志着这项运动的正式兴起。作为一项年轻的运动，迄今为止已在五大洲的50多个国家正式开展并逐渐发展成熟。跳绳已经成为一项富有观赏性和技巧性的竞技运动项目。

跳绳在不断演绎和创新中得到了发展，现今的跳绳运动，尤其是花样跳绳，克服了传统跳绳的枯燥乏味，融合舞蹈、健身操于跳绳之中，注入时尚元素更具吸引力，令人欣赏、喜欢。

知识窗

花样跳绳的基本内容与分类

跳绳在历代的称谓

唐代：称跳绳为“透索”。

宋代：高承的《事物纪原》中记载，跳百索源于汉代的一种以朱索装饰门户以辟邪的习俗：“故汉五月五日，以朱索五色即为门户饰，以难止恶气。”

明清时代：跳绳称为“跳白索”“跳百索”“绳飞”。刘侗在《帝京景物略》中记载：“二童子引索略地，如白光轮，一童子跳光中，曰‘跳白索’。”由此可见，百索之名实因绳索摆动后似“跳白光轮”或百条绳在动之故。跳百索游戏多在正月十五左右举行。

清代：《乐陵县志》载：“元宵期间，女子以跳绳为戏，名曰‘跳百索’。”《松风阁诗钞》对当时的跳绳活动有这样的描述：“太平鼓，声咚咚，白光如轮舞索童。一童舞索一童唱，一童跳入光轮中。”清代出版的《有益游戏图说》一书中，称跳绳为“绳飞”，大概是由于绳子来回转动，像在空中飞动，所以得名。清代儿童跳百索，经常用有节奏的歌谣加以伴唱，娱乐性很强。

二、花样跳绳基本技术

（一）基本动作

（1）站立姿势：并脚站立，两膝关节并拢，两脚踝稍错开；两手握绳柄，将绳置于身后，绳的中央位于脚踝处；两上臂贴紧身体两侧，前臂自然弯曲，前臂与上臂成约120°夹角。

（2）握绳方法：有正握、反握、绕手握三种。正握比较常用，反握一般不常用，在交互绳速度跳的摇绳中可以使用反握法。有绳柄握法：大拇指与食指捏住绳柄后端，其余三指并拢后贴绳柄。绕手握法适合于没有绳柄的绳，将绳的两端分别绕在手上，用大拇指和食指捏住绳子。这种握绳方法便于调整绳子的长度，但长时间练习，容易磨伤手指。

（3）摇绳方法：两手握绳，两臂自然屈肘，以肘关节为轴，用两前臂和手腕协调用力，由后向前摇动绳子。熟练后可仅使用手腕用力。

（4）跳跃方法：双脚跳起落地时，一定要用前脚掌着地，压地后自然弹起。切勿用脚后跟着地。

（5）绳的长度：绳的长度要适合个人练习，一般分为花样绳和速度绳两种。花样绳适合跳各种花样，一般稍长，单脚踩住绳子中心，绳柄达致两腋下为标准长度。速度绳以速度跳为主，一般稍短，头和脚可顺利过绳即可，绳柄达致腰腹部为标准长度，但个人绳长短因人而异，因动作而异，技术水平高者可用稍短一些的绳子。个人绳技巧包括个人花样、朋友跳、车轮跳等。

（二）基本技术

1. 个人花样

（1）左右甩绳。

技术动作：两手臂向前摇绳至一边体侧甩绳，绳子不过脚；接着甩绳至另外一边体侧，一拍一动，左右边各四次，完成左右甩绳。（图8–4–1）

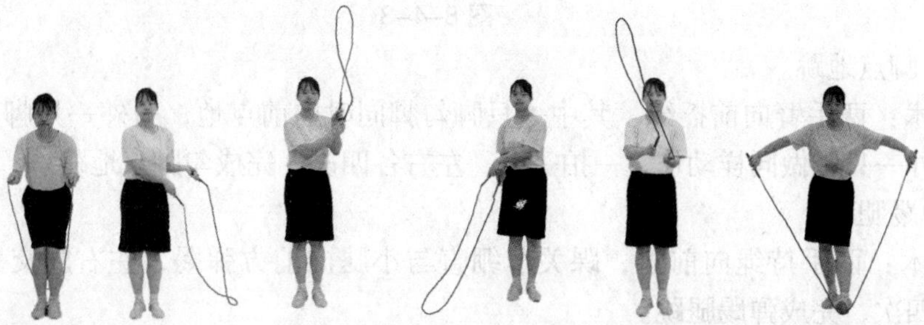

图 8–4–1

（2）并脚跳。

技术动作：两手持绳向前摇绳，双脚并拢跳跃过绳，绳子绕过身体一周，一摇一跳，连续完成并脚跳。

（3）双脚交换跳。

技术动作：两手持绳向前摇绳，双脚分先后依次向前抬起跳跃过绳；一摇一跳，左右各四次，连续完成双脚交换跳。

（4）开合跳。

技术动作：两手持绳向前摇，当绳子过脚置于空中时，跳跃成两脚分开、膝盖微弯曲状态，当绳子快打地时，两脚成合并跳绳过绳，一拍一动，完成开合跳。（图8–4–2）

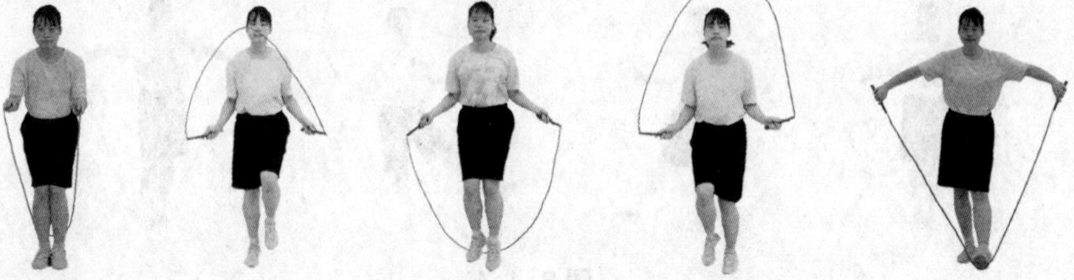

图 8–4–2

（5）弓步跳。

动作技术：两手持绳向前摇，当绳子过脚置于空中时，两脚分开成前后弓步动作，当绳子打地快过脚时，双脚并拢跳过绳。一拍一动，左右边各四次，完成弓步跳。

（6）并脚左右跳。

动作技术：两手持绳向前摇，当绳子过脚置于空中时，双脚并拢向右、左边跳，一拍一动，左右边各四次，完成并脚左右跳。

（7）基本交叉跳。

动作技术：两手持绳摇，此动作分成两拍完成，第一拍两手为直摇绳，第二拍两手为交叉

摇绳，一拍一动，开与合各四次，完成基本交叉跳。（图8–4–3）

图 8–4–3

（8）勾脚点地跳。

动作技术：两手臂向前摇绳，其中一只脚勾脚同时向前点地，另外一只脚直立跳跃过绳，接着交换另外一只脚做同样动作，一拍一动，左右各四次，完成勾脚点地跳。

（9）弹踢腿跳。

动作技术：两手持绳向前摇，踝关节绷直与小腿向前方弹踢，左右脚交替进行，一拍一动，左右各四次，完成弹踢腿跳。

（10）后屈腿跳。

动作技术：两手持绳向前摇，当绳子过脚置于空中时，一脚向后折叠后踢，另外一脚直立跳跃过绳，一拍一动，左右边各四次，完成后屈腿跳。

（11）吸腿跳。

动作技术：两手持绳向前摇，当绳子过脚置于空中时，一腿提膝与身体成90° 角，另外一腿直立跳跃过绳，一拍一动，左右边各四次，完成吸腿跳。

（12）钟摆跳。

动作技术：两手持绳向前摇，当绳子过脚置于空中时，一脚向同一侧摆动，另外一脚直立跳跃过绳，一拍一动，左右边各四次，完成钟摆跳。（图8–4–4）

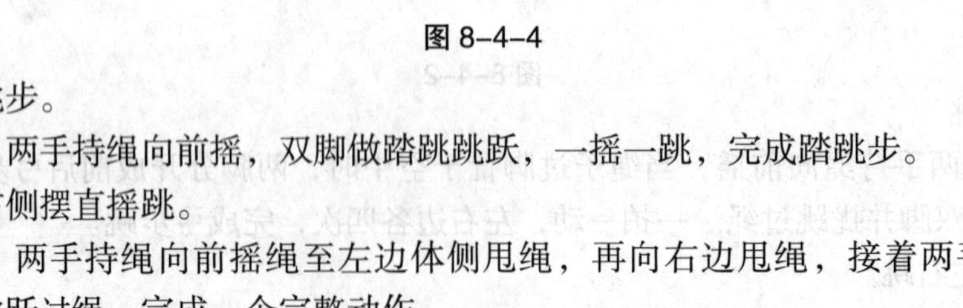

图 8–4–4

（13）踏跳步。

动作技术：两手持绳向前摇，双脚做踏跳跳跃，一摇一跳，完成踏跳步。

（14）左右侧摆直摇跳。

动作技术：两手持绳向前摇绳至左边体侧甩绳，再向右边甩绳，接着两手打开成直摇姿态，双脚并拢跳跃过绳，完成一个完整动作。

（15）手臂缠绕跳。

动作技术：两手持绳向体侧甩绳缠绕同侧手腕一圈，再稍转体摆至另一侧反向打开所缠绕的绳子；相同动作反向再做一遍，完成一个八拍。

（16）前后转换跳。

动作技术：完成此动作分成两拍，第一拍为两手持绳向前摇绳，双脚并拢跳跃过绳一周，第二拍为双手持绳从身体的一侧随身体转动 180°，成后摇绳动姿态，接着再转180° 成正面直摇绳，动作总共三个面（即正反正面），便成前后转换跳。（图8–4–5）

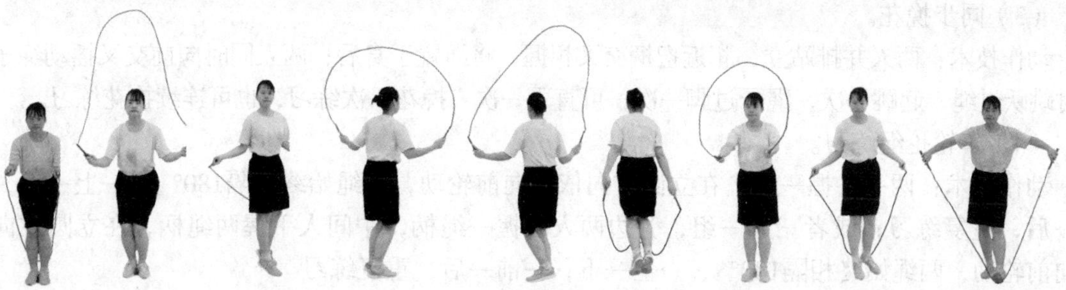

图 8–4–5

2. 朋友跳

在跳绳运动中，两人以任何方式协同跳一根绳子，称为朋友跳，又叫作两人一绳花样跳。朋友跳动作多样，极具娱乐性和互动性，特别适合同事、同学、朋友等跳绳爱好者共同练习。

（1）时空旅行。

动作技术：一人持绳，绳足够长，称为“旅行者”；另一人与旅行者平行面对面站立。旅行者手握两绳柄，将绳由后向上向前摇动绳子套过站立者，站立者根据绳子时机跳跃过绳；绳过脚后，旅行者向左侧跳跃，单独跳绳1～2次，然后向右跳跃套过站立者；过绳后，旅行者向右侧跳跃，单独跳绳1～2次；重复以上过程。

（2）时空穿梭。

动作技术：一人持绳原地单摇跳（可两弹一跳节奏），称为“时空穿梭机”；另一人称为“时空穿梭者”，从持绳者一侧跳进绳中，跟持绳者共同跳跃一次，再从另一侧跳出；可重复进行。

（3）钻洞。

动作技术：一人持绳带另一人原地单摇跳（两弹一跳节奏）；两人面对面跳跃，钻洞者一边跳绳，一边从摇绳者体侧腋下钻过至摇绳者体后；钻洞者继续跳跃从摇绳者另一侧腋下钻过至摇绳者体前，重复钻洞练习。

（4）带人跳。

动作技术：带人者持绳，两人协调配合，绳子同时过两人身体即为完成一次动作。两人可面对面站立，也可同向站立；跳绳者可位于带跳者体前或体后；可同时单摇跳或双摇跳。

3. 车轮跳

车轮跳，又名中国轮，是花样跳绳的一大特色项目，它是一种两人或两人以上相互配合轮流进行跳绳的跳绳方法。由于是轮流跳绳，从侧面看就像车轮在转动，故得其名。

在车轮跳运动中，跳绳者把转身、换位、挽花、胯下和双摇等动作按照合理顺序相互结合而形成的元素多样的复杂动作，称为车轮跳复杂花样。车轮跳复杂动作花式繁多，所有的符合设置运行轨迹的动作，加以努力都可以完成，关键在于跳绳者的创新。

（1）同步单摇。

动作技术：两人并排站立，相近把柄交叉相握，将绳置于身后；两人同时向前摇动绳子，同时跳跃过绳，跳跃一次，绳子过脚一次，重复进行。

教学提示：两人必须节奏一致，交叉的绳子不可打结。

（2）同步双摇。

动作技术：两人并排站立，相近把柄交叉相握，将绳置于身后；两人同时向前摇动绳子，同时起跳过绳，起跳一次，绳子过脚两次，重复进行。

（3）同步挽花。

动作技术：两人并排站立，相近把柄交叉相握，将绳置于身后；两人同时向前交叉摇动绳子，同时跳跃过绳，起跳一次，绳子过脚一次，可直飞一次、挽花一次练习，也可连续挽花练习。

（4）车轮抡绳练习。

动作技术：两手各握一绳，在立圆方向依次向前轮动，两绳始终相隔180°，一上一下，一前一后，重复练习；或者三人一组，旁边两人各握一绳柄，中间人手握两绳柄，在立圆方向依次向前轮动，两绳始终相隔180°，一上一下，一前一后，重复练习。

（5）基本车轮跳。

动作技术：两人并排站立，相近绳柄交叉相握，绳置于身后；一绳向前摇动，当摇至最高点时另一绳开始向前摇动，两人依次跳跃过绳，两绳始终相隔180°，一上一下，一前一后，看上去像“车轮”在转动。

4. 交互绳

交互绳，俗称双绳，最早起源于17世纪的荷兰，至今已有300多年的历史，因此，其也叫作“荷兰双绳跳”，后流传到美国、加拿大、比利时等国，成为风靡欧美的一项时尚运动。交互绳运动有助于提高练习者的心肺功能、平衡能力、灵敏协调能力、节奏感和力量，同时它还是一项特别注重培养合作精神的团队项目。摇绳者要正确且恰到好处地摇绳，及时调整自己的位置以保证跳绳者在绳子的中间跳跃，并辅助跳绳者成功进出交互绳；跳绳者要跟随节奏变换自身节奏和位置。

（1）基本进绳花样。

动作技术：跳绳者可站在摇绳者任意一侧，跳绳者位于绳外，靠近跳绳者的绳为内侧绳，远离跳绳者的另一根绳为外侧绳。以站在摇绳者右侧为例，跳绳者数外侧绳，当闪过内侧绳、外侧绳打地时开始起跳，内侧绳下落时进绳中。

（2）出绳花样。

动作技术：出绳有两个方向，一为同侧出（进绳侧），二为异侧出（于进绳相反侧）。一般从异侧出绳，进绳后开始数节拍，数到单数时可从异侧出绳，数到双数时可从同侧出绳。或者进绳后左右跳跃，始终记住从相反方向出绳，即跳左绳后下一次从右边跳出，跳右绳后下一次从左边跳出。

三、花样跳绳比赛规则简介

（一）比赛场地

花样跳绳比赛场地见图8–4–6。

（1）计数赛场地：5 米 × 5 米；3 分钟 10人长绳“8”字跳项目，要求两名摇绳运动员的间距不小于 3.6 米。

（2）花样赛及通级赛场地：12 米 × 12 米。

（3）表演赛场地不小于 15 米 × 15 米。

（4）正式比赛场地的地面须平整光滑，应为优质运动木地板或跳绳专用塑胶场地，无影响比赛的隐患。比赛场地四周至少有3米宽的无障碍区；比赛区上空的无障碍空间，从地面至少高4米。

（5）比赛场地界线宽为 5 厘米，线宽不包括在场地内，颜色应与场地有明显区别。

（6）裁判席设在独立的裁判区内。裁判区为比赛场地周围 3 米区域，离观众席至少 2 米。裁判区与观众席保持一定距离，互不干扰。

（7）允许有一名团队辅助人员在场地顶角 1 米 × 1 米的指定区域内，协助或指导队员更好地发挥水平，但不能影响裁判员执裁工作。

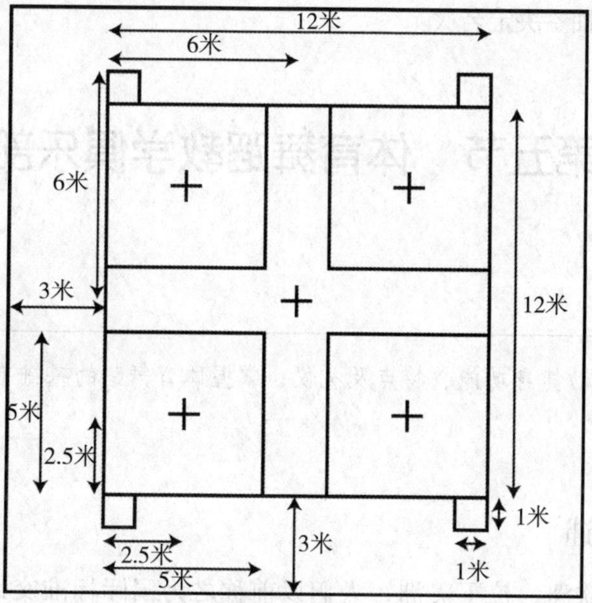

图 8-4-6

（二）比赛器材与其他规定

（1）在个人绳的比赛中，每名运动员只能使用1根绳子；在车轮跳、交互绳的比赛中，每队只能使用一副（两根）绳子；在表演赛中，长绳的长度至少7米（上场前由主裁判测量）。

（2）比赛用绳规定：绳体及手柄的长短、粗细、颜色、形状、结构、材料和重量不限，也可使用不带手柄的绳具。不可使用外部助力器材。比赛用绳不得有安全隐患和影响裁判员判断的饰物。

（3）比赛口令：计数赛比赛指令均采用电子播音，比赛开始指令为“裁判员准备—运动员准备—预备—跳（或哨音）”，结束指令为 “停（或哨音）”，比赛中间会有阶段性时间提示；接力项目“换”指令下达后下一名运动员方可起跳。

（4）花样赛、表演赛及连续三摇跳比赛指令为“裁判员准备—运动员准备—可以开始”；花样赛、表演赛比赛中间没有时间提示，只在“75秒”或“8分钟”时宣告“时间到”。

（5）赛场礼仪：运动员在入场后，动作开始前和结束后，积极地向裁判组和观众鞠躬行礼（绳礼）。

绳礼：运动员右脚站立，左脚脚跟着地，脚心踩住绳子中间位置，两手各握一绳柄拉绳于身体两侧，鞠躬示意。

（三）比赛通则

（1）抢跳犯规：指在“开始”口令下达前出现摇绳或起跳的现象。比赛中运动员抢跳，由裁判长记该运动员抢跳犯规1次，并从其成绩中扣除次数5次。本项比赛抢跳犯规达二次者，由裁判长取消其比赛资格。

（2）计时计数比赛中，如运动员踩线或出界（包括3分钟10人“8”字跑的3.6米线），计数暂停，裁判长令其回到规定场地继续比赛，累积计数，记犯规1次。

（3）计时计数比赛中，本场比赛成绩按最后有效次数确定，次数多者名次列前；次数相等，以失误少者名次列前；如仍相等，以犯规少者名次列前；若再相等，则在总裁判长的监督下，由运动员或教练员抽签决定名次。

第五节　体育舞蹈教学俱乐部

体育舞蹈

◎ **学习目标**

了解体育舞蹈的运动健身功能、特点及礼仪，掌握体育舞蹈的基础套路。

一、体育舞蹈概述

体育舞蹈起源于欧洲、拉丁美洲，人们以前称之为国际标准交谊舞，原名称为“社交舞”，是欧洲贵族在宫廷舞会上跳的交谊舞。社交舞早在14～15世纪在意大利出现，16世纪传入法国。1768年，巴黎开办了第一家交际舞厅，法国革命后“社交舞”流传民间至今。第二次世界大战后，美国人将该舞蹈传播到全国各地，并形成一股跳舞热潮，至今不衰。目前，世界各国将国际标准舞易名为“体育舞蹈”，使之成为体育运动项目。国际体育舞蹈总会于1997年9月4日正式成为国际奥林匹克委员会会员。2000年，体育舞蹈成为2000年悉尼奥运会表演项目。国际标准交谊舞20世纪30年代传入中国。20世纪80年代，交谊舞在中国发展较快，先后与日本、美国、英国等国家进行交流活动。1991年5月，中国体育舞蹈运动协会成立。从1998年开始，体育舞蹈被列入中国文化部“荷花奖”的评奖单项，从此体育舞蹈事业在中国又开辟了一个崭新的篇章。

体育舞蹈是一项新兴起的体育与艺术高度结合的体育项目。它是运动节奏与音乐的完美结合，观赏娱乐性强。艺术表演富具时代特色，给人们带来无限的激情和震撼，是很适合在大学生中开展的体育活动，也是一项很有锻炼价值的健身活动。体育舞蹈内容丰富，风格各异，在音乐的伴奏下，不同风格的舞蹈，以及不断变化的舞姿、舞步和动作节奏，不仅能促进大学生身体的灵活性、协调性，还能改善他们循环系统的机能状态与神经系统的调节机能，使他们在和谐的音乐旋律中，实现思想与情感的交流与沟通，从中获得美的享受。在高校开展体育舞蹈活动，对提高大学生文化品位和交际能

体育舞蹈的作用

体育舞蹈的特点及分类

力、丰富校园文化生活、增进大学生身心健康、培养高雅气质和陶冶健康向上的情操具有重要意义。

知识窗

体育舞蹈的前身又称国际标准舞，它的发展经历了原始舞蹈—公众舞—民间舞—宫廷舞—社交舞—国际标准交际舞等发展阶段，是随着人类的社会演变和文化进程而逐渐完善发展。

二、体育舞蹈基本动作

（一）站立与持握姿势

体育舞蹈的基本舞步

正确的舞姿与持握姿势是跳好交谊舞的重要因素，它不仅与动作优美有关，还直接影响双方的协调、稳定和平衡。站立姿态，男女舞伴双足并拢，脚尖正对前方，相对平衡而立。双方将自己的右脚尖对准对方的双脚中线，间距15厘米，女伴偏向男伴左旁1/3，做到肩平、背直、脚挺、膝松弛，女伴上体略向后倾。持握姿势（以闭式姿势为例），男伴先将左手伸出，四指并拢，拇指分开，待女伴右手放在拇指和四指之间后，手指弯曲将女伴的手轻轻握住，握手的高度一般与女伴右耳峰平齐为宜。男伴右手放在女伴左肩胛骨下部，手背向外，五指并拢，其右臂形成一个自然的弧度。女伴左手拇指张开，放在男伴上臂三角肌的部位，拇指在内侧，腕部和小臂放平，并把左手臂自然地放在男伴右手臂上。

（二）正确的舞姿

舞姿是舞蹈的姿态，是跳体育舞蹈时身体各部位规定的姿势，它给人以直观、一目了然的印象，也是一个人内在气质、修养的外在表现。初学者和提高者都应重视正确的舞姿训练，以形成良好的舞姿。舞姿包括预备姿势和舞中姿势，预备姿势有“闭式”“半闭式”“开式”三种，舞中姿势主要包括整个动作过程中的“行步”“花步变化”“视觉方向”“移动重心”“上下肢动作协调”等。

（三）伴带技巧

长期以来，在体育舞蹈中形成了男伴始终处于主导地位，女伴在男伴的引导下，随男伴的舞步变化而变化的习惯，这种男女舞伴之间的伴带关系具有广泛的国际性。男伴的伴带技巧主要通过右手、左手和右肩随身体移动的意识，向女伴传递信息，以有效地控制女伴的身体重心，使舞步和舞姿沿着引带的方向进行与变化。如在前进中右手松弛，右臂和身体稍推向前；后退时右手轻压女伴身体，左手和右肩随着整个躯干向后移动，向女伴传递微小的拉力等。

三、主要舞蹈组合介绍

（一）华乐兹

维也纳华尔兹（Viennese Waltz），用V表示，也称“快三步”，摩登舞项目之一。舞曲旋律流畅华丽，节奏轻松明快，为3/4 拍节奏，每分钟56～60小节，每小节为三拍。基本步法是六拍走六步，二小节为一循环，第一小节为一次起伏。基本动作是左右快速旋转步，完成反身、倾斜、摆荡、升降等动作。舞步平稳轻快，翩跹回旋，热烈奔放，舞姿高雅庄重。它是源于奥地利的一种农民舞蹈，由男女成对扶腰搭肩共同围成一个圆圈而舞，故被称为“圆舞”。华尔兹（Waltz）源于德国，也称“慢三步”，摩登舞项目之一。舞曲旋律优美抒情，节奏为3/4 的中慢拍，每分钟28～30小节，每小节三拍为一组舞步，每拍一步，第一拍为重拍，三步一起伏循环。通过膝、踝、足底、掌趾的动作，结合身体的升降、倾斜、摆荡，带动舞步移动，使舞步起伏连绵，舞姿华丽典雅。它是维也纳华尔兹（快三步）的变化舞种。19 世纪中叶，维也纳华尔兹传到美国，当时美国崇尚舒缓、优美的舞蹈和音乐，于是将快节奏的维也纳华尔兹舞曲逐渐改变成悠扬缓慢、有抒发性旋律的慢华尔兹舞曲，舞蹈也改变成连贯滑动的慢速步型，即今之华尔兹舞。

（二）探　戈

探戈（Tango）源于阿根廷，用T表示，摩登舞项目之一。舞曲节奏为2/4 拍，舞曲速度为每分钟30～34小节，每小节二拍，第一拍为重拍。舞步有快步和慢步，快步（Quick step）占半拍，用Q 表示，慢步（Slow step）占一拍，用S表示。基本节奏是慢、慢、快、快、慢（S，S，Q，Q，S）。舞曲节奏带有停顿并强调切分音，舞步顿挫有力、潇洒豪放，身体无起伏、升降、旋转，表情严肃，有左顾右盼的头部闪动动作。它源于阿根廷民间，20世纪传入欧洲上层社会，后流行于世界各国。在跳探戈舞时要注意以下几个要领。

（1）基本节奏口诀是S—S—Q—Q—S。

（2）身体重心稳定，舞动中不要摆荡和起伏。

（3）行进中注意运用脚内侧和脚外侧。

（4）巧妙地运用上体的转动，在完成各种反身动作中，做好分身动作和闭位动作。

（5）头的闪动规律是欲左先右，同时要与上身的转动相配合，而不要以头动为主。

（三）伦　巴

伦巴（Rumba）源于古巴，用R表示，拉丁舞项目之一。舞曲节奏为4/4 拍，每分钟27～29小节，每小节四拍，基本节奏为二、三、四、一。二、三拍为移动步，四、一拍为逗留步，即快、快、慢。乐曲旋律的特点是强拍落在每小节的第四拍，舞步从第4 拍起跳，由一个慢步和两个快步组成，四拍走三步，慢步占二拍（第4拍和下一小节的第一拍），快步各占一拍（第二拍和第三拍），胯部摆动三次。胯部动作是由控制重心的一脚向另一脚移动而形成的向两侧做“∞”形摆动，具有舒展优美、婀娜多姿、柔媚抒情的风格。其产生与西班牙和非洲的舞蹈有密切关系，后在古巴得到发展。伦巴富于热恋情调，是表达男女爱慕之情的舞蹈。在表现时要充分地运用躯体，才能体现伦巴的风韵和魅力。其要点是跨步的带动腿和手臂的运动，在节奏中一张一弛。二、三拍移动步中的前半拍为张力，后半拍为松弛；四、一拍逗留步中的第四拍和第一拍的前半拍为张力，第一拍的后半拍为松弛。这样胯的摆动就形成了。

（四）恰恰恰

恰恰恰（Cha-Cha-Cha）源于墨西哥，用C表示，拉丁舞项目之一。舞曲节奏为4/4 拍，音乐速度为每分钟34小节，基本节奏为二、三、四、一。二、三拍为单步，一拍走一步；四、一拍为恰恰卡，二拍走三步。胯部每小节向两侧摆动六次。恰恰恰节奏轻快，动作活泼。舞曲热情奔放，舞步花哨、利落，步频较快，诙谐风趣。它源于非洲，后传入拉丁美洲，在古巴得到发展。舞动中胯部动作与伦巴相同，但要有力度，把握节奏准确，风格才能表现出来。

知识窗

注意事项

（1）跳舞时双方都不能低头看脚，男伴手臂不要松弛下垂，左手臂也不要上下震动或打拍子，要挺胸抬头。男女舞伴身体之间距离按不同舞种的要求，不能距离太远。

（2）要注意男女舞伴之间的礼貌邀请，一般来说，在舞会中男舞伴要主动、礼貌地邀请女舞伴跳舞，被邀请的女舞伴一般不要拒绝，舞毕要互相致谢。男舞伴要将女舞伴送回原来的座席。

（3）要遵守规则，男女舞伴起舞后要绕舞池中心逆时针方向行进，不管跳多少花样，总的舞流方向不能乱，切忌横冲直撞、旁若无人，一旦发生冲撞要主动向对方表示歉意。

（4）要专心舞蹈，在跳舞中不要多讲话，更不要东张西望，要专心听音乐，随着音乐的节奏和旋律，通过舞姿、舞步来领会和体现美的意境，获得美的享受。

（5）要注意行为、仪表，进舞场后不要吸烟，含着烟卷跳舞是极不文明的行为。要注意服装整洁，穿着拖鞋、凉鞋、背心、短裤跳舞都是不礼貌的。

体育舞蹈比赛场地、设施及竞赛规则简介

第六节　形体芭蕾教学俱乐部

形　体

◎ 学习目标

掌握形体芭蕾基本动作。

一、形体芭蕾概述

芭蕾是一门古典艺术，是起源于意大利、成长于法国、成熟于俄罗斯、盛行于世界的古典舞种。它是在古希腊人体艺术的基础上发展起来的，在长期的实践中形成了科学的训练体系。舞蹈组合是由很多不同性质的舞蹈动作串联起来的，在优美而完整的音乐伴奏下展现舞姿。芭蕾这个词是法文“Ballet”的音译，词源来自于意大利文“Ballo”和由此发展而来的“Balletto”（芭蕾托），意为“跳”或“跳舞”，最初的意思也只是跳某种样式的舞蹈，后来“Ballet”有了多种含义，包括芭蕾、芭蕾舞、芭蕾舞剧、芭蕾舞团、芭蕾音乐等。

芭蕾最初是欧洲的一种群众自娱或广场表演的舞蹈，在发展进程中形成了严格的规范和结构形式、其主要特征是女演员要穿上特制的足尖鞋，立起脚尖舞蹈。作为一门综合性的舞台艺术，芭蕾发源于意大利，17世纪在法国宫廷形成。法国宫廷芭蕾是在统一的主题下，把歌唱、舞蹈、音乐、朗诵和戏剧情节融为一体。1661年，法国国王路易十四下令在巴黎创办了世界第一所皇家舞蹈学校，确立了芭蕾的5个基本脚位和12个手位，使芭蕾动作有了一套完整的动作和体系。这5个基本脚位一直沿用至今。

形体芭蕾主要是由芭蕾延伸而来的健身方式的芭蕾，主要有地面素质训练、扶把训练、脱把训练等基本训练方式。形体芭蕾以健身为目的，讲究芭蕾的“开、蹦、直”三要素，具有收缩肌肉纤维的功能，在动静结合的运动中有效地消耗多余脂肪，使人练后身材变得更修长。它能把芭蕾特有的那种优雅内涵融会到生活方式中，从而改善不良的身体姿态，提升个人的艺术气质。

知识窗

高校开展形体芭蕾的价值

芭蕾作为一门高雅艺术，是人类社会人文精神的高度体现，是社会进步的文化结晶，对大学生进行芭蕾教育，能使他们成为高雅艺术的欣赏者和传播者。普通高校形体芭蕾课课程根据普通大学生的身心发展特点对芭蕾基训内容做相应的改编的优化，让学生乐意接受并且容易掌握，使芭蕾普及教育在优化大学生的知识结构，使大学生具有深厚的文化底蕴和多层面知识中起到推进作用，从而提高学生的审美水平和对高雅艺术的鉴赏能力。

形体芭蕾是普及型的健身方式的芭蕾，是由芭蕾舞基本训练演变而来。专业的芭蕾训练难度高，规范严格，要求精益求精，其训练课程是相对枯燥的。而形体芭蕾则以普及、健身和塑形为目的。形体芭蕾主要作用是提高练习者的基本素质，改善形体条件，规范形体动作，培养节奏感和动作的协调性，调节肌肉的用力和放松，从而改善的形体姿态，令人更具美感，让人更自信从而提高气质的修养。形体芭蕾比任何一种形体训练都更精细。形体芭蕾课程是以审美的、运动的、直观的方式对学生进行教育，在美化学生的形体和外部动作的同时，它还通过真、善、美的舞蹈形象浸透学生的心理，感染学生的思想、品质、情感，影响和陶冶学生的性格、情操，其训练目的和意义主要是纠正或改善低头含胸、塌腰驼背等不良身体形态，规范形体动作和姿态，培养乐感，促进学生身心、气质、风度、仪表等方面的健康发展，从而提升大学生的综合素质。

二、形体芭蕾基本动作

（一）站　姿

站姿是学习芭蕾过程中的第一个动作。正确的站立姿势是芭蕾开、绷、直的先决条件，是舞姿优美、身体稳定和动作灵巧的基础，同时也是挺拔身姿和轻盈步态的根本。

形体芭蕾服饰

（1）以一位脚站立，两脚跟相对，脚尖向外侧展开，双脚尽量呈“一”字形。

（2）膝盖绷直，腿部内侧肌肉收紧。

（3）背部挺直，腹部收紧，不要刻意挺胸，而是感觉整个躯干向上提。

（4）双肩下沉打开，肩胛骨夹紧。

（5）双臂下沉置于身前，肘部轻轻弯曲，双手手臂内侧相对。

（6）抬头正视前方，拉长颈部线条，保持呼吸平缓。

（二）手　位

学习手的位置之前必须学好手的形态，大拇指指尖要轻轻地碰到中指的指根处，其他的手指稍弯一些挨在一起放好。这种形态只是在初学时才要求这样做，因为那时练习者还不能有意识地支配、控制自己的动作，因而手指容易紧张。以后，手的形态变得比较自然，大拇指不必碰中指，而是朝向手心即可。我国沿用至今的是下面介绍的7个手位。

1. 一位手

手自然下垂，胳膊肘和手腕处稍圆一些。手臂与手成椭圆形，放在身体的前面，手的中指相对，并留有一拳的距离，掌心向上。

2. 二位手

手保持椭圆形，双手抬到横隔膜的高度（上半身的中部，腰以上，胸以下的位置），手心向里，手背向外。在动作过程中，要注意保持胳膊肘和手指这两个支撑点的稳定。

3. 三位手

保持二位手的形态，双臂同时向头顶鼻子的上方抬起，手心朝头顶，肘关节略向后用力掰开，双臂仍保持弧形。

4. 四位手

左手不动，右手切回到二位，组成四位。它已是舞姿了。

5. 五位手

左手不动，右手保持弯度成椭圆形。从手指尖开始慢慢向旁打开。在这一过程中胳膊肘和手指两个支撑点要保持在一个水平面上。手要放在身体的前面一点，不要过分向后打开，起到一个延续双肩线条的作用。

6. 六位手

右手不动，左手从三位手切回到二位，组成六位，形成舞姿。

7. 七位手

右手不动，左手打开到旁边，双手相同地放在身体的两边。

8. 结　束

双手从七位（手心朝前）划一个小半圈，手心朝下，向两边伸长后，胳膊肘先弯曲下垂，逐渐收回到一位。

7个手位的姿态训练如下。

训练时长：一般1～3分钟。

训练要求：保持轻松、自如、柔和、顺畅，不要紧张，手臂保持圆弧，不要见棱角。

训练提示：头眼自然配合七个手位的造型。

训练方式：脚站成小八字或者一位，伴随音乐的旋律变化变换7个手位。

训练目的：通过手位练习，减轻身体僵硬情况，使手臂更加柔软圆顺，生活中举止言行颇具气质和风度。

（三）脚　位

芭蕾中脚的五种基本位置，是学生最早要学习的动作。芭蕾课堂上大部分动作都是以这五种位置之一作为开始和结束姿态。

1. 一位脚

两脚完全外开。两脚跟相接形成一横线。

2. 二位脚

两脚根在一位基础，向旁打开一脚的距离（根据自己脚的大小）。

3. 三位脚

一脚位于另一脚之前。前脚跟紧贴后脚心。前脚盖住后脚的一半。

4. 四位脚

一脚从五位向前打开，两脚相距一脚的距离。前脚跟与后脚趾关节成一条线。

5. 五位脚

两只脚紧贴在一起，一脚的后跟紧挨着另一只脚的脚尖，前脚完全遮盖住后脚。

五个脚位站姿训练：

训练时长：一般3～5分钟。

训练要求：双腿收紧、双腿外开，主要以“脚位”站立为主。

训练提示：脚位站姿可配合7个手位同时进行。

训练方式：可单手轻扶支撑物，如把杆、墙壁、椅子等，伴随音乐变化5个脚位。

训练目的：保持身体的直立，美化腿部形态；防止倒脚、拇指外翻，预防内“八”字。

知识窗

传统的古典芭蕾技术建筑在外开、伸展、绷直的审美基础之上，包括脚的5种基本位置、3种基本舞姿，如“阿拉贝斯”（arabesque）、“阿提秋”（attitude）和“伊卡特”（ecarte）；腿部技巧：各种“巴特芒”（battements），包括腿的伸展、打开以及rond de jambo（腿的划圆圈）等；各种幅度和舞姿的跳跃；各种旋转；击腿技巧；各种舞步和连接动作；女子的脚尖舞技巧；双人舞的扶持和托举等技巧；以及“波德布拉”（port de bras）等。古典芭蕾的这些基本动作（元素），就像字母一样，编导运用这些“字母”写出不同角色的个性、身份、情绪以及角色在剧情发展中的地位和作用，把这些元素按特定的结构手法加以编排、组合，组成形象化的舞蹈语汇来表达剧情，创造出各种富有艺术魅力的舞蹈形象。

（四）压　腿

压腿训练可增强腿部韧带、肌腱、肌肉的伸展性，同时也能增加髋、膝、踝关节的活动范围，促进血液循环以及减轻肌肉疲劳感，塑造腿部线条。

1. 压前腿

压前腿如图8–6–1所示。

（1）将被压腿置于把杆上，主力腿绷直，臀部向内收紧。左手扶杆，右手在不耸肩的情况下举起，保持挺胸状态拉长躯干，脚背绷直。

（2）双手按被压腿膝部，上身尽力向前俯压（或双手搿住脚掌，试着以腹部贴大腿，以胸部贴膝盖，以下腭碰脚尖，量力而为，不能一蹴而就），支撑腿和被压腿始终保持绷直状态，腿后韧带、肌腱和肌肉有明显的拉伸感。

2. 后压腿

后压腿如图8–6–2所示。

（1）左手扶杆，右手在不耸肩的情况下举起，保持挺胸状态拉长躯干。在右手带动下向后划弧线，尽量划到右臂指向正后方。

（2）从肩膀、上背到腰部慢慢地向后下腰，臀部保持不动。回到上身直立、举右臂的状态。

图 8-6-1

图 8-6-2

（五）蹲

1. 一位蹲

两膝对准脚尖，身体垂直、连贯地往下蹲，以不抬脚跟，蹲到最大限度为半蹲；再继续往下蹲，迫使脚跟微抬起，臀部接近腿跟时为全蹲。全蹲直起时，边起边压脚跟至半蹲，全脚着地，双腿伸直。

2. 二位蹲

一位向旁擦出至二位，做法同一位。二位蹲时，不起脚跟。一位变二位时，重心移到主力腿上，动力腿向旁擦出，压下脚跟成二位。收回时，先推起脚背，脚尖点地，重心移到主力腿上，再擦一位。如果接着做五位蹲，可以直接收成五位。

3. 三位蹲

双手轻扶把杆，全脚站三位，一脚脚跟紧贴另一脚脚心处，双腿内侧肌向外转。保持身体直立，膝关节主动弯曲。下蹲时躯干保持垂直，在腿部外开的基础上往下蹲，胯始终向上提，后背保持挺直。身体重量均匀放在两脚上，双腿保持外开，膝盖向旁对准脚趾间，蹲到最大限度时，脚后跟不离开地面。站起时推地，膝盖伸直。

4. 四位蹲

左手轻扶把杆，全脚站四位，右手七位，一脚脚跟对准另一脚脚尖，双腿内侧肌尽量向外转开。身体保持直立，膝盖向旁对准脚趾尖主动弯曲，下蹲时腿部在外开基础上往下蹲，胯始终向上提，后背挺直，身体重量放在两脚上，蹲到最低时，脚后跟不能离开地面。站起时，脚推地，膝盖伸直，双腿保持外开，蹲的过程保持均匀节奏。

5. 五位蹲

身体保持直立姿态，膝盖朝脚尖方向主动弯曲。先做一个半蹲，在半蹲蹲到最大限度后继续下蹲，往下蹲时，腿部保持外开，躯干保持垂直，后背挺直，胯摆正并始终向上提着，脚后跟在最后不得不离开地面时才提起，蹲到最深处时不能停顿，先落脚后跟，恢复到半蹲的位置，身体重量均匀放在两只脚上，两脚推地向上拉起，转开双腿直至膝盖完全伸直。

（六）全　蹲

双手轻扶把杆，全脚站一位，双腿内侧肌向外转开，躯干保持垂直、腿部在保持外开的基础上下蹲。下蹲时，胯始终向上提着，保持后背的挺直，先做一个半蹲，在半蹲蹲到最大限度后继续下蹲，往下蹲时，在脚后跟不能保持在地面时，才稍抬起。身体重量要平均放在两只脚上，蹲到最深处时不能停顿，紧接着先落脚后跟恢复到半蹲的位置，膝盖伸直，双腿用力推地向上拉起，用力转开双腿直到完全伸直。蹲的过程中，膝盖要始终对着脚尖，后背

对着脚后跟。（图8-6-3）

图 8-6-3

（七）擦　地

腿部动作是一种动力腿张开和闭合的摆腿练习，在扶把的辅助下非常容易。擦地练习是芭蕾中几种不同的腿部动作之一，一只脚沿地板向外伸直，以脚尖点地结束。擦地动作可用于腿部的热身训练、腿部肌肉塑造、外开动作改善。擦地动作分为前擦地、旁擦地和后擦地。

（1）以五脚位开始，手臂轻轻地搭在扶把上。（图8-6-4）

（2）脚跟外开，一只脚慢慢地滑向前方，身体重心落在主力腿上。脚跟离地，脚尖点地，腿尽力向前方伸展。（图8-6-5）

（3）脚慢慢地滑向一侧，身体重心始终在主力腿上。脚跟离地，脚尖点地，腿尽力向外侧伸展。（图8-6-6）

（4）脚慢慢地滑向身后，身体重心始终在主力腿上。脚跟离地，脚尖点地，腿尽力向外后伸展。（图8-6-7）

（5）脚慢慢地撤回到五脚位的状态，擦地练习完成。

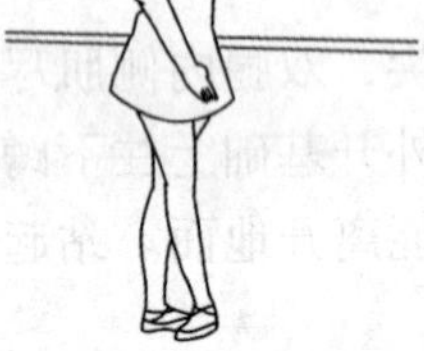

图 8-6-4

图 8-6-5

图 8-6-6

图 8-6-7

（八）画　圈

画圈是扶把练习中另一个常见的训练动作。画圈是动力腿完全绷直，脚尖在前方轻触地面，沿地面画一个半圆移到后方，或从后方移至前方的摆腿动作。画圈动作可完善外开，提升臀部柔韧性。在训练这个动作的时候，动力腿既可触碰地板，也可离地画圈。动力腿由前向后画圈叫正画圈，反之叫反画圈。

（1）手轻轻地搭在扶把上，动力腿完全绷直，脚尖在前方轻触地面，类似于擦地动作。（图8-6-8）

（2）在脚尖的牵引下，腿摆向一边，慢慢地在地板上滑动（图8-6-9）

（3）继续将腿滑向身后，脚尖轻轻地擦拭地面。脚的动作自由而流畅。（图8-6-10）

（4）脚滑动到开始的位置，脚尖始终不离地面，完成画圈动作。反方向亦可。（图8–6–11）

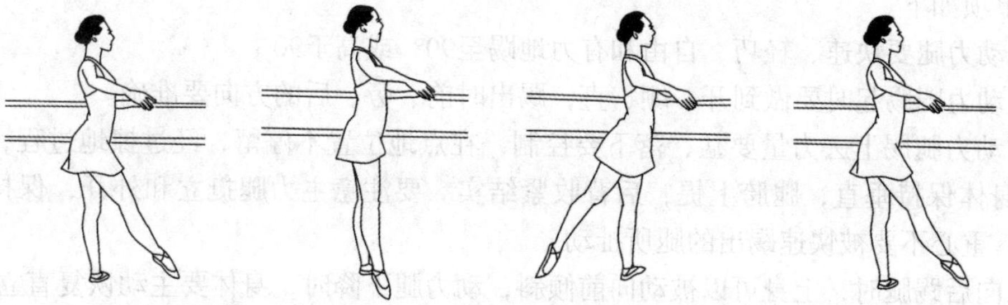

图 8–6–8　　图 8–6–9　　图 8–6–10　　图 8–6–11

（九）小踢腿

小踢腿是一条腿急速踢起抬离地面的动作。主要是用以训练脚踝、脚背的力量以及腿的控制和快速收缩能力，练习腿的速度和爆发力以及后背的力量，为大踢腿和弹跳做准备。

前旁后小踢腿：左手扶把，右手七位手准备，站全脚一位。右腿先像擦地一样地向前擦出，然后向上抬25° 并停留，收回时先落下25° 腿成为前点地。收回时脚尖点地，擦地收回。

知识窗

课堂练习

准备姿势：双手轻扶把杆，全脚站一位，身体直立，眼睛平视前方。

1～4拍擦地向前，踢向空中25° ，点地，收回一位。

5～8小踢腿向前踢到空中25° ，点地，收回一位。

1～8向旁重复以上动作。

1～8向后重复以上动作。

1～8小踢腿向旁踢到空中25° ，快速点地再踢向空中25° ，点地，收回一位。

每组动作可多次重复练习，先从右脚开始练习，再练习左脚，还可站五位练习。

（十）大踢腿

大踢腿对于增强腿的力量、增加动力腿活动的幅度，具有很重要的训练价值。

1. 向　旁

左手轻扶把杆，全脚站一位，右手放七位，双腿内侧肌向外转开。将重心移到主力腿，经擦地过程向旁踢至90° 或高于90° ，在经过点地位置擦地收回一位。收回一位时，重心也放回两脚之间。

2. 向　前

左手轻扶把杆，全脚站一位，右手放七位，双腿内侧肌向外转开。将重心移到主力腿，经擦地过程向前踢至90° 或高于90° ，再经过点地位置擦地收回一位。收回一位时，重心也放回两脚之间。

3. 向　后

左手轻扶把杆，全脚站一位，右手放七位，双腿内侧肌向外转开。将重心移到主力腿，经擦地过程向后踢至90° 或高于90° ，再经过点地位置擦地收回一位。收回一位时，重心也放回两脚之间。

注意事项如下。

（1）动力腿要快速、轻巧、自由和有力地踢至90° 或高于90° 。

（2）动力腿踢起时要做到开、绷、直，踢出时前、旁、后的方向要准确。

（3）动力腿踢上去力量要猛，落下要控制，在点地位置不停留，经过擦地过程，收回开始的位置。身体保持垂直，腿胯上提，后背收紧结实。要注意主力腿挺立和外开，保持双肩和胯部的平整，重心不要被快速踢出的腿所扯动。

（4）向后踢腿时，上身可以被动向前倾斜，动力腿下降时，身体要主动恢复直立状态。

（5）大踢腿是运动强烈的大幅度运动，在做运动时，不要出现拱腰、身体外转、后背放松、屈膝、重心摇晃、手臂以及脸部肌肉使劲等不正确姿态。

知识窗

课堂练习

准备姿态：单手扶把，一位脚站立，身体直立，头转向右边，眼睛看斜前方。

5～8拍手从一位经二位打开到七位，同时眼睛看手，随手的动作路线。

1拍右腿向前擦出点地。

2拍向前踢腿。

3拍点地。

4拍收回一位。

5～8拍向前踢腿两次。

1～8拍向旁重复以上动作。

1～8拍向后重复以上动作。

1～8拍向旁重复以上动作，最后手收回准备姿势。

每组动作可多次重复练习，先从右脚开始练习，再练习左脚。

（十一）小　跳

小跳（一、二、五位）以半蹲为基础，双膝伸直，腰要直立，头顶天花板，依靠韧性和脚背推地力，不能过高。

注意事项：

（1）始终保持身体直立，两腿外开。

（2）强调脚背用力推地，空中绷脚背，外开。

（3）落地先脚掌后脚跟着地。

（十二）压　肩

（1）正对把杆半臂距离，双脚站大八字位，两臂放在把杆上。

（2）两臂向前、向下压，肩胸伸展。

（3）上身抻拉，腰背成凹型。

（4）两腿伸直，重心可随压胸动作向前偏移。

知识窗

形体芭蕾组合练习

1. 把杆组合练习

包括形体芭蕾扶把基础训练：蹲、擦地、小踢腿、划圈组合。

2. 形体芭蕾舞蹈组合练习

知识窗

（1）古典芭蕾舞起源于17世纪的法国宫廷，当时国王路易十四是一个非常热衷于舞蹈的君王。也正是因为这个缘故，芭蕾舞的所有专业术语都是法语。

（2）历史上最伟大的芭蕾舞作曲家是柴可夫斯基，他生于俄国。他的三个经典芭蕾舞曲是《天鹅湖》《睡美人》和《胡桃夹子》，至今，这些仍然是受世人喜爱的芭蕾舞曲。

第九章 田径与游泳教学俱乐部

第一节 田径教学俱乐部

◎ 学习目标

掌握田径基本理论知识和基本技术的训练方法，发挥田径运动的基础功能，并能在不同运动项目中得到应用。

一、田径概述

公元前 776 年在希腊举行的第 1 届古代奥运会上进行了正规的田径比赛，随后每 4 年举行一次。人们为准备奥运会进行了系统的身体训练，这是形成传统的田径运动的开始。我国春秋战国时期就曾把能走善跳作为选择士兵的标准之一。

随着社会的发展和现代教育的兴起，群众性的体育活动与娱乐性的竞技活动更加广泛开展。19 世纪 20年代，英国伊顿公学首次举行了田径比赛。1894年，伦敦举行了美英高校间的国际田径比赛。1896 年举行的第 1 届近代运动会就把田径项目列为主要内容，并按单项设奖。1912 年，国际业余田径联合会成立。1928 年，阿姆斯特丹奥运会首次举行了女子田径项目的正式比赛。奥运会田径赛和世界田径锦标赛被公认为当今最高水平的田径比赛。现代科技的进步与发展，一方面为田径运动的发展创造了良好的比赛条件，另一方面更使田径运动的训练体系日趋合理、完善，使田径运动的各项世界纪录逼近极限。

知识窗

国际田径联合会（简称国际田联，IAAF），1912年7月17日在瑞典首都斯德哥尔摩成立。国际田联的工作用语为英语、法语、俄语、德语、西班牙语等。

田径运动是在 19 世纪末随着欧美教育进入我国的。学校中出现了田径教材，学校内部和学校之间举办了田径比赛和田径运动会。我国的田径运动近百年来拥有的可以令人兴奋的成绩：1957 年郑凤荣曾以 1.77 米的成绩破当时的女子跳高世界纪录。进入 20世纪 80年代后，我国田径运动员取得了很大的进步。朱建华曾先后 3 次打破男子跳高世界纪录。1988 年汉城奥运会上，李梅素以 21.06 米的成绩取得女子铅球铜牌。当前我国田径运动水平，在亚洲已名列榜首。其中较强的项目有女子铅球、竞走、长跑、掷铁饼等，特别是女子中长跑已于 1993 年登上了世界级比赛的巅峰，王军霞还获得了“欧文斯”杯的殊荣。在 2004 年雅典奥运会 110米栏比赛中，刘翔的表现更是一鸣惊人，震动了世界田坛，为中国田径事业做出了突出贡献。在2012年伦敦奥运会上，陈定获得了男子20公里竞走冠军。2015年北京世界田径锦标赛，中国男子4×100米接力队获得银牌。2016年里约奥运会，刘虹获得女子20公里竞走冠军。现在我国已涌现出越来越多的田径名将，如苏炳添、张国伟、巩立姣等。在2020年东京奥运会上，苏炳添以9秒 83的成绩打破亚洲纪录。

田径运动的特点与分类

二、田径基本技术

（一）跑

1. 短　跑

短跑项目主要包括100米、200米和400米跑。

（1）100米跑。

① 起跑。

田径竞赛规则规定，短跑比赛运动员必须采用蹲踞式起跑，必须使用起跑器，要按发令员的口令完成起跑动作。起跑器的安装方式主要有普通式和拉长式两种，运动员应根据个人的身高、体型、身体素质和技术水平等情况来选择起跑器的安装方式。

普通式：前起跑器距起跑线一脚半长，后起跑器距前起跑器一脚半长。前、后起跑器的抵足板与地面夹角分别约成45° 和75° ，两起跑器的左右间隔约为15厘米。

拉长式：前起跑器距起跑线两脚长，后起跑器距前起跑器一脚长，起跑器的抵足板与地面的夹角及两起跑器左右间隔与普通式基本相同。

起跑技术包括“各就位”“预备”和鸣枪三个阶段。

听到“各就位”口令后，运动员走到起跑器前，俯身，两手撑地，两脚依次蹬在前后起跑器的抵足板上，脚尖应触及地面，后腿膝关节跪地。接着两臂收回到起跑线后撑地，两臂伸直，两手间距离比肩稍宽，四指并拢与拇指成“八”字形，颈部自然放松，身体重量均匀地落在两手、前腿和后膝之间，注意听“预备”口令。

听到“预备”口令后，逐渐抬起臀部和后膝，臀部要稍高于肩部，身体重心适当向前上方移动，肩部稍超出起跑线，重心落在两臂和前腿上。两脚紧贴起跑器抵足板，集中注意力听枪声。

听到枪声后，两手迅速推离地面，两臂屈肘做积极有力的前后摆动，同时两腿快速用力蹬起跑器，后腿快速蹬离起跑器后迅速屈膝向前上方摆出，前腿快速有力地蹬伸。（图9–1–1）

图 9–1–1

② 起跑后的加速跑。

起跑后的加速跑是从蹬离起跑器到途中跑之间的一个跑段，一般为30米左右，其任务是尽快加速达到自己的最高速度。

起跑后第一步约三脚半长，第二步约为四脚至四脚半长，以后逐渐增大，直至途中跑的步长。腿蹬离起跑器后，身体处于较大的前倾姿势，为了不使身体向前摔倒，要积极加快腿的蹬伸与臂的摆动，保持身体的平衡。

最初几步两脚着地点并非在一条直线上，随着速度的加快，两脚内侧着地点逐渐趋于一条直线上。

③ 途中跑。

途中跑在整个短跑中是最长的一段距离，其主要的任务是继续保持较长距离的最高速度。其动作特点是前脚掌落在身体重心投影点的稍前面，脚触地后膝关节微屈，足踵下沉，使身体重心很快地移过垂直阶段。接着后腿的髋、膝、踝关节依次迅速伸展，完成快速有力的后蹬。后蹬的角度约为50°，后蹬方向要正。随着腿的落地动作，摆动腿的大腿迅速前摆，小腿随惯性折叠。蹬地腿蹬地时，大腿积极向前上方摆动，并把同侧髋一起带出。落地前，大腿要迅速积极地下压，这时由于惯性缘故，小腿自然前伸，接着前脚掌迅速和有弹性地向下、向后做“扒地”动作。

途中跑时，头要正对前方，两眼要向前平视，上体保持正直或微向前倾。以肩关节为轴，两臂轻松而有力地向前摆动。前摆时，不超过身体中线和下颌，大小臂之间所成的角度约为90°；后摆时，肘关节要稍微向外。摆臂动作应以自然协调为原则。（图9–1–2）

图 9–1–2

④ 终点跑。

终点跑是全程跑的最后一段，要求运动员在离终点线15～20米处时，尽力加快两臂摆动速度和力量，保持上体前倾角度。当离终点线一步距离时，上体前倾，双手后摆，用胸部或肩部冲向终点线，跑过终点后逐渐减速。

（2）200米和400米跑。

200米和400米跑，弯道跑与直道跑的技术都有区别。

① 弯道起跑和起跑后的加速跑。

为了便于弯道起跑后能有一段直线距离进行加速跑，应将起跑器安装在弯道跑道的右侧，起跑器对着弯道的切线方向。弯道起跑后，前几步应沿着内侧分道线的切线跑进。（图9–1–3）加速跑的距离适当缩短，上体抬起较早。在进入弯道时，应尽可能地沿着跑道内侧跑，身体及时向内侧倾斜。

图 9–1–3

② 弯道跑技术。

运动员从直道进入弯道时，身体应有意识地向内倾斜，加大右侧腿和臂的摆动力量和幅度，身体应向圆心方向倾斜。后蹬时，右腿用前脚掌的内侧，左脚用前脚掌外侧蹬地。两腿摆动时，右腿膝关节稍向内摆动，左腿膝关节稍向外摆动。两臂摆动时，右臂前摆稍向左前方，后摆时肘关节稍偏向右后方；左臂稍离躯干做前后摆动。弯道跑的两腿蹬地与摆动方向都应与身体向圆心方向倾斜趋于一致。从弯道跑进直道时，应在弯道最后几步，身体逐渐减小内倾程度，自然跑几步，然后作一个进入直道的调整，按直道途中跑技术跑进。

2. 中长跑

中长跑项目包括800米、1500米、5000米、10000米、马拉松及3000米障碍跑。

（1）起跑和起跑后的加速跑。

中长跑采用站立式起跑，当运动员听到“各就位”的口令后，迅速走到起跑线后，习惯将力量较大的脚放在起跑线后，前后脚距约一脚长，左右脚距约半脚长，后脚掌触地，目视起跑线5～10米处，两臂一前一后，身体保持稳定，集中注意听枪声。当听到枪声后，两腿迅速用力蹬地，两臂配合腿部动作做快速有力的摆动，使身体迅速向前冲出，在短时间内获得较快的跑速，然后进入匀速有节奏的途中跑。

（2）途中跑。

途中跑的距离最长，是中长跑的主要部分。中长跑的强度小于短跑，跑速相对较慢，动作速度和用力程度相对较小，除了战术需要而改变跑的节奏外，一般多采用匀速跑，跑时要做到技术合理、速度均匀、节奏感强、全身动作协调有力。

（3）终点跑。

终点跑是运动员在十分疲劳的情况下，竭尽全力进行最后一段距离的冲刺跑，在运动员实力接近的条件下，它将决定比赛的胜负。

什么时候开始终点冲刺，这要根据比赛项目、训练的水平、战术的要求和临场的情况等因素来决定。一般情况下，800米可在最后200～300米、1500米在最后300～400米、5000米以上可以在最后400米或稍长的距离开始加速，长距离的项目加速距离可更长些。很多速度占优势的运动员采取紧跟策略，在进入最后直道时，才开始做最后冲刺超越对手。

（4）中长跑的呼吸。

中长跑时，应注意呼吸的节奏。呼吸应自然和有一定的深度，一般是跑两三步一呼气，跑两三步一吸气。随着跑速的提高，呼吸频率也相应加快。中长跑时，由于强度大、竞争激烈，为了提高呼吸效率可采用半张的口与鼻子同时呼吸，以最大限度地满足机体对氧气的需要。

中长跑时，跑一段距离后会不同程度地出现胸部发闷、呼吸困难、动作无力，迫使跑速降低的感觉，这种生理现象叫“极点”。当“极点”出现时，应适当降低跑速，深呼吸，特别是加深呼气，同时要以顽强的意志坚持下去。

3. 接力跑

接力跑竞赛项目一般为男、女4×100米接力跑和男、女4×400米接力跑。

（1）4×100米接力跑技术。

① 起跑。

持棒起跑：第一棒运动员采用蹲踞式起跑，其基本技术类同短跑起跑，通常右手持棒，接力棒不得触及起跑线及起跑线前面的地面。持棒的方法一般用中指、无名指和小指握住棒的末端，用拇指和食指分开撑地。（图9–1–4）

接棒人起跑：第二、三、四棒运动员多采用半蹲式或站立式起跑。第二、四棒选手站在跑道外侧，第三棒选手站在跑道内侧。接棒运动员起跑姿势的选择主要取决于能否快速起跑和进入加速跑，并能清晰地看到传棒选手以及设定的起动标志。

② 传接棒。

传接棒时，一般采用不看棒的传接棒方法，可分为以下两种。

上挑式。接棒人手臂自然后伸，手臂与躯干成40°～45°角，掌心向后，虎口张开朝下。传棒人将棒由下向前上方“挑”送到接棒人手中。（图9–1–5）

下压式。接棒人手臂后伸，与躯干成50°～60°角，掌心向上，虎口向后，拇指向内。传棒人将棒的前端由上向下“压”送到接棒人手中。（图9–1–6）

（2）4×400米接力跑技术。

4×400米跑的传、接棒技术相对简单，由于传棒人最后跑速已不快，所以接棒人应目视传棒人，顺其跑速接棒，然后再快速跑出。

图 9–1–4

图 9–1–5

图 9–1–6

4. 跨栏跑

（1）110米跨栏跑技术。

① 起跑至第一栏技术。

起跑至第一栏要求步数固定，步长稳定，准确地踏上起跨点。如采用8步起跑，应将起跨腿放在前起跑器上，如跑7步，摆动腿放在前起跑器上。同短跑相比上体抬起较快，大约在第6步时身体姿势已接近短跑途中跑的姿势。

② 途中跑技术。

跨栏途中跑是由9个跨栏周期组成的，每个跨栏周期由一个跨栏步和栏间三步跑构成。

·过栏技术：过栏技术由起跨攻栏、腾空过栏、下栏着地构成。（图9–1–7）

图 9-1-7

起跨攻栏：起跨离地前身体重心积极前移，身体重心移过支点后，足跟提起，上体加速前移，在摆动腿屈膝折叠积极前摆的配合下完成后蹬，形成有利的攻栏姿势。快速高摆攻栏腿，加大两腿夹角。起跨腿着地时，摆动腿由体后向前摆动，足跟靠近臀部，膝向下，以髋为轴，大腿带动小腿积极向前上摆至膝超过腰部高度。

两腿蹬摆在配合完成起跨动作过程中，上体随之加大前倾，摆动腿异侧臂屈肘向前上方摆出，肘关节达到肩的高度，另一臂屈肘摆至体侧，整个身体集中向前用力。

腾空过栏：起跨结束后，摆动腿继续向前上方高抬，异侧臂屈肘后摆，超过栏板高度后，摆动腿的小腿迅速前摆，几乎伸直，脚尖微微上翘，使大腿伸肌拉长准备积极下压着地。当摆动腿前摆的同时，异侧臂伸向栏板上方，与摆动腿基本平行。同侧臂后摆，加大上体前倾，躯干与摆动腿形成锐角，目视前方。

在摆动腿的脚掌到达栏板之前，起跨腿一侧的髋关节保持伸展，大腿屈肌处于拉紧状态，小腿约与地面平行或膝略高于踝，两腿在过栏前形成120° 以上的夹角。

下栏着地：摆动腿的脚掌移过栏板的同时，起跨腿屈膝外展，小腿收紧抬平，脚尖勾起，足跟靠臀，以膝领先经腋下加速提拉，当脚掌过栏后，膝关节继续收紧向身体中线高抬，脚掌沿最短路线向前摆出，身体成高抬腿跑的姿势。

过栏时两腿剪绞换步动作是在两臂和躯干协调配合下完成的。摆动腿的异侧臂和经腋下向前提拉的起跨腿做相向运动，膝、肘几乎相擦而过，臂的摆动积极有力，摆过肩轴以后屈肘内收摆向体后，另一臂屈肘前摆，以维持身体平衡。

伸直下压的摆动腿在接近地面时，前脚掌做积极“扒地”动作。脚落地后踝关节稍有缓冲，但足跟不触地面，膝、踝关节保持伸直，使身体重心保持较高的部位。躯干应保持一定前倾，起跨腿大幅度带髋提拉，两臂积极摆动，形成有利的跑进姿势。

·栏间跑技术：用三步跑过，其三步的步长分别是：小—大—中。

第一步：为使跨跑紧密结合，在下栏着地时，应充分发挥踝关节及脚掌力量，借起跨腿的高抬快摆和两臂前后用力摆动，加速身体重心前移。

第二步：要高抬大腿用前脚掌着地，上体稍前倾，两臂积极前后摆动。

第三步：其动作特点与跨第一栏前的最后一步相同，形成一个快速的“短步”，摆动腿抬得不高，放脚积极而迅速。

合理的栏间跑技术表现为栏间三步，步长比例合理，身体重心高、起伏小，频率快，节奏稳定，直线性强，更加接近平跑技术。

③ 全程跑技术。

全程跑过栏技术与栏间跑技术要有机的结合，跨过最后一个栏架后，要像短跑一样冲刺。

（2）400米跨栏跑技术。

400米跨栏跑距离较长，对节奏、速度、速度耐力有较高的要求。起跑技术与400米起跑技术基本相同。全程跑，一般固定步数过栏较好，但由于身体疲劳，最后几个栏步数可能增加，因此应该掌握两腿过栏技术，好的跨栏跑技术表现为跑速均匀、节奏准确、动作轻松。

（二）跳

1. 跳　高

随着跳高技术的发展，在正式比赛中已经比较普遍采用背越式跳高。背越式跳高技术由助跑、起跳、过杆和落地四个部分组成。（图9–1–8）

图 9–1–8

（1）助跑。

一般助跑分为前段直线跑和后段弧线跑。助跑开始采用直线助跑，用前脚掌着地，富有弹性地跑；提高重心，步幅均匀，不断加速；进入弧线跑时，前脚掌沿弧线落地，外侧摆动腿有弹性地蹬地，上体逐步加大向弧线内侧倾斜。助跑的节奏要快，特别是助跑最后两步髋关节前送幅度要大，迈步时上体保持较垂直的姿势，摆动腿积极、充分后蹬，起跳腿快速前伸，髋部自然前送。助跑时两臂应积极有力地前后摆动，弧线跑时外侧手臂摆动幅度应大于内侧手臂的摆动幅度。

（2）起跳。

起跳腿以大腿带动小腿积极下压着地，起跳脚脚跟外侧先着地，接着通过脚的外侧滚动至全脚掌，脚尖朝向弧线的切线方向。随着身体由内倾转为垂直，迅速地完成缓冲和蹬伸动作，运动员顺势向上跳起。

摆动腿蹬离地面以后，以髋发力加速向前摆大腿，同时以膝关节领先，屈膝折叠，当摆动腿摆过起跳腿前方后应向里转，而小腿和脚要稍外展。摆动腿沿着助跑弧线的延续方向加速上摆，直至减速制动。两臂的摆动要与摆动腿的摆动协调配合。

（3）过杆和落地。

当起跳腿蹬离地面结束起跳以后，身体应保持伸展的姿势向上腾起，同时在摆动腿和同侧臂的带动下，围绕身体纵轴旋转，使身体转向背对横杆。当头和肩越过横杆以后，及时地仰头、倒肩和展体，并利用身体重心向上的速度，收腿挺髋，形成身体的背弓姿势。这时两腿屈膝稍后收，两臂置于体侧。当身体重心移过横杆时，则应做相反的补偿，即含胸收腹，控制上体继续下旋，同时以髋部发力，带动大腿和小腿加速向后上方甩腿，使整个身体脱离横杆。

保持着屈髋伸膝的姿势下落，最后以上背部或背先落于海绵垫上。落在海绵垫后要做好缓冲控制，防止受伤。

2. 跳 远

跳远技术由助跑、起跳、腾空和落地四个部分组成。

（1）助跑。

助跑是为了获得理想的水平速度，并为准确踏板和快速有力的起跳做好准备。助跑距离与运动员的年龄、运动水平和发挥速度的能力有关，助跑的距离一般为28～50米。男子助跑为16～24步，女子为14～18步。助跑过程注意身体重心、节奏的把握，最后一步达到助跑最高速度。

（2）起跳。

助跑的倒数第二步摆动腿着地时，膝关节迅速前移，上体正直，起跳腿自然积极地前摆。在起跳腿的大腿前摆时，抬腿要比短跑时低些，并积极主动下压，用全脚掌踏上起跳板，然后，屈膝缓冲，身体重心稍降低，当身体重心移至起跳腿支点的垂直部位时，起跳腿迅速用力蹬伸，使髋、膝、踝三个关节迅速伸直，上体挺起，摆动腿的大腿积极向前上方摆至水平位置，小腿自然下垂，完成起跳动作。

起跳腿蹬伸充分的同侧臂屈肘向前上方摆起，异侧臂屈肘向侧摆起，当双臂肘关节摆至略低于肩或与肩同高时突停，使身体借助于摆臂的惯性提肩、拔腰、挺胸、顶头，帮助身体重心提起，增大起跳效果。

（3）腾空。

起跳腾空后的空中动作主要有挺身式、蹲踞式和走步式，以下介绍挺身式。（图9–1–9）

起跳腾空后，摆动腿的大腿积极下放，小腿随之向下、向后方摆动，留在体后的起跳腿与摆动腿靠拢。当达到腾空最高点时，身体充分伸展，形成“挺胸展髋”姿势。两臂上举或后摆，然后收腹团身，落地瞬间双腿前伸成落地动作。

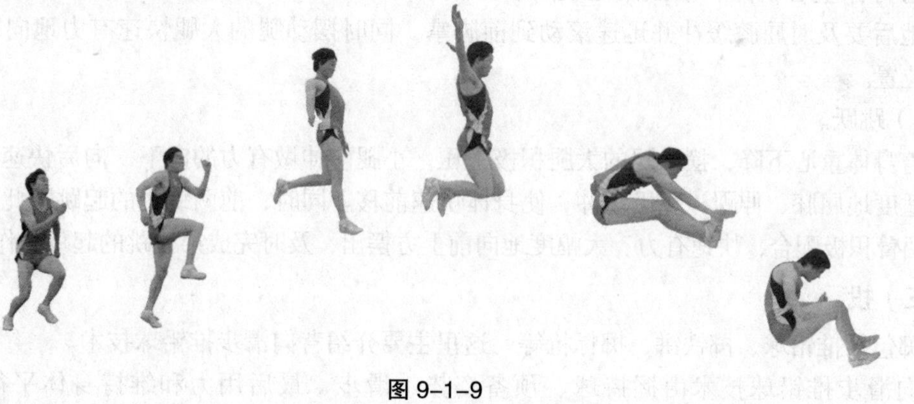

图 9–1–9

（4）落地。

落地前，上体不要过分前倾，大腿要尽量上举靠近胸部。将要落地时，小腿积极前伸，双脚接触沙面后，迅速屈膝缓冲，两臂积极向前挥摆，臀部前移，上体前倾，使身体重心迅速移过支撑面。为了避免落地时身体后坐，可采用以下两种落地姿势：前倒姿势，当脚跟着地后，前脚掌下压，两腿屈膝前跪，身体移过支撑点后继续向前移动，并向前倒下；侧倒姿势，当脚跟着地后，一腿紧张支撑，另一腿放松，身体向放松腿的前侧方倒下。

3. 三级跳远

三级跳远由助跑、单足跳、跨步跳和跳跃四个部分组成。（图9-1-10）

图 9-1-10

（1）助跑。

助跑是为了获得最快的速度和准确地踏上起跳板。三级跳远的助跑与跳远的助跑基本相同。

（2）单足跳。

起跳腿自然积极主动下压，用全脚掌踏上起跳板，然后，屈膝缓冲，身体重心稍降低。当身体重心移至起跳腿支点的垂直部位时，起跳腿迅速积极用力充分蹬伸，摆动腿的大腿积极向前上方摆至水平位置，然后开始做换腿动作，即摆动腿大腿带动小腿自然向下、向后摆动，同时起跳腿屈膝向前上方摆动，完成换步动作。

（3）跨步跳。

随着身体重心下降，前摆的起跳腿积极有力地下压，小腿迅速前伸做积极有力的扒地动作，着地后要及时屈膝缓冲并迅速滚动到前脚掌，同时摆动腿的大腿快速有力地向前上方摆动至水平位置。

（4）跳跃。

随着身体重心下降，摆动腿的大腿积极下压，小腿前伸做有力的向下、向后快速扒地动作。着地后适度地屈膝、伸踝，积极缓冲，使身体快速前移。同时，前两跳中的起跳腿此时成为摆动腿，与两臂积极配合，快速有力、大幅度地向前上方摆出，及时完成第三跳的起跳动作。

（三）投

投掷包括推铅球、掷铁饼、掷标枪等。这里主要介绍背向滑步推铅球技术。

背向滑步推铅球技术由握持球、预备姿势、滑步、最后用力和维持身体平衡五个部分组成。

1. 握球和持球

握球的方法（以右手为例）：五指稍微分开，将球放在食、中、无名指指根处，拇指和小指扶在球的两侧，手腕背屈（图9-1-11）。握好球后，将球放在锁骨窝处，贴于颈部，右臂屈肘向外，掌心向内。（图9-1-12）

图 9-1-11

图 9-1-12

2. 预备姿势

持球后，站在投掷圈的后部，背对投掷方向，右脚在前，贴近投掷圈，身体重心落在右脚掌上，左脚在后，以脚尖自然点地。身体从正直姿势开始向前屈体，待身体与地面平行时，屈膝下蹲，形成“团身”动作。

3. 滑　步

预备姿势完成后，臀部带动身体重心略向投掷方向移动，使其移离身体的支撑点（右脚），以便于滑步和避免身体重心起伏过大。接着，左腿以大腿带动小腿迅速向抵趾板方向摆出并外旋，右腿积极蹬伸，及时拉收并内旋，两腿摆蹬协调配合，推动身体向投掷方向快速移动。

4. 最后用力

最后用力是推铅球技术的重要环节。滑步结束后，左腿脚掌内侧着地支撑，右腿弯曲，支撑体重。左脚尖与右脚跟在一条直线上，肩轴与髋轴成扭紧状态，右腿积极蹬转，推动右髋向投掷方向转动，左臂由胸前向投掷方向牵引摆动，体重逐渐移至左腿，左膝被动微屈。左臂由上向身体左侧靠压制动，右臂向投掷方向转动，用力推球。铅球快离手时，手腕手指向外拨球。

5. 维持身体平衡

铅球离手后，两腿交换，降低重心，维持身体平衡。

三、田径比赛规则简介

（一）径赛主要规则

1.起跑

（1）400米及400米以下的各个径赛项目，起跑时应使用“各就位”和“预备”口令。

（2）400米以上的各个径赛项目（除了4×200米、异程接力和4×400米），起跑时应使用“各就位”口令。

所有比赛通常应以发令员发令枪朝天鸣放的信号为起跑信号。

2.起跑犯规

（1）当使用国际田联认证的起跑信息系统时，发令员和（或）指定的召回员应头戴耳机，以便清楚地听见监测系统发出的犯规提示声音信号（也就是，当反应时小于0.100秒）。发令枪响后，当发令员和（或）指定的召回员听到声音信号，应召回本次参赛运动员，并且发令员应立即检查起跑信息系统上的反应时和其他相关信息，以便确认哪位运动员对本次召回负责。

（2）运动员在做好最后起跑姿势之后，只能在接收到发令枪发出的信号之后开始起跑。如果发令员判定运动员在发令枪发出信号之前起跑，应判为起跑犯规。

（3）除全能项目之外，任何对起跑犯规负责的运动员将被发令员取消该项目的比赛资格。

（4）出现起跑犯规的情况后，助理发令员应当：①除全能比赛，应取消对起跑犯规负有责任的一名或多名运动员的比赛资格，并在该运动员面前出示红黑牌（用对角线分为两半）；②在全能比赛中，对第一次起跑犯规负有责任的一名或多名运动员给予警告，并在该运动员面前出示黄黑牌（用对角线分为两半），同时，由一名或多名助理发令员向所有该项比赛的其他运动员出示黄黑牌，以示警告，并告知他们如果任何运动员再次起跑犯规将被取消比赛资格；③如果再次发生起跑犯规，对起跑犯规负有责任的一名或多名运动员将被取消比赛资格，并在该运动员前举起红黑牌，分别在各自分道的道次墩上做出相应的标记。

（5）发令员或任何一位召回员认为本次起跑不公允，将鸣枪召回运动员。

关于起跑不公允的规则不仅仅限于抢跑，这些规则还应用在其他情况下。例如，起跑器打滑以及一名或多名运动员在起跑过程中受到外来物体干扰等。

3.跨栏跑

运动员应跨越每个栏架，否则将被取消比赛资格。此外，出现下列情况，运动员也将被取消比赛资格：①在过栏瞬间，其脚或腿在栏架两侧以外（任意一边），低于栏顶的水平面；②裁判长认为运动员有意撞倒任一栏架。

4.障碍赛跑

运动员必须越过或涉过水面，并且跨越每一个栏架，否则将被取消比赛资格。

此外，出现下列情况也将被取消比赛资格：①踏上水池两边的任意一边；②在过栏瞬间，其脚或腿在栏架侧面以外（任意一边），低于栏顶水平面。

5.接力跑

（1）当接力的全程或第一棒为分道跑时，运动员可在自己分道内用胶布做一个标志，其最大尺寸为0.05米×0.40米，颜色应明显区别于跑道上其他永久性标志。不得使用其他标记。裁判员可以指导相关运动员执行规则或移除不符合规则的标记。如果他们不执行，裁判员将移除这些标记。

（2）接力棒必须在接力区内交接。接力棒的交接从接力棒初次触及接棒运动员开始，到完全由接棒运动员手持才算完成。仅以接力棒的位置决定是否在接力区内完成接力。在接力区外交接棒将被取消比赛资格。在决定接力棒的位置时，要考虑接力棒的整体位置。检查裁判员必须确保他们能够观察到接棒运动员在接力棒进入到接力区前接触到接力棒，特别是在4×400米或其他长距离项目上。接棒运动员在接力棒进入到接力区之前接触到接力棒，该运动员所在接力队将被判取消比赛资格。他们还必须确保，在接力棒离开接力区前，接力棒只在接棒运动员手中。

（3）在比赛过程中，任何运动员手持或捡拾其他接力队的接力棒时，该接力队将被取消资格。其他接力队不应受罚，除非从中获得利益。

（4）接力队的每位成员只能参加接力赛的其中一棒。参加接力比赛任何赛次的4名运动员，可以是报名参加其他项目比赛的任何运动员。然而，一旦开始比赛，每队只允许有两名替补队员参加比赛。如果违反此规定，将取消该队比赛资格。

6.竞　走

竞走是运动员用双脚与地面保持接触，连续向前迈进的过程，没有（人眼）可见的腾空。前腿从脚触地瞬间至垂直部位必须伸直（即膝关节不得弯曲）。

（二）田赛主要规则

1.跳　高

运动员必须用单脚起跳。出现下列情况之一者，应判为试跳失败。① 试跳后，由于运动员的试跳动作，致使横杆未能留在横杆托上。② 在越过横杆之前，运动员身体的任何部位触及横杆后沿（靠近助跑道）垂面以前的（在两个立柱之间或之外的）地面或落地区。如果运动员在试跳中一只脚触及落地区，而裁判员认为他并未从中获得利益，则不应因此原因判该次试跳失败。③ 运动员助跑后未起跳，触及横杆或两立柱垂面以前的地面或落地区。

2.跳　远

（1）如出现下列情况，应判为试跳失败：①在起跳过程中，无论是助跑后未起跳还是做了试跳动作，运动员身体任何部位触及起跳线以前的地面（包括橡皮泥显示板的任何部分）；②从起跳板两端之外起跳，无论是否超过起跳线的延长线；③在助跑或试跳中采用任何空翻姿势；④起跳后，在第一次触及落地区之前，运动员触及了助跑道、助跑道以外地面或落地区以外地面；⑤在落地过程中（包括任何的失去平衡）触及落地区边沿或落地区以外地面，而落地区外的触地点较落地区内的最近触地点更靠近起跳线。⑥除跳远（2）中描述的情况外，以其他方式离开落地区。

（2）当运动员离开落地区时，其脚在落地区边线或边线外地面的第一触地点，应比在沙坑内的最近落地点离起跳线的距离更远（该最近触地点可能是因为失去平衡而留下的完全在落地区内的痕迹，或运动员向回走时留下的距起跳线比落地点更近的痕迹）。该第一触地过程被认为开始离开落地区。

3.三级跳远

三级跳远的三跳顺序是一次单足跳、一次跨步跳和一次跳跃。单足跳时应用起跳腿落地，跨步跳时用另一条腿（摆动腿）落地，然后完成跳跃动作。运动员在跳跃中摆动腿触地不应视为试跳失败。

应该注意的是，如果运动员有下列情形(仅有之一)，不应判罚失败:①触及起跳线和落地区之间的白色标志线或线以外的地面；②如果运动员自身并没有犯规情形，在跨步跳阶段触及落地区。例如裁判员错误地指示了起跳板，此种情况下，相关裁判长通常应给予运动员一次补跳的机会。当然，如果跳跃后的着地在落地区之外的应该判罚失败。

4.推铅球

铅球只能用单手从肩部将铅球推出。当运动员在投掷圈内开始试掷时，铅球要抵住或靠近颈部或者下颌。在推球过程中持球手不得降到此部位以下。不得将铅球置于肩轴线后方。（注：不允许使用侧手翻式投掷技术。）

5.掷标枪

（1）投掷标枪时应用单手握在把手处，从肩部或投掷臂上臂的上方掷出，不得抛甩。不得采用非传统姿势进行投掷。只有标枪的金属枪头先于标枪的其他部位触地，试掷方为有效。运动员试掷时，在标枪出手以前的任何时间，身体不得完全转向背对投掷弧。

（2）如果标枪在试掷时或在空中飞行时折断，只要该次试掷符合规则要求，不应判为试掷失败。如果运动员因此失去平衡而违反本规则的任何规定，也不应判作一次试掷失败。以上两种情况应允许运动员重新进行一次试掷。

第二节　健身跑教学俱乐部

◎ 学习目标

了解健身跑的基础知识、技术要求和训练方法。

一、健身跑概述

（一）健身跑的起源与发展

健身跑是近几年来盛行的有氧运动之一。有氧运动是指人体在进行锻炼时氧气能够得到充分的供给，简而言之，即体内的氧气供应可以达到一种平衡的状态，达到人体自然需求的状态，以使人体生理趋于平衡。其特点是强度低、持续时间长、有节奏、有规律。而健身跑是有氧运动项目中难度低、要求简单、易于开展的项目之一，深受广大人民群众欢迎。健身跑是在走、跑基础之上结合了有氧运动理论而形成的一种运动模式。因其自身具有运动强度适中、轻松自如、易于掌握、运动成本低、不受运动场地限制的特征，在大众之间迅速流行，并成为全民健身普遍采用的一种健身方法。

在全民健身的发展过程中，健身跑的风格也日趋多样化，除了慢跑快走之外，还出现了踏石走、水中跑等形式，使得健身跑呈现出丰富多彩的运动形态。虽然健身跑的运动形式多种多样，但其基本的动作要领、动作规则、注意事项要求都是大同小异的，因此，我们在锻炼过程中不会受到繁文缛节的影响，锻炼起来更加轻松自然。

（二）健身跑的特点

健身跑是一种类似于跑步的健身运动，这是一种以慢跑和快走为主的健身运动。其运动形式比较简单，不拘泥于场地环境的限制，每个人都可以根据自己周边的环境进行锻炼，它是一种非常行之有效的有氧运动。

健身跑的特点是慢、远、长，即速度要慢、距离要远、时间要长。

二、健身跑锻炼前的准备工作

我们在进行健身跑锻炼前该做好哪些准备工作呢？任何运动或体育锻炼，在练习前都有一个预热时间，也就是锻炼前的准备活动，这样做主要是为了预防健身运动过程中身体某一肌肉组织和部位因未活动开而造成损伤情况的发生。在进行健身跑锻炼前要做好以下几个方面的准备工作。

（一）健身跑服装的准备

在进行健身跑运动时，腿部和两臂的摆动幅度比较大，尤其是腿部运动比较频繁，因此选择服装时可以选择短裤和短袖上衣，或者是比较宽松的裤子，要求材料比较柔和，透气性比较好，这样可以减少腿部之间的摩擦，降低腿部的损伤。对于鞋子方面，一般情况下，要选择比较柔软的鞋子，穿着要舒服，富有弹性，有很好的防滑性，最好是鞋面有鞋带的，这样在锻炼过程中不至于造成鞋子脱落，而且有利于锻炼，可以很好地保护自己的脚。

（二）健身跑运动前的准备及其注意事项

1. 注意穿衣、预防感冒

在秋冬季节进行锻炼时一定要穿好衣服，不能穿着单衣就出去运动，这样很容易感冒，我们要让身体先去适应环境。另外，出去锻炼时要穿一些宽松的外套，等做完了准备活动，身体发热以后再把外套脱了，锻炼后也要及时地把自己的外套穿上，回到家里及时地换上干燥的衣服，预防感冒。

2. 注意及时补水

秋冬季节，天气特别干燥，人体极容易缺水，再加上锻炼，水分就更加不足，如果在锻炼过程中不及时补水，就极易造成口干舌燥、嘴唇干裂、喉咙难受等现象发生。因此在运动前要适度喝水，运动后要及时补水，在锻炼后可以适量地饮用糖水，这样可以缓解因为低血糖造成的头昏、四肢无力等运动症状。

3. 做好锻炼前的准备活动

无论做任何运动，准备活动都是不可缺少的步骤之一。锻炼前的准备活动，可以有效缓解肌肉紧缩、韧带过紧的状况。人在正常情况下血管处于收缩状态，关节的灵活度也比较低，脑部神经系统对身体的调节性也比较差，身体协调性比较差，如果不做好锻炼前的准备活动，很容易造成肌肉拉伤、韧带拉伤等情况，严重的话还会影响到我们日后的正常生活。只有做好准备活动，我们的身体在进行正式的锻炼时才能更好地适应各种动作，这样才能让我们的锻炼更有效果，也能更好地保护我们的身体。

4. 锻炼要适度

做任何事都要有个度，即我们所说的适度原则。那么锻炼身体同样也需要坚持一个适度原则。可能有人感觉运动量越大对身体越好，越能起到强身健体的作用，其实，过度锻炼和过度工作是一样的，不仅不利于我们的健康，而且还会损害我们的身体。

5. 预防损伤

在运动过程中，一定要注意做好自我保护，除了做好正常的准备工作外，在运动过程中要把握好自己的运动强度、运动时间和自己的运动方法，不要做超出自己能力范围的动作，尤其是一些高危动作、难度系数比较大的动作，应该根据自身情况进行适当的锻炼。

6. 不要空腹进行晨练

大多数人都有晨练的习惯，早上起来便出去跑步，等到锻炼后再回来吃早餐，这样其实对身体是不好的。因为我们在运动时身体需要不停消耗能量，而我们在锻炼前又没有任何的营养补充，前一天的营养早就被身体所消耗，所以身体没有充足的能量，如果我们在自身空腹的情况下运动，很容易发生低血糖。运动后也不可立刻进食，一般情况下，休息半个小时后再进行饮食活动。

7. 注意选择环境

健身跑需要不停地进行呼吸，而且锻炼可以提高我们的心肺功能，而新鲜的空气对我们进行锻炼更是不能缺少的。在环境污染严重的地方进行体育锻炼，时间长了会造成肺部感染，不仅不会起到锻炼身体的作用，还会危害我们的健康，因此进行晨练时要选择好的环境，一般可以选择附近的公园或离公路较远的地方进行锻炼。

8. 保证足够的睡眠

不管是要进行怎样的锻炼，最好选择在好的精神状态下进行，这样的话可以达到锻炼的效果，如果在睡眠不足或者心情非常郁闷的情况下进行锻炼，可能会加重我们各器官的负担，严重的话还会损伤我们的运动机能，因此在锻炼时要确保足够的睡眠，在我们精神状态比较好的情况下进行。

9. 注意饮食，补充营养

锻炼的前提是营养充足，只有在自身营养比较好、营养充足的前提下进行锻炼，才能给我们的运动提供充足的能量。另外，一定要注意合理饮食，不可暴饮暴食，这样不仅会让我们的锻炼功亏一篑，而且对我们的身体也会造成严重的伤害。只有营养充足、能量足够，才能起到锻炼身体的作用。

知识窗

健身跑锻炼中的误区

误区一：每次锻炼都让自己气喘吁吁、大汗淋漓。

在健身跑的过程中，我们始终建议能够结合自身情况，给自己定一个合理的目标，尤其是在锻炼中不能让自己超负荷地运动，因为在锻炼中出汗过多会让自己的体温下降，也会让自己体内严重缺水，并且超负荷运动对身体健康也起不到什么过大的作用，更别说想通过几次的锻炼达到减肥的效果，这都是不可能的。超负荷运动只会让自己过度疲劳，让自己虚脱，也会损伤体内的某些运动细胞，还会出现腿部酸痛等不良反应，因此要坚持适当锻炼。

误区二：身体很健康，不用天天锻炼。

能够坚持锻炼说明我们已经养成了良好的锻炼习惯，养成了好的生活方式。有人感觉自己身体很健康不必天天锻炼，每隔一段时间锻炼一次，其实我们在日常生活中确实不可能做到天天锻炼，因为我们可能有时确实非常忙，但我们如果了解一些基本的运动常识就会知道，我们在锻炼中如果停止锻炼，特别是肌肉如果停止锻炼，就会很快地失去力量，会造成腿部的酸痛不适应，因此我们在日常生活中，最好不要采取每隔一段时间锻炼一次的锻炼方法。

三、健身跑的技术要求及训练方法

健身跑是一种比较简单的运动方式，不受年龄、时间、地点、场地及性别的限制，人们可以根据自己的情况进行锻炼。它和竞技长跑不同，是一种有氧运动，坚持长期锻炼对人体健康非常有益。经常进行健身跑的人，脉搏跳动可以降低到每分钟60～66次，比一般的人每分钟要低10～18次。

（一）健身跑的技术要求

1. 腿部动作要求

前行的过程中用脚跟着地，然后从脚跟处向前滚动式地与地面接触，前脚与后脚的距离在20～30厘米之间，前脚落地时不要过于明显，凭借弹性迅速向前。后脚往前蹬的同时前腿不要摆动得过高，大小腿的弯曲应该顺其自然，身体重心保持不变。

2. 上身动作要求

目视前方，手指半握成拳状，头部自然，自然摆动两臂。

3. 呼吸要求

一般情况下，跑步的节奏要与呼吸的节奏相一致，通常情况下是两步一吸、两步一呼或三步一吸、三步一呼。呼吸时用嘴和鼻子配合进行，口要微张，舌尖微微顶住上腭。

（二）健身跑的训练原则

1. 自愿原则

在健身跑训练当中，我们要坚持自愿自觉的原则，积极主动进行练习。一件事的成功与否不仅取决于外部环境，更在于内因，外因是次要的，在练习中只要我们坚定意志，对于环境因素的影响我们都要勇敢克服。我们在锻炼中一定充分发挥内因作用，避免懒惰的情况发生，要做就要做好，要做就要做到底。

2. 递增原则

所谓递增原则，是指在运动过程中要把握好运动的强度，要做到循序渐进，在锻炼时必须控制好自己的运动量和运动强度，一般情况下生理方面的反应是以脉搏跳动为主，范围是每分钟110～160次之间。一般情况下练习强度可以分为以下几个等级。（表9–2–1）

表9–2–1

强　度	一　级	二　级	三　级	四　级
脉搏跳动（次·分）	110	120	140	160
时间（秒）	60	60	60	60
强度百分比（%）	50	60	70	80

（三）训练方法

由于每个人的体质、健康状况不同，在健身跑运动中可以根据自身情况选择不同的训练方法，针对不同人群，主要有以下几种训练方法可供选择。

1. 跑走结合法

所谓跑走结合，是指在跑步的过程中可以与走路练习相结合。这种方法主要适用于初练者和体质较弱的中老年人。例如，刚开始锻炼时可以先跑300米，然后走100米，这样反复练习三四次，之后逐步缩小走步的距离，增加跑步的距离就可以了。

2. 定距法

定距法是指给自己规定一定的距离，然后不限定跑步的速度和跑步的时间。这样在锻炼中可以根据自身的健康状况合理调整跑步状态。可以有效地缓解跑步压力，并且可以轻松地朝着自己的目标跑去。

3. 定时法

定时跑就是给自己规定一个跑步时间，不限定跑步距离和跑步速度。应当注意的是，在刚开始锻炼时时间不要规定得太长，初练者一般在15分钟左右就行，以后可以根据自己的情况逐步加长。

4. 变速法

变速法是指在跑的过程中把慢跑和快速跑结合起来交替进行。这样在跑步中可以节省自身体力，达到劳逸结合，有利于很好地完成自己的跑步计划。一般进行变速跑的时候，可以进行10分钟的慢跑运动，当感觉身体各方面适应之后，再进行快速跑，一般慢跑的速度是每秒2米左右，快跑的速度在每秒5米左右，这个速度，不同年龄的人群可以根据自己的情况进行调整，只要是比慢跑的速度快一些就可以，这样反复进行几次练习。

5. 重复法

重复法是指给自己规定一段较短的距离，然后进行重复的训练。例如，一个500米的距离，每当跑完一次就进行几分钟的休息，然后接着跑，重复多次。这样可以缓解因连续跑而造成的体力不支、气喘吁吁的现象发生，可以很好地完成锻炼目标。

6. 领头法

领头法主要是针对多人的一种练习方法。具体是跑步的全体人员排成一个纵队，然后在跑的过程中，最后的那名队友从右侧加速向前跑到第一位，成为整队的领跑者，然后依此类推，后面的不断向前。这种方法主要适用于多人练习，有利于增加跑步时的乐趣，提高人们跑步的动力，加强队伍练习的趣味性，可以让人们在娱乐中不知不觉地完成锻炼。在进行领头法健身跑的过程中，一定要控制好整个队伍的连贯性，在进行领头法健身跑的过程中，还要注意跑步过程中的安全问题，在进行超越的过程中，可以缓慢地进行，一定要确保超越途中的安全问题。

7. 越野法

越野法一般要求在自然环境下进行，要求场地高低起伏，主要是在跑步的过程中可以加入上下坡锻炼，可以随时变换自己的跑步速度。在进行越野法的练习过程中，我们要注意自身的安全，因为在越野法的训练过程中，需要不断地进行上下坡的练习，会有缓冲的动作，所以在训练过程中要时刻关注运动场地的情况。

8. 抬腿健身跑法

抬腿健身跑法主要适合于青少年或者身体素质比较好的中年人锻炼，因为这种运动对于身体素质要求比较高，且难度系数大。抬腿健身跑就是指在跑步的过程中加入高抬腿的运动。

具体流程如下。

① 调整好身体重心，身体保持平稳，在重心平稳的前提下左腿抬起来，大腿的位置要与腰部平行，小腿自然向下。② 上身手臂要呈现跑步时的姿态，手掌半握拳，紧贴腰部。③ 把左腿放下，右腿开始做同样的动作，与此同时手臂要做跑步的动作。这样反复地往前跑就可以了，也可以进行原地抬腿健身练习，进行此项锻炼时，抬腿的速度可以由慢到快，开始可以每秒3次，等身体适应了可以加快频率，每秒6次。另外，此项运动的锻炼时间不宜过长，距离也不宜过长，以200米为宜。

（四）注意事项

① 要做好做准备活动，尤其是腿部肌肉要得到充分的锻炼。② 在跑步的过程中速度要放慢，抬腿的动作要到位。③ 在训练过程中要保持身体重心的平稳，注意安全。④ 如果锻炼中出

现身体不适等现象，应该暂时停止这项运动，检查自己的身体状况，等恢复或者没问题了再进行锻炼。

第三节　游泳教学俱乐部

游　泳

◎ 学习目标

掌握游泳的基本理论知识和基本技术动作。

一、游泳概述

（一）游泳的起源

据现有资料记载，早在5000多年前已经有了游泳这项运动。居住在江、河、湖、海一带的古代人，他们为了生存必然要在水中捕捉水鸟和鱼类作食物，通过观察和模仿鱼类、青蛙等动物在水中游动的动作逐渐学会了游泳。所以说游泳是人类在与大自然的斗争中产生和发展而来的。

（二）现代游泳发展的概况

现代游泳运动起源于英国。17世纪60年代，英国不少地区的游泳活动就开展得相当活跃。1828年，英国在利物浦乔治码头修造了第一个室内游泳池。1869年1月，在伦敦成立了大城市游泳俱乐部联合会（现英国业余游泳协会前身），并把游泳作为一个专门的运动项目正式固定下来。游泳运动随之传遍全世界。1896年，在希腊举行的第1届奥林匹克运动会，便把游泳列为比赛项目，当时只举行了男子100米、500米和1200米自由泳3个项目的比赛。1908年，在英国伦敦举行第4届奥林匹克运动会，成立了国际业余游泳联合会（简称国际泳联），审定了游泳的各项世界纪录，并制定了国际游泳比赛规则。从此，世界竞技游泳运动有了一个权威管理机构和统一的规范。随着各种游泳锦标赛、国际大型比赛的举办不断推动着竞技游泳的发展，游泳的技术动作不断完善，创造了一个又一个优异的成绩。

知识窗

国际业余游泳联合会简称国际泳联，1908年由比利时、丹麦、芬兰、法国、德国、英国、匈牙利和瑞典等国倡议成立，秘书处设在美国。国际泳联是国际单项体育联合会总会成员，正式用语是英语和法语，工作语言为英语。国际泳联总部设在瑞士洛桑。1949年前，中国就是国际泳联会员，1958年退出，1980年7月恢复会员资格。

（三）我国游泳的发展

我国近代的游泳运动在19世纪中后期首先开始于香港、广州等地，尔后逐渐扩展到全国。

1887年，广州沙面修建了中国第一个室内游泳池。1913年，我国参加了在菲律宾马尼拉举行的第1届远东运动会。1920年，国内的游泳比赛开始增设女子项目。1924年成立了中国游泳研究会。中华人民共和国成立后，在党和人民政府的领导与关怀下，1952—1959年我国游泳运动员频繁参加国际性比赛，也取得了不俗的成绩。1982年，在印度新德里举行的第9届亚运会上，我国游泳金牌实现“零”的突破。在1992年巴塞罗那奥林匹克运动会上，中国游泳实现了奥运会游泳金牌“零”的突破，还改写了多项世界纪录。2016年，在里约热内卢奥运会游泳比赛中，我国名将孙杨领衔的游泳军团，取得了1金2银3铜的优异成绩。截至2022年6月，中国运动员手握两项世界纪录，分别是女子50米仰泳（27秒35）和女子4×200米接力（7分40秒33）。目前，我国竞技游泳已经取得了长足的进步，成为世界泳坛上一支不可忽视的劲旅。

知识窗

叶诗文，1996 年出生于浙江省杭州市，中国国家女子游泳队运动员。2010年，她首次参加亚运会就获得了女子 200 米和 400 米个人混合泳冠军。2011年，在第 14 届世界游泳锦标赛上，她获得女子200 米个人混合泳冠军，这是“95 后”泳坛运动员首度登上世界游泳大赛冠军领奖台，也是1978 年以来最年轻的游泳世界冠军。在 2012 年伦敦奥运会上，叶诗文获得女子 400 米个人混合泳和女子200米混合泳冠军，并打破世界纪录。叶诗文是中国泳坛首个金满贯选手。

二、游泳基本技术

游泳的特点与分类

（一）自由泳（爬泳）

自由泳，又称爬泳，是身体俯卧在水中，两腿交替上下打水，两臂轮流向后划水的一种泳姿。其动作结构比较合理，推进力均匀，阻力小，既省力又能产生最大速度，因此，在游泳中，爬泳是游得最快的一种姿势。在游泳竞赛中，自由泳项目运动员可以选择任何泳姿比赛，运动员几乎都用爬泳游进，故爬泳被称为“自由泳”。

自由泳在奥运会游泳比赛中占有很重要的地位。奥运会自由泳项目男子有50米、100米、200米、400米、800米，1500米、4×100米接力和4×200米接力8项；女子有50米、100米、200米、400米、800米和4×100米接力6项。同时，混合泳和混合泳接力中也包括自由泳，因此自由泳往往被看作是衡量一个国家游泳水平的重要标志。

1. 身体姿势

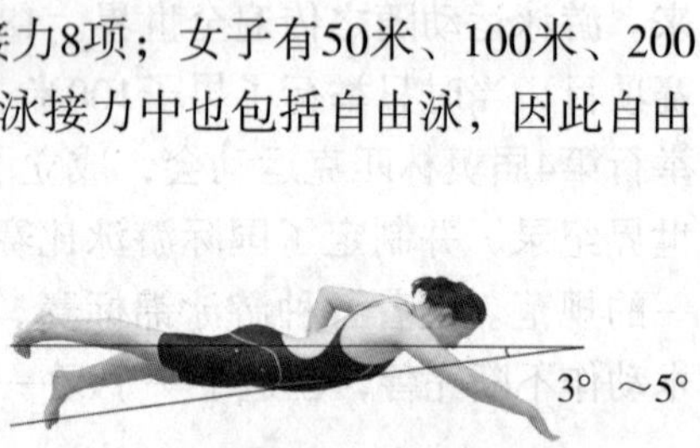

图 9-3-1

游爬泳时，身体要尽量保持俯卧的水平姿势。但是为了取得更好的动作效果，头部应自然稍抬，两眼注视前下方，头的三分之一露出水面，水平面接近发际，双腿处于最低点，身体纵轴与水平面成3°～5°的仰角。爬泳游进中，身体可以围绕身体纵轴做有节奏的转动，转动的角度一般为35°～45°。头部与身体纵轴成20°～30°角。如果速度加快，角度就会相对减少。身体俯卧水中，背部和臀部肌肉保持适当紧张，身体自然伸展成流线型，两眼正视前下方。（图9-3-1）

2. 腿部动作

爬泳腿部动作虽有一定的推进力，但主要起平衡作用，能保持身体的稳定和协调双臂有力地划水。要求两腿自然并拢，脚稍内旋，踝关节放松，以髋关节为轴，由大腿带动小腿和脚掌，两腿交替做鞭打动作，两脚尖上下运动最大幅度为30～40厘米，膝关节最大曲度约

160° 。（图9–3–2）

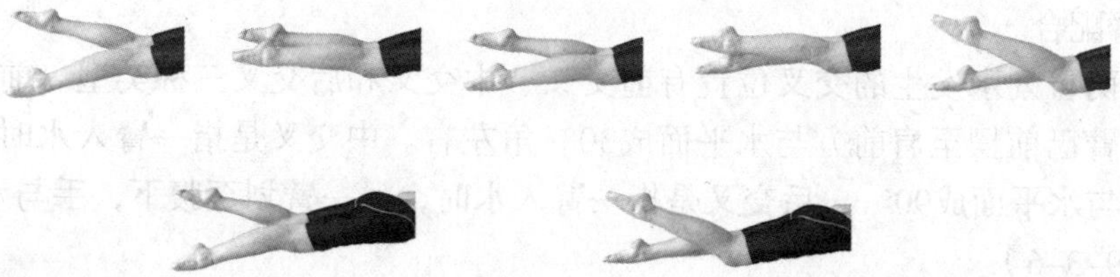

图 9–3–2

3. 臂部动作

臂部动作是推动身体前进的主要动力。一个周期分为入水、抱水、划水、出水和空中移臂五个不可分割的阶段。

（1）入水。

完成空中移臂后，手在控制下自然放松入水。手的入水点一般在身体纵轴和肩关节的前后延长线之间。入水时手指自然伸直并拢，臂内旋使肘关节抬高处于最高点，手掌斜向外下方，使手指首先触水，然后是小臂，最后是大臂自然插入水中。（图9–3–3）

（2）抱水。

臂入水后，在积极向下方插入的过程中，手掌从向斜外下方转向斜内后方并开始屈腕、屈肘，肘高于手，以便能迅速过渡到较好的划水位置。抱水结束，手掌已经接近对水，肘关节屈至150° 左右，整个手臂像抱着一个大圆球似的为划水做准备。（图9–3–4）

（3）划水。

划水是发挥最大推进作用的主要阶段，其动作过程可分为拉水和推水两个部分。紧接抱水阶段，进入拉水，这时要保持抬肘，并使大臂内旋，同时继续屈肘，使手的动作迅速赶上身体的前进速度，能使拉水动作造成合理的动作方向。同时，也使主要肌肉群在良好的工作条件下进入推水动作。拉水至肩的垂直平面后，即进入推水部分，这时肘的曲度为90° ～120° 。大臂保持内旋姿势，带动小臂，用力向后推水。同时，使肩部后移，以加长有效的划水路线。向后推水有一个从屈臂到伸臂的加速过程，手掌以从内向上、从下向上的动作路线加速划至大腿旁。整个划水动作，手的轨迹始于肩前，继之到腹下，最后到大腿旁成“S”形。（图9–3–5）

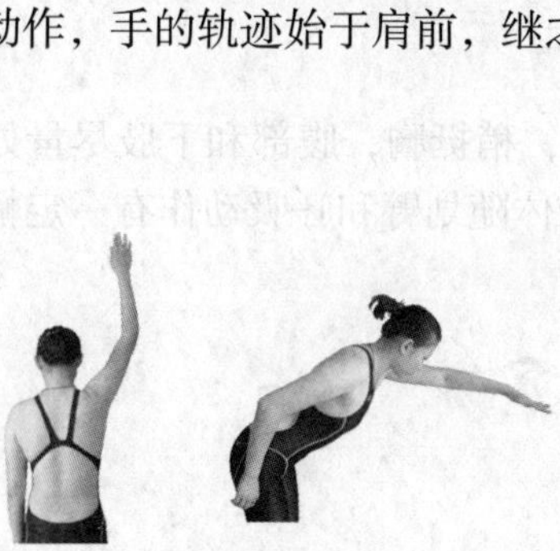

图 9–3–3

图 9–3–4

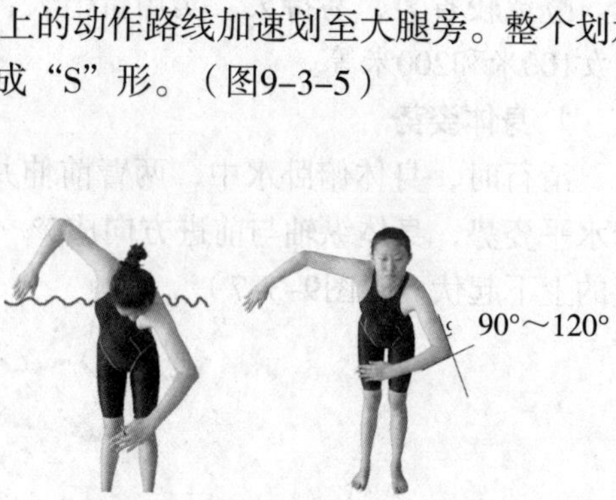

图 9–3–5

（4）出水。

划水结束时，掌心转向大腿，出水时小指向上，手臂放松，微屈肘。由上臂带动，肘部向外上方提拉带前臂和手出水面，掌心转向后上方。出水动作必须迅速而不停顿，同时应该柔和、放松。

（5）空中移臂。

紧接出水，不停顿地进入空中移臂，移臂时，肘高于手。

（6）两臂配合。

自由泳时两臂划水发生的交叉位置有前交叉、中交叉和后交叉三种类型。前交叉是指一臂入水时，另一臂已前摆至肩前方与水平面成30° 角左右。中交叉是指一臂入水时，另一臂处在向内划水阶段与水平面成90° 。后交叉是指一臂入水时，另一臂划至腹下，手与水平面成150° 角左右。（图9–3–6）

图 9–3–6

4. 完整的动作配合技术

爬泳时，一般是在两臂各划水一次的过程中进行一次呼吸。以向右边吸气为例，右手入水后，嘴和鼻开始慢慢呼气。右臂划水至肩下，开始向右侧转头和增大呼气量。右臂推水即将结束，则用力呼气。右臂出水时，张嘴吸气，至空中移臂的前半部为止，并开始转头还原。然后，直至臂入水结束，有一个短暂的闭气过程，脸部转向前下。头部稳定时，右臂入水，再开始下一个慢慢呼气的过程。

呼吸和臂的配合：自由泳的呼吸与臂、腿配合，初学者一般采用6：2：1的方法，即呼吸1次、臂划2次、腿打6次，这种配合方法易保持平衡和协调掌握自由泳技术。

（二）蛙　泳

蛙泳是身体俯卧水中，两肩与水面平行，依靠两臂对称向后划水、两腿向后对称蹬夹水而向前游进的姿势。整个动作与青蛙游水十分相似，所以取名为蛙泳。蛙泳的特点是游时省力，容易学，游动时动作全部在水下，声音较小，头部可以出水面呼吸，视野开阔，容易对准目标。蛙泳较省力，易持久，实用价值大，常用于渔猎、泅渡、救护和水上搬运等。比赛项目有男女100米和200米等。

1. 身体姿势

滑行时，身体俯卧水中，两臂前伸并拢，头略抬，水齐发际，稍挺胸，腹部和下肢尽量处于水平姿势，身体纵轴与前进方向成5° ～10° 角。在游进时，身体随划臂和呼吸动作有一定幅度的上下起伏。（图9–3–7）

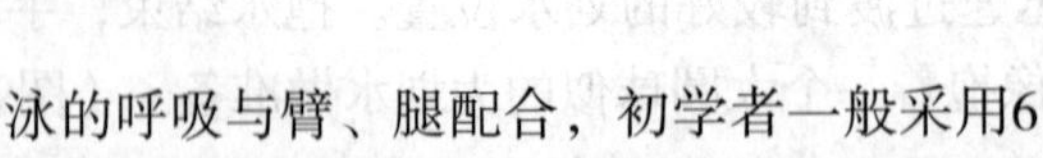

图 9–3–7

2. 腿部动作

腿部动作是蛙泳游进中产生主要推进力的动作之一，技术分为收腿、翻脚和蹬夹水三个不可分割的动作阶段。

（1）收腿和翻腿。

在两腿完全伸直并稍下沉时，屈髋和屈膝，同时两小腿向大腿后折叠与臀部靠拢，边分边收，两膝距离与肩同宽，当腿、脚跟接近臀部时，两膝稍向里扣，脚尖向两侧外翻做翻脚动

作。（图9–3–8）

图 9–3–8

（2）蹬夹水。

腿后蹬时，边后蹬边内夹，以蹬为主，蹬夹动作先伸髋，使髋、膝和踝关节相继伸直。（图9–3–9）

图 9–3–9

（3）滑行。

蹬夹水结束后，由于蹬腿的惯性作用，两腿有一个短暂的滑行阶段。这时两腿应尽量伸直并拢，腿部肌肉和踝关节自然放松，为下一个动作周期做好准备。

4. 臂部技术

臂部技术如图9–3–10所示。

（1）划水与抓水。

开始时，手臂前伸内旋，掌心转向外斜下方，两手分开向斜下方抓水。当手感到有压力时，便开始向侧、下、后和内呈椭圆曲线划水。要求划水以肩为轴，动作连贯，肘部保持比手高的位置。

图 9–3–10

（2）收手与伸臂。

划水结束，臂由内向前收，两手相对，最后掌心向下，臂前伸。当两手收至下巴前下方时，借收手弧形惯性向前伸肘，两手靠近，掌心向下。

4. 呼　吸

呼吸要和臂的动作协调配合，划水结束时，抬头用鼻和口呼气，手臂划水时用口吸气，收手低头闭气，伸臂时徐徐呼气。

5. 臂、腿和呼吸的配合技术

蛙泳的呼吸一般在一次动作周期中吸一次气。臂、腿和呼吸的配合多采用1：1：1配合。（图9–3–11）

图 9–3–11

蛙泳在一个动作周期中，一般采用一次呼吸、一次划水、一次腿的配合。臂开始划水时，腿伸直不动，划水将结束，两腿自然放松，并在收手时开始收腿。手臂开始前伸时，收腿结束并做好翻脚动作，手臂接近伸直时，开始向后蹬腿。伸臂蹬腿结束后，身体伸直向前滑行。

(三)仰泳和蝶泳

1. 仰　泳

仰泳是人体仰卧在水中进行游泳的一种姿势。仰泳技术由于头部露出水面，呼吸方便，躺在水面上，比较省力，学习起来比较容易，因此深受中老年人和体质较弱者喜爱。仰泳技术组成：仰泳身体姿势仰泳腿部技术、仰泳手臂技术和仰泳配合技术。

仰泳技术的产生和发展有较长的历史，1794年就有了关于仰泳技术的记载，但是直到19世纪初，游仰泳时仍采用两臂同时向后划水、两腿做蛙泳的蹬水动作，即现在的“反蛙泳”。自1902年出现爬泳技术后，由于爬泳技术合理和速度快，就开始有人采用类似爬泳的两臂轮流向后划水的游法。但是直到1921年才初步形成了现在的仰泳技术。

2. 蝶　泳

蝶泳技术是在蛙泳技术动作基础上演变而来的，是四种竞技游泳姿势中最后发展起来的泳姿。由于它的腿部动作酷似海豚，所以又称为“海豚泳”。

蝶泳的身体姿势与其他泳姿不同，它没有固定的身体位置。在游进中躯干各部分和头不断改变彼此间的相对位置。头和躯干有时露出水面，有时潜入水中，形成波浪形式上下起伏的变化位置。

蝶泳在游进中，是以横轴（腰际）为中心，躯干和腿做有节奏的摆动，发力点在腰腹部。然后以大腿带动小腿，两腿一起做上下的鞭状打水动作。而这些动作与头和臂部的动作紧密联系在一起，形成蝶泳所特有的波浪动作，因此前进时身体的阻力较小。蝶泳技术是仅仅比爬泳技术慢的泳姿。

三、游泳比赛规则简介

(一)出　发

1.出发的规定

（1）自由泳、蛙泳、蝶泳、个人混合泳及自由泳接力的比赛必须从出发台出发。当执行总裁判发出长哨声信号后，运动员应站到出发台上，当发令员发出“各就位”的口令后，运动员应立即做好出发准备姿势，即至少有一只脚位于出发台的前端，手臂位置不限。当所有运动员都处于静止状态时，发令员发出“出发信号”。

（2）仰泳比赛、混合泳接力比赛的第1棒，必须从水中出发。当执行总裁判发出第1声长哨声信号后，运动员应立即下水；当执行总裁判发出第2声长哨声信号后，运动员应迅速游回池端；当所有运动员都做好出发准备时，发令员发出“各就位”口令；当所有运动员都处于静止状态时，发令员发出“出发信号”。

2.出发犯规的判罚规定

（1）任何运动员在“出发信号”发出之前出发，应判犯规。如果“出发信号”发出后发现运动员抢跳，应继续比赛，在该组比赛结束后取消抢跳运动员的录取资格；如果在“出发信号”发出前发现运动员抢跳，则不再发“出发信号”，待取消抢跳运动员比赛资格后，执行总裁判再以长哨声（仰泳为第2声长哨）开始重新组织其余运动员出发。

（2）因裁判员的失误或器材失灵而导致运动员抢跳时，发令员应将运动员召回重新组织出发，不视为抢跳犯规。

（二）计　时

1.自动计时

（1）自动计时装置必须在指定裁判员的监督下进行操作。由自动计时装置记录的成绩应当用于确定名次和各泳道的成绩。如果自动计时装置发生故障或运动员未能触停该装置，则半自动计时或人工计时的成绩将作为正式成绩。

（2）使用自动计时装置时，成绩记录到百分之一秒。当可以精确到千分之一秒时，不记录千分位数，也不以千分位数来确定成绩和名次。比赛中成绩相同的所有运动员（接力队）其名次相同。电子公告板上只应显示到百分之一秒的成绩。

（3）某组比赛中，当自动计时装置未能记录到1名或多名运动员的成绩和（或）名次时，应：①记录所有可获得的自动计时和半自动计时装置成绩和名次。②记录所有人工计时成绩和名次。③正式名次按下述方法确定：同一组中，对具有自动计时装置成绩和名次的运动员进行比较，应保持其相对顺序；不具有自动计时装置名次但具有自动计时装置成绩的运动员，须用其自动计时装置成绩与其他运动员的自动计时装置成绩进行比较，确定其相对顺序；既没有自动计时装置名次又没有自动计时装置成绩的运动员，应采用其半自动计时装置成绩或3块数字式计时表计取的成绩来确定其相对顺序。④正式成绩按下述方法确定：具有自动计时装置成绩的所有运动员，其自动计时装置成绩即为正式成绩；无自动计时装置成绩的所有运动员，其半自动计时装置成绩或3块数字式计时表计取的成绩即为正式成绩。

2.人工计时

（1）每条泳道采用3块计时表计时而未设置终点裁判时，运动员的正式成绩是录取名次的根本依据。

（2）任何由1名裁判员操作的计时装置均应视为1块计时表。

（3）建议每条泳道指派3名计时员，所使用的计时表必须精确至百分之一秒。

（4）人工计时的正式成绩按下述方法确定：①在3块计时表中，有两块计时表计取的成绩相同时，该成绩即为正式成绩；②如果3块计时表计取的成绩都不相同，应以中间的成绩为正式成绩；③如果3块计时表中只有两块正常运行，应以平均成绩为正式成绩。

（5）当计时成绩和终点名次顺序不一致时（如第2名的成绩反比第1名的成绩好），应以执行总裁判的判定为准：若执行总裁判判定以终点名次为准，应将第1名与第2名的正式成绩相加后平均，作为第1名和第2名的正式成绩（平均成绩取至百分位秒数）；若执行总裁判判定以计时成绩为准，应以计时成绩顺序重新排列名次。若出现两名以上终点名次和计时成绩顺序不一致时，仍按此办法处理。

（三）比赛规定

（1）比赛中，不得将不同项目的运动员（接力队）混合编组。除男女混合接力项目外，不得将不同性别的运动员（接力队）混合编组。

（2）运动员应游完全程才能获得录取资格。

（3）运动员应始终在其出发的同一泳道内比赛和抵达终点。

（4）在所有项目中，运动员转身时必须按各泳式的规定触及池壁，不允许在池底跨越或行走。

第十章　体育保健与康复教学俱乐部

第一节　体育保健与康复概述

◎ 学习目标

掌握体育保健与康复的基本概念。

体育保健与康复是一种科学的健身方式，在我国古代就已有采用传统的保健康复方法进行治疗和预防疾病的记载。现代体育保健与康复将传统医学和现代医学的理论相结合，体系更加完善。

一、体育保健康复初论

体育保健是体育学科之一，是研究人体在体育运动过程中保健规律与措施的一门新兴的应用科学。它是利用体育活动进行机体功能练习，并在体育运动与医疗保健相结合的过程中，达到预防疾病、保持身体健康的一门边缘交叉学科。体育保健的主要研究内容包括体育卫生、保健按摩、医务监督、运动损伤防治及体育疗法等，其主要任务是运用相关的运动人体科学理论、医学保健学及康复学等有关临床医学的知识和技能，对体育运动的参与者进行医务监督和指导，达到增强体质、促进健康、防治损伤和提高运动水平等功效。

体育康复是康复医学的组成部分，指用体育的各种方法、手段对人体丧失功能的肢体进行康复，以最大可能地使其得到恢复和重建。体育康复的重要任务是功能的恢复与改善，更注重从功能上痊愈。体育康复对恢复和改善患者的患部和全身机能有很大的潜力和作用。体育康复实践要从患者的实际出发，采取积极、主动的体育手段和方法，使得许多患者能够通过自身的努力达到较好的治疗效果和增强体质的目的。

针对学校体育而言，体育保健康复活动不同于体育运动。体育运动是健康人为了增强体质和提高运动技能所从事的体育锻炼。学校的体育保健康复是根据特殊人群的身心特点，通过运用体育保健和体育康复等理论知识和技能，引导他们在日常生活和运动过程中自主、积极、科学地锻炼身体，掌握自我保健与康复的措施和手段，促进身体机能的恢复，增强个人体质。

二、学校体育保健与康复的对象与分类

（一）学校体育保健与康复对象

学校体育保健与康复的对象是大学生中由于个人生理条件及疾病等导致的某些身体机能存在障碍和高就医风险，但是能够正常完成学业及生活学习能够自理的学生（《普通高等学校招生体检工作指导意见》中明确规定的不能入学的疾病除外），因此需要在生活、学习、体育运动方面进行特别关注的普通高等学校的在校大学生，他们需要进行体育保健与康复，进行特定的指导和相关的体育疗法。

（二）学校体育保健与康复人群的分类

学校体育保健与康复的人群一般可分为如下三类。

（1）个人生理或一般性常见疾病或慢性病而引起的某些机能或能力轻度受限，以致不能按正常的方式进行体育活动的人群，此类人群可以通过正确的医疗或保健达到康复或减轻疼痛的目的。

（2）意外、疾病所导致的肢体残缺、畸形、麻痹等，使身体残缺或畸形，但不影响正常学业者。此类人群有较重的参与障碍或身体是不可恢复的，但可以通过体育运动预防废用性疾病的发生，增强心脏功能及保持良好的心理状态，以便更好地融入到校园生活。

（3）有明显的心理疾病的人群，包括神经官能症、抑郁症、自闭症、焦虑症、癔症和适应不良等的轻中度患者。

学校体育保健与康复就是针对高等学校中部分身体异常、病、弱、残等特殊群体的学生开设的以康复和保健为主的体育课程。课程主要是结合这一特殊人群的身体和心理特点，安排适当的体育保健康复活动，广泛开展形式多样的体育活动和竞赛，使他们掌握正确的体育保健和康复手段，帮助他们尽快改善个人的体质状况，提高健康水平，恢复机体功能，从而使其回归学校、回归社会。

第二节　学校体育保健与康复的实施办法

◎ 学习目标

掌握学校体育保健与康复的实施办法与手段。

一、课程组织模式

学校体育保健与康复课是为在校大学生中的特殊群体开设的体育课。因为这一群体人数较少，组织比较容易，所以常用的组织模式有运动处方教学模式、保健与康复理论教育。

（1）特殊人群的运动处方教学模式是指以增强学生体质、促进机体功能的改善或恢复、促进其身心健康发展为目的，以“运动处方”作为基本的教学程序，将其贯穿到从健康评定到制订运动处方进行授课再到进行课外体育活动等教学工作的每一个环节，从而解决这些学生体质和心理健康相关问题的教学模式。

（2）保健康复的理论教育是指由专业的老师定期讲授健康知识，指导他们科学进行锻炼，使其更好、更快地改善和恢复健康状况。

二、学校保健与康复课的内容

学校保健与康复课的主要内容包括锻炼强度、运动方式、运动时间和运动频率等。

（1）锻炼强度：在实施中要格外谨慎，锻炼强度的制订一定要因人而异，最适宜的运动强度以个人感觉能够承受的最低限运动强度，甚至还要在此基础上有所降低为宜。

（2）运动方式：以有氧运动为主，如健身气功、医疗步行、医疗慢跑和上下台阶等相对缓和的运动，同时可以适当结合一定的身体素质训练，尤其是针对运动器官功能受限或受损的学生，防止肌肉萎缩，帮助恢复肌肉力量。

（3）运动时间：运动时间以每次30分钟为宜，运动过程中进行自我监督，如有不适应立即停止运动。

（4）运动频率：每周3次为宜，自主锻炼需要按照体育老师的要求进行锻炼，以防发生危险。

学校体育保健与康复课的评价程序是健康评定（包括一般检查、运动测验和临床检查）、体育课教学、二次评定反馈、修改体育教学内容，以不断增强学生体质为目的。

三、不同人群的保健与康复特点及注意事项

（一）不同人群的保健特点

（1）第一类人群：此类人群具有一定的全身活动能力，机体功能轻度受损，运动负荷需要科学安排，最好结合医生的建议来安排，通过运动提高身体机能的整体健康水平，使身体素质得到发展，同时还要定期去医院进行临床检查。

（2）第二类人群：此类人群永久或暂时丧失身体某一部位的肢体运动能力，健全部位的运动负荷可达到正常水平，在提高整体身体素质的基础上，有针对性地促进受伤或残疾部位的功能恢复以达到正常的功能水平。这类人群的康复方法最有效的就是康复并结合理疗等。

（3）第三类人群：此类人群的运动负荷可灵活多变，根据学生的情绪状态来设定，应以心理疏导为主，同时还要结合不同学生的特点有针对性地安排活动内容，如集体性活动、团队协作性的活动。

（二）注意事项

（1）运动过程中一定要注意心率的变化，若在运动过程中出现不适反应应立即停止。

（2）定期进行临床医学检查。

（3）实施中加强医务监督、自我监督和互相监督。

四、体育保健与康复的特点和作用

（一）体育保健与康复的特点

（1）随意性：不受年龄、时间和地点等条件的限制。

（2）效果好、起效快：保健效果明显，疗效确切且迅速。

（3）安全、简便、自然，无副作用：主要是采用机械治疗、物理治疗和体育锻炼等手段和方法，其副作用小，安全可靠。

（二）体育保健与康复的作用

1. 强身健体

传统医学认为当人体脏腑功能低下或高亢时，或者人体、病邪内生或外邪乘虚而入，均可以使人体脏腑组织、经络官窍功能紊乱，发生疾病。因此疾病的发生最主要还是取决于人体抵抗病邪、维持健康的能力。传统体育保健就是通过一些保健康复手段提高人体抵抗病邪的能力，以达到增进健康的作用。

2. 调节精神、改善机能

传统体育保健通过“松”和“静”调节精神，提高人体机能和抗病能力。中国传统医学强调锻炼时要做到“恬淡虚无”，即排除杂念，专一放松。这不仅可以使肌肉放松，还可以使进入大脑皮质的冲动减少，使人体处于一种“松弛反应状态”，达到改善生理功能的效果。传统体育保健可以使人感到心情舒畅、消除消极情绪、脱离病态心理，对中枢神经系统、呼吸系统、消化系统和心血管都有明显的改善作用。

3. 疏通经络、调和气血

“经脉者，所以能决生死，处百病，调虚实，不可不通”，“通则不痛，痛则不通”，传统医学认为疾病是由于经络阻滞而导致的。传统体育保健运用各种运动手段和方法可以松弛紧张的肌肉，达到舒筋通络的目的。同时，体育保健康复能加强脾胃运化功能，促进人体气血的生成，改善血液循环，使人体气血充盈。

第三节　体育养生功法

◎ 学习目标

了解五禽戏、八段锦、易筋经的基本动作。

体育养生方法是先人们预防疾病、抗老抗衰、延年益寿的经验总结，其形式多样，内容丰富，既有自成套路的系统健身法，又有形式多样的民间自成风格的健身法。它们有着共同的特点，即要求做到意、气、身融为一体，形意相随，意气相依，动静结合。下面介绍一下常用的养生方法——五禽戏。

一、五禽戏概述

五禽戏

五禽戏是模仿虎、鹿、熊、猿、鸟五种禽兽的动作创编而成的健身术，由东汉华佗在“流水不腐，户枢不蠹”的思想指导下创编而成。五禽戏是古代导引术之一，它要求意守、调息和动作协调配合。

从现有资料来看，南北朝时的名医陶弘景所著的《养性延命录》最早用文字描述了五禽戏的具体动作。明代罗洪仙《万寿仙书》收辑的史书中均较详细地描述了五禽戏的练习方法。五禽戏发展至今，形成了不同的流派，但是总的来说，都是根据“五禽”的动作，以活动筋骨、疏通经络、防病养生、修身延年为目的。

二、五禽戏功效

根据中医的脏腑学说，五禽配五脏。虎戏主肝，能疏肝理气，舒筋活络；鹿戏主肾，能益气补肾，壮腰健胃；熊戏主脾，充实两肢；猿戏主心，能养心补脑，开窍益智；鸟戏主肺，能补肺宽胸，调畅气机。但是，人体是一个有机整体，五脏相辅相成，五禽戏中任何一戏的演练，既主治一脏的疾患，又兼顾其他各脏，因此能达到防病强身、延年益寿的作用。

三、五禽戏规定动作

五禽戏动作要领

（一）基本手型

虎爪：五指张开，虎口撑圆，第一、二指关节弯曲内扣。（图10–3–1）

鹿角：拇指伸直外张，食指、小指伸直，中指、无名指弯曲内扣。（图10–3–2）

熊掌：拇指压在食指端上，其余四指并拢弯曲，虎口撑圆。（图10–3–3）

猿钩：五指指腹捏拢，屈腕。（图10–3–4）

鸟翅：五指伸直，拇指、食指、小指向上翘起，无名指、中指并拢向下。（图10–3–5）

握固：拇指抵无名指根节内侧，其余四指屈拢收于掌心。

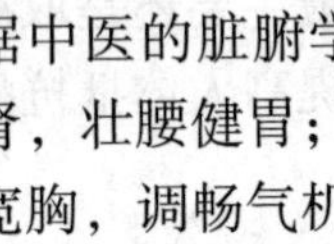
图 10–3–1

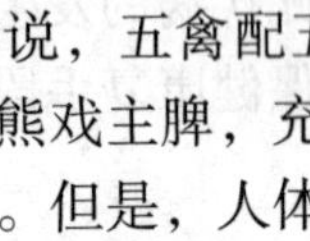
图 10–3–2

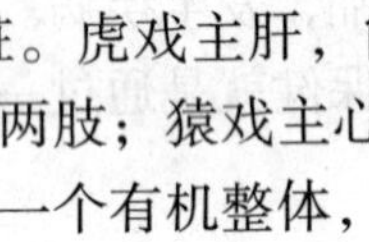
图 10–3–3

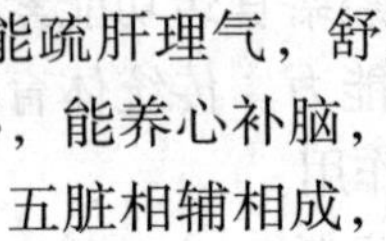
图 10–3–4

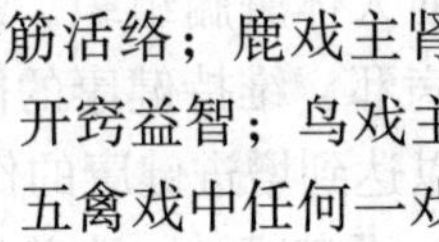
图 10–3–5

（二）基本步型

1. 弓　步

两脚前后分开一大步，横向之间保持一定宽度，右（左）腿屈膝前弓，大腿斜向地面，膝与脚尖上下相对，脚尖微内扣；左（右）腿自然伸直，脚跟地，脚尖稍内扣，全脚掌着地。

2. 虚　步

右（左）脚向前迈出。脚跟着地，脚尖上翘，膝微屈；左（右）腿屈膝下蹲，全脚掌着地，脚尖斜向前方，臀部与脚跟上下相对。身体重心落在左（右）腿。

3. 丁　步

两脚左右分开，间距10～20厘米，两腿屈膝下蹲，左（右）脚脚跟提起，脚尖着地，虚点地面，置于右（左）脚脚弓处，右（左）腿全脚掌着地踏实。

4. 平　衡

提膝平衡：左（右）腿直立站稳，上体正直；右（左）腿在体前屈膝上提，小腿自然下垂，脚尖向下。

后举腿平衡：右（左）腿蹬直站稳，左（右）腿伸直，向体后举起，脚面绷直，脚尖向下。

（三）动作图解

1. 虎　戏

练虎戏最重要的是要有虎威：神发于目，威生于爪，神威并重，啸声惊人。要有动如雷霆无阻挡、静如泰山不可摇的气势。既要做到刚劲有力，又要做到刚中有柔，达到动静相兼、刚柔并济。

（1）虎窥。

两脚并拢直立，两手垂于体侧；眼平视前方。呼吸自然。（图10–3–6）

身体重心移向右腿，左腿向上抬起，左大腿与地面平行；同时两手成虎爪状沿体侧上举至胸前，掌心向下。配合吸气。

左脚向前跨出一大步，成左弓步；同时两手由上下落至左膝两侧，稍比肩宽，掌心向下；两眼向前方平视，眼神威猛。配合呼气。（图10–3–7）

身体向右后转动，以腰带肩，同时两手随转体向右后划弧摆动。配合吸气（图10–3–8）。再向左转体，以腰带臂，两手向体前划弧，身体转正；眼随手动。配合呼气。

右脚向右前方迈步，做右式，动作同图10–3–7、图10–3–8，只是左右相反。

学练要点：要表现出虎的威猛。提膝要高，落步轻灵，两掌下按时意贯虎爪，力达指尖。上体竖直，颈随体转，目光炯炯，虎视眈眈，似出洞猛虎寻食。

（2）虎扑。

接上动。以右脚为轴，向左转体90°，左脚收至右脚内侧，成左丁步；两膝微屈，两手随转体摆至两脚前，稍比肩宽，掌心向下。（图10–3–9）

上体抬起后仰，两腿由屈变伸，两膝微屈；两手沿体侧向上收至胸前侧，掌心向下。配合吸气。（图10–3–10）

左脚快速向左前方跨出一大步，成左弓步；同时两手向前下猛扑至左膝下两侧，掌心向下；眼视前下方，配合快速呼气，发出“吼”声。（图10–3–11）

以左脚为轴，向右转体90°，右脚收到左脚内侧，做右式，动作同图10–3–9～图10–3–11，只是左右相反。

图 10–3–6

图 10–3–7

图 10–3–8

图 10–3–9

图 10–3–10

图 10–3–11

学练要点：练虎扑时应轻灵敏捷，先柔后刚。前扑时发声吐气，以声催力，力达指尖。

虎戏作用：练虎扑时，配以“吼”字诀，“气自丹田吐”，能开张肺气，强腰固肾，并能使周身肌肉、筋腱、骨骼强壮。虎戏的各种步法变换，可增强关节的灵活性，对防治老年性慢性支气管炎、神经衰弱、腰背痛、关节酸痛、颈椎综合征等病有一定疗效。

2. 鹿 戏

练习鹿戏时要舒松自然，动作轻捷奔放，不能有丝毫的勉强和拘束。精神要安闲雅静，意想在山坡、草原，群鹿行游，自己身为其中一员随群进行各种活动。

（1）鹿兴。

右腿提膝直立，左腿屈膝提起，小腿自然下垂，成右独立式；同时两掌变鹿指，由体侧上举过头，两臂伸直，掌心朝前。配合吸气。（图10–3–12）

左脚向前迈出，挺膝踏实，右脚尖点地；两臂屈肘，大拇指架于头顶两侧，成鹿角状；眼向后看。配合呼气。（图10–3–13）

右脚屈膝上提，成左独立式，做右式，动作同图10–3–12、图10–3–13，只是左右相反。

学练要点：独立要稳，脚趾屈勾抓地。两臂上举，神态舒展昂扬。落步回头眺望，躯干和后面腿成一斜线，颈部尽量后拧。

（2）鹿盘。

接上动。上体直立，转体向左，同时左脚由后向前上步至右脚前，前脚掌着地，成左高虚步；两手臂由头侧下落，左臂屈肘，上臂靠近身体左侧，前臂约与地面平行，掌心向上，右手举至头顶右上方，两手掌心斜相对；眼视左手。（图10–3–14）

左脚稍回收，再向前迈一步，脚尖稍外展踏实，屈膝，右脚向前经左脚内侧，摩擦地面而过，脚尖略扣，如此连续沿一圆圈共走八步（即八卦步）；眼始终注视圆心。（图10–3–15）

走完八卦步，以两脚为轴，身体左转约270° 之后屈膝下蹲，成左歇步；两手中指和眼神始终对准圆心。（图10–3–16）

身体直立，同时向右转体约270° ，成右高虚步，做右式，动作同图10–3–14～图10–3–16，只是左右相反。

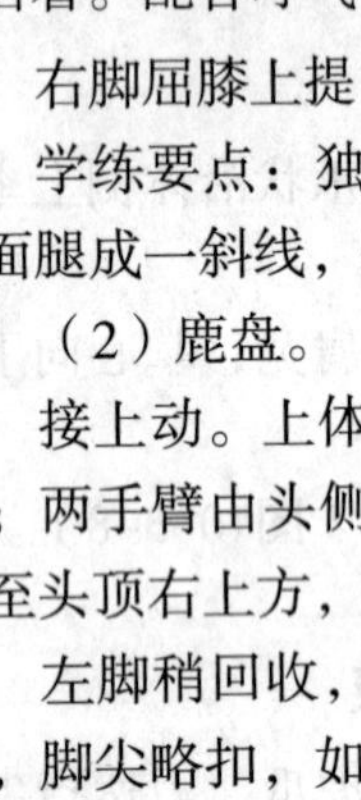

图 10–3–12

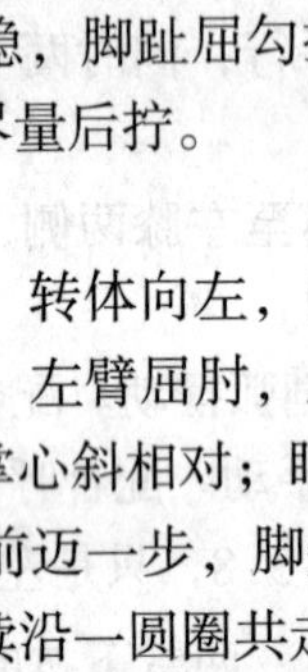

图 10–3–13

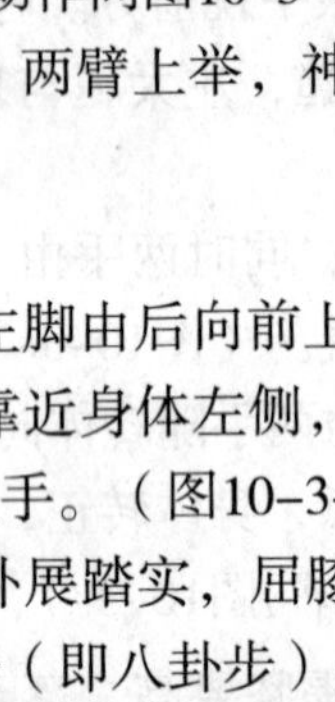

图 10–3–14

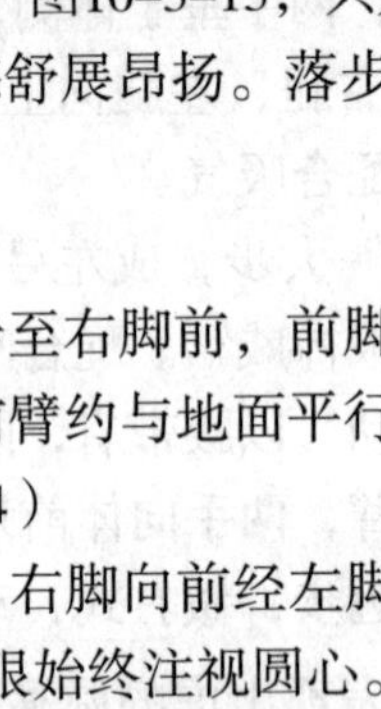

图 10–3–15

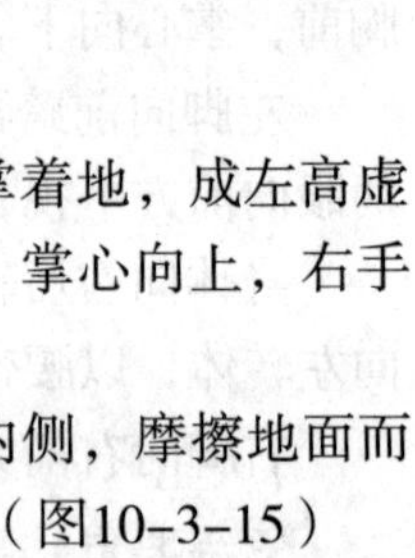

图 10–3–16

学练要点：八卦步要匀速走在圆弧上，走转时两膝适度弯曲，身体下坐，使力量贯注于两腿，脚尖扣摆转换，如蹚泥状，全脚掌平落地面，五趾抓地。眼视圆心，心舒体松，神情怡然，自然呼吸。

鹿戏作用：鹿戏善运尾闾，有助于打通任、督二脉，有强筋骨、固腰肾的作用，对腰背痛、腰肌劳损、阳痿、月经不调、痛经等病症疗效较好。鹿兴、鹿盘使身体各关节活利，肌肉得到充分锻炼和牵拉，使肌肉力量增强。鹿盘使脊柱充分拧转，可增进脊柱的灵活性和稳定性，有延缓衰老和防治脊柱畸形的作用。

3. 熊 戏

练习熊戏要表现出熊的浑厚、沉稳、性情刚直、勇敢和不怕困难的意志。练习熊戏时外观上笨重拖沓，实际内含无穷气力，有沉稳中又有轻灵敏捷。同时，练习熊戏时要松静自然、气沉丹田。

（1）熊行。

左脚向前迈一步，成左弓步；上体稍向前倾，含胸拔背，同时拧腰向右，左肩前靠内旋，松肩、松肘、松髋，由腰带动向前下摆动至左膝前，右臂稍向前摆动，之后再后摆至右髋后侧，两手成熊掌状。配合呼气。（图10-3-17）

身体转正，重心后移，拧腰晃膀，带动两臂前后摆动。配合吸气。（图10-3-18）

身体重心前移，成左弓步；左臂摆至体前，右臂摆至右后侧。配合呼气。（图10-3-19）

右脚经左脚内侧向右前方迈一大步，成右弓步，做右式，动作同图10-3-17～图10-3-19，只是左右相反。

学练要点：上步轻灵，落步稳重。重心前后移动，连贯均匀；两臂顺势前后摆动，如风吹杨柳；前靠时须用内劲。

（2）熊攀。

接上动。左脚向前上步，相距同肩宽，成开立步；同时两掌收至体侧，再经体前上举至头上方，掌心向前，成握物状；抬头，眼向上看。配合缓缓吸气。（图10-3-20）

两臂屈肘，两手慢慢下拉至肩前；同时，身体上引，脚跟慢慢提起。（图10-3-21）

脚跟慢慢落地，上体前屈同时俯身；两手变掌落至两脚前。配合缓缓呼气。（图10-3-22）

上体徐徐抬起，同时两手成熊掌状经两腿前，再上提至腹前。配合吸气。之后两拳变掌，下落至体侧，配合呼气。

图 10-3-17

图 10-3-18

图 10-3-19

图 10-3-20

图 10-3-21

图 10-3-22

学练要点：两手上攀时，身体尽量伸展；两手下落时，身体尽量前屈，两腿不能弯曲。

熊戏作用：练习熊戏有改善脾胃的运化功能、营养脏腑和增强肌力的作用。熊戏中用腰带动身体的晃动，使全身都得到运动，促进血液循环，活跃全身生理机能，有滑利脊柱与髋关节、增强腰腹肌力量、调理脾胃的功效。熊戏中，下肢动作在各种步法变换之中，可以对髋、膝、踝三个主要关节起着活利的作用，有利于疏通经络，改善腿部血液循环，强壮筋骨。

4. 猿 戏

猿生性好动，机智灵敏，善于纵跳，攀枝蹬树，躲躲闪闪，永不疲倦。这是由于猿性极静而动的特点所致。练习猿戏，外练肢体运动的轻灵敏捷，内练其精神的宁静，方能收到“动静兼修”的境界。

（1）猿采。

左脚向左前方跳一小步，右脚快速跟至左脚内侧，成右丁步；同时左手成猿勾状收至左腰侧，勾尖向后，右手经体前弧形上举至额前，掌心向下，指尖向下；眼注视右前方，眼神机敏。（图10–3–23）

右脚向右前方跨一步，踏实，上体前倾，左腿向后平举过腰，脚掌心向上；同时，左勾手向右前方平伸屈腕，摆至头前成摘采式，右手由额前向下划弧至身体右后侧，掌变勾手，勾尖向上。（图10–3–24）

右脚蹬地，左脚下落向左后方跳回，右脚收至左脚内侧，成右丁步；同时左臂屈肘，手收至左耳旁，掌心向上，成托桃状，右臂屈肘，手掌捧托在左肘下。（图10–3–25）

左脚蹬地，右脚向右前方跨一步，左脚快速跟至右脚内侧，成左丁步，做右式，动作同图10–3–23～图10–3–25，只是左右相反。

学练要点：摘采之前，眼睛先要注视前上方，好似发现树上有桃，摘采收回要快速敏捷。身体前倾摘采，要保持平衡。自然呼吸。

（2）猿摩。

接上动。左脚向左前方跳一步，右脚跟至左脚内侧成右丁步，上体稍前倾；同时两手向两侧划弧，收至背后，掌心向外，之后沿腰背部做上下按摩数次（图10–3–26）；同时做左右转颈、眨眼、叩齿动作。

右脚向右前方跳一步，左脚跟至右脚内侧，成左丁步；同时两手由背后向前划弧再收至背后，同时做左右转项、眨眼、叩齿动作。动作同图10–3–26，只是左右相反。

身体直立，两脚并拢，两臂自然下垂，成站立姿势。

学练要点：两手上下摩擦腰脊两侧，以肾俞穴为主，摩擦幅度要大，摩背、叩齿眨眼、窥视要同时进行。自然呼吸。

图 10–3–23

图 10–3–24

图 10–3–25

图 10–3–26

猿戏作用：久练猿戏能健神，增强肢体的灵活性，进而达到体健身轻和延缓衰老的作用。猿戏的攀登跳跃可增强腿部的肌肉力量及各关节的灵活性和柔韧性。猿戏中的平衡动作能增强人的平衡能力。

5. 鸟　戏

鹤是鸟类的代表。鸟戏要表现出鹤的昂然挺拔、亭亭玉立、轻盈安详、悠然自得的神韵。“熊经鸟伸，为寿而已矣”。“鸟伸”在这里指的是练鸟戏时要舒缓伸展，用鹤的形象练功，取其轻灵敏捷。

（1）鸟伸。

左脚向前一步，身体重心前移，右脚跟抬起，脚尖点地；同时右手由体前向上撑起，左手下按，两手成鸟翅状；眼平视前方。配以吸气。（图10–3–27）

两臂同时向前立抡一周，上体前俯，两腿屈膝，再右手下落摸左脚尖，左手后抬；眼视右手。配以呼气。（图10-3-28）

左腿挺膝蹬直，右腿伸直向后抬起，脚掌向上，抬头、挺胸、塌腰；两臂伸直后摆，掌心向上，成燕式平衡；眼视正前方。自然呼吸。（图10-3-29）

右脚落下，上步踏实，左脚跟抬起，左手上撑，右手下按，做右式，动作同图10-3-27～图10-3-29，只是左右相反。

学练要点：两臂上撑后推，拔长两肩。向前立抡要大，两臂协调进行。平衡要稳，保持数秒。

（2）鸟翔。

接上动。左腿下落，收至右脚内侧，脚尖点地，两腿稍屈；同时两手由体侧下落，左手在外；眼视两手。配合呼气。（图10-3-30）

右腿伸直，左腿提起，大腿与地面平行，小腿自然下垂；同时两臂在体侧向上平举；眼视前方。配合吸气。（图10-3-31）

左脚下落踏实，右脚跟抬起，脚尖点地；同时两手下落至体前交叉，右手在外；眼视两手。配合呼气。（图10-3-32）

图 10-3-27

图 10-3-28

图 10-3-29

图 10-3-30

图 10-3-31

图 10-3-32

左腿伸直，右腿向上提起；两臂在体侧向上平举；眼视前方。配合吸气。（图10-3-33）

右脚下落踏实，左脚跟抬起，脚尖点地；同时两手下落回收至体前交叉，左手在外；眼视两手。配合呼气。（图10-3-34）

右腿伸直，左腿向上提起；同时两手交叉，由体前举至头的前上方，右手在外。配合吸气。（图10-3-35）

左脚下落踏实，右脚跟抬起，脚尖点地；同时两手由上向体侧弧形下落，至体前交叉，右手在外；眼视两手。配合呼气。（图10-3-36）

左腿伸直，右腿向上提起；同时两手交叉由体前举至头的前上方，左手在外。配合深长吸气。（图10-3-37）

右脚落于左脚内侧踏实，屈膝深蹲，上体前俯；同时两手弧形下落触摸脚外。配合深长呼气。（图10-3-38）

身体直立，两臂摆动，幅度要大，轻松自如，开合升降与呼吸紧密配合。手脚变化协调一致，同起同落。

图 10-3-33

图 10-3-34

图 10-3-35

图 10-3-36

图 10-3-37

图 10-3-38

鸟戏作用：鸟戏中的伸展运动可以加强呼吸的深度，使肺的功能得到充分发挥，也可以使胃肠、心脏等内脏器官功能加强，从而改善人体全身的生理机能；鸟戏中的步法变换较多，能起到活跃关节、增强肌力的作用。

八段锦

易筋经

体育俱乐部兴趣拓展篇

第十一章 户外与休闲运动

第一节 台 球

◎ **学习目标**

了解台球的起源与发展；掌握台球的基本技术。

一、台球概述

台球运动至今已有五六百年的历史，起源于西欧。

世界上第一张台球桌出现在1400年，当时球桌上没有袋，只有拱门或门柱。在台球桌出现以前，人们是在户外的地上玩一种被称为滚球的游戏。后来这种游戏被人移到室内的台桌上，于是滚球游戏变成了室内的桌上游戏。不久桌面上被人们开了几个洞，于是这种室内桌上游戏的趣味性大增。在英国的维多利亚女王时代，台球作为一项正式的娱乐项目，进入了英国上流社会。1510年，法国也开始了台球的娱乐活动，并深受法国人喜爱。

在20世纪初，台球游戏开始逐渐变成了竞技运动项目。其标志之一，就是在世界不同国家和地区相继成立了台球竞赛管理的机构。比如，1919年，英国成立了该国最高台球组织机构——英国台球联合会。1940年，世界台球联盟成立，它负责国际性台球比赛活动，总部设在比利时的布鲁塞尔，行政中心在西班牙的巴塞罗那。1948年，美国成立了美国台球协会，机构设在芝加哥。这些机构的成立，促进了台球竞技运动的开展。20世纪80年代以来，台球在我国日益普及。

台球分为落袋台球（比例式）、22彩球（斯诺克）和4球（撞击式即开伦式）三种。打法以英国的大球台和日本的小球台最为著名和标准。在球技上也形成了“英国式”和“日本型”的各自打法，是融体力与智力、轻与重、刚与柔为一身的一项室内体育运动。

二、台球基本技术

（一）握杆和身体姿势

1. 球杆重心

拿到球杆时，你首先要了解球杆的重心位置，然后由重心点向杆尾处移动约40厘米，在这段距离内握住球杆是比较合适的。

当然，根据主球离库边的远近，需要不同力度出杆等情况，握杆的位置可以偏前或偏后。例如：主球贴库时，要握接近杆的重心位置；主球较远时，可以握杆靠近尾部的位置；若需要大力击球时，握杆手亦可以往后握，以加大握杆和出杆的距离，便于发力。

2. 握杆方法

握杆的方法正确与否直接影响到出杆的好坏。正确的握法是：拇指和食指在虎口处用力轻握球杆，其余3个手指要虚握。这样握杆的优点在于保证手指、手腕和整个手臂适度放松，便于肌肉能更协调地工作；另外，手指、手腕和整个手臂的适度放松，有利于手指、手腕和整个手臂在运杆时的流畅，充分地感觉出杆触击球的一刹那杆头与球的撞击效果，给手指、手腕以及手臂肌肉本体感觉器更丰富的信号，便于正确学习掌握技术动作以及及时发现和纠正训练过程中出现的错误动作。握杆时手腕要自然下垂，既不要外翻，也不要内收。一个正确的手腕位置对于一位球手的成功十分重要，但这并不意味着所有优秀的台球选手握杆时手腕位置都一模一样。戴维斯和亨得利的手腕位置就各有不同，戴维斯的手腕要稍向外些，亨得利的手腕则是平直的。一般来讲，握杆时的手腕位置有差异，是由如下因素决定的：① 手腕和手臂在解剖结构上有所差异；② 个人长期养成的不同的用力习惯；③ 握杆的方法、肘部位置、肩部位置、身体姿势、站位有所差异。总之，在台球训练中，应当时刻注意“手腕位置要自然垂下，既不外翻，也不要内收”的基本要求，这个基本要求不是一个绝对值，而是一个有限定的范围。斯诺克选手要比美式台球选手更应重视这一要求。因为斯诺克台面大，袋口相对球而言比美式台球小，所以对准确性的要求更高。

3. 身体姿势

击球的方向是由站位和身体位置来决定的，保持正确的身体姿势有助于完成正确的击球动作。

（1）站立位置。

握好球杆后，面向球台，向用主球击打目标球的方向站立，球杆指向主球，握杆手置于体侧，同时对击打目标球的下球点和主球将要走的位置进行确定。

（2）脚的位置。

当身体位置确定后，握杆的手保持在体侧不动，左脚向左侧前方迈出一小步，与右脚距离大约与肩同宽。左腿稍微弯曲，右腿保持自然直立。

（3）上体姿势。

站好脚位置后，上体向右侧转并向下弯身，使肩部拉起，上体前倾，与台面接近，头微微抬起，下颌正中部位与手或球杆相贴，双眼顺球杆方向平视。

（4）面部位置。

尽量使球杆保持在额头中轴线上，双眼保持水平前视，使面部之中线与球杆和后臂处在一个较为垂直的平面上。

（二）球杆与杆架

1. 球　杆

球杆是台球击球时使用的工具，如图11–1–1所示。它由皮头、杆头、杆前部、中轮、杆后部、杆尾组成。一般长137～147厘米、重450～650克。选择球杆首先要考虑适用和不弯曲；长度以从脚量起，使杆垂直，杆头能到下颏附近为宜。杆头应平整，接口要牢，否则不利于瞄准击球。

2. 杆　架

杆架是击球时辅助用的工具。当本球位于球台上较远处，不便于用手架杆时，就需要用金属制的杆头杆架。杆架有高、中、低三种，如图11–1–2所示。

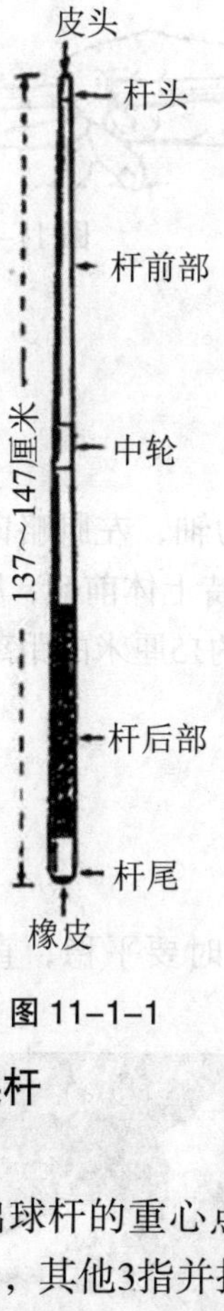

图 11–1–1

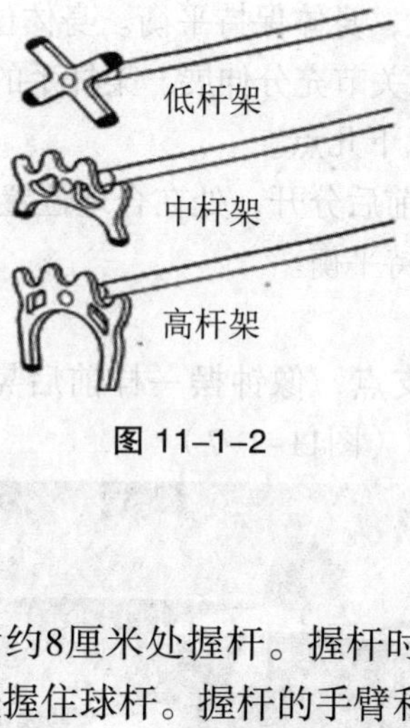

图 11–1–2

（三）握杆与架杆

1. 握杆方法

先用左手测试出球杆的重心点，然后在重心点后约8厘米处握杆。握杆时拇指和食指自然分开，虎口钳住杆身，其他3指并拢，自然弯曲，轻轻握住球杆。握杆的手臂和手指不要附加用力，握杆的上臂应离开身体的腋下。

球杆的正确握法如图11–1–3所示。

2. 架　杆

台球击球前，为了架稳球杆，在瞄准时用非持杆手做支撑，把球杆放在其上。目前流行的基本架杆方法是，掌心向下，先将4指伸开，使指肚按在台面上，手掌略成拱形，拇指翘起，靠紧食指跟部之间形成“V”形，然后将球杆架在“V”形槽内，击球时使球杆在槽内作直线滑动，如图11–1–4所示。

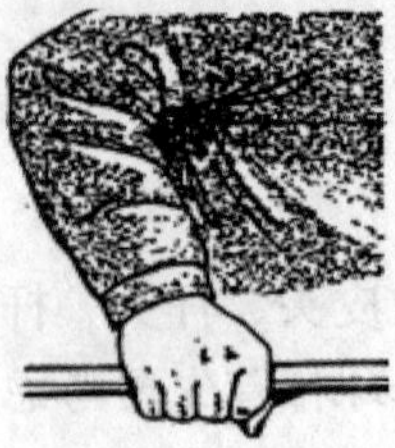

图 11–1–3

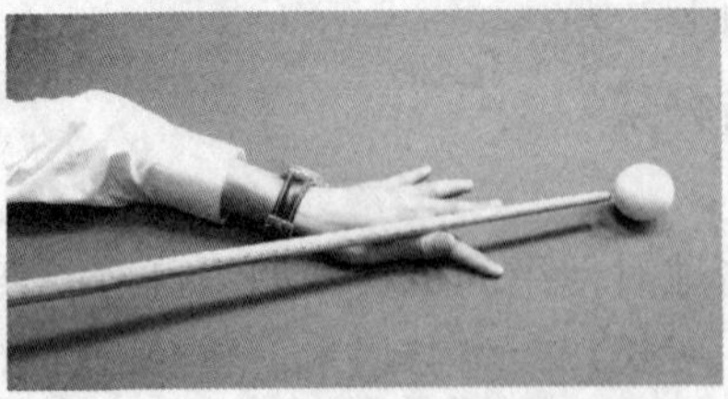

图 11–1–4

3. 环形架杆

左手手指张开，指尖略向内弯并置于台面上，小指、无名指和中指向内弯曲，使其起到支撑作用。拇指和食指扣成一个指环，将球杆穿过该指环，支撑好球杆，在杆与环的接缝处，不能留有晃动的余地，如图11–1–5所示。

环形架杆须注意以下几点。

（1）手指充分伸展。

（2）手指贴紧台面，手掌拱起。

（3）大拇指翘起成“V”形。

（4）前臂自然扶在桌面上。

（5）架杆前手距主球15～50厘米（根据个人身高与习惯）。

图 11–1–5

（四）站位与击球

1. 站位

正确站位有助于完成正确击球动作。右手握杆，以右脚为轴，左脚略向侧前方迈出一步，两脚分开不宜过大，身体保持平衡。身体位置与球杆的关系保持上体前倾，脸的中心保持在球杆上，架杆的手臂肘关节充分伸展。架杆手的位置应与本球保持约15厘米的距离。（图11–1–6）

站位须注意以下几点。

（1）两脚略前后分开，处在合理位置。

（2）身体保持平衡。

2. 击球动作

以肘部作为支点，像钟摆一样前后晃动，球杆向前移动时要平稳，直线前移，不宜上、下、左、右晃动。（图11–1–7）

图 11–1–6

图 11–1–7

（五）击球杆法

台球的击球杆法是指台球击球时，使球得分或落袋所使用的正确撞击方法。

1. 跟球杆法

用撞点为中上部的杆法击球。本球碰撞目标球后，目标球被撞走，本球随之向前行进。（图11-1-8）

图 11-1-8

2. 缩球杆法

用撞点为中下部的杆法击球。本球碰撞目标球后，目标球被撞走，本球随之向后行进。（图11-1-9）

3. 反弹球杆法

反弹球杆法是利用碰岸后反弹使球落袋。它是落袋台球比赛的基本技术之一。因为落袋台球要求打指定球的时候多，所以使用反弹球的机会也较多。反弹球运用了入射角与反射角的原理。（图11-1-10）

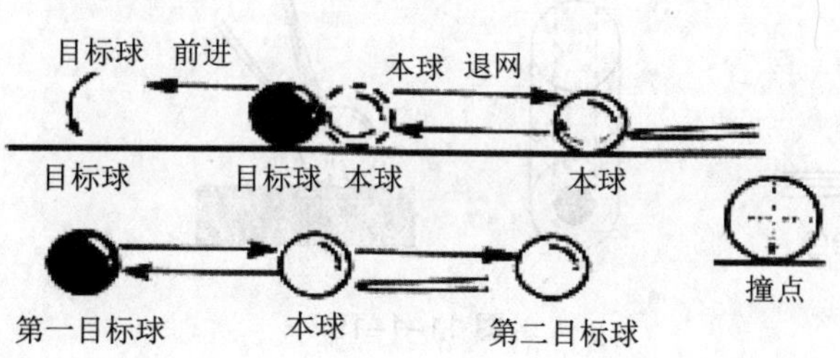

图 11-1-9

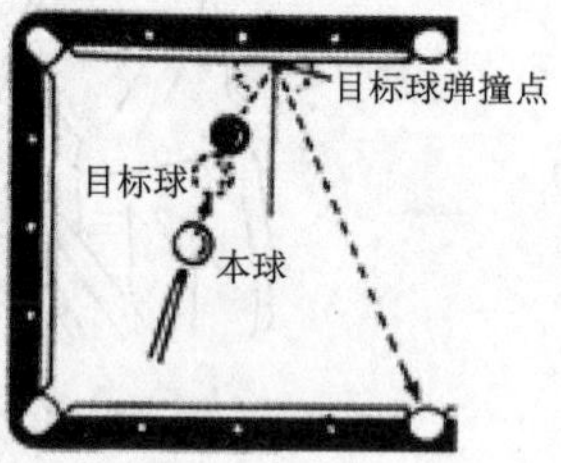

图 11-1-10

4. 薄球杆法

打薄球是比较难的技术，若打得不正确，碰撞得太厚，本球就不能沿着正确路线行进。瞄准方法是将本球与靠近目标球边缘连成线，以目标球侧面不到一个球的地方为瞄准点，然后对着本球撞击。这时可采用中下杆打法，这种杆法可避免乱出杆，防止碰撞目标球太厚。薄球杆法如图11-1-11所示。

5. 空岸球杆法

本球先碰岸一次，然后再碰撞目标球。它的基本原理是以岸边撞击本球的中心，使入射角等于反射角，如图11-1-12所示。

6. 贴岸球杆法

当球贴岸时，应离开球的半径瞄准，使本球在撞击目标球时也撞岸边，即可送球落袋，如图11-1-13所示。

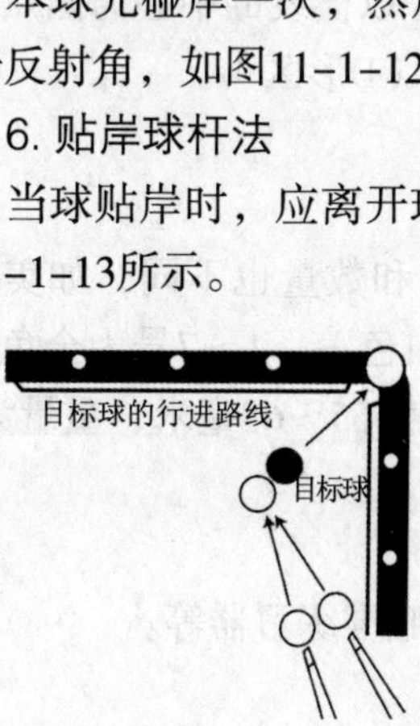

图 11-1-11

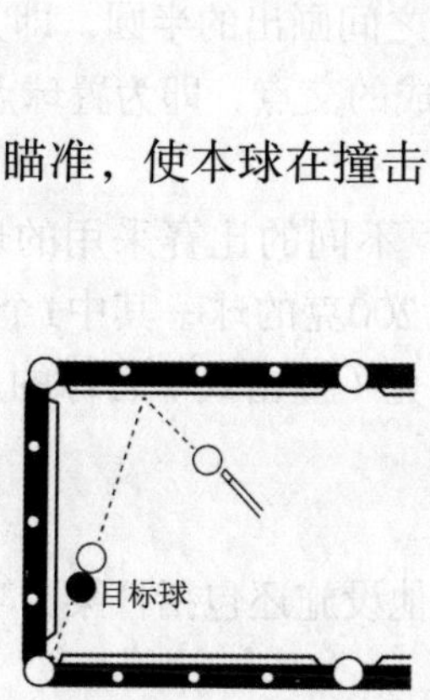

图 11-1-12

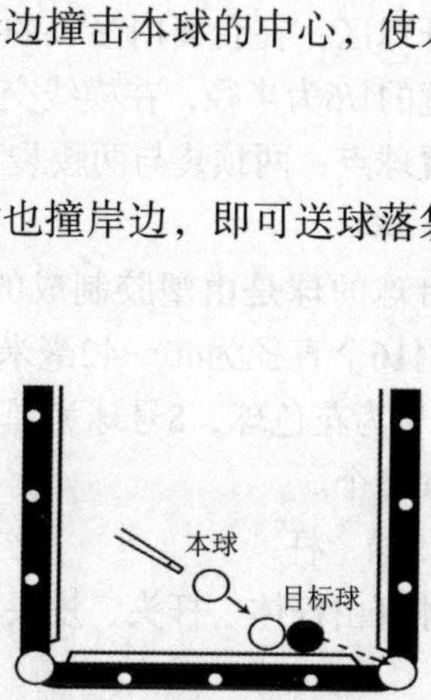

图 11-1-13

7. 综合撞击杆法

本球瞄准目标球撞击，被撞击的目标球又撞击另外的目标球，并使其落袋叫综合撞击。基本瞄准方法是将袋口前的球，与本球先碰撞的目标球，通过两球中心结连成的延长线，用本球碰撞即可落袋。

8. 札杆杆法

扎杆是使球杆立起来撞击本球的一种击法，属台球的一项高级技术。扎杆杆法的姿势如图11-1-14所示。

扎杆前先靠近球台，两脚稍微分开，上体略前倾，脸部比杆稍向前些，面颊内收，将球杆立起约70°，击球时从球的上方给球以逆旋的力，使本球沿着弧线运动的同时，还向前移动。扎杆的撞点范围应在球的6/10同心圆内撞击，如图11-1-15所示。

图 11-1-14

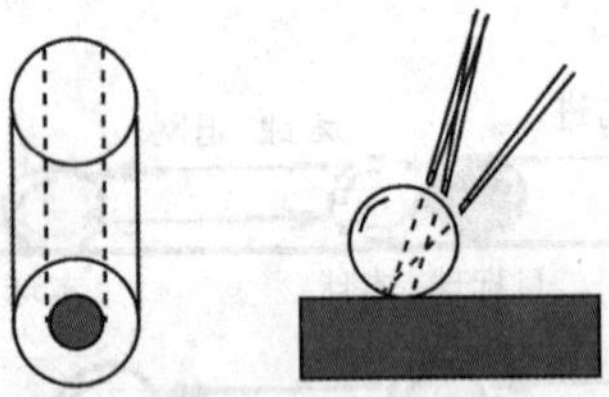

图 11-1-15

三、台球比赛规则简介

（一）比赛场地及设施

1. 球　台

球台是台球运动的基本设施，形似长方形会议桌，包括置球点、内区、外区、底袋、中袋、顶袋和开球区。

台面规格：内沿长254厘米、宽127厘米。台高80厘米。

开球区：在台面内沿长的1/5处，画一条长平行于台面宽的横线，以横线的中心为圆点，以内沿宽的1/6为半径，在横线交点与底岸之间画出的半圆，即为开球区（D形区）。

置球点：两顶袋与两腰袋对角线组成的交点，即为置球点。

2. 球

台球的球是由塑胶制成的实心球。不同的比赛采用的球的规格和数量也不同，如美式台球采用16个直径为40～42毫米，重量为200克的球，其中1个主球（白色），1～7号为全色球，9～15号为花色球，8号球为黑色。斯诺克（撞击式）台球的用球直径为65～68毫米，重量为325克，共22个。

3. 球　杆

球杆由杆体、杆头、皮头构成。其他设施还包括杆架、巧克粉、瞄准练习器等。

（二）比赛规则简介

1. 15个彩色球的位置

用三角框将15个彩球摆成三角形，8号球摆放在第三排中间，其余全色和花色球要尽量散开摆放。顶点上第一颗球，放置在置球点上，彩球要摆正紧靠，不可有空隙。

2. 开球权

采用掷币猜先的方法确定开球权，猜中者可以先开球，也可以让对方先开球，以后的每局比赛采用轮换开球方法。

3. 无顺序指球定袋打法

开球选手在D形区内任意点上开球，必须把分属自己的目标球全部击落以后，才有权击打“8”号球，无犯规情况下击落“8”号球者为赢得此局。

开球后，选手在一局内每一击球，必须有一个以上的球（包括主球）碰岸，否则判犯规。

4. 开　球

选手开球后至少有2个球（包括主球）碰岸，或者至少有1个目标球落袋，为正常开球有效。

选手开球后没有达到第一条款，或者开球时把主球或“8”号球击进袋或者击出界外，判开球犯规，不停击，由对方上场选择击球权和分属自己的目标球，但必须满足以下几点。

（1）主球进袋或出台，放回置球点。

（2）8号球进袋或出台，放回置球点。

（3）彩球进袋不取出，出台的球放回置球点。

（4）开球后，选手把1个或2个以上不同组别的目标击进袋，继续保持击球权，同时还可以选择分属自己的目标球，第二次击球时必须首先击中指定球。

（5）合法开球后，没有一个彩球入袋，判失机。

（6）开球选手开球时违例，若有目标球进袋不取出，判失机，由对方上场选择分属自己的目标球。

（7）只有开球这一击不用指定球袋。

5. 置球点

（1）界外球和违例或犯规情况下进本方的球无效，应放回置球点。

（2）如果“8”号球和其他彩球需要同时放置时，则应先放置“8”号球。

（3）如果置球点被占时，要放回置球点的球应放到离置球点最近的位置与顶岸中心点的直线上，而不能和其客观存在球相贴。

6. 手中球

（1）获手中球的选手，把主球放在开球区任意一点向任何方向击球。

（2）主球落袋或击出界外以及在犯规的同时给对方造成障碍时，主球都可成为手中球。

7. 间接进球

击打本主指球定袋的目标球进袋了，主球或目标球间接撞进双方的彩球都有效，如指球定袋的目标球未打进袋，撞进自己的彩球无效并将其取出放回置球点，撞进对方的彩球有效。

8. 贴　球

主球与目标球相贴时，须采用向目标球90° 以外方向击球，使其脱离相贴球，击出后相贴的球不得移动。

9. 僵　局

如果裁判认为比赛陷入僵局，应警告双方尽快改变僵局状况，否则将宣布此局无效，重新摆球，按原顺序继续比赛。

10. 如有下列情况之一者，判犯规，停击一次

（1）主球击成空杆或自落。

（2）错击对方目标球。

（3）错击黑球。

（4）错击主球。

（5）击成跳球。

（6）击球后，主球或目标球跳出界外。

（7）主球击中目标球后，没有任何一个球碰触岸边。

（8）击球时连击或推杆。

（9）对方击球权未结束自己就上场击球。

11. 故意犯规

（1）利用台内的球故意违例或犯规来达到某种目的属于故意犯规，判停击一次并可以使用手中球。

（2）选手第一次判罚故意犯规后，如该选手第二次出现故意犯规，裁判应向其提出故意犯规，第三次该选手出现故意犯规，则取消该选手此场比赛资格。

12. 遇有下列情况之一者判违例失机，本方进球无效并取出，带入对方球有效

（1）未指定本方的目标球和球袋就击进球。

（2）错击了本方的指定球。

（3）击进了不是指定的球袋。

（4）击球时双脚离地。

（5）裁判未入置完回台的球就击球。

（6）台面的球未在静止状态就击球。

（7）球员身体、衣服及佩戴物等触动台面上的球。

（8）击中但未击落指定的目标球。

13. 犯规后的处罚

（1）任何犯规的选手判停击一轮次（开球犯规除外）而对方获得2次击球权。

（2）一方获得2次击球权时，第一杆就犯规了，随之也丧失了第二次击球的权力，由另一方选手仍获得2次击球权。

（3）一方犯规后给对方造成障碍球时，除停击一次，对方有要手中球的权力。

（4）违例或犯规的同时击进自己的目标球无效，取出放在置球点，碰进对方的目标球有效。

14. 输　局

（1）选手在他分属的一组球还未全部击入袋之前，就将“8”号球击落。

（2）击落自己的目标球时，又同时击落“8”号球。

（3）在撞击“8”号球时，主球或“8”号球跳出界外。

（4）在击打“8”号球时，击成主球自落或和“8”号球同落。

第二节 壁 球

◎ 学习目标

了解壁球的基础知识和基本技术。

一、壁球概述

19世纪初在伦敦的老城中心，有一个“舰队监狱”，专门关押欠债人和触犯刑律、教规的贵族，他们不能去从事繁重的体力劳动，为打发枯燥乏味的囚禁时光，他们用类似拍子的器具对墙击打小球自娱自乐，这可以说是最早的壁球雏形。真正意义上的壁球是由哈罗公学的学生发明的，时间在1830年前后。学生们虽身为贵族子弟，却过着枯燥的住校生活，于是，一种对墙击球的室内运动被发明并流行开来。因球在猛烈触及墙壁时发出类似英文“squash”的声音而得名，即现今公认的壁球。很快，这一娱乐健身运动在学校中流行开来，1864年，第一块打壁球的专用场地在哈罗修建，这也成为该运动正式创立的标志。随着学生长大成人，步入政界、军界和商界，壁球也传遍了英家和世界各地。

早期的壁球场地受地域限制，规格无法统一，出现了好几个不同版本，其中尤以北美地区派生的场地差别最大。经历了12年的讨论（1911—1923年），一块于20世纪初建的位于伦敦巴斯俱乐部内的场地被选作标准场地。它是一个封闭的室内长方形空间，长9.75米，宽6.40米，前墙高4.57米，后墙高2.31米，净空高度应不低于5.60米；分前后场，后场又分成左右两个半场。场地系统包括前墙、两面侧墙、玻璃后墙、木质地板、照明系统、空调和通风系统，空调系统的送风口应位于靠近前墙的房顶内。

二、壁球基本技术

（一）握拍方法

1. 正手握拍法

左手先握住球拍颈部，使拍面与地面垂直，右手虎口正对拍柄右上侧棱，拇指环绕拍柄至与中指接触，大鱼际和小鱼际贴在拍柄上面，食指向上一些与中指分开，无名指和小指附于拍柄上面。

2. 反手握拍法

在正手握拍的基础上，左手向顺时针方向转动球拍，使右手虎口对准拍柄左上侧棱。拇指与中指相紧扣，食指与中指间预留一指的空间，手腕不应放松下垂，保持球拍头高于手腕。

（二）基本姿势

两脚自然开立与肩同宽，两膝微屈，重心放在双脚掌，上体略前倾，双手持拍置于腹前，采用正手握拍方式。目视对手及来球路线，判断其击球意图，对来球方向、速度及力量做出预判。同时，双脚可不停地轻微跳动，使身体重心随时可以向任何方向启动，呈现一个轻快且灵活的站立姿势。

（三）基本站位

单打比赛中，运动员在场上的基本站位一般在接发球线与后壁之间，也有人喜欢站得靠前一些。因为此位置相对便于接发球或击球，故比赛双方都设法牢牢占据这个位置，同时把对手挤出该区域。

（四）发球与发接球技术

1. 发　球

（1）发平快球。

平快球是一种大力、快速的发球技术。这种发球球路较低，飞行快速，落点在角落，而且反弹路线不固定。如果发得好，可具有相当大的攻击性，往往可以直接得分，或者迫使对手回球较弱。但因这种回球力量较大，对球路及落点的控制有一定的难度，发球过长过短是常事。平快球一般在第一发球时使用。

① 基本姿势与位置。

发平快球是所站基本位置是在发球区左右壁中间，姿势是面向右侧壁，左脚在前，右脚在后，两脚紧贴后发球线内侧。发球时应喊出比分并看看对方是否准备好接球再发。

② 发球动作。

发球时左脚向前壁迈出一步，同时左手将球落于左膝内侧不超过膝的高度，右手向后挥拍，发球动作和正手基本击球技术完全相同。

③ 球路及落点。

击球后，球飞向前壁，其目标是前壁中间靠左半米左右，向左后角发球，胸部高度。球从前壁反弹后飞向左后角，在接发球线附近击地，然后反弹角落。

④ 发球后动作。

发球后迅速退几步，占据接发球线与后发球线之间的中间位置，同时注视对手的动作及球路，准备回球。

（2）发折线球。

发折线球主要用球路的变化来迷惑对手，使其判断不准而无法到位接球。发折线球的好处是可快可慢，可高可低，并且球最后反弹时横向移动，十分难接。但折线球也有弊病：一是容易失误，因为发球时前壁上的目标很难接近侧壁，一不小心发到侧壁上便会违例；二是球落点和发球者在一条直线上，若对手打直线球回球，则发球者常常会被打到。

① 基本姿势与位置。

发直线球的位置是在发球区靠近侧壁1米左右。向左后角发球时靠近左侧壁，向右后角发球时靠近右侧壁。发球姿势同发平快球。

② 发球动作。

发直线球的动作与发平快球相似，只是在跨步方向上不同，向左后角发球时，左脚向右侧壁与前壁的墙角迈步。向右后角落发球时，左脚向左侧壁与前壁的墙角迈步。如果发快速折线球，则动作如同发平快球。如果发高折线球，则动作如同折线击球技术。

③ 球路及落点。

击球后，球飞向前壁，其落点是在前壁靠近侧壁半米之内。非快速折线球的目标在胸部高度，发高折线球的目标则靠近顶棚两三米处。球从前壁折回后立即打到领近侧壁上，然后穿越场地，在着地后打到另一侧壁上，最后与后壁平行反弹回来或冲向后壁。

④ 发球后动作。

发球后应注视对手及球路，要占据最佳位置以备回球。切不可只面向前壁站立。

（3）发高球及半高球。

发高球和半高球都是着重于控制落点的发球技术。这两种发球的速度都很慢，因而比较容易控制球的飞行方向及落点。这两种球看起来很容易回。因此，对手往往等到球反弹后才开始移动回球，可是他们常常发现这种球都落在角落里，很难挥拍回球，因而发球者可直接得分或迫使对方回球软弱。

① 基本姿势与站位。

发高球及半高球的基本站位如同发平快球。但也有人转过身来，用反手发球。

② 发球动作。

发高球及办高球的动作如同击高吊球。从基本姿势开始，左脚向前壁跨步击球，击球时主要用手臂动作，少用腕力，以保证稳定的球路及落点。发高球速度很慢，发半高球则要快一些。

③ 球路及落点。

发高球的目标、飞行路线及落点与击高球相似，目标在前壁左侧高度，飞行弧度大，落点在角落里。

（4）发球后动作。

发高球或半高球后，迅速占据中场位置，准备回球。同时注视对手动作及击球路线。

2. 接发球

（1）接平快球。

① 用杀球。如能移动到位并且球的位置很好，则可用各种杀球技术将球一拍打死。

② 用远球。如果时机、位置不允许杀球，则可用各种远球技术将对手调离中间位置，以创造下一次进攻机会。

③ 用顶棚球及高吊球。如果位置不好，球的落点又高又难以控制，则最好用顶棚球及高吊球将对手调到后场，并且可利用此时调整自己的位置。

④用挡球或撩球。如果球速非常快，接球者认为球反弹后自己没有时间回球，位置也不合适时，应快速把球挡撩回去，以待下次机会。

⑤ 用后壁球。如果球已超过接球者，则接球者应迅速转身，用后壁球将球击回。

（2）接折线球技术。

① 攻击性回球。如果接球者位置较好，则应用杀球或远球直接回球得分迫使对方回球软弱。

② 防御性回球。如果接球者位置不好或时机不好，则可用高球回球，以待下次机会将对方调离中间位置。

（3）接高球或半高球。

① 攻击性回球。若对方发球质量不高，接球者应使用杀球、远球技术以直接得分，或迫使回球软弱或失误。

② 防守性回球。若接球者位置、时机不好，则应使用高球、顶棚球等防守性技术先将球击回，以待下次机会。

③ 挡球。若对方发球路线以及落点很刁，则接球者在球反弹之前即将球挡回。这样虽然攻击性不强，但至少不会陷于被动或失误。

（五）击球技术

正反手基本击球技术是各种击球技术的基础。换句话说，各种发球、接发球及进攻或防御性击球技术，都只是正反手基本击球技术的变化和应用而已。初学者应该努力先掌握这两项技术。

各种技术动作都分为两个阶段：准备阶段和击球阶段。书中所提技术均以右手击球为例。

1. 正手击球

（1）准备阶段。

正手击球是壁球运动中使用率最高的击球方法，也是壁球运动员必须掌握的技术。当判断来球在你的正手位时，要迅速移动双肩，身体向右转。

（2）击球阶段。

向后引拍，在移动到位的同时，击球者左脚在前，左臂屈肘前伸，协助转体与保持身体平衡。击球时应以上臂挥动带动前臂、手腕以及球拍，后脚蹬地内转，身体重心前移，向左转肩，右臂前挥，手腕后屈，手在前、拍在后。击球时要在基本击球点击球。基本击球点位于前脚内侧约两个球拍处，高度在膝与地面之间。球拍面在整个击打过程中，应保持与地面基本垂直。球飞行路线与地面平行。球拍与球撞击后继续向前充分随挥，拍子的打势结束在左肩的上方。在完成整个击球动作过程后，迅速回到基本姿势，以准备回击下一个球。移动到位和确定基本击球点是技术中最重要的一环。

① 后挥拍。在移动到位的同时，击球者左脚在前，身体右转，右手挥拍，目视来球。

② 前挥拍。后脚蹬地内转，身体重心前移，向左转肩，右臂前挥，手腕后屈，手在前，拍在后。

③ 击球。手臂继续前挥，同时手腕内屈加速，将球击向前壁，球拍与地面垂直，球飞行路线与地面平行。

④ 后随动作。身体继续左转，右手持拍在击球后自然向左肩上挥动。在完成整个击球动作过程后，迅速回到基本姿势，以准备击下一个球。

（3）正手侧墙球。

其是令对手移位的一种打法，使用这打法可以令对手在场内四处走动。

技术要求：① 面向侧墙而背部则转向前墙。② 肩膀需转向侧墙并指向球打在墙上的位置。③ 打球时需利用球在侧墙反弹的角度和轨迹，使球碰到前墙。一般是将球击向45° 角的侧墙方向。④ 如球以狭窄的角度弹离侧墙，而位置较高，这时击球的力量也应减小。相反，如球弹离侧墙的位置较低，这时击球的力量也应较大。

2. 反手击球

（1）准备阶段。

观察、判断对手的动作、意图。

判断来球的路线、速度及落点，迅速移动到位。反手击球点位于右脚内侧约一个球拍处，高度在膝与地面之间。

（2）击球阶段。

① 后挥拍。在移动到位同时，注视来球，身体向左转，右手引拍至左肩前，手腕内扣。同时右脚开始向前跨步。

② 前挥拍。左脚蹬地，身体重心向前移动，身体开始向右转，同时右手开始向前挥拍。

③ 击球。右肩继续右转，右手继续向前挥拍，起击球瞬间手腕展开并加速，将球平行击向前壁。

④ 后随动作。身体继续右转至面向前壁。右手继续挥拍至右肩侧，然后回到基本姿势，准备接下一个球。

⑤ 正反手击球在比赛中各有用途。正手击球的力量比较大，而且比较容易控制球，因而大多数杀球及发球均用正手。相比之下，反手的力量与控制力都要弱一些，因而反手主要用来防御性地将球挡回去，以保证这一回合不输掉，而后再找机会用正手杀球，但高水平运动员正反手均能杀球。

（3）反手侧墙球。

① 要点是面向侧墙而背部转向前墙。

② 肩膀需转向侧墙并指向球打在墙上的位置。

③ 打球时需利用球在侧墙反弹的角度和轨迹，使球碰到前墙。

④ 若球以狭窄的角度弹离侧墙，而位置较高，这时击球的力量应较小。相反，若球弹离侧墙的位置较低，这时击球的力量应较大。

3. 进攻性击球

进攻性一般指比赛中抓住时机或创造时机，通过加力、加速、控制落点以及球路几种方法，一拍把球打死的击球技术。进攻性击球技术主要在自己处于良好的位置而有占主动时使用。进攻性击球技术特点是快而短。进攻性击球技术包括两类：一类为杀球，主要有直线杀球和角落杀球及吊球三项技术，其主要功能是以刁钻的落点得分；另一类为远球，主要有直线球、斜线球及折线球三项技术，其主要功能是以刁钻的球路得分。这两类技术的击球方式均类似于正手、反手基本击球技术。

（1）杀球。

① 直线杀球。直线杀球是直接把球打到低处，使其在对手接到以前反弹两次以上。直线杀球有以下几个要领。

第一，击球点要低。杀球前一定要有耐心，待球落到膝以下时才击球，击球太早很难控制球的落点。

第二，拍面与前壁平行，这样落点就不会太高。

第三，要有速度和力量。连续击球。

② 角落杀球。角落杀球是把球打到前壁的角落上，再打到侧壁的角落上，或打到侧壁前下角靠近地面与前壁的角落上，然后不着地直接打到前壁的角落上。

③ 吊球。当对手在后场而击球者在前场时，击球者可以将球轻轻地吊到角落里，而使球死在那里。打吊球的动作很轻，用力小，拍子半斜，将球削向角落，这样球便不会反弹得很远、很高。

（2）远球。

远球的方式是击球时让球路远离对方，以使对方来不及到位回球。打远球不需要很大的力量，但对球在前壁上的落点要求很高。只有将球控制在一定的范围内，才能保证球在反弹时远离对手。

① 直线球。直线球打法是在对手战局中间位置或靠近另一面侧壁时将球顺壁直线击回。直线球远离对手，对方很难及时到位击球。即使是勉强到位，回球也毫无攻击性，而且很容易创造出下一个进攻机会。直线球的动作如同基本击球技术，拍面应尽量与前壁平行，球反弹回来

时应与侧壁平行。

② 斜线球。斜线球打法是当对手占据后场中间位置，或与击球者靠近同侧位置时，击球者将球经前壁击到另一侧，穿过场地，远离对手。穿球场的动作如同基本击球，拍面对准前壁中央，这样球就会反弹到另一侧。球路可低可高，如果球路较低，还可同时利用杀球技术，使对方更难以防守。

③ 折线球。折线球达法是当对手占据中场中间位置时，将球击到侧壁上折射到后场，以绕开对手的拦击。折线球的球路要低，这样对手一旦接不到球就再无机会。若球路太高，飞行时间长，则对手在拦不到球时仍可转身从后壁反弹回来时再次击到球。

4. 防御性击球

防御性击球技术是指在比赛中，击球者已失去了有利位置或时机，已无法运用进攻性击球技术时所采用的被动防守性的击球技术。击球者可以利用球在空中的飞行时间重新回到中心位置。

（1）顶棚球。

顶棚球是指在比赛中击球者将球击向顶棚靠近前壁的位置上，球随即弹到前壁并以高弧度落向发球区，再高弹起来从防守者的头上落到角落。这种球飞行高，常常把对手赶到角落上去回球，从而减少了其杀球的机会。顶棚球的一种变化方式是先将球击向前壁高处，球马上弹到顶棚，然后下落并反弹到角落。不过这种球的顺序改变会减慢球的速度以及运行距离，使得防守者易于回球。顶棚球有高手低手击球动作之分。低手击球如同基本击球技术，只是拍面要对准顶棚靠前壁处。高手击球动作类似于羽毛球中击高远球的动作。

（2）高吊球。

高吊球的功能类似顶棚球。击球者将球击向前壁高处，球反弹回来时从防守者的头上经过，落于角落，迫使对方去角落里回球，或跳起来在空中拦球，这两种情况都会大大减少对方的回球攻击性。 高吊球的击球动作同顶棚球，可用低手击球或高手击球，但要采用哪种击球方式，这要视来球位置而定。击球时用力要小，以便更好地控制球的飞行路线及落点。

（3）折线球。

折线球是将球击向前壁靠近顶棚的侧壁处，球从前壁立即反弹到侧壁并以高过头顶的飞行路线飞向另一侧壁，然后球再以与后壁平行的路线折向原侧壁。折线球的作用是利用球的折线运动使对方难以预测球的飞行路线以及落点，从而使对方难以迅速移动到位回球。另外，折线球的高飞路线亦使对方杀球困难。 折线球的击球动作亦如顶棚球，击球时要比较用力，以使球有较高的飞行路线以及距离。更主要的是要控制球的落点。

（4）绕场球。

绕场球的作用如同折线球，也是利用球的折线飞行使对方难以预测球的落点，从而使对方不能及时到位。绕场球的飞行路线是先击到一面侧壁上，然后继续向高飞击到前壁，在由前壁稍向下飞向另一面侧壁，然后落向后场。绕场球的击球动作亦如顶棚球。击球时要较用力，以保证飞得高而远。击球时亦可变换方向，忽而先击左壁，以使对手处于不断猜测之中。

（5）后壁球。

后壁球是当球越过击球者，落在击球者与后壁之间时，击球者已无法直接将球击向前壁，也无法通过侧壁击向前壁了，而不得不采用的通过后壁将球击向前壁的击球技术。由于击球者已失去了有利位置，故大多数情况下只能勉强回球，因而对球路以及落点的控制就较差。击后壁球的要点是击球时拍面要向上偏斜，这样击的球就会向上飞行，如同高吊球。这样会使球有足够的飞行高度，以保证球能到达前壁。击球时不必很用力，但是要控制好球路，切忌击球时用力平行击球，这种球由于飞行路线太低，大都到不了前壁。

三、壁球比赛规则简介

（一）比赛场地及设施

（1）壁球场地：壁球场类似一个矩形的盒子。壁球场地的墙面与地面成90°角。壁球场表面长度：9750毫米±10毫米；场地表面宽度：6400毫米±10毫米；对角线：11665毫米±25毫米。

（2）壁球：壁球通常直径为39.5～40.5毫米，重量为23～24克。从壁球的颜色上就能看出选手的层次。一般初学者使用的壁球上有一个蓝色的小点，这种球的飞行速度较快，比赛用球有一个黄色小点，这种球的飞行速度较慢。

（3）球拍：壁球用的球拍是用石墨制成，用线将石墨材料织成双层的方形图案。如果线被损坏，可以将它取出，用尼龙绳代替。壁球球拍与网球球拍相比，前者的球拍头稍小、更圆。壁球球拍的球杆比较长，球拍头与球杆的连接处通常是被挖空的，以减少振动。最重的球拍为255克。

（4）运动员：壁球比赛要求有2名运动员。壁球同网球一样，也有双打比赛。双打比赛的比赛规则和比赛场地与单打比赛有很大区别。

（5）比赛服装：壁球比赛要求穿浅色衬衫与短裤，女选手要着短裙。为了保护选手的足部，壁球比赛要求穿着专门的球鞋。

（二）比赛规则简介

壁球比赛设一名记分员和一名裁判。

1. 比赛开始

在比赛开始之前，参赛选手有五分钟的热身时间，在这段时间内主要任务是让空气进入球的内部，以此增加球的弹性。

通常由靠右边位置的选手选发球。比赛开始后，上局的优胜者有权选择发球场地（即左方或右方场地）。每得一分之后，双方再交换场地，这样交互进行直到一方失去发球权。

2. 壁球发球权规则

（1）第1局发球权用转拍方式决定，取得发球的一方得胜，该球才能算分，若失误，对手得胜不计分，只得发球权。

（2）发球区分左、右边，当发球方第1次在左方发球区得胜后，必须转换至右方发球区发球，再得胜后换至左方发球，直至连续取得9分，才算获得1局胜利。

（3）若发球方失误，由对方取得发球权，可重新选择在左边或右边发球，发球得分后，须再换边发球，依此类推。谁先胜一局，第二局发球权就归谁，由胜利者先发球。

3. 当比赛开始，球员选择了发球权之后

（1）发球一方可以选择在右后场或左后场地发球。

（2）发球一方在发球的一刻，必须以一只脚踏在发球区内（不能踏线）。

（3）发球时球离开球拍后必须直接接触前墙，在前发球线以上及边界线以下，当壁球弹离前墙后，必须落在另一方之后场内。

（4）壁球在发球时击中发球线、边界线、地发球线和半场线等均被判出界或发球犯规。

4. 发球后，比赛过程中

（1）每一个有效的击球必须接触前墙一次，壁球在底界线之上以及边界线之下。

（2）每一个击球必须在球弹离前墙后，在未触地板或只能一次弹离地板后击出。

（3）在比赛过程中壁球击中边界线、底界线等均被判为出界。

（4）若发球一方击球失误或未能回接对手所打出的好球，发球权则转给对手，同样若接发球球员击球失误或未能回接发球一方所打出的好球，则发球一方将获得1分。

（三）壁球比赛胜负

壁球比赛大都为三局或五局。国际性（英式）的比赛是采用每局9分制，须先获得发球权才可以得分。如果到了第8分后平手，先得8分的球员可以选择打2分（共10分）或照本计分法打1分，以9分终局。

知识窗

壁球的锻炼价值

因为壁球是一项室内项目，所以它可以不受季节、天气的限制，是一项全天候的运动，具有最佳的性能价格比。现代社会对人提出了越来越高的要求，由于工作、学习等原因，可以用来锻炼的时间非常少。而壁球恰恰可以满足参与者这种用时少、锻炼效果佳的高效率要求。因为壁球的场地小、球速快、球路变化莫测，因而要求人的反应、动作极快，所以壁球的运动强度、运动量较大。往往半小时不到，参与者就会大汗淋漓、气喘吁吁。据测算，在相同的运动时间里，壁球的运动量远远超过网球。

第三节　定向运动

◎ 学习目标

了解定向运动的基础知识和基本技术。

一、定向运动概述

定向运动起源于瑞典，最初只是一项军事体育活动。“定向”一词在1886年首次被使用，意思是在地图和指北针的帮助下，越过不被人知的地带。真正的定向比赛于1895年在瑞典的斯德哥尔摩和挪威的奥斯陆的军营区举行，标志着定向运动作为一种体育比赛项目的诞生。

定向运动本身作为一种体育项目开展是在20世纪初的北欧，到20世纪20年代已在芬兰、挪威、瑞典和丹麦普及。1932年举行了第一次世界定向运动比赛。1961年，国际定向联合会（IOF）在丹麦哥本哈根成立。国际定向越野联合会是世界定向运动的行政实体，是国际体育联合会总会之一。

世界公园定向运动组织（PWT）是于1995年在国际定向联合会注册的一个国际组织，每年在世界各地公园举行职业定向精英巡回赛，并设总奖金及排名。它的主要宗旨及目的是创造一种全新的定向运动概念，即定向运动不仅可以在野外进行，也可以在城市的公园或大学的校园里举行，力争使定向运动成为一种任何人在任何地方都可以从事的群众性体育运动。

目前，定向运动已风靡欧洲、大洋洲和北美洲地区，在亚洲的中国、日本、韩国和南美的巴西、智利也初具规模。1998年，世界公园定向运动组织来到指南针的发明地——中国，大大提高了人们参与定向运动的热情与兴趣。

二、定向运动基本技术

（一）标定地图的方法

1. 概略标定

定向地图上的方位是上北、下南、左西、右东。当在站立地正确地判别了方向之后，只要将定向地图的上方对向站立地的北方，地图即已标定。

2. 指北针标定

先使指北针的红色箭头朝向地图上方，并使箭头与定向地图上的指北线重合，然后转动地图，使指北针的北端对正磁北方向，地图即已标定。

3. 直长地物标定

首先应在图上找到这些直长地物，对照两侧地形，使图与现各地形点的地物方向一致，地图即已标定。

4. 明显地形点标定

从地图上找到明显地形点的位置时，可以利用明显地形点标定地图。先选择一个图上与现地都有的远方明显地形点，然后转动地图，使图上的站立点至目标的连线与现地的站立点至目标的连线相重合，此时地图即已标定。

（二）确定站立点

1. 直接确定

当自己所在的位置是明显地形点时，只要从图上找到该地形点，站立点即可确定。

2. 综合分析确定

利用位置关系法确定站立点，主要依照两个要素：一是站立点至明显点的方向；二是站立点至明显点的距离。

3. 交会法确定

当站立点附近无明显地形点时，可以利用90°法、截线法、后方交会法。90°法是当待测点位于线状地形上时，如果在与运动方向相垂直的方向上能找出一个明显的地形点，线状地形符号与垂直方向线的交点即为站立点。截线法是当测点位于线状地形上，但在其与运动方向相垂直的方向上没有明显的地形点时，可以采用此法。后方交会法是测点上无线状地形，而且地图与现地相应的都有两个以上的明显地形点时，可采用此法。

（三）确定前进方向

定向运动每次出发时，首先必须判明出发点的图上位置，明确前进方向和目标点，然后标定地图选准前进方向，向目标点进发。

（四）定向跑的技术

定向跑是一种长距离的间歇式赛跑，要求能够尽可能地减少人体能量的消耗，又要根据比赛的情况具有加速能力。定向跑的姿势主要采用身体微向前倾或正直的姿势；最好用鼻子与半张开的嘴共同呼吸；体力分配根据选择的路线状况、比赛的阶段和自身体能状况的不同来确定；速度不宜过快。

三、定向运动比赛规则简介

（一）比赛器材与设备

开展定向运动需要的器材为：点标旗、机械打卡器、指北针和定向地图（可用简易规划地图代替）。定向运动比赛器材如图11-3-1所示。

1 号码布　2 指北针　3 检查卡片
4 地　图　5 点　签　6 检查点

图 11-3-1

（二）比赛规则简介

1. 犯　规

有下列行为之一者即为犯规，应取消比赛资格。

（1）有意妨碍他人比赛（包括犯有同一性质的其他任何不良言行）者。

（2）蓄意损坏点标、点签和其他比赛设施者。

（3）比赛中搭乘交通工具行进者。

（4）未通过全部检查点，而又伪造点签图案者。

2. 违　例

有下列行为之一者被视为违例，应给予警告。裁判人员将根据违例的性质和程度，采取从降低成绩直至取消比赛资格的处罚。

（1）在出发区越位（提前）取图和抢先出发者。

（2）接受别人的帮助，如指路、寻找点标和使用点签者。

（3）为别人提供帮助，如指路、寻找点标和使用点签者。

（4）为从对手的技术中获利，故意在比赛中与对手同路或跟进者。

（5）故意不按比赛规定顺序行进者。

（6）不按规定位置佩戴号码布者。

（7）有其他违反比赛规则行为者。

3. 成绩无效

有下述情况之一者，比赛成绩将被判为无效。

（1）有证据表明在比赛前勘察过路线者。

（2）未通过全部检查点，即检查卡片上点签图案不全者。

（3）点签图案模糊不清，确实无法辨认者。

（4）在检查卡片上不按规定位置使用点签者。

（5）在比赛结束（指终点关闭）前不交回检查卡片者。

（6）超过比赛规定的终点关闭时间（检查点一般也在同一时间撤收）而尚未返回会场者（如确系迷失方向，应向附近任意一条大路或原检查点位置靠拢，等候工作人员的处置）。

（7）有意无意地造成国家或他人的重大经济损失和破坏自然风景者。由此带来的一切后果，责任由肇事人承担。

4. 特殊情况的处置办法

在定向越野比赛中，可能出现的某些特殊的情况。

（1）检查点被无关人员拿走或遭自然破坏。

（2）检查点的位置与图上的位置不符。

（3）比赛中出现个人或团体的成绩完全相等。

对于这类问题，通常应在比赛前的准备阶段由筹备组长领导各委员仔细研究、确定处置办法，形成文字，由技术委员在制定《比赛规程》时列入。如果这些问题是出现在比赛的过程中，则应由裁判长决定处置办法。当某个领导小组成员对裁判长的决定有异议时，应经比赛领导小组组长同意，召集全体成员，以举手表决的方式另行选择处置办法，但必须获得3/4以上的多数通过。对于在比赛后提交到领导小组的诉讼，原则上也应按此办法处理。

知识窗

选择路线应遵循的原则

1. 有路不越野

应尽量选择沿道路行进，这是因为：① 在道路上更容易确定站立点，使运动员更具信心；② 地面相对光滑、平坦，有利于提高奔跑速度。

2. “走高不走低”原则

定向比赛中如果不得不越野，当目标点在半山腰，周围又没有明显地貌地物时，应选择从山顶向下寻找的方法。这就是人们常说的“从上到下法”。

3. “提前绕行”原则

阅读地图时要注意通观全局提前绕行，特别是检察点之间有大的障碍，不易穿越时。不能等抵近障碍再做折线绕行，而应该全面分析地貌地形，提前选择好最佳迂回运动路线。

第四节 轮 滑

◎ 学习目标

了解轮滑的起源与发展、基本技术、分类、竞赛类型与竞赛形式。

一、轮滑概述

轮滑，又称滚轴溜冰、滑旱冰，是穿着带滚轮的特制鞋在坚硬的场地上滑行的运动。今日多数的滚轴溜冰者主要都使用直排轮，又称刷刷、66（直排旱冰爱好者对这项运动的别称来源于溜冰中轮子和地面摩擦时所发出的声音，同时也称溜冰鞋为“刷子”，称在马路上溜冰为“刷街”，而66与溜溜同音，更有趣味顺口，多为爱好者的互称）。因此，直排轮也几乎成为了轮滑运动的代名词。

轮滑运动最早建立国际组织是在1924年，当时的英国、法国、德国和瑞士四国代表在瑞士蒙特勒成立了国际轮滑联合会，但至1935年才举行首次轮式滑冰大赛，1942年，出现了旱冰曲棍球运动。1977年，在捷克首都布拉格举行的国际奥委会会议上，认定国际轮滑联盟为非奥运会体育组织之一。现在国际轮滑联盟的成员主要分布在欧洲、美洲、亚洲及大洋洲，多是一些经济较发达的国家，国际轮滑联盟总部设在美国。

轮滑运动传入我国大约在1930年前后，当时开展此项运动也仅限于上海、广州和香港等沿海城市。1980年，中国轮滑协会成立，同时加入国际轮滑联合会，在全国各地相继修建了轮滑场馆，从此我国的轮滑运动进入了一个蓬勃发展的时期。由于轮滑具有速度的刺激和令人炫目的花样技巧，特别受到青少年的欢迎。近几年我国的轮滑运动技术水平飞速提高，还出现了极限轮滑，将速度、翻转、翻腾等技巧融为一体，展现了这项时尚运动的风采。

1986年，轮滑首次被列入比赛项目，2010年进入了广州亚运会比赛项目，共设9块金牌。

知识窗

轮滑的分类

现代轮滑运动分为极限轮滑、速度轮滑、花样轮滑、自由式轮滑和轮滑球五大项。

1. 极限轮滑

极限轮滑也叫特技直排轮，很受现在年轻人的追捧。主要分为街式和专业场地，专业场地分道具赛和半管（U型池）。

轮滑是一项休闲运动，但同时也是竞技项目，随着它的不断完善，已形成多项轮滑竞技项目，在目前的全运会已出现了轮滑的身影。

2. 速度轮滑

以单排、双排轮滑鞋为比赛工具的竞赛项目，分场地跑道比赛和公路比赛两种。世界锦标赛场地跑道正式比赛为：300米计时赛、500米淘汰赛、1000米、5000米、10000米积分赛、20000米积分赛；公路比赛包括女子21千米半程马拉松赛、男子42千米马拉松赛。场地跑道像自行车场一样呈盆形。

3. 花样轮滑

花样轮滑的开创，其实最早是为了能让花样滑冰选手在无冰的情况下也能够训练，而后才发展成了一项独立的运动。其分为规定图形滑、自由滑、双人滑和双人舞4个项目。比赛在不小于50米长、25米宽的场地上进行。参赛各队每项比赛可以参加3人，男女总计12人。根据动作的难易程度、舞姿的优美程度打分，从而确定胜方。

4. 自由式轮滑

自由式轮滑（Freestyle），其中最有代表性的就是Slalom，即平地花式（简称平花）。其他还包括速降、FSK、休闲、花式刹停、跳高和轮舞。

平地花式包括花式绕桩和速度过桩。世界轮滑皇帝圣巴斯蒂安（Sebastian Lafargue）可以说是Slalom的鼻祖。Slalom是以障碍滑雪为灵感基础的，再加上轮滑特有的元素，才慢慢发展成了现今的Slalom。

速降，是一种相对较刺激的类似速滑的轮滑形式。一般选择在比较陡峭的公路或山路进行。速降者在佩戴好全套护具之后，靠路面的倾斜给予动力，人体自由下落，感受风驰电掣般的刺激。

休闲轮滑是一种穿着轮滑鞋漫步于室外，感受轮滑带给人的轻松、愉快和自在的轮滑形式。它主要以休闲健身为目的，放松自我，舒畅心情。

FSK是一种由多种轮滑形式混合而衍生出的一种特殊的轮滑形式。它集合了速降、休闲、刷街、花式刹车、花式跳跃和旋转等元素，大致分为野街和场地两种玩法。野街就是在刷街的过程中融入速降、花式跳跃等其他轮滑形式，使得野街的魅力无穷。

二、轮滑基本技术

（一）站立、平衡和移动

1. 站立姿势

（1）“丁”字形站立：将左脚跟紧靠在右脚的内侧（或将右脚跟紧靠在左脚的内侧），使双脚形成“丁”字形。双膝微屈，重心稍偏于位置居后的脚上，上体略前倾，抬头，目光平视前方，两臂在体侧自然打开，以控制身体平衡。（图11–4–1）

（2）“八”字形站立：双脚成“八”字形自然分开，双脚跟靠近，双膝微屈。上体微屈，身体重心放在两脚之间，保持身体平衡。（图11–4–2）

（3）平行站立：双脚分开，与肩同宽。两脚尖稍内扣，上体微前倾，双膝微屈。身体放在两腿之间，保持身体平衡。（图11–4–3）

图 11-4-1

图 11-4-2

图 11-4-3

2. 原地移动重心

方法要点：在双脚平行站立的基础上，上体向一侧移动，并逐步将身体重心完全移至一条支撑腿上，待平稳后，上体再向另一侧腿上移动，并将身体重心完全移到该腿上。反复练习。

3. 原地踏步

方法要点：在“八”字形站立的基础上，重心移到一脚上，另一腿微屈上抬，使脚离地面5～10厘米再落下，重心移至另一脚，交替练习。

4. 原地蹲起

方法要点：在双脚平行站立或“八”字形站立的基础上，做下蹲、起立动作，身体重心放在两腿之间，两臂自然打开。（图11-4-4）

5. 两脚原地前后滑动

在平行站立的基础上，做一脚向前、一脚向后的来回滑动练习，两臂前后摆动，像走路一样配合双腿运动。

6. 向前“八”字走

方法要点：在“丁”字步或“八”字步的基础上，一脚向前迈出一小步，脚尖向外侧，成“八”字形落地，同时身体重心迅速跟上，当重心完全落到前脚上时，后脚再抬起向前迈，两脚交替进行，移动身体重心。（图11-4-5）

7. 横向迈步移动

方法要点：在平行站立的基础上，一腿向侧迈出一步，随之身体重心迅速跟上，另一腿收回，在内侧靠拢着地，并承接重心，然后换腿练习。

图 11-4-4

图 11-4-5

（二）滑　行

1. 双滑行练习

在学会“八”字走的基础上，连续走几步，然后双脚迅速并拢，两脚由“八”字形变为平行，借助惯性向前滑行。动作的关键是重心保持在两脚之间。

2. 低姿交替蹬地滑行

方法要点：两脚“八”字形站立，膝踝微屈，两脚同时向外侧蹬地，使双脚同时开始向前滑行，重心随之偏向左脚，左腿成支撑腿。右脚在稍加蹬地后迅速回收，向左脚靠拢，脚尖向外侧，落地自然成“八”字步，同时重心向右腿上移，左脚开始蹬地，如此交替进行。（图11-4-6）

图 11-4-6

3. 高姿交替蹬地滑行

方法要点：在低姿势交替蹬地的基础上，右脚侧蹬地，重心随之移向左脚，成左脚支撑滑行。右脚蹬地结束后放松收腿，当右脚靠近左脚时，重心开始回移，左脚开始蹬地。右脚落地后成右腿支撑滑行，然后收左腿，两脚交替蹬，交替滑行。

4. 向前直线滑行

方法要点：原地两脚成“丁”字形站立，左脚在前，右脚在后，两膝稍弯曲，用右脚内侧蹬地，重心慢慢移至左脚；右脚蹬直后右腿蹬离地面；成左脚向前滑行，然后右脚在左脚的侧面落地后，左脚重复上述动作，成右脚向前滑行。两脚交替向前直线滑行，在整个滑行过程中，两手自然向侧分开，帮助维持身体平衡。

5. 蛇形向后滑行

方法要点：平行站立开始，两脚分开（约一脚距离），两腿弯曲。用右脚内侧蹬地，身体重心移向左侧，成左脚向后滑行；右腿在体前伸直，随即右脚放在左脚侧面，恢复成开始姿势，然后用左脚蹬地，重复上面动作。在做蛇形向后滑行时，要注意在滑行中上体始终保持前倾姿势，两膝保持弯曲，两手在体侧分开侧举。

（三）滑行停止法

1. “八”字停止法

方法要点：在获得一定向前滑行的速度后，两脚平行分开站立，随后脚尖内转，两脚以内侧轮柔和压紧地面。两膝弯曲，上体稍前倾，臀部下蹲，两臂前伸维持身体平衡。

2. “T”形停止法

方法要点：左脚向前滑行开始，右脚在左脚后跟处成“T”形放好后，将右脚慢慢放在地面上，以内侧轮柔和压紧地面，减缓向前滑行速度，直到停下来为止。（图11–4–7）

3. 双脚急停

方法要点：在向前滑行时，两脚同时做顺时针（或逆时针）方向急转，左脚以内侧轮、右脚以外侧轮与滑行方向成90° 角压紧地面，同时身体向右急转，重心移到右腿上，两膝弯曲，两臂前侧伸，滑行即可停止。

图 11–4–7

4. 倒滑停止方法

在向后滑的过程中，将两脚变为前后开立，身体重心移到前脚的前方，同时抬起两脚脚跟，后轮离地，制动脚着地与地面摩擦而停止下来；停止时，身体稍前倾，两臂侧举以维持平衡。

（四）弯道滑行

弯道滑行技术跟直道滑行技术有很大的区别，弯道滑行技术特点在于练习者用交叉步滑行，由于向心力的作用，上体不仅前倾，而且还要向后侧倾。

1. 走步转弯

在向前做“八”字走或半走半滑时，如向左转弯，在每一次脚落地时脚尖都向左转动一点，身体也随之向左转动一点，逐渐成弧形的走滑路线，如向右转，动作方向相反。

2. 惯性转弯

在滑行获得了一定的速度后，两脚平行稍靠近些，如向左转，则左脚略靠前，右脚靠后，重心落在两脚之间1/3处，前腿略弓，后腿伸直，身体重心压在左脚和右脚的左侧，利用惯性向左侧滑一较大的弧线，如向右转，动作相反。

3. 短步转弯

图 11-4-8

在学会慢的转弯技术的基础上，身体姿势较低，重心完全落在左腿上，甚至超出左腿的支点，右脚向右侧蹬后迅速收回，靠近左脚落地做非常短暂的支撑；此时左脚迅速向左稍转脚尖，右脚再迅速向侧蹬出，连续做此动作就可以加速转弯，如向右转，动作相反。（图11-4-8）

4. 左脚支撑，右脚连续蹬地滑行

从站立姿势开始，左脚用外侧蹬地后迅速与右脚并拢，接着右脚再做一次蹬地动作，左脚继续做前外曲线滑行。

5. 在圆弧上不连贯的交叉步滑行

在圆弧上用直线滑行方法，中间插入弯道交叉步，当左脚有稳定的平衡时，右脚向左脚左侧前方迈一小步。只要右脚有短暂的滑行之后，左脚就迅速从右腿后方收回，同时右脚蹬左脚直线滑行，反复练习。

三、平地花式轮滑

平地花式轮滑动作是在桩与桩之间完成的轮滑动作，之所以被称为平地花式是因为在动作初期所有的技术动作都是在地上进行的，但是随着动作技术难度的不断提升，一些跳跃类动作在平地花式动作中也逐渐被认可。

（一）平地花式轮滑的道具

平地花式轮滑的道具非常简单，就是一些类似纸杯大小的角标。在平地花式的规则里桩与桩之间的距离是有规定的，分为50厘米、80厘米和120厘米三种不同距离，每排桩有20个，一般来说，80厘米的桩距比较常见，被称为标准桩。

（二）平地花式轮滑的动作

随着平地花式项目的发展、动作的增多，对于动作级别的限定也就有了明确的要求，现行的平地花式规则里面分为：F、E、D、C、B、A六大级别，每一级别里面又分为跳跃类、蹲坐类、单轮类、旋转类和其他类。

1. 脚与桩的方位

脚与桩的方位见图11-4-9。

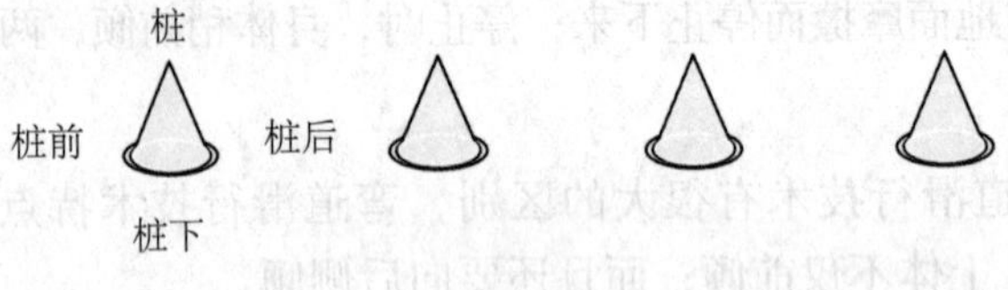

图 11-4-9

2. 平地花式F级动作教学

F级动作可以说是所有平地花式动作的基础，主要以交叉动作和"S"形路线动作为主，练习熟练后对于以后的动作进阶和动作组合连接可是起到不容忽视的作用。F级动作较多，我们只对部分动作进行介绍。

（1）Fish滑行。

像动作的名字一样，Fish这个动作是将双脚并排在一起在桩与桩之间滑行。

动作方法：双脚并排，膝关节夹紧；膝关节要有明显弹性；脚力量踩在脚跟，靠前脚掌左右摆动来完成穿桩动作。Fish滑行路线轨迹如图11-4-10所示。

图 11-4-10

（2）Cross滑行。

Cross（俗称正交叉）是一个很花哨的动作，也是初学平地花式必须掌握的动作之一。

动作方法：先让两脚进行强制性交叉，重心压至左脚（以右脚在前做动作为例），右脚从左脚前面跨步呈双脚交叉姿势，双腿膝关节自然弯曲，双脚脚尖相对脚跟分开，两脚尖成60°左右。此时两脚外刃接触地面，身体重心由两脚分担，双脚力量压在脚跟，交叉步稳定后，身体重心暂时压至左脚，右脚沿脚尖延长线方向伸出，当右脚最后一个轮子滑过左脚脚尖延长线路径后，左腿膝关节伸直使左脚伸出，然后右脚向右脚脚尖的延长线继续滑行，左脚则保持原位等待右脚的滑过。当右脚最后一个轮子滑过左脚脚尖延长线路径后，左脚向脚尖方向推出实施交叉，右脚也要将脚尖向滑行方向靠拢，保持右脚脚尖与滑行方向相一致，此时双脚完成交叉。Cross滑行路线轨迹如图11-4-11所示。

图 11-4-11

四、轮滑比赛规则简介

（一）比赛场地

速度轮滑分为场地跑道和公路跑道。

1. 场地跑道

场地跑道是指设在露天的或有覆盖设施的比赛路线，它有两条长度相等的直线跑道段和两个对称的具有相同直径的弯道相连接的竞赛跑道。

比赛场地跑道的标准长度为200米，宽度为6米以上（根据情况，长度最短不少于125米，最长不超过400米，宽度最短不少于5米）。

比赛场地跑道的地面可用任何材料铺成，但要求完全平坦，有一定的光滑度，不易摔倒，适合举办轮滑竞赛。

场地要求完全平坦，但弯道可有一定的倾斜度。有倾斜度的部分要从内侧边缘逐渐均匀、平稳地升高，直到外侧边缘。直线跑道为了与弯道倾斜跑道相衔接，也可以有向内侧倾斜的衔接部分，但直线赛道的平坦部分不应少于跑道总长的33%。

终点要用白色线标出，宽为5厘米，一直标到跑道外侧边线。终点线不能设在弯道处（一般设在直道中线前伸10米处为宜）。跑道外缘应设有保护设施。

2. 公路跑道

在开放式公路比赛路线进行的比赛，其终点和起点不衔接。封闭式公路比赛路线其终点和起点相衔接，它有两条对称路线。运动员必须根据比赛的距离在此路线上滑行一圈或几圈。

封闭式环形公路，路线最短不少于250米，最长不超过1000米。

公路的宽度全程不得少于5米。

公路的路面应平坦而光滑，没有断裂。路面不平坦部分不应超过其宽度的3%。

公路跑道斜坡部分不得超过5%，即使在特殊情况下，其倾斜部分也不得超过全部路线的25%。

终点线与起点线均应以5厘米宽的白色线标出，起终点线不能设在弯道处，除非无法避开时，起点线应设在距离弯道50米以外的地方，终点线应设在距最后一个弯道的直弯道分界线前50米处。

知识窗

轮滑运动竞赛类型

1. 计时赛

在场地或公路上进行。一定数量的队数或人数在固定的滑跑距离上进行的竞速计时性比赛。

2. 淘汰赛

在场地或公路上进行，比赛过程中在一个或多个固定地点直接淘汰一个或多个运动员，具体淘汰办法赛前由裁判长决定。

3. 群滑赛

在场地或公路上进行。参赛人数不限，是一次性集体出发的比赛。如果参赛人数太多，比赛跑道受限，可分预赛和决赛。

4. 定时赛

在场地或公路上进行。比赛限定滑跑时间，运动员的名次由在限定的时间内所滑距离的长短决定。

5. 计分赛

可在场地或公路上进行。赛前确定运动员或队的得分标准，在比赛路线上固定计分地点，比赛时运动员通过此地点时计取分数，运动员到达终点，以获得分数的多少决定名次，获得最高分数的运动员或队为优胜。

6. 接力比赛

在场地或公路上进行。每队由两名以上运动员组成，比赛途中在固定的地点可随时换人，换人时必须接触到本队同伴，最后一次换人必须在倒数第一圈以前完成。

7. 分段赛

只在公路上进行。这是根据一定的规则，长、中、短距离混合排列在一起，总名次由运动员在各个固定的距离所得成绩和分数决定。每一分段的成绩，根据分段时间，其分配方法可事先商定。如果几名运动员成绩相等，根据每段比赛所得最好成绩决定名次。

8. 追逐赛

比赛可在场地或“封闭环形式”公路跑道上进行。两名运动员可两个队在等距离的地点出发，在规定的距离上互相追逐，如其中一名运动员或一个队超过对手时，比赛即告结束。每个队有3～4名运动员的团体赛中，由倒数第二名运动员决定该队名次。

（二）比赛规则简介

1. 男、女竞速赛

（1）所有比赛的起跑均为站立式，用发令枪或哨子发出起跑信号，起跑时两脚必须在起跑线后面，不得压线，在发令裁判法令时，选手不得将一只脚离地，否则算违规处理，但选手身体越线是不算违规的。两次违规将被取消比赛资格。

轮滑运动参与方式

（2）发令员在起点召集运动员时，如运动员未到，2分钟后重新召集，仍不到者立即取消比赛资格。

（3）运动员身体稳定后才能发出起跑信号，运动员所站的位置由抽签决定。

（4）发令信号一次信号“预备”，第二次信号为鸣枪或挥旗，遇有下列情况，发令员指出后起跑重新进行。

轮滑运动竞赛方式

① 在计时比赛中，运动员由于器材发生意外故障而非本人责任摔倒。

② 集体起跑时，在50米以内有一名运动员摔倒而引起其他运动员连续摔倒。

③ 发令员在发出起动信号前运动员起动均为抢跑。第一次抢跑给予警告，两次抢跑取消比赛资格。

（5）运动员的起动有10秒的限定时间，如果在10秒内不起动，发令员宣布该运动员退出比赛。

（6）运动员在各项距离的滑跑途中，严禁得到任何方式的外界帮助，除非轮滑鞋出现故障进行更换。否则取消比赛资格。

（7）每项比赛的滑跑途中，运动员应沿一条设想中的直线滑行至终点，不得以曲线或横向滑行影响其他运动员的正常滑跑。假如违背，则领先运动员的名次列在受影响运动员的名次之后。

（8）在弯道滑跑时，除非沿内侧有足够的空间可以通过，否则只能从外侧超越其他运动员。否则罚时5秒。

（9）任何情况下，不得故意强行阻挡他人的超越滑行，严禁撞人、推人、拉人、挡人、踢人、绊人等有意阻碍他人滑跑的行为发生。否则取消比赛资格。

（10）严禁领先的运动员阻挡后者的超越，或者帮助正在被超越的运动员。否则取消比赛资格。

（11）禁止运动员的轮滑鞋触及或踏出跑道线。踏出一次警告一次并罚时3秒，3次警告取消比赛资格。

（12）只要不妨碍比赛的进行，运动员可以修理出故障的轮滑鞋，必要时可接受新鞋更换已损坏的轮滑鞋，但必须独立完成而不得接受外界帮助。

（13）在滑跑途中运动员摔倒时，可以自己起来继续比赛，不得由他人协助，否则取消比赛资格。期间计时不停。

（14）在场地跑道上，比赛按逆时针方向进行。

（15）根据运动员的轮子触及终点线的先后顺序决定运动员的终点名次。先通过终点线的前脚轮子必须接触地面，否则以后脚轮子通过终点为到达终点。

（16）运动员通过最后一圈时摇铃示意，但只给第一名运动员摇铃。

（17）运动员到达终点时最后的一个直线跑道上，领先的运动员要保持直线滑行，切不可以任何方式妨碍紧跟其后的运动员的正常滑行。假如违背，则领先运动员的名次列在受影响运动员的名次之后。

（18）在集体出发的比赛中，有数名运动员一起到达终点或计时成绩一样时，无法确切地区分他们的名次顺序，此时可以认定他们名次相同。

（19）比赛必须佩戴护具（护膝、护肘、手套和头盔），头盔由组委会提供。

2. 男、女技巧挑战赛

（1）所有比赛的起跑均为站立式，用发令枪或哨子发出起跑信号，起跑时两脚必须在起跑线后面，不得压线，在发令裁判法令时，选手不得将一只脚离地，否则算违规处理，但选手身体越线是不算违规的，两次违规将被取消比赛资格。

（2）发令员在起点召集运动员时，如运动员未到，2分钟后重新召集，仍不到者立即取消比赛资格。

（3）运动员身体稳定后才能发出起跑信号，运动员所站的位置由抽签决定。

（4）发令信号一次信号“预备”，第二次信号为鸣枪或挥旗，遇有下列情况，发令员指出后起跑重新进行。

① 在计时比赛中，运动员由于器材发生意外故障而非本人责任摔倒。

② 集体起跑时，在50米以内有一名运动员摔倒而引起其他运动员连续摔倒。

③ 发令员在发出起动信号前运动员起动均为抢跑。第一次抢跑给予警告，两次抢跑取消比赛资格。

（5）运动员的起动有10秒的限定时间，如果在10秒内不起动，发令员宣布该运动员退出比赛。

（6）运动员在各项距离的滑跑途中，严禁得到任何方式的外界帮助，除非轮滑鞋出现故障进行更换。否则取消比赛资格。

（7）碰倒或者漏掉一个桩，判罚延长成绩0.2秒（注：如果踢掉的桩没有倒，并且仍旧在地上所标的圆形范围内，则此桩不用判罚0.2秒）。

（8）速度过桩姿势如下。

选手选择过的桩姿势必须使得单脚或者双脚同时着地，不允许过桩时单脚变为双脚，或者双脚变为单脚。例如，比赛时选手如果采用单脚过桩，那从一轮比赛的起跑到终点，不得更换双脚动作；同样你要用双脚过桩，那从一轮比赛的起跑到终点，也同样不得更换单脚动作，必须两脚同时绕桩，不得出现一只脚绕而另一只脚却没有绕桩的现象，选手依照自己认为最快速度的姿势选择。

如果采用单脚过桩，入桩后另一脚落地的话则相当于漏桩，即落地后过的桩都不算，计算成绩时加上相应时间。

（9）速度过障碍点时，运动员可自由选择单脚和双脚。

（10）比赛必须佩戴护具（护膝、护肘、手套和头盔），头盔由组委会提供。

（11）在集体出发的比赛中，有数名运动员一起到达终点或计时成绩一样时，无法确切地区分他们的名次及顺序，此时可以认定他们名次相同。

3. 男、女表演赛

（1）技术分：满分40，由技术技巧、技术连接、难度系数和动作速度组成，具体动作分数根据平地花式难度等级表确定，由低到高。

（2）风格分：满分35，由技巧、连接与转换和额外加分组成。

（3）掌控分：满分25，包括技术的多样性、对音乐节奏的掌控和和谐度。这个分数主要以多种技巧的掌握和控制作为评判标准。

（4）处罚分：运动员因各种原因造成的失误，视失误大小可处罚0.1分到10分不等。

（5）比赛必须佩戴护具（护膝、护肘、手套和头盔），头盔由组委会提供。

4. 男、女团体赛

（1）每组队员平均分为两队，分别相对站在起点与终点。

（2）直道的速滑的接力比赛，无接力棒，起点队员与终点队员交接时拍一下对方的手下一个队员即可接力。

（3）所有比赛的起跑均为站立式，用发令枪或哨子发出起跑信号，起跑时两脚必须在起跑线后面，不得压线，在发令裁判法令时，选手不得将一只脚离地，否则算违规处理，但选手身体越线是不算违规的，两次违规将被取消比赛资格。

（4）发令员在起点召集运动员时，如运动员未到，2分钟后重新召集，仍不到者立即取消比赛资格。

（5）运动员身体稳定后才能发出起跑信号，运动员所站的位置由抽签决定。

（6）发令信号一次信号“预备”，第二次信号为鸣枪或挥旗，遇有下列情况，发令员指出后起跑重新进行。

① 在计时比赛中，运动员由于器材发生意外故障而非本人责任摔倒。

② 集体起跑时，在50米以内有一名运动员摔倒而引起其他运动员连续摔倒。

③ 发令员在发出起动信号前运动员起动均为抢跑。第一次抢跑给予警告，两次抢跑取消比赛资格。

（7）运动员的起动有10秒的限定时间，如果在10秒内不起动，发令员宣布该运动员退出比赛。

（8）运动员在各项距离的滑跑途中，严禁得到任何方式的外界帮助，除非轮滑鞋出现故障进行更换。否则取消比赛资格。

（9）比赛必须佩戴护具（护膝、护肘、手套和头盔），头盔由组委会提供。

（10）比赛均为3人一组出发，组别由组委会决定。

第五节 健 美

◎ 学习目标

了解健美的基础知识和基本技术。

健美

一、健美概述

健美运动是通过徒手或利用杠铃、哑铃、壶铃、拉力器及特制的综合力量练习架等器械，采用专门动作方式和方法进行锻炼来发展肌肉、增加体力、改善形体和陶冶情操的运动项目。健美是与人的形体美密切相关的，健美是形体美的基础。人体有对称的造型、均衡的比例、流畅的线条、坚强的骨骼、匀称的四肢、丰满的躯体、弹性的肌肉和健康的肤色等是形体美不可缺少的条件。健美还要求具有充沛的精神、愉快的情绪和青春的活力。

2000多年前，古奥林匹克竞技会上，古希腊人全身涂上橄榄油，进行裸体角逐，以显示其身体的健美。近代健美运动是19世纪末在欧洲兴起的，由德国的体育家尤金·山道首创，并于1901年9月4日在英国举办了世界上第一次健美比赛。山道对健美运动起到了很大的推动作用，被人称为“健美运动的鼻祖”。1949年，加拿大人本·韦德兄弟创建了国际健美联合会。国际健美联合会每年定期举办洲际、世界业余和职业健美比赛。

二、健美基本技术

以下将详细介绍各主要肌群的最佳训练方法。

（一）胸部肌群

1. 仰卧推举

器械：杠铃（哑铃）、长凳。

要领：宽握距（肘关节成90° 角），挺胸、沉肩，推至两臂基本伸直即可。（图11-5-1）

2. 仰卧飞鸟

器械：哑铃、长凳。

要领：下降到极限时，肘间角度成100° ～120° 角，在整个动作过程中，要保持肩、肘、腕始终在同一垂直面内。（图11-5-2）

图 11–5–1

图 11–5–2

（二）背部肌群

1. 重锤平拉

器械：联合器械。

要领：两臂屈肘贴身向胸腹部拉引，拉到小腹处时，上体与地面的角度略大于90°，同时挺胸收腹。（图11–5–3）

2. 重锤下拉

器械：联合器械。

要领：分为向前拉和向后拉。向前拉至胸前，同时上体稍后仰，尽量抬头挺胸；向后拉至极限，尽量低头。（图11–5–4）

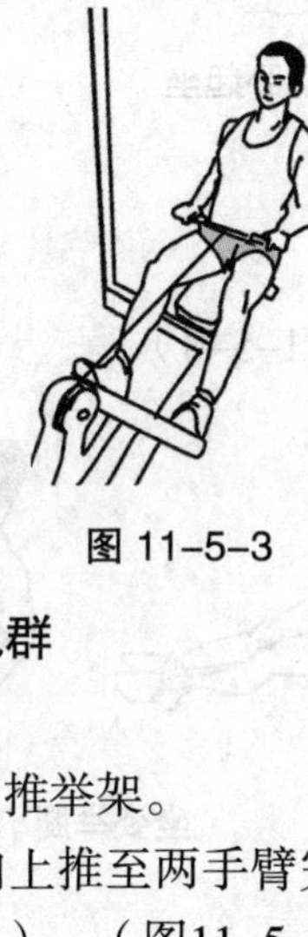

图 11–5–3

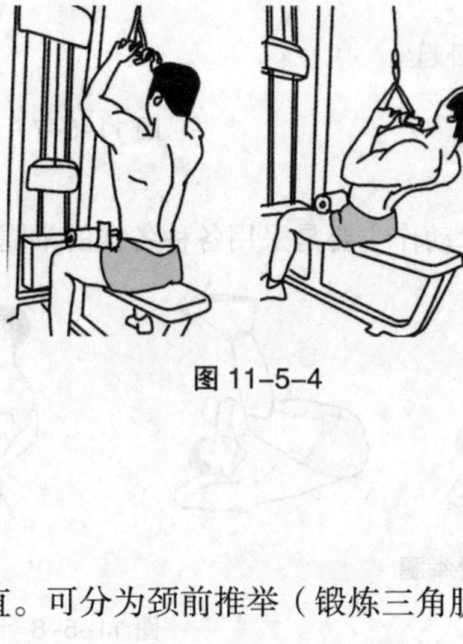

图 11–5–4

（三）肩部肌群

1. 坐姿推举

器械：杠铃、推举架。

要领：垂直向上推至两手臂完全伸直。可分为颈前推举（锻炼三角肌前中束）和颈后推举（锻炼三角肌后束）。（图11–5–5）

2. 立正划船

器械：杠铃。

要领：沿体前上拉，拉至锁骨处时，两臂尽量向耳部靠拢。窄握距锻炼三角肌前束；宽、中握距锻炼三角肌中束。（图11–5–6）

图 11-5-5

图 11-5-6

（四）腹部肌群

1. 上腹部

锻炼上腹部的技术动作主要是采用各种各样的仰卧起坐。（图11-5-7）

图 11-5-7

2. 下腹部

锻炼下腹部的技术动作主要是采用各种各样的举腿。（图11-5-8）

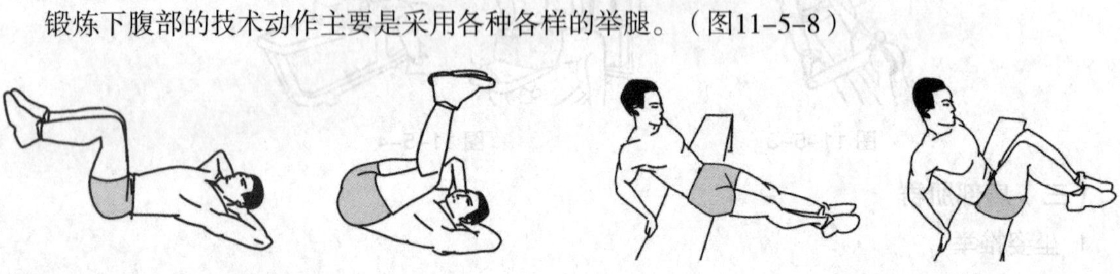

图 11-5-8

（五）上臂部肌群

1. 肱二头肌

（1）站立弯举。

器械：哑铃、杠铃。

要领：上臂保持固定不动，以肘关节为轴弯起前臂。（图11-5-9）

（2）俯坐弯举。

器械：哑铃。

要领：上体前俯，持铃手的肘关节顶在同侧大腿内侧上1/3处，前臂与大腿成45°角，以肘

关节为轴弯起前臂。（图11-5-10）

图 11-5-9

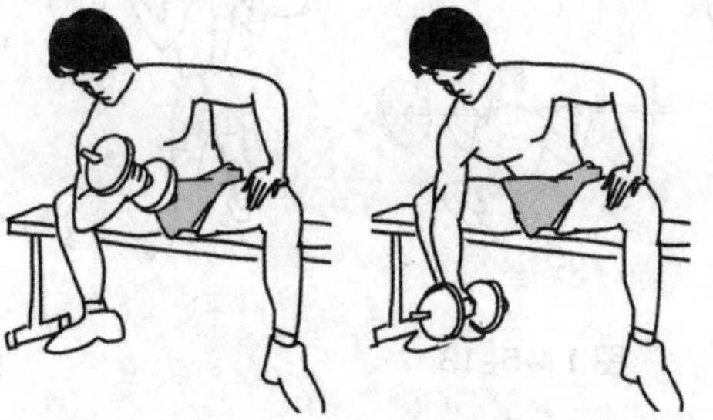

图 11-5-10

2. 肱三头肌

（1）站立臂屈伸。

器械：杠铃、哑铃。

要领：窄握距，两臂伸直上举，上臂与地面垂直，并始终保持靠近耳侧。向颈后弯曲，直至极限后，伸直手臂。（图11-5-11）

（2）俯立臂屈伸。

器械：哑铃。

要领：俯立（或站在凳边一侧，一腿跪凳上，同侧手支撑）屈肘持铃，上臂紧贴体侧，持铃向后上方举起直至手臂完全伸直。（图11-5-12）

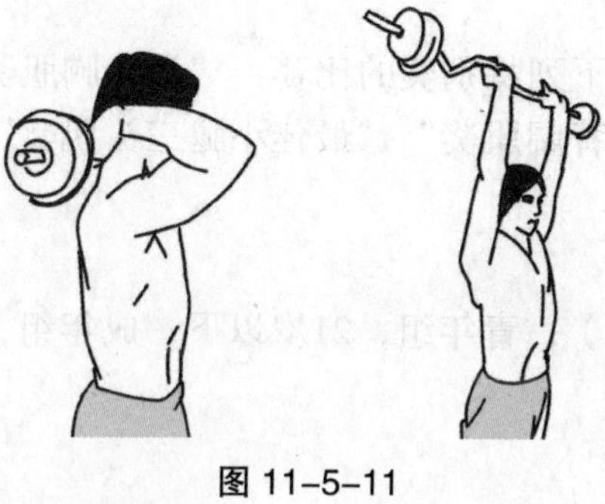

图 11-5-11

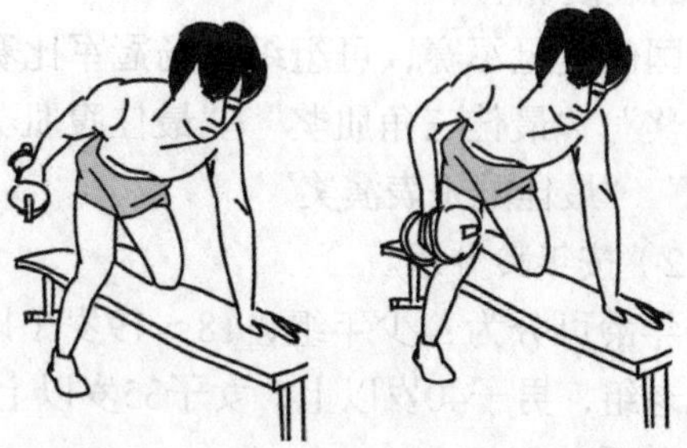

图 11-5-12

（六）大腿肌群

1. 股四头肌

颈后深蹲，如图11-5-13所示。

器械：杠铃，应在脚后跟垫3 ～ 5厘米高的垫木。

要领：始终保持抬头、挺胸、紧腰的身体姿势，下蹲至大腿与地面平行即可。蹲起时，杠铃要始终保持垂直向上运动。

2. 股二头肌

腿弯举，如图11-5-14所示。

器械：举腿架。

要领：躯干紧贴凳面，两手抓住固定物，脚后跟钩住脚托，将小腿向上弯起，尽量靠近臀部。

（七）小腿肌群

锻炼小腿肌群的技术动作主要是采用各种各样的举踵，可利用联合器械、杠铃、哑铃等。

图 11-5-13

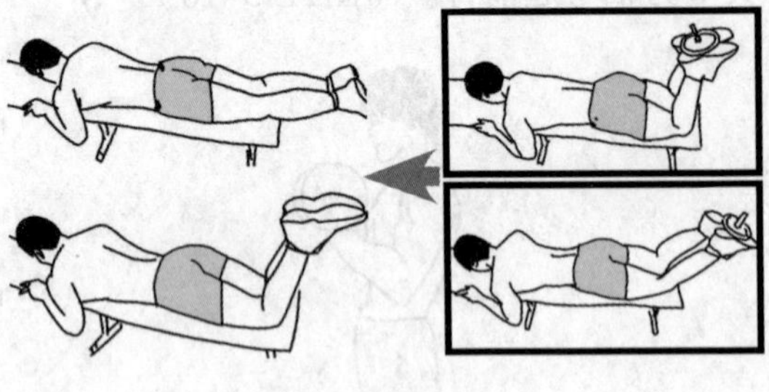

图 11-5-14

三、健美比赛规则简介

（一）比赛场地

（1）健美比赛要求在舞台上举行。如果在体育馆或四面看台的场地内举行，必须挂有背幕和相应的舞台装置。

（2）“比赛台”是健美比赛时主要的舞台装置。台的一般要求是8～9米长、1.5米宽和30厘米高。

（二）比赛规则

1. 比赛类别

（1）按性别分组。

健美竞赛按性别可分为男子个人、女子个人和男女混合双人，还可增设男子集体造型和女子双人的表演赛。

全国健美冠军赛，可组织全场冠军比赛，并增设下列特别奖的比赛：“最佳胸肌奖”“最佳臂肌奖”“最佳三角肌奖”“最佳腹肌奖”“最佳背阔肌奖”“最佳小腿三头肌奖”“进步最快奖”“最佳配乐表演奖”。

（2）按年龄分组。

按年龄可分为：少年组，18～19岁（以生日为准）；青年组，21岁以下；成年组，21岁以上；元老组，男子40岁以上，女子35岁以上。

2. 体重分级

（1）男子体重分级。

男子按体重分为8个等级。

① 羽量级：体重在60千克以下。

② 雏量级：体重在60.01～65千克。

③ 轻量级：体重在65.01～70千克。

④ 轻中量级：体重在70.01～75千克。

⑤ 次中量级：体重在75.01～80千克。

⑥ 中量级：体重在80.01～85千克。

⑦ 轻重量级：体重在85.01～90千克。

⑧ 重量级：体重在90千克以上。

（2）女子体重分级。

女子按体重分为3个等级。

① 轻量级：体重不超过52千克。

② 中量级：体重在52.01～57千克。

③ 重量级：体重在57千克以上。

男女混合双人和元老组不分体重级别。

3. 运动员服饰

（1）男运动员必须穿规定式样的比赛三角裤。

（2）女运动员必须穿单色不耀眼的、能完全显露出腹部和背部肌肉的“比基尼”赛服，不能带有花纹图案、商标和任何附加的装饰品，也不能带有金、银闪光色。

（3）运动员的号码牌须牢固地挂在或缝在比赛裤的左前侧。

（4）运动员在比赛中不准穿鞋、袜，不准戴手表、戒指、手镯、脚镯、项链、耳环、假发和其他装饰品；不准吃糖和吸烟；身上不准贴胶布或裹绷带；身上不准有人工刺花。女运动员的头发披下不能超过肩部。

4. 抽签和称量体重

称量体重是在预赛前一天进行；称体重时，运动员必须穿比赛服，女运动员须有性别证明，以接受裁判组检查。称体重后，须交自选动作录音带。

5. 比赛时间

男子个人为60秒；女子个人为90秒；男女混合双人为120秒；集体造型为60秒；女子双人为90秒。

6. 计分方法与名次评定

（1）预赛的评选方法。

预赛采取不评分方法，只根据规定人数挑选。每一级别参加的复赛运动员不得超过15人。如参加该级别运动员不足15人时，其复赛入选数量最多不超过参赛人数的2/3。若不足6人，可不经预赛，直接进入复赛，打两次分，从中选出3人参加决赛。

（2）复赛（半决赛）的评分方法。

复赛分第一轮和第二轮。经两轮复赛，并通过“比较”评分评出每个参赛运动员的名次分。把他（她）们中间最好的排为第1（即“1”分），次于第1的列为第2（即“2”分），一直排到最后一位。须把9位裁判员评分中两个最高分和两个最低分去掉，将其余5位裁判员的分相加，即为每一位运动员的复赛得分。

（3）决赛的评分方法。

裁判员根据预赛和复赛两个赛程的综合观察，对参加决赛的6名运动员，分别评出第1～6名的名次分。计算方法同复赛。

（4）决赛的总分计算方法。

把参赛运动员的复赛得分和决赛得分相加即为该运动员的决赛总分。分值小者名次列前。如遇决赛总分相等时，应以复赛和决赛评分中，小分值多者名次列前。全场冠军的计分方法与其他级别决赛计分相同。

第六节　高智尔球

◎ 学习目标

了解高智尔球的基本知识及比赛规则。

一、高智尔球概述

高智尔球（Wiser球），是智谋结合运动的一种动静相争的对抗性球类运动。“Wiser”不是智慧者的意思，其含义是从智慧当中育化出更高的智慧，通过打Wiser球，可以让人们的智慧得到更高、更好的发展，因此中文翻译为“高智尔”。Wiser球不仅能锻炼体力，而且能开发脑力，可以说是球艺中最好的一项运动之一。

Wiser球没有老少年龄、高矮身材、男女性别的限制，也不需要专门场地，不需花费太多资金，而且非常安全，只要喜爱体育的人皆可加入，是真正做到了平等待遇的运动。它既是个人、也是团体的谋略和战术，从智力思维训练方面来说，有如下棋布阵，从身体的锻炼方面来说，更是一个完美自然的高级球类运动。

二、高智尔球基本知识

（一）高智尔球基本球具和设备

1. 比赛用球

每颗球的直径约90毫米，重量约168克。红、白两色各7颗，分别以1到7来编号。（图11-6-1）

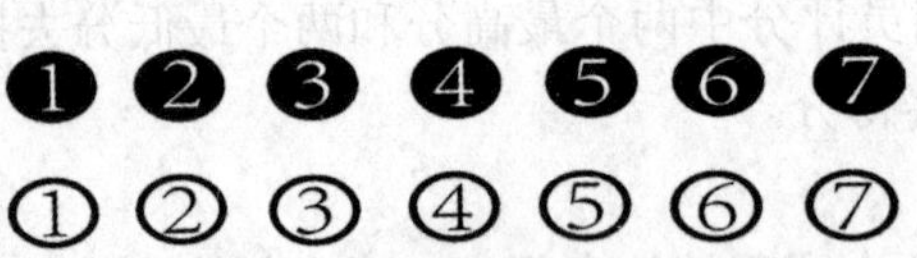

图 11-6-1

2. 比赛旗

准备黄旗与红旗各10支。旗子的规格和尺寸如图11-6-2所示，两边为 1英尺（约30.5厘米）长的等腰直角三角旗面，旗子插入地面后，地面以上的旗杆高度需为 2英尺（约61厘米）。

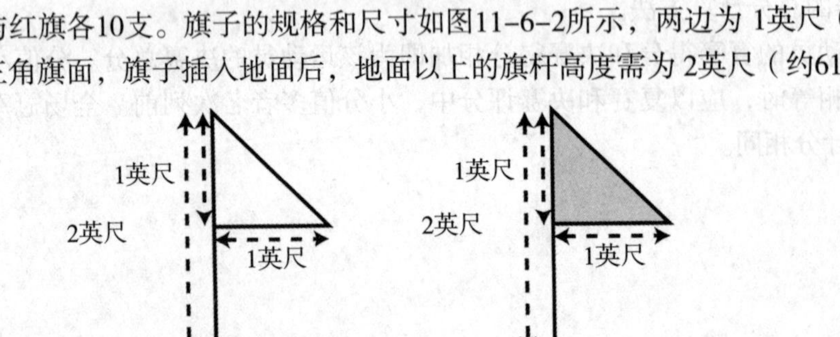

图 11-6-2

3. 中界线

准备一条12米长的绳子来设定“中界线”。

（二）高智尔球比赛方式

正式高智尔球比赛分红、白两队对抗，依照球员人数的不同可分为以下三种比赛方式。

1. 单人对打

每队1名球员，掌5颗球，分别编号1～5。

2. 双人对打

每队2名球员，每队6颗球。每位球员打3颗球，其中1人掌1～3号球，另1人则掌4～6号球。

3. 团体赛

每队各7名球员，分别以1到7来编号。每人打1颗球。球的号码和该球员的编号相同，1号球员就打1号球，2号球员就打2号球，依此类推。每队的1号球员为该队队长，负责比赛中与队友协商讨论比赛战术。

（三）高智尔球的比赛服装

为区别于其他球类运动，高智尔球有专门设计的运动服装。但是在平时的练习或者一般的比赛中，可以自由穿着任何运动装或休闲装打球。

三、高智尔球比赛规则简介

（一）比赛场地

高智尔球比赛的场地，可以选择有草、无草、草高、草低，或是高低不平、乱石斜坡等不规则的异形场地，乃至室内等都可以。一般来说，高智尔球比赛场地不限大小，可因地制宜，大者可在高尔夫球场，小者可在室内，无论什么障碍物均可利用。

（二）发　球

（1）比赛开始前，由两队队长抽签决定哪一队先发球。两队轮流把球发完。

（2）发球前，每位球员先将有自己号码的球拿在手上准备发球。每次轮到该队发球时，只限一位球员发球。

（3）发球时没有1分钟的讨论时间限制，也不需要按照每队球员数字编号的顺序发球。

（4）队员们可以集合到队长身边轻声讨论战术，共同决定由哪位球员发球或发至何处，而不是由队长下命令指定。

（5）轮到该球员发球时，发球者必须站在其球号在发球线的排列位置，不可任意移动至其他位置发球。

（6）发球没有固定的方向、路线和远近，不必局限于两队发球线之间的矩形范围内，可以把球发到整个球场的任何地方。

（7）虽然发球的范围没有限制，但发球布阵时必需遵守以下规定。

① 团体赛：每队必须至少要有2颗球，最多5颗球越过中界线。

② 双人对打：每队必须至少要有2颗球，最多4颗球越过中界线。

③ 单人对打：每队必须至少要有2颗球，最多3颗球越过中界线。

（8）发球时，两队不管击中同队或对方的球都为无效，被击中的球回复原位，然后发球者将球拿回重新发球。等两队都发球完毕，第一阶段发球就结束了。接着裁判就宣布双方球员就位。此时，球员就从各自原先站立在发球线上的位置迅速移动到自己的号码球旁站好，准备进入第二阶段“比赛竞技对抗”。

（三）比赛竞技对抗

发球完后，先发球的队先进攻，然后换另一队进攻，接着双方轮流进攻。比赛竞技对抗的目的是将自己的球打出，击中对方的球，把对方的球“关住”或让它“出局”。

1.“竞技球”“初关”“二关”和“出局”

（1）比赛一开始，所有的球都是“竞技球”，都有进攻权。“竞技球”就是没有被关住的球，球员可将“竞技球”自由地击球或布阵。

（2）当我方的“竞技球”被对方的竞技球击中第一次时，被击中的“竞技球”就被判“初关”，球就不能动了。插旗员会在被“初关”的球旁插上黄旗。

（3）如果被“初关”的球之后被击中第二次，该“初关”球就变成“二关”，插旗员会在“二关”的球旁改插上红旗。

（4）如果被“二关”的球被击中第三次，该“二关”球将被判“出局”，“出局”的球员必须拿着球马上离开赛场，无权再继续参加此场比赛。

2. 解救被“初关”和“二关”的球

（1）要解救被关住的我方球（不论是初关或二关），我方必须击中对方将它关住的球。例如，白2进攻击中红 4，红4被“初关”插黄旗；要解救被“初关”的红4，红队球就必须击中让红4球“初关”的白2球，白2球被击中，红4的就可恢复成“竞技球”。

（2）要解救被“二关”的球，则必须解救它两次。第一次解救，“二关”被删除一次，变成“初关”；第二次解救，该球的“初关”再被删除一次，恢复成“竞技球”。

竞技球被对方球击中变成“初关”“二关”和“出局”，以及解救被关住球的过程如图11-6-3所示。

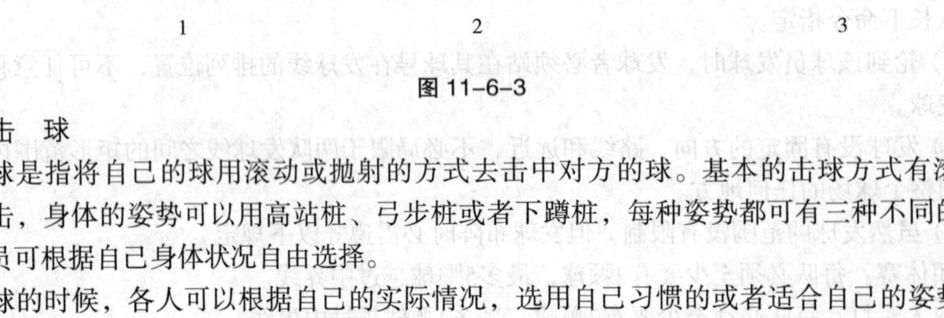

图 11-6-3

3. 击　球

击球是指将自己的球用滚动或抛射的方式去击中对方的球。基本的击球方式有滚击、射击和空击，身体的姿势可以用高站桩、弓步桩或者下蹲桩，每种姿势都可有三种不同的击球方式，球员可根据自己身体状况自由选择。

打球的时候，各人可以根据自己的实际情况，选用自己习惯的或者适合自己的姿势打球。发球和拦击也是用以上的这几种姿势。

4. 布　球

比赛当中除了击球外，还可以布球（或叫布阵）。布球就是将球打到特别的位置，目的是配合全局的取胜。

（1）布球的方式。

平布：将球抛在宽广、平坦，较少障碍物的平地上。

掉布：如前面有障碍物，高低不平，甚至超过人的高度，无法以平布的方式布阵，可将球抛掷越过障碍物，或抛到障碍物的顶端上，称之为掉布。

隐布：将球布阵隐藏起来，使对方不易击打，以达到隐袭的效果，如将球隐藏在草丛、树洞里或障碍物之后，使对方难以攻下。

（2）布球的规定。

比赛时，每队每次有连续三次布阵的机会，第四次就必须进攻击球。

任何企图击球后（不论击中成功与否），该队布阵累积次数便归零再开始重新计算，该队又有连续三次布阵的机会。

5. 打高智尔球的标准站姿

打球前，球员必须站在自己球位置的后面。以两脚中的任何一脚固定在球的正后方，但小心不要踢到球。固定脚（或称为前脚）的脚尖方向朝着要击球或布阵的方向，然后用习惯的手取球在手；拿起球准备打球时，固定的前脚就不能再移动或换脚。在球击出之前，后脚可以向后拉或往侧边移动，但不可以超过前脚的位置。（图11-6-4）

图 11-6-4

6. 打高智尔球的三个基本步骤

当裁判宣布由某队进攻后，要进攻或布阵的该队球员必须遵守以下三个基本步骤，以避免犯规。

（1）在拿球前，可先举单手示意裁判员准备打球，这样可以避免同队超过一人以上同时掷球造成犯规。（但拦击不适用于此规定）

（2）掷球球员必须向裁判表明自己要布阵或击球。若要击球进攻对方，该球员必需喊出想攻击的对方球的号码，如攻打红4球前必须先喊：“我要打红4球！”目的是让被攻击的一方能有机会进行拦击。但若击球没有击中指定的球，却意外击中对方其他号码的球或误击同队的球，这次击球仍被视为有效。

（3）球员以标准姿势站定拿球后，必须等待裁判员吹哨宣布由该球员进攻后，才可将球打出，否则视同犯规（拦击球员除外）。

7. 围捕线内的竞技

（1）如何设定围捕线。

两队经过相互攻防后，当其中任何一队只剩下一颗竞技球时，就要设定围捕线。因为不设围捕线，这颗球就会无界限地到处乱跑，永远也打不到。

如图11-6-5所示，围捕线是两队发球线之间12米×24米的矩形范围。

（2）如何在围捕线内重新定位。

设定围捕线后，两队必须将剩下的竞技球和被关起来的球分别在围捕线内重新定位。

由剩下多颗竞技球的一队先重新定位，接着剩下一颗竞技球的球队重新定位。

如图11-6-6所示，重新定位的方法是球员将球从它们原来在场上的球位拿起，然后任意排列在距离原来每队各自发球线向内移动约1米的“重新定位线”上。

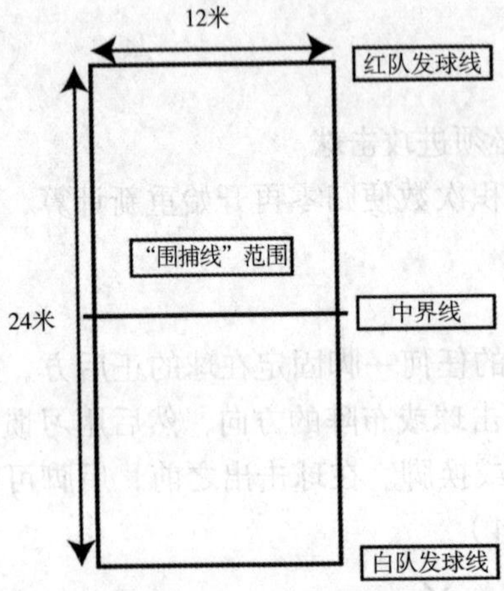

图 11-6-5

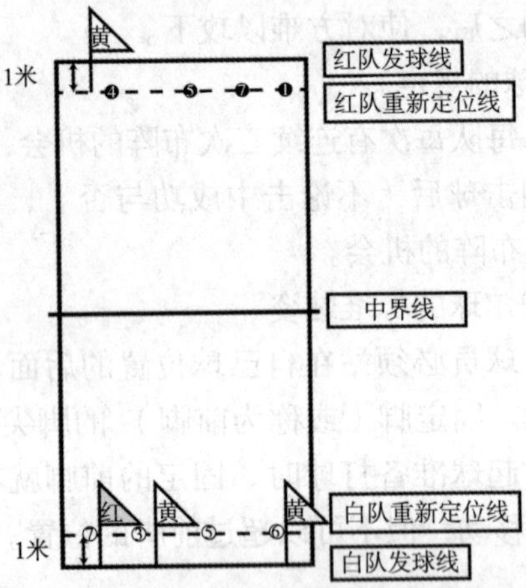

图 11-6-6

（3）在围捕线内竞技的规则。

重新定位完毕，两队在围捕线内继续竞技，由剩下一颗竞技球的球队先进攻。除了有范围限制外，在围捕线内竞技比赛的规则也和第二阶段相同，球员一样可以击球或布阵。

任何一队进攻，竞技球击球时没有打中对方的球而跑出围捕线外要受处罚。

8. 误　击

当自己的球打中同队的球，称之为误击。误击同队的球就被判“出局”，而被误击打中的球视其原来的状态而有以下三种判决结果：假如原来是“竞技球”，就被判“初关”，球旁插黄旗；假如已经是“初关”，就变成“二关”，换成插红旗；假如已经是“二关”，就变成“出局”。

9. 拦　击

拦击是高智尔球中最高难度的技巧。拦击是指对方进攻我方的时候，我方采取的及时阻拦。拦击在球场竞技中任何时候均可使用。拦击可分为空中拦击、正面拦击和侧斜拦击。

10. 比赛结束

当其中一队没有任何竞技球时，就输了此局比赛，另一队就获胜，裁判员就宣布比赛结束。

比赛结束后，两队于中界线两侧集合，互相面对，然后互相行礼。裁判员宣布比赛结果，两队互相握手。

第七节　保龄球

◎ 学习目标

了解保龄球的基础知识和基本技术。

一、保龄球概述

保龄球是一种在木板道上滚球撞击前方木瓶柱的室内运动，过去又被称为“地滚球”。这项运动历史悠久，起源于公元前5200年，英国考古学家福兰达斯培德里在埃及古墓中发现类似现代保龄球的大理石球和瓶， 古代保龄球的球和瓶由石头制成，球道的长度为60英尺（约18.3米），和近代相同。

这项运动首先在欧洲普及起来。13世纪，英国流行草坪滚球，以后又被传入美洲、亚洲，那时使用的是九瓶制，菱形排列。18世纪，美国有人在九瓶的基础上增加了一瓶，形成了今天的十瓶制，三角形排列，并被列为体育运动项目，受到了广大爱好者的欢迎和当局的承认，从而成为一项高雅的室内体育运动。

保龄球运动最早于20世纪初传入我国。1981年，上海锦江俱乐部建成了拥有6条自动化球道的球场，成为全国首家恢复保龄球运动的俱乐部。目前，我国保龄球主要有全国锦标赛、全国精英赛、全国青年锦标赛和中国国际保龄球公开赛四大赛事。

二、保龄球基本技术

（一）选　球

对于一般球手而言，选球仅是对球的重量及手指插孔进行选择，对手指插孔的选择主要看孔间距及指孔大小是否合手，而选择球的重量则要考虑个人体重、体力、臂力、腕力和握力等因素。

1. 简便的选择标准

简便的选择标准如表11–7–1所示。

表11–7–1

小学生	中学生	女青年	男青年	中、高级球员
6～7磅	8～9磅	10～12磅	13～14磅	15～16磅

2. 以体重1/10为依据的选球标准

以体重1/10为依据的选球标准如表11–7–2所示。

表11-7-2

40～49千克	50～54千克	55～59千克	60～64千克	65～69千克	70～74千克	75千克以上
10磅	12磅	13磅	14磅	15磅	16磅	17磅

一般以握得稳固、摆动自如、不感吃力、投时又能充分控制为好，初学阶段选较轻的球。通过学习，逐步掌握了运球和投球的基本技术后，再进一步选用合适的重量，选定以后，不要轻易更改。

（二）基础动作

1. 抓球方法

首先将持球手的中指、无名指及拇指依次插入相应的孔中。通常，初学者应将中指及无名指的第一、二指关节插入指孔，另一只手扶在球侧。（图11-7-1）

图 11-7-1

2. 选择瞄准点

（1）第一种方法：以球瓶为目标。由于投球者在犯规线处距离1号瓶的中心点的距离是60英尺（1英尺≈30.48厘米），所以容易产生视觉偏差，对于初学打保龄球的人，这种瞄准方法，就比较困难。

（2）第二种方法：以箭头为目标。每个正规的球道是由39块板组成的，每5块板有一个箭头表示方向，在距离犯规线12～16英尺的距离，有7个黑色箭头，我们称为目标箭头，初学者一般都采用此种瞄准方法。由于目标拉近，投球者就容易把球投准目标。在准备投球前，投球者要始终瞄准目标，尽可能保持每次动作的一致性，这样才能把球投到你所想投的目标上。如在投球时，你的脚步位置不够准确或投球的手法不一样，将导致球路弯曲，弧度不尽相同，这样使用目标箭头瞄准时就失去了意义，在初学者尚未习惯使用箭头瞄准时，更应注意投球基本动作的一致性。

（3）第三种方法：以线路为目标。在犯规线与目标箭头间，还有一排圆点。在这里我们运用了射击瞄准的原理，首先身体要对着1、3瓶位的目标或球转弯处的目标，将目标的圆点和目标箭头连成一条直线，这样我们的球就能够更加准确地朝着你所设想的目标运行。初学者通常使用3号目标圆点和2号目标箭头的连接线。这种方法可投出容易控制的球。

3. 持　球

持球手的手腕要平行；将拇指完全伸入至虎口，不可伸入半节，以持球稳为原则，掌心朝上，将球平放在掌心上，手掌与大臂成90°，直对球瓶方向。持球手臂紧靠腰部上方，上身稍微前倾，腿微屈，两眼注视瞄准点。此时，球、肩的支点与瞄准点应在同一条直线上，即所谓的“三点一线”。

4. 投　球

通常有三步助走、四步助走及五步助走投球方法，这里仅介绍最常用的四步助走投球方法。

四步助走推球方式（以右手持球为例）。（图11–7–2）

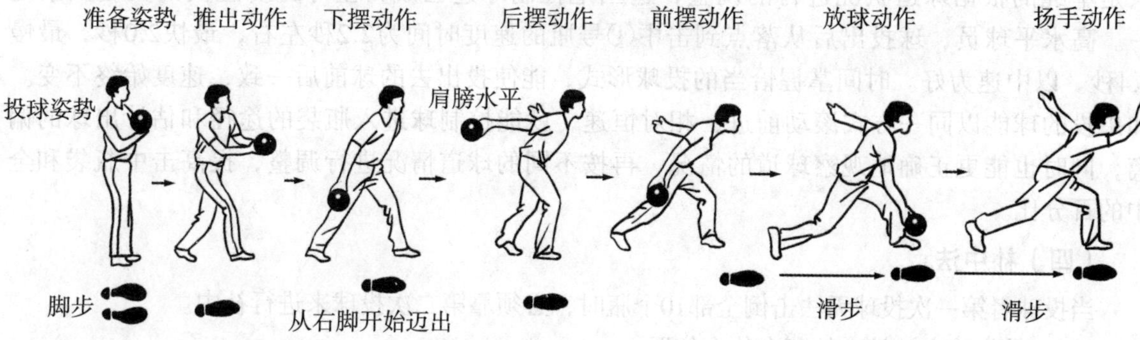

图 11–7–2

（1）第一步：双眼盯着前方的箭头或目标的滚向路线，右脚先开步，开步同时将球向前推，左手自然分开向左方伸开，以达平衡。

（2）第二步：左脚开出，持球的手随即向下垂直。

（3）第三步：开出右脚，此时持球的右手臂垂直向后摆。胸、脸要对着前方，不可一面前进、一面弯腰。

（4）第四步：左脚向前滑步至弓步，同时将持球的手臂利用肩轴向前直伸，手掌心向前。手掌心千万不可左右翻腕，上身向前倾约15°，此时弓步、挺腰、前弓后箭，将球顺着地板送出，拇指先脱离球，两指向前挑送球，大臂瞬间一气呵成向耳边提拉后，掌心直对头顶的后方，整套动作要保持稳定流畅。

（三）投全中球的秘诀

1. 选择最佳角度线

直脚（右手投球）以左脚内侧线为准，内“八”字脚以左脚前部内侧线为准，外“八”字脚以左脚跟内侧线为准。

2. 站立面向目标

确定站立位置后，计算出跑和滑步的偏离性因素，以保证投球时目标的一致性。

3. 自我调节心理情绪

调节的方法为集中—放松—集中—深呼吸—起步，确保身体平衡和步幅自然，手脚配合协调有节奏感。

4. 保持身体平衡

滑步停止时，右脚向左后方伸出，脚尖为支点，把握放球的瞬间时机；球在离左膝盖150厘米左右时推出，根据不同组的角度线采用不同的落球距离。

5. 保持投球姿势

看球的落点，看球通过目标箭头，看球的转折拐弯，看滑步终止时左脚内侧线的位置。

6. 手脚配合技术程序练习

运球摆臂的时间等于助跑的时间，始终如一的技术动作、节奏和幅度，其程度应接近机器人。

7. 球速与得分的关系

在大多数保龄球比赛中，“球速”往往是影响成绩表现的关键因素。运用球速是一种“技巧”，而不是单纯的“肌肉使用”。近来，由于球道条件与设备不断改进，球速已不只是单纯的根据球道状况进行的调整，适当地控制球速已成为主导比赛胜负的关键因素之一。高水平球员，球投出后从落点到击中①号瓶的速度时间为2.2秒左右，最快2.0秒，最慢2.4秒。以中速为好。时间掌握恰当的投球形式，能使投出去的球前后一致，速度始终不变。如果投的球能以同一方式滚动前进，相对恒速，就能控制球进入瓶袋的途径和估计出球的偏离，同时也能更正确地观察球道的情况，再按不同的球道情况进行调整，提高击中瓶袋和全中的百分比。

（四）补中法

当投球者第一次投球无法击倒全部10个瓶时，必须靠第二次投球来进行补中。

（1）首先确定被补中的瓶在什么位置。

（2）确定全中目标的位置（包括站位及位置）。

（3）投球目标有变，移动站位。

（4）脚下站位，向左或向右移动3、6、9块板。

（5）脚下移动3块板，目标瓶则会移动1个瓶位。

（6）补中左边瓶时应向右移动，补中右边瓶时应向左移动。

（7）在移动时，应注意调整好身体角度。

三、保龄球比赛规则简介

（一）场地、器材

1. 球道的组成部分

保龄球球道包括边沟、边墙板和助走道，均必须由木质材料或其他被批准使用的材料构成。球道涂有一层润滑油，长约19米，宽约1米。

2. 球的规格

（1）重量：保龄球的标准重量从6磅（1磅≈0.45千克）到16磅共11种规格，圆周不得大于27英寸（1英寸≈2.54厘米），且球的直径必须是恒定不变的。球的表面除了用于抓球的孔、识别记号、球的编号之外，不应存在任何形式的凹陷或槽沟。

（2）种类：分通用球和专用球两类，一般场馆中用的都是通用球。通用球也叫娱乐用球，球上标有重量，采用传统握法；专用球是达到一定水平的爱好者及专业运动员的用球。

3. 目标瓶

瓶为木制，每个重量为1.5千克，表面是塑质化合物，共10个瓶，呈正三角形摆放。

4. 球道的构造

球道由投球区、犯规线、坑、护板和球沟组合而成。

5. 回球的装置

投球之后，使用自动机械把球返回到记分台前面地区。

6. 看　板

看板是显示全倒或剩下瓶位的显示器。

7. 记分台

记分台是显示投球成绩的显示器。

8. 球　台

球台是摆球的台，拿球的地方。

（二）比赛与记分方法

1. 比　赛

保龄球比赛以局为单位，一局10轮，每轮有两次投球机会，如果第一次把10个木瓶全部击倒，就不能再投第二次。唯有第10轮不同，全中时继续投完最后两个球，补中时继续投完最后一个球，结束全局。

比赛以抽签决定道次，每局在相邻的一对球道上进行比赛，每轮互换球道，直至全局结束。

保龄球比赛时，均以6局总分决定名次。

2. 记　分

（1）保龄球按顺序每轮允许投2个球，投完10轮为1局。

（2）每击倒1个木瓶得1分。投完一轮将两球的“所得分”相加，为该轮的“应得分”，10轮依次累计为全局的总分。

（3）尽量在两球之内把球瓶全部击倒，如果第一球就把全部的球瓶都击倒了，也就是“Strike”，画面出现“X”，就算完成一轮了，所得分数就是10分再加下两球的倒瓶数，但是如果第一球没有全倒，就要再打一球了，如果剩下的球瓶全都被击倒，也就是“Spare”，画面出现“/”，也算完成一轮，所得分数为10分再加下一球的倒瓶数，但是如果第二球也没有把球瓶全部击倒的话，那分数就是第一球加第二球倒的瓶数，再接着打下一轮。依此类推直到第10轮。

（4）第10轮全中时，应在同一条球道上继续投完最后两个球结束全局，这两个球的所得分应累计在该局总分内。

（5）第10轮为补中时，应在同一条球道上继续投最后一个球结束全局，这个球的所得分应累计在该局总分内。

（6）满分为300分。

知识窗

保龄球的好处

（1）不分年龄、性别，男女老少均能参与，无论个人体质好坏。

（2）不管身体的强弱，只要通过努力均可获得高分，因此，可培养和增强人的自信心。

（3）可以弥补日常生活中和工作重负下的运动不足。据计算，打3局保龄球的运动量相当于骑车20分钟，或跑步15分钟，或打网球20分钟。

（4）不受天气、时令影响的运动。

第八节　高尔夫球

◎ 学习目标

了解高尔夫球的起源、礼仪、基本技术和规则。

一、高尔夫球概述

(一)起　源

中国历史上记载南唐有类似的“捶丸”游戏。现代高尔夫球运动可以确定的是起源于苏格兰地区，17世纪流传到英国，再逐渐传到欧洲、美洲和亚洲。

高尔夫球运动是在球场上球员用自己的球杆打各自的球，追求用最少杆数将球击入球洞，从而取得成绩的运动。世界上没有两个完全相同的高尔夫球场。球场随着时间早晚、季节转换、气候不同，更呈现出各种变化和挑战。因此高尔夫球运动可以说是个人的自我对抗，也是球员与球场的比赛。参与高尔夫球运动，除了充沛的体能和纯熟的技巧外，球员需要不断地思考判断和集中注意力，更是对个人心理素质的训练。高尔夫球运动既适合各年龄层的人参与又具备社交功能，在国内虽然起步较晚，但受到许多人的喜爱，日渐流行。

(二)礼　仪

（1）应随时注意自己及球友的安全。打球偏离球道要高声提醒其他球友。

（2）下场时不可穿着无领或无袖的上衣，不可穿着牛仔裤。必需穿着软钉鞋或软底运动鞋。

（3）击球时按顺序从最远离果岭的球友开始击球。

（4）球场上保持安静，同组球友击球时，应避开挥杆区域静立，避免干扰球友击球。

（5）协助其他球友注意落球点。

（6）击球者应该随时修补因击球造成的草皮损坏和果岭上落球的球痕。

（7）沙坑击球后要用沙耙抹平脚印和球痕。

（8）果岭上看球线不可踩到别人的球线。

（9）不要让自己的影子落在推击球员的视线内，影子的晃动会干扰球员推杆。

（10）打完后将旗竿插回球洞后迅速离开，让下一组可以击球。不要在果岭上计分、讨论或多练习几次。

知识窗

每位参赛者必须于赛前了解球场所定的比赛条件

（1）比赛的正确时间。

（2）各组成员的编排。

（3）自己被认可的差点。

（4）第一洞是一号或十号。

（5）比赛当天当地的规则。

二、高尔夫球基本技术

（一）握　杆

握杆是指球员手握住球杆的位置和方法。可以说，握杆决定了杆面瞄准的方向，而球击出后飞行的方向取决于杆面瞄准的方向。因此，想要拥有精准的击球，就一定要建立正确的握杆方式。90%的业余球手握杆都存在着问题。因此，初学高尔夫球者绝对不可忽视握杆。

目前，常用的握杆方式有以下三种。

（1）棒球式握杆：左手大拇指对着球杆握柄上的标志，右手并排握在左手上方，右手的大拇指和食指之间的虎口对着握柄上的标志。（图11-8-1）

（2）重叠式握杆：将右手小指和左手食指重叠的握杆方法。（图11-8-2）

（3）互锁式握杆：将右手小指和左手食指勾住。（图11-8-3）

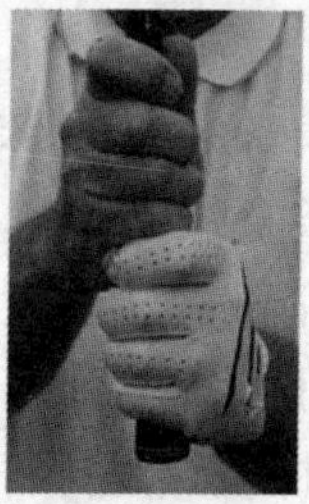

图 11-8-1

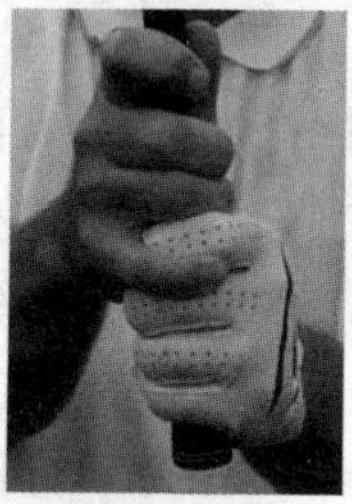

图 11-8-2

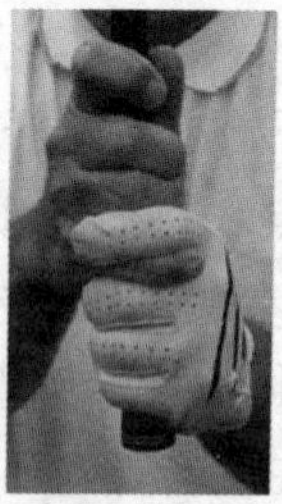

图 11-8-3

重点：必须将左手食指和右手中指、无名指关节放在同一直线上。

练习方法：将球杆举到胸前，双肘弯曲。握杆时，两手分开，但两手手指必须保持平行。握杆正确的时候感觉手腕灵活，相反握杆错误手腕会感觉比较吃力。

（二）击球准备姿势

（1）侧面动作：① 抬头挺胸，双脚打开，垂直拿着球杆；② 慢慢放下球杆，在腋下碰到身体时停止动作；③ 慢慢倾斜髋关节以上的上半身；④ 维持手臂的角度，身体再更往前倾，双膝轻松舒适地弯曲。保持腋下和膝盖的位置在拇指肚之上。（图11-8-4）

（2）正面动作：① 左臂保持放松，自然下垂握住球杆；② 右手从旁握出，轻松地握杆；③ 双脚的宽度因杆而宜，球杆越短，双脚距离越小。例如，握6号铁杆，双脚与肩同宽。（图11-8-5）

图 11-8-4

图 11-8-5

（三）挥　杆

挥杆分为以下6个部分。（图11-8-6）

图 11-8-6

（1）起杆：开始拉动球杆的动作是挥杆的关键。注意运用肩部的力量带动左腕挥杆。

（2）上杆顶点：在做该动作时，左脚、左膝和左肩成一条直线。注意要大幅度转动上半身。注意挥杆的节奏，不可以突然变快，不可以用手挥杆。脸稍微右转，大幅旋转上半身，用开始挥杆时的速度将球杆带到上杆顶点。感觉将左肩从左脚拉开般大幅旋转。

（3）下杆：在回转点时不要转动腰部，保持平行移动。上杆顶点是挥杆的回转点。接下来要做下杆，但是这时不能用手臂的力量挥杆。先让腰平行移动到目标方向，左膝回到准备动作的位置，让重心移到左脚后再挥杆。

（4）击球瞬间：集中精神将速度传到目标方向。在身体往左移动的过程中，想象把球笔直地击到目标方向是一种有效提高球杆动作效率的方法。这和理想的击球姿势与杆头的加速感有关。如果是想象将球杆推到锐角或是想象把球打高会使得速度分散。

（5）送杆：将球杆加速挥向因腰部转动而产生的左边空间。击球瞬间，杆头会像是要超越双手般加快速度，腰部持续保持转动，这时身体在左侧会产生空间，使球杆在击球后继续向内侧挥动。但是，不能过度挥动造成左腋下产生空间。在右手不勉强的情况下，将右手放在左手前挡住左手的力量，肩膀便会顺畅地跟着转动。

（6）收杆：左脚站立，重心全放在左脚上。收杆是挥杆的终点。这时是否保持身体平衡将会决定击球的效果。重心全放在左脚上，右脚脚尖着地，胸部、右膝和右脚背朝向目标方向做好动作。收杆的动作稳定，挥杆也会跟着稳定。

（四）开　球

开球不仅要将球打远，同时要因地制宜地根据赛场的情况，采取不同的方法击球入洞。对于高尔夫爱好者来说，开球杆杆身最长，能够增加杆头速度，将球击得更远，但也最难控制。开球可以使用1至4号木杆，许多职业选手都会选用1号杆来开球，但1号杆杆头最小，几乎没有倾斜面，容易出现失误。因此，初学者可以选用2号木杆来开球。

（1）左脚的位置是决定能否准确击中球的关键。在准备动作时，注意身体和球之间的间隔。保持前倾姿势，右手持球杆，球杆保持自然的角度，之后再依左脚、右脚的顺序决定好站姿。不论任何人，左脚一定要保持不动，根据要打的球路调整右脚的位置。

（2）用身体承受球杆的加速度。1号开球杆是球杆中最长、离心力最大的球杆。换句话说，就是最能表现出速度的球杆。使用开球杆的时候，身体必须承受力量，用身体来承受球杆的运动能量是很重要的。因此，球杆是主，身体是从（只注意转动身体会导致挥杆变慢）。

（3）开球的站姿：双脚比双肩稍宽，保持下身的稳定。在扭转身体的时候，右膝保持微屈，要有弹性。挥杆转肩的幅度比铁杆大。

（4）梯架高度：正确的梯架高度是杆面上缘与球的中线等高。

（五）铁　杆

铁杆是进攻目标的球杆，想要打好铁杆必须要建立稳定的击球准备姿势，然后找出每只铁杆的站姿及球位。

（1）铁杆的站姿：理想的双脚站立位置取决于所使用球杆的杆身长度。使用3号铁杆时，双脚与球的距离最远，背部较挺直。相比之下，6号铁杆由于杆身长度比3号铁杆短，所以站立位置离球近些，腰身弯曲的幅度也相对较大一点。至于杆身更短的9号铁杆，脚则须站得离球位更近，腰身也必须弯曲以营造出陡直的高挥杆轨道。

（2）铁杆的球位：使用击远距离球效果最好的3号铁杆时，球位和使用木杆相似。9号铁杆触击时的击球面倾斜角度须较小，所以球位要往后移一些，才能扎实地击出球。6号铁杆需要的击球面倾斜角度介于两者之间，球位的选择也位于两者间。参考上述步骤，也能找出其他铁杆的最佳球位。

（六）劈起球

劈起球是进攻果岭的高飞球，落地后滚动幅度不大。劈起杆使用的范围距果岭20～60码（18.288～54.864米），适用于旗杆在沙坑前，或是果岭太陡想把球打在旗杆附近时使用，可以使用高抛挖起杆、沙坑挖起杆、劈起杆，甚至9号铁杆，但根据杆面角度的不同，距离会有所改变。使用角度大的杆击球，球会飞得高且落地柔和，但是距离比不上角度小的杆击出来的球。

劈起球要正确地判断目标的远近，以适当的挥杆幅度及力量来控制距离。

（1）击球准备动作：站姿窄于两肩，采取开放式站姿，右脚尖要打开30°左右。左脚后移5厘米左右，球位在中间，杆身和左手手臂成一条直线，但要对准目标，握杆稍短。

（2）上杆：采用陡峭上杆方式，注意屈腕时机，视上杆幅度而定，一定要完成屈腕动作。

（3）击球与送杆：下杆击球，保证平顺地加速以维持良好的击球节奏，击球后，顺势送杆，注意轻松握杆。

（4）落点选择：一般从球位至目标，被击起的球飞行70%的距离，滚动30%的距离。不同情况下有不同的选择；地硬落点可距目标远些，地软则近些；下坡落点应距目标远些，上坡则近些。

（七）起扑球

起扑球是先低飞再滚动的球，通常适用于球洞在果岭边缘地区，与劈起球不同的是，起扑球在空中停留的时间相对较短，之后在地面上向球洞方向滚动的距离比较长。（图11–8–7）

（1）击球准备动作：球杆要握短，杆身和左臂成直线，杆面对准目标，开放式站姿，60%重心在左脚上，球位偏右后移、重心向前。

（2）上杆：以杆头上杆的幅度来控制距离，上杆幅度较低。上杆幅度低时，球低飞，滚地距离长。上杆幅度稍大时，球往上飞，滚地距离短。如果想让球飞得更高，可用开球杆击球。

（3）击球与送杆：击球时手腕伸直，用肩膀的旋转来挥杆，上杆的角度和收杆的角度要一致。身体要随着手臂的摆动跟着转动，这样才能保证动作的协调。

图 11-8-7

4. 练习方法

（1）培养距离感：① 以窄的站姿打约9米的距离；② 双脚距离稍开一些，打出约28米的距离；③ 再将双脚距离拉开些，打出约46米的距离；④ 反复重复①～③的练习。

（2）培养方向感：① 缩短两脚之间的间隔，两脚尖朝向正面；② 右手拿球杆，杆面保持方正；③ 以两脚跟为中心，将两脚尖移向左边；④ 用以上姿势做准备动作。

（八）沙坑球

沙坑球是高尔夫球场专为球员击球时设置的障碍，一般都设在果岭的周围和球道途中，这些沙坑被故意设置成大小不一、沙质各异、深浅不同的样子。打沙坑球用的是沙坑挖起杆。（图11-8-8）

图 11-8-8

（1）击球准备动作：眼睛瞄准球后方2～5厘米的点，把杆面打开，可以少挖一些沙，握短球杆。在身体的正面用两手握杆，以开式杆面进行握杆。双脚稳固地站在沙中。

（2）击球与送杆：击球时用比起扑球2～3倍的力量挥杆。在击球的瞬间要充满力量，把周围的沙一起打起来。

（3）练习：在沙上画线击球。在练习沙坑球时，打沙也会有很好的效果。① 在沙上画一条直线；② 以线为中心做准备动作；③ 打沙练习；④ 重复以上练习。注意：不管是在线上还是在线的前方挖沙，如果杆头下去的地方不一致，实际在打沙坑球时也会出现打不出球的现象。

（九）推　杆

推杆是将球送入球洞的关键技术，得分约4成是推杆得来的，也是球杆中使用频率最高的。

（1）击球准备动作：眼睛置于球正上方，杆面与目标线垂直。将手腕固定，用肩膀的旋转来击球。

（2）击球与送杆：保持肩膀、手臂和推杆成为一体，然后以匀速击球。由上而下会让球路不稳定，降低准确率。推杆的动作像钟摆一样，水平移动匀速击球。

三、高尔夫球比赛规则简介

（一）球　场

高尔夫球场都是尽量利用原始地貌和当地植被建造而成。山地的球场，起伏落差较大，海边的球场平坦多风，沙漠的球场砾石满地，各显设计师的巧思，也给球友提供不同的挑战和趣味。一般球场由18洞组成，包括附属设施总面积约为80公顷，分为前9洞和后9洞。每一洞由发球台、球道和果岭三个基本部分组成，设计师再加上树林、水塘、沙坑、长草区、山坡等障碍，增加难度。一个果岭有几个发球台可以使用，用不同颜色来区分到果岭的距离，一般红色最近，是女士或老年人使用，之后依次是白色、蓝色及男士职业球员的黑色，也有球场有自己的颜色标识系统。每一洞的计分从发球台开始到把球打到果岭进洞的杆数计为该洞的成绩。每一洞依据距离长短，有一个标准杆数。一般球场有4个短洞（3杆洞，又称Par 3，距离：男250码以下，女210码以下）、4个长洞（5杆洞，又称Par 5，距离：男481码以上，女421码以上）和10个中洞（4杆洞，又称Par 4），全部加起来72杆，也就是一场球的标准杆数。也有一些球场的标准杆数是70杆或71杆。18洞的全长5500～7500码不等。（图11-8-9）

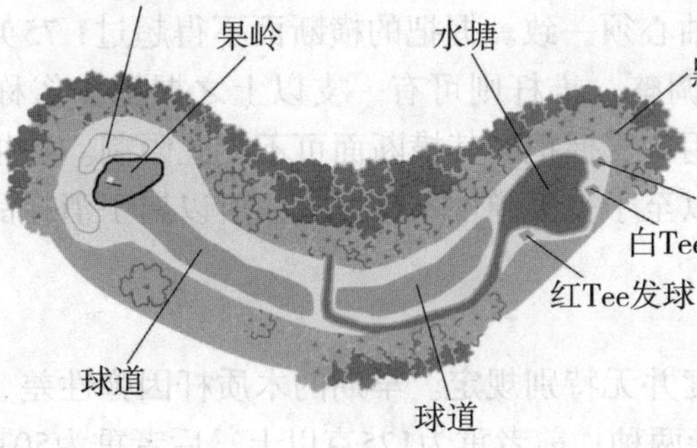

图 11-8-9

（二）用球及球具介绍

1. 球

高尔夫用球的基本规定是重量不超过1.62盎司（约45.93克），直径不小于1.68英寸（约42.67毫米），材料为两层、三层或四层的合成材料。考虑空气动力的原因，球面上都有许多凹痕的设计，一般凹痕数是在250～450个之间，硬度在70～110之间。

2. 球　杆

球杆又以杆头不同区分为铁杆、木杆、推杆和最近几年推出来的铁木杆，俗称“小鸡腿”。一套高尔夫球具不超过14支球杆，一般男士会用三支木杆（Wood#1、#3、#5）、九支铁杆（Iron #3、#4、#5、#6、#7、#8、#9、PW、SW）和一支推杆，剩下一支由个人依据习惯或球场特性决定。一般女士会用四支木杆（Wood #1、#3、#5、#7）、八支铁杆（Iron #4、#5、#6、#7、#8、#9、PW、SW）和一支推杆，剩下一支随个人喜好调配。一支球杆本身依照它的构造及型式有握把、杆身、杆头及杆面四个部分，其规格大小均有不同的限制。（图11-8-10）

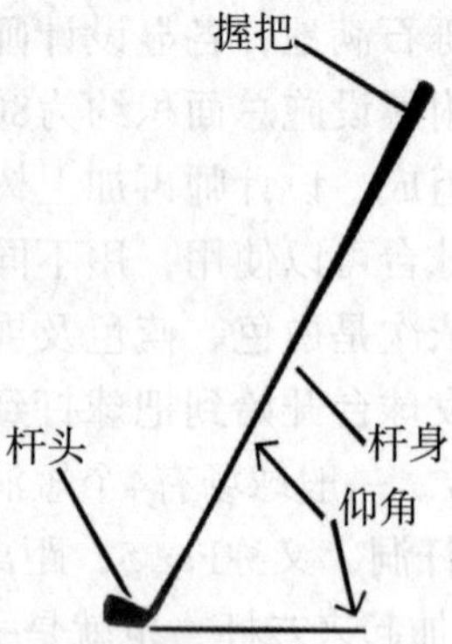

图 11-8-10

（1）握把。

握把包裹着杆身，两者的轴心须一致。握把的横断面不得超过1.75英寸（45毫米）。具体尺寸应该随使用者手掌大小而调整。推杆则可有一支以上之握把（俗称长尺推杆），每支握把的横断面须呈圆形，推杆仅用一支握把时其横断面可不受此限制。握把因为不断与手摩擦磨损，同时材料会随时间老化，以至于丧失弹性不易握紧，所以属于消耗品。每隔一段时间必须更换。

（2）杆身。

杆身是圆而直的柱形，长度并无特别规定。早期的木质杆因弹性差、不经用，现都已完全被淘汰，改用轻钢管与碳纤维管两种；前者重为125克以上，后者重为50克以上。硬度从软到硬一般分为L、A、R、S、XS几个等级，每一家厂商都有自己的分类标准。杆身弯折点从靠近球头算起大致分低、中、高三种类型，扭矩是以度数标示。度数越小，杆身越不易扭转，碳纤维管可以从1° ～4° ，钢管一般从2° ～4° ，一般使用者用3.5° ～5.5° 的杆身。需依使用者来决定球具长度和各种特性最合适的组合。

（3）杆头。

为了便于说明，通常以人的足部来类比每一位置，趾部或前部是杆头前端，踵部或后部是杆头后端，底部是杆头和地面接触的部分，杆头连接杆身与地面的夹角是仰角。杆头仅能设计一个面作击球之用，铁杆大部分为金属杆头，依据制造工艺有铸造和锻造之分。木杆早期均以木制头为主，以柿木最为普遍。现因材料进步，杆头以金属为主，如不锈钢、钛合金等。推杆的杆头设计变化最多，杆面材质各异，以适应不同球手的需要。

（4）杆面。

杆面是和球接触的部分，它不应有任何凹凸，应牢固坚硬。杆面上的沟槽深不得超过0.02英寸（0.5毫米），宽不得超过0.035英寸（0.9毫米），沟与沟间距必须超过沟宽3倍。杆面与地面垂线的夹角是杆面倾角（Loft），倾角是影响球飞行弹道的角度，倾角越小，球之弹道越平，距离越远，倾角越大，球之弹道越高，距离越近。在球具编号中，号数越大，代表杆面倾角越大。杆面上有一个用于击球的最佳击球点，能与球碰撞出最为“甜蜜”的美好感受，因而在高尔夫的专业术语里被叫作“甜蜜点”。它的面积大小因杆头设计大小而异。球击中这一个区域时能激发出球最远的飞行距离。现代新球具开发中很大一部分的工作就在增加杆头“甜蜜点”的面积和调整“甜蜜点”的位置，以便球手更容易击出好球。

（三）比赛规则简介

1. 比赛规则介绍

（1）常见比赛形式。

① 比杆赛。

以一场18洞的总杆数来决定胜负的比赛方式，杆数少者胜。职业赛事，往往以4天72洞的总成绩来决定胜负。业余比赛有一种以扣除差点后的净杆杆数来决定胜负的比赛方式。

② 比洞赛。

以每一洞决定胜负，杆数不累计，两名选手中得胜洞数多的为胜。比洞赛不需要比完全部18洞。例如，甲选手打完17洞时已经领先乙选手两洞，成绩登记为2&1。

（2）规则简介。

高尔夫球运动的规则是以英国圣安德鲁斯皇家古老高尔夫球俱乐部和美国高尔夫球协会颁布的《高尔夫球规则》为准，该规则规范球场上各种可能出现的状况，非常详尽细致。即使是正式的比赛，高尔夫运动的裁判也不是随着球员移动，而是要求球员自我诚实地执行规则，记录罚杆。

高尔夫球运动多以罚杆数作为处罚的方式。特别的情形会取消比赛资格。现将一些较常见到的情况介绍如下。

出现下列情况在比杆赛判罚两杆，比洞赛判罚该洞输

① 携带超过14支球杆。

② 换洞间无故拖延时间。

③ Tee没有插在发球区内（比洞赛对手可要求重发，不判输）。

④ 障碍区击球前球杆碰到沙、水、地面。

⑤ 改变或除去自然的东西（如草、树叶）改变球的状态。

⑥ 打错球。

⑦ 果岭上捡起球没有做记号。

⑧ 果岭上推杆时击中在洞中的旗杆（从果岭外击球不判罚）。

出现下列情况判罚一杆。

① 自己或伙伴（球童）移动球。

② 就位准备击球后球移动。

③ 击球落水。这是最常见的情况之一，新的球可以在原击球点补球，可以在进入水障碍的点和球洞沿线，远离球洞上的任何一点补球，或可以在进入水障碍处两杆的距离内远离球洞范围内抛球。

④ 击球出界。新的球回原击球点补球。

⑤ 不能打的球。例如，球进入乱草或树丛，可比照落水处理。

2. 计分方式

（1）总杆数。

一场球逐洞的杆数累加，直到完成全部比赛，总计为该场杆数。

（2）净杆数。

总杆数减去差点就是净杆数。

（3）差点。

简单说，差点是个人平均一场球的杆数与标准杆的差。例如，某人平均水平是100杆，差点就是28。高尔夫的差点制度，是为了让不同程度的业余选手能够同场竞技而设计的。系统的使用相当简单，但是却运用很多复杂的影响因素进行数字计算（如最佳成绩、球场难易度等）。目前世界各国之差点系统，多遵照USGA差点系统的规范执行，USGA差点认证亦是各国业余比赛球员提交的规定证明。

（4）新新贝利亚制计算差点。

在没有一个可信的差点基数时，也可以单场球的成绩计算差点，方法是随意抽取六洞，其余的12洞总和乘以1.5 倍后减去标准杆（通常为72杆）后再乘以0.8即为差点。

计算公式：

18 洞 − 抽 6 洞 = 剩 12 洞（抽的 6 洞中一个为 3 杆洞，一个为 5 杆洞，4 个为 4 杆洞）

［（12 洞总和杆数）× 1.5 − 72 标准杆］× 0.8 ＝ 差点

同样为防止有人故意打多杆以获得较高的差点，球洞标准杆三杆洞、四杆洞和五杆洞，最高杆数以 5、7、9 杆计。

知识窗

球场礼仪

1. 果岭应得到悉心呵护

果岭草是球场草皮中最脆弱、最不易维护的区域，所以理应得到悉心呵护。球员在果岭上只能轻柔行走，切忌跑动，同时走动迈步时须将双脚抬起，以免因拖拽导致在果岭平坦的表面留下划痕。绝对不能将球车或手推车开上果岭，那样会对果岭造成无法弥补的损害。在走上果岭之前，应将球杆、球包、球车等设备留在果岭之外，球员只需只携带推杆上果岭。

2. 及时修复球下落造成的果岭表面损伤

当球落上果岭时，经常会在果岭表面形成一个下陷的凹痕，也称为果岭球痕。根据击球方式的不同，球痕的深浅也不同。每个球员都有义务修复由自己的球造成的球痕。方法是：用球座尖端或果岭修理叉沿凹痕周边向中心插入并挖起，直到凹陷部分与表面平齐，然后用推杆头底面轻轻敲击压平实。球员在果岭上看到其他未修复的球痕时，如果时间允许，也应予以修理。如果每个人都主动修理果岭球痕，其效果是令人惊奇的。不要只依赖球童去修果岭，一个真正的球员总是随身携带果岭修理叉。

3. 不要破坏别人的推击线

观看高尔夫赛事电视转播时，你或许曾看到职业球员推球入洞后，在洞边手扶推杆握柄，身体倚靠推杆弯身从洞杯中捡球。你或许觉得这个动作很有型，也想照做。但最好不要学。因为此时杆头会压迫球洞周边的草皮，导致不规范的球路偏移，将改变球在果岭上原有的滚动状况。果岭上球路的偏移状况只能由球场设计师或自然地貌来决定，而不应由球员人为而定。

一旦球停在果岭上，就存在一条假想的从球位到球洞的推击线。球员应避免踩踏同组其他人的推击线，否则有可能影响球员推击的效果，是极不礼貌的行为，是对其他球员的冒犯。

4. 确保正在推球的同伴不受干扰

当同组球员在推球或准备推球时，你除了不能走动及发出声响以外，还要注意自己的站立位置，应站在推击球员视线之外，同时按规则规定，不能站在推球者推击线向两侧的延长线上。

第九节 攀岩运动

◎ 学习目标

了解攀岩运动的基础知识。

一、攀岩概述

2007年4月28日，国际攀岩联合会被批准正式加入国际单项体育联合会总会，成为世界体育运动中的一员。数周后，又加入了国际世运总会，并确认了将攀岩项目列为2009年高雄世界运动会的比赛项目的决议。2007年10月10日，国际奥委会通过决议，批准国际攀岩联合会为“暂时承认”项目，并欢迎其成为奥运大家庭的一员。2017年6月，国际奥委会通过决议，将竞技攀登纳入2020年东京奥运会正式比赛项目。

攀岩运动也属于登山运动，攀登对象主要是岩石峭壁或人造岩墙。攀登时不用工具，仅靠手脚和身体的平衡向上运动，手和手臂要根据支点的不同，采用各种用力方法，如抓、握、挂、抠、撑、推、压等，因此对人的力量要求及身体的柔韧性要求都较高。攀岩时要系上安全带和保护绳及配备绳索等以免发生危险。

二、攀岩基本知识

（一）攀岩种类

1. 按地点分

攀 岩

（1）自然岩壁攀登。

定义：在野外攀爬天然生成的岩壁；一般是开发和清理过的难度或抱石路线，也称为传统攀登。

优点：可以接近自然，充分体会攀岩的乐趣；岩壁角度、石质的多样性带来攀登路线的千变万化；由于岩壁固定，路线公开且可长期保留，所以自然岩壁的定级可经多人检测对比，成为攀岩定级的主要依据。

缺点：野外岩场地处偏僻，交通不便，时间和金钱花费都较大；路线开发也比较费力。路线开发时间长后会老化。

（2）人工岩壁攀登。

定义：在人工制造的攀岩墙上攀登，包括室内攀岩馆和室外人工岩壁，多为训练和比赛使用的攀登方式，因此又称竞技攀登。

优点：对攀岩者安全性较高；交通方便，省时省力；不可预见因素少，可以定期训练或进行专项训练；人员密集，便于交流切磋；另外，人工岩壁可以对路线进行保密性设置从而成为攀岩比赛的主要形式。

缺点：缺少特殊地形，创意性少，自由发挥余地小；支点的可调性使得人工岩壁路线常变，定级主观性更强，准确度偏低。相对自然岩壁，线路问题会比较尖锐，人工线路难度越大，对力量要求越高。

2. 按攀登形式分

（1）自由攀登。

定义：不借助保护器械（主绳、快挂、铁锁等）的力量，只靠自身力量攀爬。

特点：此种攀登形式在中国占主导地位，较符合体育的含义范畴，考验人体潜能。

（2）器械攀登。

定义：借助器械的力量攀登。

特点：在大岩壁攀登中较为常用，对于难度超过攀登者能力范围的路线有时也借助器械通过。其意义存在于攀登者的项目目标和活动历程中而不在于攻克难度动作。对器械操作的要求较高。

（3）顶绳攀登。

定义：在岩壁上端预先设置好保护点，主绳通过保护点进行保护，攀登者在攀登过程中不需进行器械操作。

特点：安全，脱落时无冲坠力，适合初学者使用；但对岩壁的要求苛刻，岩壁必须高度合适（8～20米）且路线横向跨度不大，由于需要绕到顶部进行预先操作，架设和回撤保护点的工作都比较繁琐。有时为方便初学者，可在先锋攀登的路线上架设顶绳。

（4）先锋攀登。

定义：路线预先打上数个膨胀钉和挂片，攀登过程中将快挂扣进挂片成为保护点并扣入主绳保护自己，攀登者需要边攀登边操作。

特点：在欧洲尤其法国最为盛行，它比传统攀登安全性高，可以降低心理恐惧对攀爬的影响，从而全力以赴突破生理极限，挑战最高难度；另外，在角度较大或横向跨度较大的路线中，先锋攀登方式比顶绳保护有更大的便利，可以让攀登者脱落后很容易地重新回到脱落处，对难点进行反复练习。

3. 按竞赛方式分

（1）室内攀岩。

室内攀岩是在一个高而大的房间内设置不同角度、不同难度的人工岩壁（通常6～8米高），在上面装有许多大小不一的岩石点，供人用四肢借助岩点的位置，手攀脚登，来完成攀岩的体验。室内攀岩的难易程度可由人直接控制。

（2）难度攀岩。

以攀岩路线的难度来区分选手成绩优劣的攀岩比赛。难度攀岩的比赛结果是以在规定时间里选手到达的岩壁高度来判定的。在比赛中，队员下方系绳保护，带绳向上攀登并按照比赛规定，有次序地挂上中间保护挂索。比赛岩壁高度一般为15米，线路由定线员根据参赛选手水平设定，通常屋檐类型难度较大。

（3）速度攀岩。

按照指定的路线，以时间区分成绩优劣。

（4）抱石比赛。

线路短小，难度较大，需要较好的爆发力和柔韧性。比赛设置结束点和得分点，抓住得分点并做出一个有效动作得分，双手抱住结束点3秒得分。比赛一般4～6条线路，一条线路5分钟时间。判定名次首先看结束点的多少，如果结束点同样多，看得分点数量，最后看攀爬次数。

4. 按技术分类

根据不同的地貌特点，可将攀登技术分为岩石作业和冰雪作业两大类。其中，岩石峭壁的攀登技术简称攀岩技术。攀岩是从登山活动中派生出来的一项运动。登山者即使选择最容易的路线攀登几千米的高峰，在途中也免不了要遇到一些悬崖峭壁，所以说攀岩也是登山运动的一项基本技能。

（二）攀岩的基本要领

抓，用手抓住岩石的凸起部分。

抠，用手抠住岩石的棱角、缝隙和边缘。

拉，在抓住前上方牢固支点的前提下，前臂贴于岩壁，抠住石缝隙或其他地形，以手臂和前臂使身体向上或向左右移动。

推，利用侧面、下面的岩体或物体，以手臂的力量使身体移动。

张，将手伸进缝隙里，用手掌或手指屈曲张开，以此抓住岩石的缝隙作为支点，移动身体。

蹬，用前脚掌内侧或脚趾的蹬力把身体支撑起来，减轻上肢的负担。

跨，利用自身的柔韧性，避开难点，以寻求有利的支撑点。

挂，用脚尖或脚跟挂住岩石，维持身体平衡，使身体移动。

踏，利用脚前部下踏较大的支点，减轻上肢的负担，移动身体。

（三）攀岩的基本方法

1. 身体姿势

攀登岩石峭壁时身体要自然放松，以3个支点稳定身体重心，而重心要随攀登动作的转换移动，这是攀岩能否稳定、平衡、省力的关键。要想身体放松就要根据岩壁陡缓程度，使身体和岩壁保持一定距离。靠得太近，会影响观察攀岩路线和选择支点，但在攀登人工岩壁时要贴得很近。在攀登自然岩壁时，上下肢要协调舒展，攀岩要有节奏，上拉、下蹬要同时用力，身体重心一定要落在脚上，保持面向岩壁、三点固定支撑、直立于岩壁上的攀登姿势。

2. 手臂的动作

手在攀登中是抓住支点、维持身体平衡的关键。手臂力量的大小直接影响攀登的质量和效果。因此，一个优秀的攀岩运动员必须有足够的指力、腕力和臂力。对初学者来说，在不善于充分利用下肢力量的情况下，手臂的动作就显得更为重要。手臂如何用力，在人工岩壁攀登和自然岩壁攀登时情况不同，前者要求第一指关节用力抠紧支点的同时，手腕要紧张，手掌要贴在岩壁上，前臂也要随手掌紧贴岩壁而下垂。在引体时，手指（握点）有下压抬臂动作，其动作规律是，重心活动轨迹变化不大，节奏更为明显。但攀登自然岩壁时其动作变化就很大，要根据支点不同采用各种用力方法，如抓、握、挂、抠、扒、捏、拉、推压、撑等。

3. 脚的动作

一个优秀攀岩运动员的攀登技术发挥得好坏，关键是两腿的力量是否能被充分利用。只靠手臂力量攀登不可能持久。脚的动作要领是，两腿外旋，大脚趾内侧贴近岩面，两腿微屈，以脚踩支点维持身体重心，在自然岩壁支点大小不一和方向不同的情况下，要灵活运用。但切记，膝部不要接触岩石面，否则会影响到脚的支撑和身体平衡，甚至会造成滑脱而使膝部受伤。另外，在用脚踩支点时，切忌用力过猛，并要掌握用力的方向。

4. 手脚配合

凡优秀攀岩运动员，上下肢力量是协调运用的。对初学者或技术还不熟练的运动员来说，上肢力量显得更为重要，攀登时往往是上肢引体，下肢蹬压抬腿而移动身体。如果上肢力量差，攀登时就容易疲劳，表现为手臂无力、酸疼麻木，逐渐失去抓握能力。失去抓握能力后，即使有好的下肢力量，也难以继续维持身体平衡。所以学习攀岩，首先要练好上肢力量，上肢又要以手指、手腕和手臂力量为主，再配合以脚腕、脚趾以及腿部的力量，使身体重心随着用力方向的不同而协调地移动，手脚动作配合也就自如了。

（四）练习技巧

1. 出手越晚越好

攀岩初学者常常会在进行动态动作时过早出手，这样做会让你的身体离开岩壁的时间变长，比起过晚出手，更容易损耗你的大部分冲力。正确的做法应该是尽可能地做“向上腾跃”的动作，即试着让身体尽可能向上伸展，直至到达最高点时再松开手。

2. 拍墙和拍点

刚开始尝试动态动作时，可能会很难完成，基本碰不到手点。这时千万不要气馁放弃，可以选择从拍墙开始，循序渐进地练习，跳着让自己拍到尽可能高的地方，拍到后再定新的目标，按照这个方法训练下去，一遍遍重复练，让目标越来越接近原定的手点，直到最终能跳起来抓到它。

3. 练习完整的动作

进行动态动作时，要调用全部的肌肉，而非仅仅在开始阶段用到的肌肉。当你能够抓住目标手点时，在手上微微发力，即使时间很短，也能够协调到抓点的肌肉。如果你自己抓不到目标手点，就需要用绳子或者请别人帮助自己来完成，尽量重复练习。

4. 用脚推

请记住，在动态动作中，绝大部分的力量都是来自于你的双腿。试着把重量尽可能多地放在支撑脚上，也就是之后你实际要跳起的脚点。尽量选择足够软的鞋子，可以让你最有效地运用脚部肌肉。

5. 好好利用弹簧动作

为了获得更多的跳跃力量，每次做动态动作之前，应该先做垂直方向的运动，先上后下，类似弹簧进行延伸和压缩。这样力量会让你最大限度地够向目标岩点。如果没有足够的空间进行弹簧动作，也可以依靠摆动身体来获得冲力。

6. 攀岩的身体要求

攀岩运动对运动员身体形态的要求虽不如篮球、排球、投掷等项目高，但也有其自身明显的特征要求。在攀岩比赛中，当支点间跨度较大时，身高、臂长者会占有明显优势。此外，体重在一定程度上能反映身体的充实度。过重的体重会直接破坏攀岩的灵活性，增大了身体和各部位的惯性，从而降低了肌肉收缩的能力，所以攀岩运动员要有与身高成比例的相应体重，才能取得事半功倍的效果。攀岩运动员的最佳体重（千克）=［身高（厘米）−110］×90%。

三、攀岩比赛规则简介

（一）场地与设施

1. 场 地

攀岩场地一般分为两种，一种是以天然岩壁作为活动的场地，一种是人工搭建的岩场。

2. 器 材

攀岩作为一项有一定危险性的运动，一定要了解清楚它需要哪些装备和每样装备的具体作用，这样才能保证攀岩时的安全。

绳索：登山用的绳索一般可分为主绳索及辅助绳索。主绳索的粗细为9～10毫米，原则上是双条使用，一般而言，长度为40～45米。

钩环：一边装有弹簧式开口的金属环，使用的范围很广。在纵向上具有相当大的强度，但由于开口的部分较脆弱，因此绝对不可横向用力使用。

凿钉：凿钉用于打入岩石的裂缝，以补助攀登工具的坚牢性。一般而言，依岩石的种类而选择不同长度及粗细的凿钉。

螺帽绳：用于夹进岩石裂缝以作为支点的工具。

螺钉：在没有裂缝的岩石上钉入凿穴的工具，其尖端有楔子连接。

铁锤：用来敲击凿钉或铲平尖锐岩石的工具。

登降器：配合登山绳索所使用的工具，有助于提高攀登时的速度。

头盔：用以保护头部，避免头部遭到落石碰击。盔形帽应配有皮带，以免盔帽因冲击而脱落。此外，盔帽一旦受过撞击，其强度即明显降低，因此在使用上应加以注意，使用过相当时间后，最好更新。

手套：最好戴上坚韧的手套，因为滑落时的冲力很强，手部会因摩擦力而严重受伤，且有因此而松手坠落的可能。

安全带：安全带有胸式、降落伞式、腰式等，主要的目的是要将冲力分散到身体各个部分，而以坐落的姿态终止，并保护身体的薄弱点。

其他：粉袋与碳酸镁粉、爬岩鞋、岩锤、钻孔器、环耳、膨胀锚梯、绳梯、吊床、滑轮、工具带、头灯、求生纸、岩楔、岩楔起子、峭壁挂钩、对讲机、岩场地路线图。

（二）比赛规则简介

1. 攀登壁

（1）的比赛必须在专为攀登比赛设计的人工攀登壁举行，其垂直高度至少12米，宽度至少3米，且足以设计长度至少15米的路线。

（2）攀登壁的所有板面均能作为攀登使用。

（3）攀登不得使用板面的侧缘或上缘。

（4）如攀登路线必须在板面上划定边界，以与其它路线分开，此边线应连续且能被清晰辨识。

（5）攀登路线的起攀线必须清楚地标示。

2. 报到与隔离区

（1）所有具有资格参加该场比赛的选手必须在裁判长规定或大会印行或宣布的时间内报到并进入隔离区。

（2）只有以下指定之人员允许进入隔离区：工作人员；主办会员联盟工作人员；具有该场

参赛资格的选手；核准赛队的职员；其它经裁判长特别核准之人员。动物不得进入隔离区。

3. 路线观察与练习

（1）路线观察期间，除非另有规定，各项目比赛已报到的选手在比赛开始前均有观察时间用来研究路线。赛队工作人员不得陪同选手进入观察区。所有在观察区的选手必须遵守隔离区的规定。

（2）观察时间由裁判长与国际前攀员磋商后决定，不得超过6分钟。

（3）选手于观察期间必须在指定的观察区，不得攀上板面或站在任何器材或桌椅之上。选手不得以任何方式与观察区外的人员联络，仅可向裁判长或分组裁判询问比赛相关问题。

（4）在观察期间选手可以使用望远镜观察路线并以手抄方式绘图或笔记。其它观察或记录器材均不允许。选手可以触摸起攀点，但双脚不得离地。选手有责任充分了解所有关于比赛路线的规定与说明。

（5）选手除了在正式观察期间外不得取得任何路线的信息。

（6）在观察结束后选手应立即返回隔离区，任何不当延迟或违反裁判长或分组裁判指示，将予“黄牌”警告，任何进一步的延迟将依据规定予以取消资格。

（7）路线练习：当比赛可事先路线练习时，裁判长在与国际前攀员磋商后，决定时间表、程序及选手练习时间长度。

4. 攀登前的准备

（1）在接到通知离开隔离区进入预备区时，选手除核定的工作人员外不得由任何其他人陪同。

（2）在抵达预备区时，选手必须穿上攀岩鞋，以规定的绳结系上绳索，并做好攀登的最后准备。

（3）在选手进行路线攀登之前，所有攀登装备和绳结必须经指定工作人员检查与认可，以符合安全及其他规定。指定使用的绳结为“8”字结。选手对于其攀登时穿着的装备与服装负有全部且唯一的责任。使用非认可的装备与绳结、比赛背心未经认可的修改、不符合规定的广告及违反任何其他规定的选手均应立即取消其资格。选手离开预备区后，不论在任何情况下均不得回到隔离区。

（4）选手必须完成离开预备区的准备，并在指示下进入比赛场地。任何不当的延迟或未遵守分组裁判的指示应立即予以“黄牌”，任何进一步的延误将依据规定予以取消资格。

5. 技术事件

（1）技术事件的定义。

① 绳索紧绷以协助或妨碍选手。

② 岩点断裂或松开。

③ 快扣或钩环处于不当的位置。

④ 任何非选手动作造成的不利或不公平的有利于选手的偶发事件。

（2）确保员必须随时保持绳索的适当松弛。任何绳索紧绷将视为对选手的外力帮助或妨碍，分组裁判应宣告技术事件。

（3）技术事件应以下列方式处理。

① 当技术事件由分组裁判提出时：

· 如选手愿意且仍然处于正当位置，可选择继续攀登或技术事件。当选手选择继续攀登，之后不得再以与该技术事件相关之理由申诉。

·如选手因技术事件而处于非正当位置，分组裁判应立即决定是否宣告技术事件并停止选手攀登。

② 当技术事件由选手提出时：

·当选手正在攀登时，必须指出技术事件的性质，并在分组裁判的同意下继续或停止攀登。如选手选择继续攀登，之后不得再以与该技术事件相关之理由申诉。当选手由于技术事件而处于非正当位置时，分组裁判应立即做出决定，且该决定为最终决定。

·当选手坠落并宣称技术事件造成该坠落，此时该选手应立即送至特别隔离区并等候调查结果。总定线员应立即检查该被宣称的技术事件并向国际前攀员、分组裁判及裁判长报告。裁判长在将技术事件与选手之任何不当使用岩点列入考虑后做出最后决定，并不再接受对该决定的申诉。

③ 选手在技术事件确认后应在独立的隔离区给予恢复时间，并不得与大会工作人员之外的人员接触。选手必须立即决定希望何时开始下一次的攀登。该攀登必须在下一选手之后且在下五位选手之前。选手在两次攀登之间最多给予20分钟恢复时间。

竞技攀岩比赛项目：速度赛、难度赛、抱石赛

④ 在完成合法攀登后，应以选手攀登该路线的最佳成绩作为记录。

第十节 沙滩排球

◎ 学习目标

了解沙滩排球的基础知识与基本技术。

一、沙滩排球概述

（一）沙滩排球的起源

沙滩排球起源于20世纪20年代的美国。当时人们玩沙滩排球是为了娱乐消遣。沙滩排球因自身特有的魅力越来越受人们的青睐，参加的人逐渐增加。当时虽然是娱乐、健身的项目，但已具有相当的规模。20世纪20年代，沙滩排球穿越大西洋传入法国，进入捷克斯洛伐克，并逐渐风靡美洲的巴西、阿根廷及大洋洲的澳大利亚和新西兰。当时的比赛是三对三、四对四，在莫尼卡还首次出现了二人制男子沙滩排球。20世纪50年代，沙滩排球才得以广泛发展。1951年，在加利福尼亚的五个海滨浴场举行的沙滩排球巡回赛已具相当规模，参加的选手达数百人。这时，沙滩排球已在美国政府的计划中被列为娱乐、表演和健美项目。与此同时，南美的巴西也举办了首届沙滩排球锦标赛。20世纪60年代，法国举行了三人制沙滩排球巡回赛。1965年，加利福尼亚沙滩排球协会成立，并在当地八个海滨浴场举行了公开赛。1976年，首届沙滩排球锦标赛在美国加利福尼亚举行。1979年，出现了职业沙滩排球，并涌现出一批优秀的职业

沙滩排球选手。1987年2月，国际排联认可的第一届世界沙滩排球锦标赛在巴西里约热内卢举行。巴西、美国、意大利、阿根廷、智利、墨西哥、日本等国参加了比赛。1988年，国际排联正式成立了世界沙滩排球联合会，并开始筹备世界沙滩排球系列大赛。1989年的第一届系列大赛分别在巴西、意大利、日本和美国举行。20世纪90年代，沙滩排球比赛更加频繁，国际排联组织的系列大奖赛每年18站，比赛总奖金达550万美元。除了国际排联正式的比赛以外，各国都有不同水平的沙滩排球赛事。1993年，正式通过沙滩排球为奥运会正式比赛项目的决议。1996年，沙滩排球在诞生70年后，终于被纳入奥运会。奥运会首届沙滩排球赛于7月2日在亚特兰大沙滩上举行。从此沙滩排球进入了新纪元。

（二）沙滩排球的发展

沙滩排球是一项在世界广受欢迎的沙滩运动。沙滩排球比赛对场地和器材的要求比较少，同时比赛时又能充分享受阳光、沙滩和海水，因此这项运动从一开始就受到了广泛的关注和发展。由于观众踊跃，收看转播的人较多，促进了沙滩排球商业化的发展。商业化程度的提高，同时又促进了职业化的发展，职业化又加速了运动水平的提高，运动水平的提高使比赛更加精彩，从而又能吸引更多的观众，沙滩排球的发展已形成良性循环。良性的循环对这一项目的发展与提高，有着积极重要的意义和作用。目前，世界沙滩排球运动开展最普及、竞技水平最高的当属巴西和美国。澳大利亚、意大利和德国等国家近几年进步也很快。

20世纪80年代末至90年代初，《中国排球》杂志曾举办过几次民间的国内及国际沙滩排球邀请赛，有4人赛制，也有2人赛制，可谓是中国沙滩排球的初级阶段。1993年，国际奥委会正式确认沙滩排球为奥运会正式比赛项目后，中国排球协会从1994年开始举办正式的全国沙滩排球比赛。1997年，首次派队参加了世界沙滩排球锦标赛。2008 年北京奥运会上，中国女子沙滩排球历史性地获得一枚银牌和一枚铜牌，中国男子沙滩排球也进入了16 强。2010 年，世界男子沙滩排球巡回赛俄罗斯公开赛，中国队男子组吴鹏根/徐林胤获得冠军，这是中国男子沙滩排球队历史上的第一个世界冠军；三亚公开赛，中国队女子组薛晨/张希获得冠军，这也是三亚公开赛创办三年来中国女子选手首次获得冠军。2013 年世界沙滩排球锦标赛，薛晨/张希夺得金牌，成为中国沙排首对在世锦赛中摘金的组合。本赛季，薛晨和张希还在福州公开赛、波兰世界锦标赛和大满贯瑞士站的争夺中三次封后，战绩不俗。中国沙滩排球异军突起，成为中国军团在奥运会上的又一个突破口。

二、沙滩排球基本技术

沙滩排球是在沙地上进行的比赛，要消耗更多的体力。每队只有两名选手上场，没有替补，他们的活动范围比室内排球运动员更为广泛，所掌握的技术更全面，配合更默契，运动强度更大。此外，沙滩排球运动员还面临风、阳光、温度等外界环境的考验。因此，沙滩排球不仅是有阳光、沙滩、蓝天、太阳镜和比基尼的浪漫游戏，还是水平更高、要求更多的竞技运动。沙滩排球运动员要具备更好的身体素质和更强大的竞技技巧。沙滩排球在技战术方面，大部分与室内排球相似，内容可以参考排球部分，这里主要介绍沙滩排球的特殊部分。

（一）准备姿势和移动

沙滩排球比赛中首先要做好预判，对球的落点有快速准确的判断，而判断后能否快速地起动和移动，准备姿势起到举足轻重的作用。准备姿势在6人制排球技术中按重心的高低分为稍蹲、半蹲和深蹲，沙滩排球则有所不同。因沙地松软，沙的流动性大，人在沙地运动时不易稳定重心。若准备姿势的重心过低，在沙地上起动蹬地时就容易滑动，沙子缓冲了起动的动力，支撑反作用力减小不利于起动，影响起动的速度，脚陷入沙中越深，起动越是困难，因此，移动前准备姿势的重心不能过低，重心高度以处于半蹲至稍蹲之间为宜。但应注意移动到位后，出球前准备姿势的重心应较低，因这时人球关系基本保持较好，稳定角大，更有利于完成击球动作。其动作方法是：两脚左右开立，比肩稍宽，一脚在前，两膝微屈，身体重心位于两脚之间，并稍靠近前脚，后脚脚跟稍提起，上体稍前倾，两臂放松，自然弯曲置于腹前。两眼注视来球并兼顾场上各种情况，两脚保持随时起动状态。稍蹲准备姿势一般用于对方在组织进攻前，或接较高弧度来球时，扣球、二传球前都可以使用。半蹲准备姿势是比赛中常用的准备姿势，用于接发球、接扣球和接吊球等，主要为接较低的来球。

移动在比赛中是为了接近来球，保持好人与球的位置关系，以便击球，同时也是为了迅速占据场上有利位置。移动的完整过程包括起动、移动步法和制动3个环节。因为沙地的特性和移动的距离长，沙滩排球的移动步法一般不宜采用交叉步，滑步也不适用于长距离移动，最好采用跑步，既方便又迅速。两侧方向跑步移动时，第一步要小，先抬起的腿落地时脚尖要转向侧方。最后一步制动时，制动脚的脚尖向球网，以完成身体面对球网的击球动作。另外在跑步时腿一定要高抬，使脚高出沙面，以减少运动阻力，加快移动速度。移动时重心逐步降低，最后一步使用跨步制动，以利于降低重心，衔接倒地动作。

（二）发　球

沙滩排球的发球技术与6人制排球发球技术基本相同，但在室外比赛可充分利用各种自然环境提供的条件，如风向、光线等。一般在顺风发球时，可采用“满掌击球”手法，发出不同性能的旋转球，使球的落点变幻莫测。在逆风条件下，采用“掌跟击球”手法，使球飞行更加飘晃。另外，根据两人接发球难度大的情况，在发球技术运用上应注意发球路线、角度、距离上的变化。例如，发后场，加大一传队员垫球后再进攻的助跑距离，或发前场，使对方冲上网前垫一传后不能及时后撤，或迫使对方二传技术差的队员组织进攻等。

沙滩排球发球技术主要有正（侧）面下手发球、正面上手发球、正面上手发飘球、跳发球等。下面着重介绍正面上手发飘球和跳发球的技术及动作方法。

1. 正面上手发飘球

这种发球的形式近似正面上手发球，其特点是：发出的球不产生旋转，而是不规则地向前飘晃飞行，使接发球队员难以判断球的飞行路线和落点，造成接球困难。这种飘球在无风的天气时使用，能取得较强的攻击效果，若逆风时采用。则效果更佳。

2. 跳发球

跳发球的攻击性很强，在高水平的沙滩排球比赛中被广泛采用。它可以利用助跑跳起，在空中击球，使击球点升高，利用身体的伸展，充分发力，加快发球的速度，增强发球的力量，给对方接发球造成威胁。跳发球的技术难度和体力消耗较大，在比赛中应根据队员的体力及比赛的进展适时采用。

（三）垫　球

垫球是沙滩排球比赛中运用最广泛的基本技术，多用前臂和手的坚硬部位击球，控制范围大，运用较为灵活。垫球能接各种性能的球，起到防守、进攻、二传的作用。垫球防守：垫球在比赛中主要用于接发球、扣球和拦回球，以及防守各种困难球。接好一传球，有利于保证组织一攻和反攻等战术的质量。垫球进攻：比赛中有意识地将球垫入对方前场或后场的空当处，能起到突然进攻的效果。垫球二传：因为每队只有2名队员参加比赛，所以一传的到位率相对较低，接二次球的传球队员来不及采用上手传球时，常常用垫球来二传，也称垫二传。由于沙滩排球比赛对上手传球技术动作要求较高、较严，所以垫二传技术在沙滩排球比赛中广泛运用。沙滩排球中常用的垫球方法有正面双手垫球、体侧双手垫球、背垫、单手垫球、前仆垫球等。

1. 正面双手垫球

（1）准备姿势：面对来球，成半蹲或稍蹲姿势站立。

（2）垫球手型：两手掌根相靠，两手手指重叠，手掌互握，两拇指平行向前，手腕下压，两前臂外翻成一个平面。

（3）垫球动作：当球飞到腹前约一臂距离时，两臂夹紧前伸，插入球下，同时配合蹬地、跟腰、提肩、顶肘、压腕、抬臂等全身协调动作迎向来球，身体重心随着击球动作向前上方移动。

（4）击球点：保持在腹前高度。球触手臂部位和击球部位：用前臂的腕关节以上10厘米左右的两前臂桡骨内侧所构成的平面击球的后下部。

（5）击球后动作：在击球瞬间，两臂要保持稳定，身体重心继续协调地向抬臂方向送球。垫击动作结束后，立即松开双臂做好下一击球动作的准备。

2. 体侧垫球

体侧垫球特点是伸臂动作快，控制范围大，但不易控制垫球方向，准确性不及正面垫球。在来不及正面垫球的情况下，采用体侧垫球。如当来球向接球队员的左侧飞来，左脚向左前侧跨出一步，重心随即移到左脚上，左膝弯曲。同时两臂夹紧向左伸出，右肩微向下倾斜，用向右转腰和收腹动作，配合两臂自左后方向前截住来球，用两前臂垫击球的后下部。切忌随球向左侧摆臂击球，这样容易把球垫飞。当来球在体侧较高位时，两前臂靠拢，向侧方向截击来球。击球一侧肩做向上回旋，异侧肩做向下回旋。同时腰部转动，配合两臂形成理想的击球反弹面，将球垫起。

3. 前扑垫球

当队员来不及移动接前方或斜前方的低远来球时，身体向前下方扑出，击球后，向前顺势扑在沙地上，手臂屈肘撑地。它的特点是重心下降快，前扑距离远。由于沙地柔软，安全性高，所以前扑垫球是沙滩排球救险球普遍采用的方法，可以根据来球情况，用双手或单手前扑垫球。当来球较远，用双手垫球不能击到球时，可用单手前扑垫球。击球时，手臂应尽量前伸，用手背、虎口或前臂击球下方，另一手屈肘撑地缓冲，并以击球手一侧的胸腹部先着地，顺势向前扑。

（四）传　球

沙滩排球规定不允许使球轨迹不垂直于两肩而完成进攻性击球，因此过网球的处理球只能采用正面或背面对网。而调整二传与二传也最好采用面对球网的侧传或跳起侧传。当二传面对球网传球时，对方必须防备直接传球过网，故不敢大胆上前拦网。如果对方有一人到网前，则可通过传球过网到对方空当。如果对方两人都在后场准备防传球过网，则可侧传给同伴扣球，对方将无人拦网。如果一传来球较高，面对球网扣两次球或将球转移给同伴扣球。传球技术在沙滩排球比赛中主要用于二传。二传是指队员将接或防守起来的球传给同伴扣球，是为进攻创造条件的传球。好的二传能够弥补一传的不足，给同伴创造有利的进攻条件，充分发挥扣球水平。

1. 正面双手传球

面对目标的传球称为正面传球，是最基本的传球方法，也是沙滩排球应用最多的技术之一，主要是本方场区内同伴间的传球和进攻性传球。在本方场区，主要用于二传球或弧度较高的来球。正面双手传球，易掌握传球的方向，控制球的准确性高，是其他各项传球技术的基础。

2. 背　传

背对传球目标的传球称为背传。沙滩排球是2人参与比赛，扣球不需掩护，加上规则对进攻性传球的限制，背传就失去了隐蔽性、突然性的特点。但背传在沙滩排球比赛中仍有自身的用武之地，背传在本场区可作二传，打出2人配合的战术球。在近网区，背传也可进攻，运用二传球背传出与两肩延长线垂直的突然吊球。

（五）扣　球

沙滩排球的扣球起跳技术与室内扣球有较大的区别。在起跳时，不能像在地板地上那样跨大步降低重心来制动，这样会使两脚插入沙里，不利于用力起跳，所以，踏跳步不宜过大。助跑的距离也比室内排球远。据此，在沙滩排球中多采用三步以上的跑步助跑起跳方法。但有时也会采用原地或一步助跑的起跳方法。沙地起跳难度大，影响了弹跳高度，应特别注意起跳时间。时间迟一点，将自己的弹跳高度估计低一点，才能保持好正确的人球关系。

调整扣球是沙滩排球扣球的主要方式，不单是扣调整二传后的球，还要能扣一传垫起来的球。沙滩排球的扣球不仅要狠、有力量，更重要的是准、巧。手腕的主动变化，特别是扣球路线变化，可以收到意想不到的效果。规则限制张开手指的吊球，但轻扣是合法的。采用拳头、掌根的手法吊球也不犯规。在处理各种网上球或球网附近的球时，可以扣侧旋球、搓球和抹球，应充分合理运用多种击球手法。

（六）拦　网

沙滩排球拦网的判断主要是对对方扣球队员扣球时间的判断，掌握好正确的拦网起跳时间。沙滩排球调整扣球多、远网扣球多，要在对方击球时或击球后再起跳拦网，不能过早或同时起跳。另外，注意与同伴防守队员的相互配合，按事先的分工，各司其职，守好自己的区域。拦网技术动作可分为准备姿势、移动、起跳、空中动作和落地五个互相衔接的部分。

（1）准备姿势。队员面对球网，两脚左右开立，约与肩同宽，距网30～40厘米。两膝微屈，两臂屈肘置于胸前，观察对方，随时准备起跳或移动。

（2）移动。常用的移动步法有一步、并步、交叉步、跑步等。

（3）起跳。原地起跳时，两腿弯曲下蹲，随即用力蹬地。两臂以肩发力，以上臂为半径，在体侧划弧前后摆动，迅速向上跳起。

（4）空中动作。起跳时，两手从前额沿球网向上方伸出，两臂伸直并保持平衡，两肩上提。拦网时，两臂应伸过网去，在不触网的情况下尽量去接近球。两手手指自然张开，屈指、屈腕成半球状。当手触球时，两手要突然紧张，手腕下压，盖在球的前方。

（5）落地。拦网后，要做含胸动作，以保持身体平衡。手臂从球网上收回至本方上空，屈肘向下收臂，以免触网。与此同时屈膝缓冲，双脚落地，并注意自我保护。若没拦到球，则在下落时随球转头、转身，面向本方场区，准备接应同伴垫来的球。

三、沙滩排球比赛规则简介

（一）场地和器材

沙滩排球比赛场地包括比赛场区和无障碍区。比赛场区为16米×8米的长方形。场地边线外和端线外的无障碍区至少宽5米，最多6米，比赛场地上空的无障碍空间至少高12.5米。比赛场地的地面是水平的沙滩，沙滩必须至少40厘米深，其中没有石块、壳类及其他可能造成运动员损伤的杂物。比赛场区上所有的界线宽为5～8厘米，界线与沙滩的颜色须有明显的区别，并且由

抗拉力材料的带子构成。（图11–10–1）

沙滩排球比赛的球网设在场地中央中心线的垂直上空，高度为男子2.43米，女子2.24米。球网长8.50米，宽1米（±3厘米），网眼直径10厘米。球网上有两条宽5～8厘米（与边线同沙滩排球宽）、长1米的彩色带子为标志带，分别系在球网的两端，垂直于边线。标志杆是有韧性的两根杆子，长1.80米，直径1厘米，由玻璃纤维或类似材料制成。两根标志杆分别设置在标志带的外沿、球网的两侧。

沙滩排球比赛所使用的球由柔软和不吸水的材料制成外壳（皮革、人造皮革或类似材料），以适合室外条件，即使在下雨时也能进行比赛。球内装橡胶或类似材料制成的球胆，颜色是黄色、白色、橙色、粉红色等明亮的浅色。球的圆周为66～68厘米，重量为260～280克，气压为0.175～0.225千克/厘米^2。

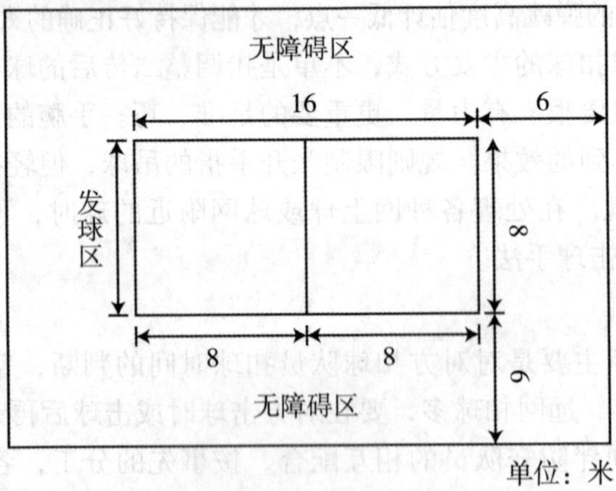

图 11–10–1

（二）比赛规则简介

沙滩排球比赛由发球队员击球，球越过球网飞向对方场区开始。比赛应连续进行直至球落地、出界或某一队不能合法地将球击回对方场区为止。国际排联组织的两人制沙滩排球比赛，比赛规则与室内排球比赛规则的不同之处见表11–10–1。

表11–10–1

区　别	沙滩排球	室内排球
每队人数	两人（无替补），受伤算弃权	六人（1人替补：自由人）
场地线宽	5～8厘米	5厘米
3 米进攻线	无	有
场地表面	沙　子	木板或橡胶
中心线	没有（可进入对方场区）	有进入对方场区，算犯规
比赛用球	防水表面，充气后略低于室内排球	皮质表面
比赛服装	短裤和背心，赤脚，可戴太阳镜	上衣、短裤、袜子和鞋
赛　制	三局二胜，前两局每局21分，第三局为15分	五局三胜，每局25分，第五局为15分
拦　网	拦网时的触球，记为三次击球中的一次	拦网时的触球，不记为三次击球中的一次

续表

区　别	沙滩排球	室内排球
运动员	没有固定的站位	比赛中，运动员按赛前位置登记的顺序并轮转
第三次击球	不允许手指张开的吊球，上手双手传球时，将球传出的方向必须与双肩成垂直的夹角	允许运动员网上吊球，手指可张开并将球击向任意方向
交换场地	7和7的倍数时交换场地，第三局累计5分或5分的倍数交换	每局结束后交换场地，第五局比赛的比分到8分时交换
暂　停	每局可有一次30秒暂停，在1、2局，当两队比分之和为21分时，有30秒的技术暂停	每局比赛，每队最多要求两次暂停30秒，在1～4局，当领先队到8分和16分时，有一次60秒的技术暂停

（1）一个队由两名队员组成。每队的两名队员必须始终在场上，没有换人。当发球队员击球时，除发球队员外，双方队员必须在本场区内，可随意站立，没有固定的位置，没有位置错误或轮转错误，但有发球次序错误。

（2）每队最多可击球三次，拦网触球也计一次击球，第三次必须将球从球网上空击回至对方场区。

（3）队员不得用手指吊球的动作来完成进攻性击球。

（4）队员用上手传球完成进攻性击球时，传球轨迹不垂直于双肩连线，即犯规。

（5）用上手传球防守重扣球时，允许球在手中有短暂的停滞。当双方队员网上同时触球时可以"持球"。

（6）在不妨碍对方比赛的情况下，允许队员穿入对方空间、场区和无障碍区。

（7）任何队员在本场区空间都可以对任何高度的球进行进攻性击球。

（8）每局比赛中，每队最多可请求4次暂停，每次暂停时间为30秒，任一队员都可向裁判员提出暂停请求。

（9）交换场区时可给球队最多30秒的休息时间。但三局两胜制的决胜局交换场区时，没有休息时间。

（10）三局两胜制比赛时，所有局间休息时间均为5分钟。

（11）队员在比赛过程中受伤，可给予5分钟的恢复时间，但一局比赛中最多给予同一名队员两次恢复时间。队员5分钟内没有恢复或一局内同一名队员超过两次恢复时间，则宣布该队为阵容不完整。

（12）比赛采用三局两胜制，胜二局的队赢得比赛的胜利。在沙滩排球比赛中，一个队胜1球可以得1分（每球得分制）。接发球队胜1球时得1分，同时获得发球权。每次换发球时，发球队员必须轮换。每局比赛（决胜局除外）先得21分并至少领先对方2分的队胜一局。当比分为20：20时，比赛继续进行至某队领先2分（22：20、23：21）为止。决胜局先得15分并至少领先对方2分的队获胜。

（13）前2局，双方得分之和为7或7的倍数时，双方交换场地；第3局双方得分之和为5或5的倍数时，双方交换场地。挑边在第1局或第3局（决胜局）赛前进行，胜者可选择发球或接发球及场地。

第十二章　民族民间传统体育运动

第一节　舞　龙

一、舞龙概述

舞龙俗称舞龙灯。舞龙之俗由来已久，据史料考证，舞龙早在先秦时期开始流行，到了汉代已具有相当规模，且各地风格各异、各具特色，形式也十分讲究。

在近代，随着华人的迁移，舞龙之俗又传播到世界各地。当今凡有华人聚居的地方，每到庆典和佳节均有舞龙助兴。舞龙作为中华民族的文化，也逐渐为世界各国所接受，进而演变为颇具特色的舞龙运动。舞龙运动不仅场面壮观，具有很强的观赏性，而且对锻炼身体的协调性、灵活性、力量素质、耐力素质等有很大益处，因此，近几十年来，东南亚许多国家和地区将舞龙发展成为一项竞赛活动。国际性的舞龙比赛也日益增多。

在中国，自1995年起，每年都会组织全国舞龙比赛。随着中国龙狮协会的成立，舞龙发展为竞技舞龙。2001年，国际龙狮总会制定并推出了国际舞龙竞赛规则和裁判法，推动了世界各国舞龙运动的蓬勃发展，并使舞龙运动在保持传统风格的基础上，走上了规范化、科学化和国际化的轨道。

舞龙的主要道具是“龙”。龙是用草、竹、木、纸、布等扎制而成的。龙的节数以单数为吉利，多见有9节龙、11节龙、13节龙，多者可达29节。15节以上的龙体大而重，不宜舞动，主要是用来观赏，这种龙特别讲究装潢，具有很高的工艺价值。

舞龙中龙珠、龙头、龙身、龙尾由10个人在音乐伴奏下以大幅度的舞动来表现龙的各种腾跃和滚翻。珠引龙走，龙跟珠行，节节相随，快慢有序，组成各种巨龙腾跃的优美形态。

二、舞龙基本技术

舞龙的技术动作主要划分为五大类：“8”字舞龙类动作、游龙类动作、穿腾类动作、翻滚类动作、组图造型类动作。根据动作完成的难易程度又可划分为A级难度动作、B级难度动作和C级难度动作。

（一）“8”字舞龙动作

舞龙者将龙体在人体左右两侧交替做“8”字环绕的舞龙动作。“8”字舞龙动作包括原地“8”字舞龙和行进间“8”字舞龙，而且，其动作可以结合伴奏锣鼓的节奏作快慢变化。同时，也可以充分利用舞龙者的身体姿势变化，如单跪、靠背、跳步、抱腰、绕身等身体姿势，做各种不同的“8”字舞龙。做“8”字舞龙时，龙体的运动轨迹要顺畅、圆润，人体的各种造型姿势要优美，快速舞龙要突出速度、力量，并保持龙体运动轨迹流畅。做“8”字舞龙动作时，经常容易出现动作不圆顺，队员的速度不一致，龙体运动与人体不协调、不统一，造成人龙脱节、龙体触地、舞动速度太慢等错误。（图12–1–1）

原地“8”字舞龙　　行进间“8”字舞龙

图 12–1–1

（二）游龙动作

游龙是舞龙者在快速奔跑游走过程中，通过龙体高低、左右、快慢的起伏行进，充分展现龙的婉转回旋、左右盘翻、屈伸绵延等动态特征。游龙动作主要包括直线行进、曲线行进、走圆场、起伏行进、行进中越障碍等动作。龙体在行进中应遵循圆、弧、曲线的运动规律，舞龙者应协调地随龙体起伏行进。（图12–1–2）

图 12–1–2

（三）穿腾动作

穿腾包括穿越和腾越两种方式。龙体动作线路呈交叉形式，龙珠、龙头、龙身各节依次从龙身下穿过称为“穿越”。龙珠、龙头、龙身各节依次从龙身上越过称为“腾越”。穿腾动作主要包括穿龙尾、龙穿身、越龙尾、首尾穿肚、穿尾越龙身、腾身穿尾、龙脱衣、龙戏尾等动作。在做穿越和腾越动作时，龙形应保持饱满，穿腾动作流畅不停顿，速度均匀，轻松利索、不拖地，不碰踩龙身。

（四）翻滚动作

当龙身运动到舞龙者脚下时，舞龙者利用滚翻、手翻等动作从龙身越过，称为滚翻动作。做滚翻动作时，必须在不影响龙身运动的速度、幅度、美感的前提下，及时完成，而且，所做滚翻动作应干净利索，规范准确，并保持龙身运动轨迹流畅圆顺，龙形饱满。

（五）组图造型动作

龙体在运动中组成活动的图案和相对静止的龙体造型。要求活动图案画面清晰，静止造型形象逼真，以形传神，以形传意，与龙珠配合协调，组图造型连接、解脱要紧凑、利索。主要内容包括龙门造型、塔盘造型、龙出宫造型、龙舟造型、上肩高塔造型、龙尾高翘、组字造

型、大横“8”字花慢行进等。（图12-1-3）

龙门造型

塔盘造型

图 12-1-3

三、舞龙比赛规则简介

（一）场地及器材

1. 竞赛场地

竞赛场地为边长20米的正方形平整场地（特殊情况，正方形的边长不得少于18米），要求地面平整、清洁，场地边线宽0.05米，边线内沿为比赛场地。边线周围至少有1米宽的无障碍区。场地上空从地面量起，至少有8米的无障碍空间。

2. 器　材

舞龙运动的器材主要有：龙珠、龙头、龙身、龙尾，以及鼓乐等。在比赛中对龙珠、龙头和龙身的器材规格都有着严格的规定。如龙珠的球体直径不少于0.35米，杆高（含珠）不低于1.20米；对龙头的规定是龙头的重量不得少于3千克，杆高（含龙头）不低于1.8米；龙身则要求以九节布龙参赛，龙身为封闭式圆筒型，直径不少于0.35米，全长不少于18米，龙身杆高（含龙身直径）不低于1.6米，两杆之间距离大致相等。对于龙体、龙尾、龙珠的重量则没有限制。

（二）评分标准

1. 规定套路的评分标准

（1）动作规格。

（2）布局、结构、精神面貌。

（3）音乐伴奏。

（4）服饰。

2. 自选套路的评分标准

（1）动作规格。

（2）编排。

（3）音乐伴奏。

（4）服饰、器材。

（5）动作创新，动作难度。

知识窗

舞龙技术要素

舞龙技术要素中有形（姿势）、技（配合）、法（方法）、情（神韵）四大要素。其中，“形”包含圆、连、顺、灵四种形态；“技”指人与龙体、龙珠与龙体、音乐与龙体的配合；

“法”包含舞法、步法、握法、鼓乐法；“情”指人、龙之间情感的表达，即舞龙时表现出的喜怒哀乐等情感。

第二节　舞　狮

一、舞狮概述

舞狮有南狮和北狮。南狮又名醒狮，以广东狮最有代表性。表演时，两人扮一狮，前面一人两脚着地，双手举着狮头，不时地做出翻摆颤抖的姿态；后面一人弯着腰屈着背藏于由一块红布、蓝布或黑布制成的六七尺长的狮被内，随着狮头摆舞。南狮表演较注重形象，舞狮时的动作主要有上腿、站肩、坐头、上桩、桩上飞跃、连续飞舞、环回快走、壁虎功、翻滚、钢索、过桥等。其中，凌空横推进过三桩上单（双）腿、凌空推进接新转体180° 坐头；挂单桩悬挂接横跃钳双桩；钢索上180° 连续回头跳为难度较大的动作。

北狮的狮身为全身覆盖型，扮狮的队员衣裤应为狮子的肢体（即狮子的前后腿），服饰要与狮子的颜色、狮毛一致，鞋为狮爪型面覆盖。舞狮时，由两人合作扮狮，一般为四人扮两头狮，另一人手持彩球，并配以京鼓、京钹、京锣等乐声后引狮子起舞。北狮的舞狮动作主要包括上肩、上腿、飞跃、回转、翻滚、倒立、接抛球、双狮配合造型，以及引师员的翻、腾、滚、跃等动作。其中以梅花桩上站肩，狮头、狮尾双单足、飞跃3.5米以上接上腿、狮上坛子、引狮员上狮身旋转360° 、高台、梅花桩上倒立、高台、梅花桩接抛球为难度最大。

二、舞狮基本技术

（一）狮头的握法

（1）单阴手：单手握狮头，手背朝上，大拇指托狮舌，其余四指握在狮舌上方。

（2）单阳手：动作与单阴手相反，手心朝上。

（3）双阴手：动作与单阴手相同，两手握于狮舌两侧头角处。

（4）双阳手：握法与双阴手相反，握的部位相同。

另外，根据表演狮子神态的需要还有开口式、闭口式等握法。

（二）狮尾的握法

1. 单手握法

舞狮尾者一手用大拇指插入舞狮头者的腰带，其余4指轻抓腰带，另一手可做摆尾等动作。（图12–2–1）

2. 双手握法

双手大拇指插入舞狮头者的腰带，做各种动作时应紧握。（图12–2–2）

（三）基本步法

（1）上步和退步：两脚平行站立，左（或右）脚向前进步，另一脚跟上，即为上步，反之为退步。（图12–2–3）

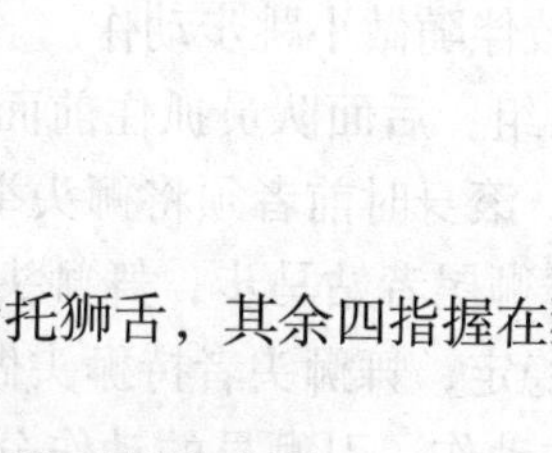

图 12–2–1

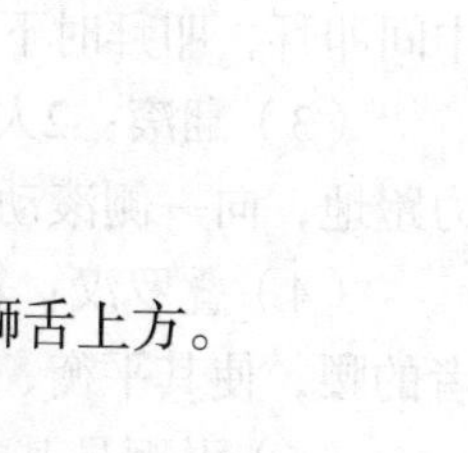

图 12–2–2

（2）侧步：包括左侧步和右侧步。两脚平行站立，左（或右）脚向左（或右）侧进一大步，另一脚跟上，即为左侧步，反之为右侧步。（图12-2-4）

（3）交叉步：分为左、右交叉步。移动方向的异侧脚向运动方向一侧跨出一大步（经两腿交叉），另一脚随即向运动方向一侧跨出一步成平行站立。（图12-2-5）

图 12-2-3

图 12-2-4

图 12-2-5

（4）跳步：跳步没有具体严格的要求，可随着舞狮的方向任意跳跃，可单脚跳，也可双脚跳。

除以上方法外，还有单跳步、跨跳步、击步、碎步、并脚直立跳、双飞脚、打转身等。

（四）基本动作

（1）摇头摆尾：两人在原地，舞狮头者不断地将狮头东摆西摇，舞狮尾者随着狮头的摆动协调地进行摆尾。（图12-2-6）

图 12-2-6

（2）叩首：2人1组，舞狮头者将狮头持于头上，用小碎步快速向前跑动，在跑动过程中将狮头举起，并不停地左右摇头和眨眼，舞狮尾者低头塌腰，双手搂住前者腰部，用小碎步或左右摆尾跟着前者行进运动，然后，用同样的碎步动作退回，两者配合做狮子叩拜动作。动作方向为先左后右，最后向中间叩拜，叩拜时下肢伴随做小跳步动作。

（3）翻滚：2人1组，后面队员抓住前面队员腰的两侧，身体重心下降，屈腿半蹲，一脚用力蹬地，向一侧滚动，滚身时前者须将狮头举高。

（4）叠罗汉：舞狮尾者站马步，舞狮头者两脚站于狮尾者的膝盖上，舞狮尾者扶住舞狮头者的腰，使其平衡、稳定，舞狮头者持狮头做各种动作。

（5）引狮员基本动作：引狮员的动作分静态动作和动态动作，静态动作是指引狮员静态亮相的动作，如弓步亮相、高虚步亮相、马步亮相等。动态动作是指引狮员在运动过程中完成的动作，如行步、跳跃、翻腾等。

舞狮子的技术动作有许多，舞动时，可根据舞狮者的身体素质、能力素质、训练水平和表演条件，以及各地的传统习俗，有选择地进行组合而编排成套路。

三、舞狮比赛规则简介

（一）场地及器材

1. 场　地

竞赛场地为边长20米的正方形（特殊情况下，正方形的边长不得少于18米），要求地面平整、清洁，边线宽为0.05米，边线内沿以内为比赛场地，边线外至少有1米宽的无障碍区，场地上空从地面量起，至少有8米的无障碍空间。比赛应在地毯或木板上进行。

2. 器　材

要求狮头、狮背大小均匀、协调。

（1）北狮。

引球球体直径不少于0.3（±0.02）米，颜色、图案不限。狮身为包身覆盖形，两狮颜色要有区别或有不同标志。扮狮的运动员其服饰要与狮子的颜色、狮毛一致，运动员的鞋应为狮爪形覆盖。高台层的搭台面高度不超过3米。5个梅花桩立桩，最低0.8米，最高为1.6米，桩上圆盘面直径不超过0.38米（含保护圈垫）。

（2）南狮。

桩阵中桩的高度不得超过3米，最低不低于0.5米，其中半数桩必须达到2米，桩顶脚踏圆盘直径不超过0.38米（含保护圈垫），桩阵长度不得超过15米，最短不少于10米（含曲线计算），宽度不得超过1.5米，不能少于0.5米。

（二）竞赛方法

按竞赛类型分为单项赛、全能赛，按性别分为男子组、女子组，按比赛成绩分为等级赛，按比赛项目分为规定套路、自选套路、传统套路、技能舞狮以及其他舞狮（形式不限）。南狮比赛为单狮（2人），桩阵上比赛要有采青。北狮比赛为双狮（4人）加引狮员（1人），在地面、高台或桩上比赛。舞狮比赛的时间为10～15分钟，布置器材时间不超过15分钟。舞狮比赛以得分高者名次列前。

知识窗

中国醒狮之乡

2003年12月，广东省湛江市遂溪县被中国民间文艺家协会命名为“中国醒狮之乡”。遂溪醒狮属于南狮，享有“醒狮之乡”的美誉，曾代表中国出访多个国家，并担任2008年北京奥运会开幕式醒狮表演特约嘉宾。

遂溪的民间醒狮活动历史悠久，源远流长。近年来，当地政府遵循“积极保护、合理开发、有效利用、鼓励竞争”的原则，坚持“现代与传统并重，推进文化事业全面发展”的思路，积极发展民间醒狮艺术，醒狮队伍不断壮大，表演者过万人。

第三节　太极柔力球

一、太极柔力球概述

（一）太极柔力球的起源与发展

太极柔力球是一种新型运动项目，是由山西医科大学晋中学院（原晋中卫生学校）体育教师白榕先生于1991年发明，后经山西省体育界同仁李健康、张路、李小斌、成明铎、邢怀中、薛晓媛等组成创编组共同努力完善，于1992年正式向社会推出，并将其命名为“太极柔力球”。这项运动的创编和推广，得到了全国总工会宣教部体育处领导的高度关注与大力支持。在领导的指导和协助下，创编组成员共同研讨、规范了技术动作，设计了多种娱乐方式和竞技比赛方法，制定了《太极柔力球竞技比赛规则》，完成了《太极柔力球》教材编写和教学录像带的制作。

太极柔力球问世后，先后于1992年参加了全国“名、特、优、新”体育产品展和北京国际体育用品博览会，并在1993年全国职工大众体育创编项目展示中，被评为“优秀创编项目”。

1994年，太极柔力球运动通过国家教委全国中小学体育教学改革指导小组、全国高等学校体育教学指导委员会公共体育组的评审，被认定为符合学生的身心发展特点、建议在大、中、小学校课外体育活动中开展此项运动。有条件的学校，可作为九年义务教育教材中民族传统体育部分的选用教材使用，待条件成熟后也可逐渐列为一项学校体育比赛项目。1996年9月，第三届全国工人运动会将其纳入正式比赛项目。截止1996年，全国性的太极柔力球项目的教练员、裁判员、学员培训班举办了多次高质量、大规模的培训工作为太极柔力球运动的发展奠定了良好的基础。从此，该项目逐步走上了规范、健康的良性发展之路。

截至2006年末，太极柔力球的开展已覆盖全国半数以上省份，竞技比赛的技术、战术水平不断提升和完善，个人套路练习也不断推陈出新，特别是在全国中老年群体层面发展迅猛，参与人数不断增加。在此期间，先后组织的六次全国性大型比赛，使太极柔力球运动得到了进一步的普及与发展。

如今，经过20多年的不断研究完善，太极柔力球运动已逐步形成了一个较完整的运动项目体系。随着其不断发展，在欧洲、亚洲、大洋洲和美洲有20多个国家和地区也相继开展了这项运动，成立了相应的专业协会，特别是亚洲和欧洲开展的规模较大。

2003年，北京市将太极柔力球项目列入中小学体育课选修教材。在山东、辽宁、黑龙江、台湾、香港、澳门等地，太极柔力球相继在小学和中学中得到了开展，并受到了教师和学生的一致好评。

目前，全国高校已有山西财经大学、香港浸会大学、北京体育大学、华中师范大学、武汉体育学院、东北林业大学、浙江工业大学、厦门大学、沈阳体育学院、河北信息工程学校、内蒙古师范大学、湛江师范学院、淮阴师范学院、深圳大学、武汉大学、华中科技大学、武汉理工大学、中南财经政法大学、武汉科技大学、华中农业大学、武汉电力职业技术学院、江汉大学等将此项运动列为必修课程或选修课程，这让我们看到了太极柔力球更加光辉美好的未来。

（二）太极柔力球的健身特点和意义

太极柔力球运动是将中国和谐、自然的养生之道，与西方优雅、竞争的体育观相融合，精心设计的全新运动形式。它刚柔并重、缓急有致、形神兼备，参与其中可促进身心健康。太极柔力球是一种能让自已身心得到愉悦和陶醉的运动，其最大的特点就是自由快乐，修身与养性寓于其中，能给人以舒畅顺达之美，既悦人又悦已。竞技比赛刚柔兼济，身心合一，速度力量的幻化，曲线弧形尽显其中；而套路表演则是乐章与身体的完美结合。

太极柔力球运动是一种全身性的运动，它可以使颈、肩、腰、腿得到均衡全面的发展。弧线圆形动作的变化，随机多样，对提高中枢神经系统机能具有良好的作用。就青少年而言，太极柔力球运动的锻炼，可以使全身各组织器官系统得到有效刺激，促进生长发育，完善形态结构，提升心理和生理的适应性能力。近些年的研究表明，太极柔力球运动对提高青少年的反向思维、创造性意识、反应速度及培养柔中带刚的特质具有显著的作用。

二、太极柔力球基市技术简介

（一）持拍方法（以右手持拍为例）

持拍方法是最基本和最简单的技术，但也是最容易被忽略的和最重要的基本技术，因此，初学者必须注意。

持拍有正握和反握两种方法。

1. 正　握

正握是用拇指和食指第一指节的指腹部位，相对捏住拍把与拍面平行的两个宽面处，其余手指顺势扣握，拍把的尾部靠在手掌的小鱼际处，掌心要空出，以便球拍在手中自如运转。

2. 反　握

反手持拍也是用拇指和食指第一指节的指腹部位，相对捏握在拍把与拍面垂直的两个窄面处，其余手指顺势扣握，掌心空出，使球拍能灵活方便地应对各种复杂技术动作的要求。

3. 容易出现的错误

（1）虎口紧贴拍把，握拍过紧。

（2）持拍位置过后，拍把尾部贴住掌根。

（3）持拍臂紧张，肌肉僵硬。

（4）食指或拇指伸出，紧贴拍把。

（5）五指大把攥握球拍。

（二）基本站位（以右手持拍为例）

1. 动作方法

太极柔力球基本站位见图12-3-1。

运动员右手持拍，正手握拍，接抛身体右侧的来球站位。面向对方，左脚在前，右脚在后，两脚自然开立，略宽于肩，两膝微屈略内扣，重心在两脚之间，脚跟略微提起，以前脚掌着地，髋关节放松，含胸收腹，上体略向前，平视前方，非持拍臂自然置于身体右前上方。

基本姿势正手位　　基本姿势反手位

图 12-3-1

2. 容易出现的错误

（1）两脚成“八”字形。

（2）两腿直立，弯腰，重心前倾。

（3）髋关节不放松。

（4）持拍臂无力，下垂于体前。

（三）发球（以右手持拍为例）

发球是指比赛开始时把球抛向对手的动作。发球时，左脚在前，右脚在后，双脚自然开立，左手拿球，右手持拍，左手将球由身体的前方向后上方抛出，至少抛离手10厘米，在抛球的同时右手持拍向前迎球，球入拍后，采用高入低抛的弧形引化动作，将球抛出。发球时，必须有一只支撑脚不得移位和脱离地面；出球点不限，但必须符合接抛球的基本规定。发出的球分为高远球、平快球和网前球三种。

1. 发高远球

运行轨迹高而远，落点在对方场区底线附近的球，叫高远球。发球时，发球员将球引入球拍后，顺势做弧形引化动作，利用腿和腰的蹬转合力，并运用手臂继续挥摆的力量，将球向上方抛起，球出拍的瞬间，出球点的拍框外缘要对向出球方向。

2. 发平快球

这是弧形较低、速度较快、具有一定攻击力的发球。出球时的挥摆动作要以向前用力为主，发出的平快球从接近网口的高度直奔对方后场。发球时动作一定要规范，用力完整连贯，不能用肘或手腕在发球的后程突然加速、加力。

3. 发网前球

发网前球是指发球时用力柔和准确，发出的球贴近球网而过，过网之后立即坠落，球的落点应在对方比赛场地的近网处。

4. 发球容易出现的错误

（1）挥拍后不做弧形引化，而是硬性将球推出。

（2）挥拍动作不以肩为轴，用大臂带小臂，而仅以手腕或小臂的挥动来发球，无弧形引化或引化动作不明显。

（3）球未明显抛出手10厘米以上就进入球拍。

（4）抛出的球高度或方向不合适，挥拍落空，使球掉落。

（5）发球时为了增加出球的速度，没有均匀加速而是在引化过程中突然加速，使引化中断；或为了改变球的落点，突然折向发力，造成引化中断。

（6）为增加发球威力，横向挥拍，将球推出球拍。

（7）为发高远球，没有使用全身合力，而是在最后手腕向上勾，挑球拍出球。

（8）发球时，在球出球拍的瞬间，球拍出球点的拍框外缘未与出球方向一致。

5. 发球错误动作的纠正方法

（1）加强专项辅助练习，严格规范每一个发球技术动作。

（2）自抛自接球，强化球入球拍时的角度和全身整体用力抛球出拍的过程，体会每个球出球拍时拍框与出球方向的正确位置。

（3）对墙或对网发球，进一步体会全身完整用力，杜绝肘、腕的单独发力。

（4）场地定位发球，培养运动员发球的方向性、准确性和攻击性。

（四）正手接抛球

1. 正手接抛高球

正手接抛高球是指接球队员以正握拍接抛身体右侧前上方来球的方法。（图12-3-2）

接抛球时，根据来球的方向、速度及时调整站位，将接球点置于身体右侧前上方，持拍臂以肩为轴，向右前方伸出迎球，当球触及球拍后，迅速顺势向后经右后上方、右后方向右后下方做弧形引化，从身体的右前下方将球抛出。在球入球拍时应从球拍的侧框切入，并从入球点对面的侧框出拍，在球出球拍的瞬间，出球点的球拍侧框应与出球方向保持一致，不要让拍头对向出球方向，注意身体要正，腿和腰要带上力量。

图 12-3-2

2. 正手接抛低球

正手接抛低球是指接球队员以正握拍接抛身体右侧前下方来球的方法。（图12–3–3）

接球队员正握拍，接抛球时，根据来球的方向、速度及时调整站位，将接球点置于身体右侧前下方，持拍臂以肩为轴，向右前下方伸出迎球，当球触及球拍后，迅速顺势向右侧后45° 方向做弧形引化，经右前上方将球抛出。在弧形引化过程中动作要连贯，入球时全身协调拉上力量，在球出球拍的瞬间，球拍的侧框对向出球方向。

图 12–3–3

3. 正手接抛球容易出现的错误

（1）挥拍时不以肩关节为轴，而以肘关节为轴，使弧形引化过程中拍头位置太低，容易使球滚落。

（2）接球时，没有提前伸拍迎球，而是等球飞行到右后方才接球，因此没有办法做引化动作或引化动作太小，造成球与球拍间的硬性碰撞。

（3）接抛球过程中，没有弧形引化或弧形引化不明显，出现折向发力的动作；或前半段的弧形引化动作尚可，但到了后半段就变成了用拍面来引导，形成弧形引化中断或折向发力的动作。

（4）接球时，引球不及时，使球失控滑落。

（5）在球入球拍后，向后的引化幅度太大，方向不正确，抛球过程不能保持在同一个半径的圆弧上，使得球拍无法沿圆弧切线出球，而用手腕将球推抖出拍，造成二次发力犯规。

（6）在出球的后半段为使打出的球有力，手臂紧张加力，使引化圆弧的半径改变，从而改变了弧线方向，使球折向出拍，造成犯规。

（7）在完成动作时手握球拍太紧，没有根据弧线位置推捻手中的球拍，至使出球时，出球点的拍框没有对向出球方向，违反了拍弧对应关系造成犯规。

（8）入球和出球都在球拍上部的拍头部，造成球在拍内折反，在球出球拍时也容易造成折向发力犯规。

4. 正手接抛球错误动作的纠正方法

（1）加强徒手和持空拍的辅助训练，特别要注意球拍入球角和出球角的控制，运动弧线一定要连贯，从入球到出球一气呵成。在空拍动作顺畅自然以后再持球做练习。

（2）持球练习时要先慢柔，使动作放松，不要急于加速使力，等动作正确定型后再逐渐加快速度。

（3）在做正手接抛球时，要重视全身的整体协调用力，为手臂的挥旋创造条件，力要从腿、腰而发，带动手臂旋转。如果只用上肢和手臂力量，极容易造成掉球失误和动作犯规。

正手接抛球是使用最多的基本技术，学会容易学好难，尤其是正手接抛低球，是一项较难掌握的动作技术，因此我们要有足够的耐心。找准手臂挥旋的圆心和半径，上下协调配合才是掌握好这一技术的关键。

（五）反手接抛球

1. 反手正握接抛高球

接球队员以正握拍方法，在身体左侧按逆时针方向完成弧形引化动作即为反手正握接抛高球。（图12-3-4）

接抛球时，根据来球的速度和落点及时调整站位，将接球点置于身体左侧前上方，持拍臂以肩为轴，手臂外旋，拇指在下，其余四指在上，向左前上方伸出迎球，球拍的边框对着来球。当球触及球拍后，双脚蹬转，使力量集中在腰部，由腰带动持拍臂向左侧后下方做弧形引化后，将球由左前下方向前抛出。

图 12-3-4

2. 反手正握接抛低球

接球队员以正握拍方法，在身体左侧按顺时针方向完成弧形引化动作即为反手正握接抛低球。（图12-3-5）

根据来球的方向、速度及时调整站位，将接球点置于身体左侧前下方，持拍臂以肩为轴，向左侧前下方伸出迎球，持拍手拇指在上，其余四指在下，当球触及球拍后，使全身的力集中在腰部，以腰带动持拍臂向左后上方做弧形引化后，将球由左前上方向前抛出。

图 12-3-5

3. 反手接抛球容易出现的错误

在反手侧，动作的协调性、灵活性、稳定性相对正手侧有一定差距，是我们打球中较弱的一侧，也是对方攻击的要点，如果在我们的训练中对它的重要性认识不足，就容易形成防守和进攻的漏洞。

（1）由于球在身体的反手侧，球拍入球准备不足，往往不能主动伸拍迎球而是等球，拍框没有对向来球方向，容易造成撞击违例。

（2）做引化动作时，上下肢力量脱节，不用腿、腰发力，这样会造成引化后程出球无力，最后只用手臂的肘、腕发力，造成二次发力和折向发力。

4. 反手接抛球错误动作的纠正方法

（1）加强辅助训练，尤其是反手接入球阶段，早判断早作准备，早伸拍迎球，给引化球留出空间和时间。

（2）多进行自抛自接辅助训练，在伸拍迎球时，握拍的手指相对放松，让球拍的侧框对向来球方向，使球切入球拍，在自己练习定型后再进行对练，逐渐形成正确的技术动作。

（3）应当加强反手侧的防守和由防转攻的技术训练，使反手侧的动作更加纯熟、规范，这样使我们的弱点不弱，从而打乱对方的进攻战术，为自己的有效进攻创造条件。

（六）体前平弧球

体前平弧球是指接球队员在体前采用水平弧形引化方法的接抛球技术。体前平弧球可用正握拍，也可用反握拍。由于它的引化动作是有支撑点无实体轴的运动，因此虽然动作缺少力量，但是变化非常丰富。

1. 正拍右拉球（反拍同此）

正拍右拉球（反拍同此）见图12-3-6。

接球队员正握拍，将接球点置于体前偏左侧，小臂外旋，向左前下方伸拍迎球，球拍的侧框对向来球方向，拍面要与地面垂直，拍头对向地面。当球入球拍后，迅速在体前向右侧做水平弧形引化，并将球在身体右侧择向抛出。

图 12-3-6

2. 正拍左拉球（反拍同此）

正拍左拉球（反拍同此）见图12-3-7。

接球队员正握拍，将接球点置于体前偏右侧，小臂内旋，向右前下方伸拍迎球，球拍侧框对向来球方向，拍面要与地面垂直，拍头对向地面。当球入球拍后，迅速在体前向左侧做水平弧形引化，并将球在身体左侧择向抛出。

图 12-3-7

3. 体前平弧球容易出现的错误

（1）出球时，不是用球拍的侧框对着出球方向，沿着球拍的边框出球，而是拍面对向出球方向，将球推出球拍。

（2）腿部僵硬，接抛球过程中没有身体重心的变化，单靠手臂和手腕用力。

（3）入球时没有拉上力量，在最后出球时球无力出拍，只得用手腕力量抖球出拍。

（4）在最后的择向出球时，不是以身体的整体用力带动球拍划弧并选择出球方向，而是靠手腕的拨、挑控制出球方向。

4. 体前平弧球错误动作的纠正方法

（1）多进行体前摆动训练，并且使摆动拉上力量，使手在摆动过程中的任意一点都能感觉到球向外走的离心力，并控制自如。

（2）反复进行持拍不带球做体前平拉的技术动作。一定注意腿和腰的蹬转用力和出球时拍框要对向出球方向的强化训练，杜绝在最后出球阶段手臂和手腕单独发力，形成正确的动力定型后再带球进行对抛对练。

体前平弧球在场上变化多，进攻效果好，落点精确，是前场常用的小球技术，但如果训练不规范也是很容易违例的动作，所以我们在训练中一定要精益求精，在动作标准的前提下再追求动作的变化、速度和球的落点。

（七）背后接抛球

在实战中背后接抛球是常用而且效果较好的隐蔽动作，接抛球时可采用原地、上步或撤步的接抛球动作。（图12–3–8）

接抛球点在身体的右侧，持拍臂在引球入拍后，左右脚同时蹬转，以身体的纵轴为中心，向右后方垂直转动90°，持拍臂围绕身体顺势做弧形引化，使球经体后至身体左侧抛出。做引化动作时，拍头应微微翘起，以免球失控脱落。

图 12–3–8

（八）腋下接抛球

腋下接抛球见图12–3–9。

接球队员正握球拍，接抛球时将接球点置于身体左侧，持拍臂在引球入拍的同时，右脚向左前跨半步，身体向左转体约90°，侧对进攻方向，左臂屈肘上抬，引球入拍后，顺势向左后方引化，经身后使球由身体左腋下抛出，注意出球时头部要向前，眼看出球方向。

图 12–3–9

（九）腾空右侧旋球

腾空右侧旋球见图12–3–10。

正手站位，当球向身体的右侧飞来时，右手持拍向右前下方伸拍迎球，同时滑步调整站位，当球入球拍后，左脚侧蹬，右脚支撑起跳，或双脚同时向右后上方蹬转身体，在空中旋转，带动手臂和球拍及拍中的球，由身体右前下方经体后向上，从身体的左上方再向前划一个完整的弧线，当球拍旋转到最高点时，使球沿这个弧线的切线方向甩出球拍，出球点的拍框外缘要对向出球方向。这个动作要注意的是，在起跳时，不是单纯的上跳，而是向上跳的同时，使身体获得在空中旋转的力量。

图 12–3–10

（十）腾空左侧旋球

腾空左侧旋球见图12–3–11。

反手站位，当球向身体的左侧下方飞来时，右手持拍向左前下方伸拍迎球，同时滑步调整站位。当球入球拍后，右脚侧蹬地面，以左脚支撑起跳，使身体在空中旋转，带动手臂、球拍及拍中的球，由身体的左前下方经体后向上，到身体的右上方，再向前划出一个完整的弧线，在这个弧线的最高点处，使球沿着这个弧线的切线方向甩出，出球点的拍框外缘一定要对向出球方向。这个动作如果要腾空完成，也是要在起跳时蹬旋身体，使身体获得足够的旋转力量和速度，从而产生更大的惯性，使出球的速度更快。在旋转过程中，头要领先身体的旋转，提前观察对方的防守情况，将球有目的地攻入对方场地空当。

图 12-3-11

（十一）正手高点球

正手高点球见图12-3-12。

正手基本站位，当球向身体右侧飞来时，通过滑步调整，使身体处于适当的位置，右手持拍向右侧前下方伸拍迎球，同时双脚蹬地，使身体原地向上展开，或以左脚向上起跳。在起跳的同时，持拍臂以肩为轴，球拍带球，从右前下向右后、向上、向前划一个完整的弧线，在引化圆弧旋转到最高点时，将球沿弧线的切线方向，向前下甩出。这项技术的特点是进攻点高，视野开阔，攻点准确。要注意在入球时加大持拍臂的旋转初速度，拉出力量，使动作连贯完整，一气呵成。

图 12-3-12

（十二）腾空水平旋球

腾空水平旋球图12-3-13。

正手基本站位，当球快速向身体的右侧上方飞来时，可以在腾空水平旋高点对进攻球进行拦截，并顺势反击。技术动作为：双脚迅速蹬地，使身体跳起，在空中完成围绕身体纵轴的水平旋转，在旋转的同时，右臂持拍向右侧上方迎球，球入球拍后，以身体的旋转力量带动手臂、球拍及拍中的球，使球从身体的左侧甩出。旋转时拍头向上，球拍的持球面对向身体的纵轴，出球时，要注意球甩出球拍的瞬间拍框的外缘要对向出球方向，落地后要迅速恢复基本站位。

图 12-3-13

三、太极柔力球比赛规则简介

（一）比赛场地及器材

1. 球 拍

柔力球竞技项目用拍，球拍总长47～55厘米，宽不超过23厘米；球拍由拍柄、拍颈、拍框、拍面组成。拍柄是练习者握拍的部分，拍面是练习者持拍接抛球的部分。

2. 球

竞技项目用球，总重量55克±2克，球体内沙砾重量不得超过30克；球应为圆球体，直径6.8厘米±0.1厘米；球面材料为橡胶或塑料，可以为光面或凹凸花纹面。

3. 球网和网架

柔力球竞技项目正式比赛中所用的球网，从场地地面量起高1.75米，全长至少6.10米。为了方便在学校上课、公园社区广场健身的时候携带，一般可使用便携式网架。

4. 竞技比赛场地

柔力球竞技比赛场地与羽毛球场地大体相同。比赛有单打和双打场地，边线均为11.88米。双打端线为6.10米。单打端线为5.18米。中线把比赛场地分成两个面积相等的区域。在两边场区中，距中线2.97米处各有一条与中线平行的线为限制线。限制线到中线之间的区域为限制区。限制线属于前场区域。限制线到端线之间的区域为发球区。限制线在比赛时可以无限延长。

（二）比赛规则简介

1. 挑 边

根据柔力球竞赛规则的规定，柔力球竞技比赛开始前应由裁判员主持双方选手掷挑边器进行挑边，赢方选择先发球或开始比赛的场区，输的一方只能选余下的一项。

2. 计分方法

一场比赛应以三局两胜定胜负，先胜两局的一方为胜一场。

14平后，领先得2分的一方胜一局；19平后，先到20分的一方胜一局。

除以上情况外，先得15分的一方胜一局。

对方“违例”或球触及对方场区内的地面成死球，则本方胜这一回合并得1分。

3. 交换场区

第一局、第二局结束及在第三局比赛中（如果有第三局），一方先得7分时，应交换场地。

如果运动员未按规则的规定交换场区，一经发现，在死球时立即交换，已得比分有效。

4. 发 球

单打比赛的发球第一局由挑边决定取得发球权一方首先发球，以后每局胜方运动员先发球。

一方发满2个球交换发球权，打满14：14以后开始轮流发球。

如果发现发球顺序错误，应及时予以纠正，已得比分有效。

双打比赛，双方应确定第一发球员。每局比赛的发球权必须如下传递。

（1）发球方第一发球员首先发球。

（2）接发球方的第一发球员发球。

（3）发球方第一发球员的同伴。

（4）接发球方第一发球员的同伴。

（5）发球方第一发球员。

5. 合法接抛球

球拍触及球的一瞬间，以相应的拍形和缓冲速度，顺势将球引入球拍，并以明显的、完整的引化动作将球抛出，经比赛球网的上方落入对方有效区内的球为合法接抛球。

单打时一个回合中，双方队员只可有一次合法的接抛球（含发球）动作使球过网。

双打时一个回合中，一方可采用一次或两次合法接抛球动作使球过网，但场上每个队员最多只能合法接抛球一次。

6. 违　例

（1）撞击。

在球拍接触球的瞬间无完整引球过程，球拍与球相对发生硬性撞击为撞击违例。如出现不明显的碰撞但完整地完成了引化动作，球与球拍是同向运动，可以不判违例。

（2）连击。

球在进入拍面后发生一次以上的触及为连击。

（3）引化中断。

引化中断指弧形引化的运动轨迹被突然改变，包括引化间断、引化持球、引化逆转、折向发力。对以上四种违例现象都使用“引化中断”判罚。

7. 前场进攻

在前场限制区做进攻动作时支撑点和起跳点可以在场地任何位置，但在完成动作后的支撑点和落点必须在限制线后，否则被视为前场进攻违例。在进攻动作完成的瞬间，身体的任何部位都不得触及限制区和限制线，否则判前场进攻违例。

在限制区内可使用所有技术动作，球进入对方场区所运行的轨迹必须是由下向上的抛物线，否则被视为前场进攻违例。

知识窗

柔力球的动作全都是顺关节自然放松的圆弧运动，不仅大肌群参加活动，而且全身各部分的小肌肉群也协同参加，既增加了肌肉力量和对关节的保护性，也减缓了肌肉的萎缩和骨骼及关节的退化，对缓解肩周炎、眼部治疗、颈部治疗、增强腰部的力量等都有帮助。

第四节　射　艺

一、射艺概述

射艺是中华民族弓箭文化的总称，也称射、射法、传统射箭、传统弓，包括弓、弩、弋、弹等多种形式，是中华民族传统体育的优秀内容。

弓箭是人类伟大的文明成果之一，产生于距今五万年的旧石器时代晚期。世界上所有的民族都有自己的弓箭文化。据考古发现，早在两万八千年前，中华先民就已经使用石箭镞。弓箭是冷兵器时代最具杀伤力的武器之一，是古代君子六艺的主要内容，更是十八般武艺之首，留下了后羿射日、李广射虎、一箭双雕等成语典故，和“将军夜引弓”“西北望，射天狼”等绚丽诗篇，以及《射经》《武经射学正宗》等数十部射艺古籍。

春秋战国时期，魏国曾颁布习射令，宣布：“人有狐疑之讼者，令之射的，中之者胜。”以射箭的结果来断定官司输赢，其做法虽不足取，但射箭对人的心理素质水平的反映可见一斑。也许正因如此，从西周开始就产生了“射礼”，具有严格而复杂的仪式流程，从皇亲国戚到普通百姓都须躬行，不得逾越。春秋时，孔孟更是将“射礼”传统提升到哲学的高度，融合进了儒家的礼乐教化体系，射箭成为春秋“六艺”之一，其文化内涵得到充分彰显。据《周礼》记载，在“射礼”的整个流程中，第一番射是不计成绩的，只要求外表和体态合乎要求；第二番射才属于正式的比赛，射中箭靶才能计算成绩，称为“主皮”；而从第三番射开始，射手不仅要容、体合于礼，要射中箭靶，而且射姿还要与乐节相配合，要按照音乐的节奏发射，以体现射手的深层修养。孟子说“发而不中，反求诸己。”并认为“射以观德”。这已不是在练箭，而是在练心。

“军器三十有六，而弓为称首；武艺一十有八，而弓为第一。”在中国古代，射艺作为一门地位崇高的武艺，和剑术、拳法一起，共同构成了中华武技的精华。即使在今天，传奇的神射手的名字仍令人过目不忘，充满英雄般的传奇色彩：“挽弓三百斤”的岳飞，一箭射出深入石丛中的汉代飞将军李广，春秋时“百步穿杨”的楚人养由基，以及通过学射柳叶和门前吊虱而名扬天下的神射手纪昌。

军事上的广泛应用促进了射箭在民间的盛行。据载，北宋时长城脚下的河北一带，民间组织的弓箭社就有600多个，参加的人员有3万多，连苏东坡都曾为弓箭社的发展多次向朝廷进言。在国防建设较为贫弱的宋朝，弓箭社虽产生自保家卫国的需要，却已具有了今日专业射箭运动员组织的一些基本特征。而政府定期组织的围猎活动和民间投壶游戏的流行，更反映出“尚射”的观念已经深入人心。在弓、剑和拳三者之中，作为人身体器官的延伸，弓箭走得最远。《孙膑兵法》中有这样一句话：“若欲知兵之情，弩矢之法也。矢，卒也；弩，将也；发者，主也。”这句话精妙地点明了弓（弩）、箭和人之间的关系：看得见的较量是在于射出的箭，最初的较量却发生在拉弓的那一刻，而真正本质的较量却是在弓后面的那个人，在于他的眼、手和心。可以说，人的作用是占绝对主导地位的。

射艺在西周已经作为陶冶性情之用。射者依照特定的程序和动作，以中国传统弓将羽箭射向目标（的）。射箭过程中所必备的姿态、礼仪、心力、修养等，都能充分锻炼射手的身心。射艺是中国民族体育和艺术的合体，包含了对射者品德、心境和意念的历练。它不但要求射手要具有高超的射箭技术，还要求射手在德的指引下，完成身、心和弓箭三者的高度和谐统一，以表达对高尚品德的追求，对力量美与准确美的向往和享受，最终融化成为对真理的追求和崇拜。

在热兵器兴起、科举制度废除后，弓箭逐渐没落。1959年，中国引进现代反曲弓体育运动项目，全面取代传统弓箭，致使射艺一度销声匿迹。近年来，传统弓箭工艺、民族射箭活动被列入国家级非物质文化遗产名录，弓箭器材现代化改良成功，各地赛事蓬勃开展，射艺重新走进现代生活。中华射艺在很多高校率先普及开来，其意义并不在于使当代青年大学生能够在练习射箭的过程中得到技术上的提升，而在于对传统文化“礼”的体悟和身心成长的教育过程。随着有志人士对中国传统“射艺”的发掘和推广，以及全国少数民族传统体育运动会和全国传统射箭、射弩比赛的举行，“射艺”已经逐渐受到社会的重视，许多射艺爱好者正在挖掘和推广射艺。

二、射艺基本技术

使箭脱离弓飞向靶纸，一般人均可做到。但引弦后经正确瞄准，使箭射中靶标，则必须有一定的经验累积才可练成。每次射箭时要用固定的姿势，相同的力道。但是人在精神及肉体上会时时产生变化，要每次都以同样的状态或同样的样子来射箭是不可能的。为了使射箭姿势尽量正确，必须学习射箭的技巧、知识。学习后按照姿势反复练习，不断调整自己的姿势，熟能生巧，最终都能练成与正确姿势接近的自己的姿势。

固定是初学者最重要的一个基本动作，固定并非固定不动，而是一连串动作后松弦时自然放松手指，不可发力造成回拉。射箭要注意到放箭的节奏，若节奏改变，表示动作已经改变。射箭的目的不在于增强肌肉，拉弦时不可使出全身之力，应只让两手用力扩张，肩膀的肌肉必须放松。吸气后，轻轻地将气往下压，使得腹部绷紧，再引弓射箭，呼气要尽量的慢而稳，而且要一口气完全呼完；引弓手轻柔地向后方伸展至完全伸直，是松弦、保持最重要的条件。射箭的量要多，量多才可有技术的讨论空间。射箭动作在确立之后，不可轻易更改。

（1）站位。射手站在起射线上，左肩对目标靶位，左手持弓，两脚开立与肩同宽，身体的重量均匀地落在双脚上，并且身体微向前倾。

（2）搭箭。把箭搭在箭台上，单色主羽毛向自己，箭尾槽扣在弓弦箭扣上。

（3）扣弦。右手以食指、中指和无名指扣弦，食指置于箭尾上方，中指和无名指置于箭尾下方。

（4）预拉。射手举弓时左臂下沉，肘内旋，用左手虎口推弓，并固定好。

（5）开弓。射手以左肩推右肩拉的力将弓拉开，并继续拉至右手“虎口”靠位下颌。

（6）瞄准。射手在开弓的过程中同时将眼、准星和靶上的瞄点连成一线。

（7）脱弦。待开弓、瞄准后右肩继续加力，同时扣弦的右手三指迅速张开，箭即射出。

（8）放松。箭中靶位后，左臂由腕、肘、肩至全身依次放松。

三、射艺比赛规则简介

目前，全国各地射艺赛事众多，有射准、射远、速射、移动靶、模拟对抗、民族射、骑射和原野赛等多种类型。既有中国射箭协会、中国大学生体育协会主办的专门赛事，也有国家民族与宗教委员会主办的综合赛事射箭项目，以及群众自发举办的各类赛事。

射艺赛事规则要求使用传统形状的弓、竹或木质的羽箭并采用拇指勾弦法。此外，射艺赛事在服装、礼仪上鼓励体现民族特色。射艺场地因地制宜，练习距离在5米以上，比赛距离在20米以上。目前，国内比赛距离有20米、30米、40米、50米、60米和70米六种距离，通常选定三个距离比赛。校园射艺赛事，分为文射、武射、特射和新射四种类型。文射展现“三番四矢”的传统射礼。武射以武科举为原型，每组九箭，展现古代军旅实用射法。特射展现各地域、各民族传统射法。新射展现新式射法，鼓励创新，富于时代活力。（图12-4-1）

射艺活动

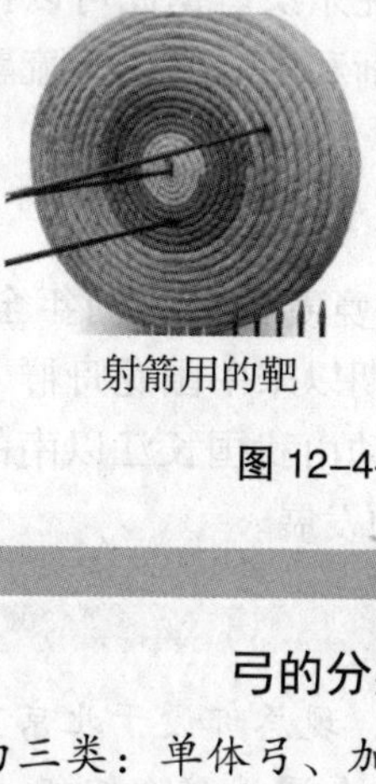
射箭用的靶

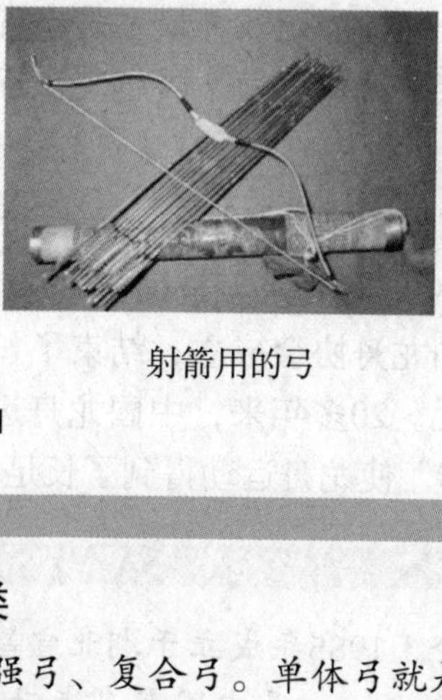
射箭用的弓

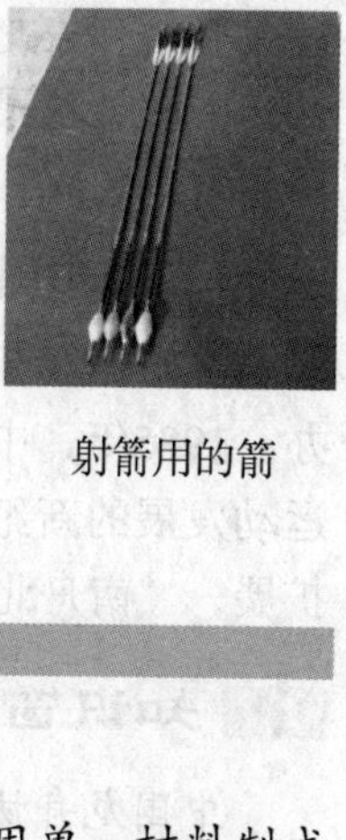
射箭用的箭

图 12-4-1

知识窗

弓的分类

传统弓按构造及材质可分为三类：单体弓、加强弓、复合弓。单体弓就是用单一材料制成的弓，制作相对简单，这类弓需要依赖弹性非常好的木材，比如紫杉木；加强弓也称合成弓、叠片弓，是用相同或相近的材料叠加制成的；复合弓则是采用了性质不同的多种材料制成的弓，比如用木或竹，结合角片和动物的肌腱（筋），再用上胶和丝、漆等制作的弓。古代中国的角弓就是典型的复合弓。

知识窗

“一张一弛”的来历和寓意

“一张一弛”出自《礼记·杂记下》：“一张一弛，文武之道也。”周朝时期，民间有一个祭祀百神的“蜡”节日，孔子带弟子子贡去看热闹，子贡担心百姓只顾玩乐而会有危险，孔子给子贡解释道：“百姓成年累月在田间劳作，让他们放松一下，有张有弛，这是周文王与武王定下的规矩，这样便于更好地生产。”张，拉紧弓弦；弛，放松弓弦。古时常以喻施政宽严相济，现多比喻生活、工作要合理安排，有紧有松，劳逸结合。在现代大学中，紧张的学习生活需要适当的放松活动，射艺活动的流行也反映了当代大学生的需求。

第五节 龙 舟

龙 舟

一、龙舟概述

端午节龙舟赛是重要的民间活动。龙舟就是船上画着龙的形状或做成龙的形状的船。赛龙舟是中国民间传统水上体育娱乐项目，多在喜庆节日举行，是多人集体划桨竞赛。赛龙舟最早兴起于汉代。赛龙舟不仅是一种体育娱乐活动，更体现出我国悠久的历史文化和人们的集体主义精神。

（一）龙舟的起源

提起龙舟的起源，人们自然就会想起纪念屈原。其实，龙舟的出现比屈原所处的年代要早得多。据专家考证，进行龙舟竞渡是在产稻米和多河港的地区，这正是我国南方地区的特色。古代典籍有关龙舟起源的记载，最早是出现在东汉。据此可以推测，端午的习俗最初可能只在长江下游吴越民族中流行，后来吴越文化逐渐和中原文化交流融合，这种习俗才传到长江上游和北方地区。

（二）中国龙舟的发展

龙舟运动于1983年被列为全国正式体育竞赛项目，同年全国第一届屈原杯龙舟赛开始举办。1985年，中国龙舟协会成立，结束了长期以来中国龙舟群龙无首的时代，开始了中国龙舟运动发展的新纪元。20多年来，中国龙舟运动由我国长江以南的省市地区，不断向北方省区市扩展，“南舟北移”使龙舟运动得到了长足的发展。

知识窗

中国龙舟协会，1985年成立于湖北宜昌，现总部设于北京市。该会是中华全国体育总会下辖的单项运动协会之一，是中国龙舟运动的全国性群众组织，现为国际龙舟联合会会员。目前，国内已有北京、天津、上海、湖北、江苏、广东、陕西、吉林等20多个省区市常年开展龙舟运动，其中10多个省区市成立了自己的龙舟协会。

二、龙舟基本技术

（一）划手技术

（1）选桨：桨以重量轻、韧性强、桨杆细的碳铝合金材质制成，握桨感觉舒适，握桨处以前后呈椭圆为好。通常以队员的形态决定划桨长度，以下数据仅供参考。（表12-5-1）

表12-5-1

身　高	桨　长
1.80米以上	1.25米
1.75～1.80米	1.20米
1.70～1.75米	1.15米
1.65～1.70米	1.10米

（2）坐姿：髋关节紧贴船舷，外侧腿紧蹬前隔舱板底部，采用转体技术法，在划高桨频时，内侧腿放前、放后、放内侧均可，这样可充分发挥腿部大肌肉群的力量。

（3）握桨：右手握桨即为拉桨手，通常低位手握于桨颈处上一个把位。双手不要握得太死，稍稍放松。

（4）插桨：双手松弛握桨，桨从前方队员腋下伸出，低位手尽量向前伸直，向左转体。高位手屈肘握桨于头正前靠右上方，外侧腿弯曲，从侧面看，桨杆紧靠船舷与水平面成45°角入水。

（5）拉桨：发力应从腰开始，高位手应保持稳定支撑，用适度的力往下压，使桨稳稳抓住水。低位手的中指、无名指、小指开始紧握桨杆，直臂拉桨。拉桨发力时桨叶与水平面的角度成50°～52°。

（6）出桨：桨拉至膝盖后结束出水，不应再往后拉。双手向上提桨出水的同时，高位手向上、向内、向前随着身体转动提桨出水。

（7）回桨：出桨之后，双手松弛握桨，腿、腰、背、肩、臂都要放松，桨下缘贴近水面，桨叶外侧边朝侧前方，向前呈小弧形到达插桨位置。回桨不要提得太高或弧度太大，如遇风大浪高，可适当提高桨高度。

（二）鼓手技术

鼓手是全队最重要的人物，比赛时，一个队的实力是否能够正常发挥，在很大程度上取决于鼓手。有一个好鼓手，全队就有希望划出好成绩，增加必胜信心。鼓声应一声重，一声轻，重桨入水，轻声桨出水。鼓声力度大、节奏快能有效刺激划手中枢神经的兴奋性，调动情绪，使之奋力划进。反之船速则会降下来。

（三）舵手技术

舵手对一个队的成绩有重要影响，一个好的舵手，有助于提高全队的自信心。

舵手技术是龙舟技术的重要组成部分。船能否走得直、船速是否快与他都有关系。舵手应明确一点，船在水里会产生摩擦阻力，对速度有影响。

1. 舵手年龄与形态要求

舵手年龄应以25～40岁为适宜。年龄太小，心理素质难以承受大赛的刺激；年龄太大，难以满足训练与比赛的需要。年龄小，如果心理素质突出，或有比赛经验，头脑灵活反应快，也可予以考虑。形态以下表为参考。（表12-5-2）

表12-5-2

	男 子	女 子
身 高	1.65～1.70米	1.55～1.60米
体 重	50～55千克	45～50千克

2. 舵手专项技术

（1）点式技术：舵入水中很快就提出水面称为点式。这种技术适用于龙舟在行进过程中方向改变较小时采用。应全神贯注，非常敏锐地感觉到船体方向微小的变化。当船稍微有点偏航时采用点式技术效果较好。

（2）拨式技术：当船偏航较大时，选中水中一个点，迅速下桨朝相反方向横向拨桨打舵称为拨式。水中这个点的选择，应视偏航大小灵活掌握。此技术主要应用于在风平浪静情况下的龙舟掉头、靠岸，以及龙舟进入航道时摆正航向。

（3）拖式技术：船在行驶中，舵叶始终在水中控制方向称为拖式。当船体方向改变较大时就采用此技术。此技术为民间龙舟普遍采用。它能有效控制方向，比较稳定。但因舵长时间拖在水中，对船的速度影响较大，故建议在比赛中尽量少采用此技术。

原则上，不论舵手采用何种技术都应尽可能小的影响船速。

3. 舵手要求与注意事项

起航前应将龙舟对直航道，起航时不要下舵桨；比赛时、起航前控制好船与船之间的距离，避免串道；熟知训练场与赛场水域情况；注意风向，要有良好的辨别风向和风力等级的能力，要熟知不同的风向对龙舟泊船与行进时的影响力。

4. 龙舟偏航的原因

左右桨手总体重、总力量的差别太大导致；左右桨手在技术上的差别导致；桨手重心控制不好，重心在外，导致船不稳定；左右桨手没有靠近船舷边下桨，产生分力导致；受风向、水流、暗流、漩涡、侧浪的影响导致；舵桨支点松弛，舵叶吃不住力而导致。

（四）配合技术

1. 核心人物

一支龙舟队应有位核心人物，没有核心人物的龙舟队如同一盘散沙，缺乏战斗力。教练员在组队初期，就应物色一位有威信、有凝聚力、能准确理解教练员意图、能协助教练员完成训练任务和比赛任务的得力助手。

2. 领桨手的形态与素质要求

（1）形态要求。（表12-5-3）

表12-5-3

	男 子	女 子
身 高	1.70～1.75米	1.65～1.70米
体 重	70～80千克	60～70千克

（2）素质要求。

领桨手通常是全队最出色的队员，是全队的顶尖人物。领桨手的力量素质、耐力素质要突出，节奏感、速度感要强，水感要好，能有效地控制桨频。

3. 桨位安排

任何一支龙舟队，在刚下水训练时，都面临着桨位安排的问题。桨位安排得好坏对一个队的成绩具有重要作用。在桨位安排的问题上教练员应注意以下几点。

（1）在桨位安排前，应进行一次形态、素质和机能测试。

（2）熟知每个桨位需要什么形态、素质、机能的人方能胜任。

（3）是左撇子就划左桨。但左撇子毕竟少，需要右撇子的队员划左桨。右桨技术差的队员可改划左桨。左桨手与右桨手在划分桨位后，在总体重、总力量方面差距越小越好，前5个桨位与后5个桨位重量接近，或者后5个桨位重量稍大于前5个桨位，这样可减少偏航因素。

（4）1号桨位要安排力量大、耐力素质好、节奏感突出、速度感强但拉桨速度并不一定很快的、个头稍矮的队员。

（5）4号桨位安排拉桨速度快、插桨抓水比较稳的队员。

（6）5号桨位可安排技术最差、水感最差、体能方面最差，尤其是下桨带入气泡较多的队员。

（7）如果竞赛规程不要求上锣手的话，桨位安排应尽量紧凑，中间不留空桨位，这样可使动力更为集中。

（8）5号桨位与6号桨位之间是锣手，因而空一个桨位，6号桨位是第二领桨手，故6号桨位应安排手臂较长、体重大、技术好、拉桨速度快的队员。7号桨位可安排稍次之，技术较差的队员。

（9）9、10号桨位是非常重要的桨位，应安排手臂较长、坐高较矮、力量较大，技术不一定很好，但头脑灵活、反应快、能够善于帮助舵手控制方向的队员。

4. 划手间的整体配合技术

一个队若是个个队员都很出色，但是配合技术较差，仍然是一支没有希望的队。

（1）从上往下看，所有桨手均应靠船舷发力，除1、2、10号桨手的划水路线不在一条直线上外，其他桨手的划水路线均应在一条直线上，成为两条并行前进的直线。

（2）从侧面看，下桨同时（图12-5-1），出桨同时，下桨角度一致，不拍水，出桨一致，不带水花。

（3）从前往后看，插桨时，全体队员重心在船舷边；回桨时，全体队员重心在舱内。整个插桨、拉桨、出桨、回桨过程桨弧一致，桨杆角度一致。

（4）7、8、9、10号桨位队员要把力量送上去。

（5）前面的划手桨入水时不要拍水，桨出水时桨叶不要往上挑，不然桨叶扬起的水花会使后面的队员睁不开眼。

（6）注意力集中，眼睛盯住前方下桨位置。

（7）桨与人应合为一个整体，贯穿于整个技术动作；人与船应合为一个整体，贯穿于整个训练与比赛之中。

5. 鼓手与划手的配合技术

鼓手击鼓信息的传递，事先与划手应有约定，如平桨、举桨、停桨、预备、冲刺、进入航道时的手势与鼓声、提高与降低桨频、转向与掉头等。1号划手要与鼓手密切配合。对于体力分配、速度快慢、用力大小、桨频快慢，1号划手感觉最敏锐，1号划手应时时将感觉反馈给鼓手，提醒鼓手击鼓频率是升还是降。鼓手与划手应随时保持信息的传递与沟通。每个划手心里要有鼓点声，下桨抓水要恰好落在鼓点上。

6. 舵手与划手的配合技术

龙舟在行驶中如遇有横浪和大风大浪等特殊情况时，仅靠舵手一人难于使船处于理想状态，这时就需要舵手与划手之间协助配合。目前有两种技术是大家常用的。

（1）向左转：当船向右偏而使船向左进行时，左前桨1、2、3号桨手，右后桨8、9、10号桨手同时由外向内拉，舵手可同时采用拨式技术。

（2）向右转：当船向左偏而使船向右进行时，右前桨1、2、3号桨手，左后桨8、9、10号桨手同时由外向内拉，舵手可同时采用拨式技术。

（五）起航技术

良好的开端是成功的一半。每次比赛，起点是出问题最多的地方，因此起航技术尤为重要，特别是短距离赛。起航是否成功，取决于全队配合技术和比赛经验。

1. 无风浪时的起航技术

（1）鼓手应指挥与控制龙舟进入航道的速度和方向，由1、2号划手控制进入航道的速度，使龙舟置于航道正中。

（2）鼓手应注意和指挥与相邻的龙舟保持适当的距离，由1、2、3号划手控制好船，使龙头置于起点线后。

（3）起航前全体队员切不可看热闹、东张西望、分心分神。

（4）当听到枪响后，充分运用腰、躯干、背、肩大肌肉群的力量，配合蹬腿。直臂拉桨。

（5）起航时前五桨划距要大，拉全桨。

2. 有风浪时的起航技术

（1）顺风：在顺风情况下起航，所有的划手可适当减少前倾的幅度，舵手可站立打舵，以身体作帆，利用风力起航，增加动力。

（2）逆风：逆风时起航，运动员身体应尽量前倾，舵手坐低身子打舵，以减少风的阻力。

（3）侧风：在遇有左前侧风或右后侧风的情况下，泊船时应把船向右摆。由左后8、9、10号三个桨手严格控制泊船角度和方向。

三、龙舟比赛规则简介

（一）比赛场地与设施

1. 航　道

（1）赛场应设在静水水域，各航道都应是同样的宽度，航道线必须与起航线和终点线相垂直。

（2）航道本身所需要的长度、宽度，必须是经过专业人员测量的，并有精确的平面图纸。

（3）根据报名队数和场地条件设4或8条航道，每条航道的宽度至少12米。航道的编号以最接近终点裁判为第1道，其余以此类推。

（4）禁止使用固定的木桩、竹杆和类似的东西标记航道。航道内不能有水草、暗礁和其他障碍物，航道两边应各留有6米以上的安全水域。

（5）航道内最浅的地方水深不得少于3米。

（6）航道应设置浮标，航道浮标间距不得大于50米，使用黄色浮标。每250米处使用红色浮标并设立分段距离标志。距终点100米范围使用红色浮标，间距不得大于25 米。最后一个浮标设在终点线内2米处。浮标的直径为0.35米，它的表面应较薄软，颜色选用红色和黄色。

（7）起点线和终点线两端的延长线上（6米以外）必须设有高出水面3米清晰可见的标志杆，终点线远端则应设置高出水面3米、宽0.50米（中间0.1米为黑色、两边各0.2米为黄色）的终点瞄准牌。

（8）起点、终点处必须列明每一航道的编号。起点编号牌为1米×0.60米（白底黑字），安置在起航平台上，终点编号牌为高1米、底长0.60米（白底黑字）的三角标，安置在终点线外3米浮标的延长线上（终点裁判远侧）。有条件可在终点线后3米高5米处悬挂空中航道牌（规格与起点相同）。

（9）航道的一侧要留有20米以上的水域作附航道，供龙舟划至起点或做准备活动使用。

（10）根据航道全长，在起、终点线后至少各留100米准备区域和缓冲区域。

（11）航道两侧若离岸较近应有消浪设施。

2. 码　头

（1）登舟码头的建成以有利于龙舟靠岸，有利于运动员登舟，有利于裁判的工作为宜。

（2）登舟码头长度一般不得少于40米，可供三组龙舟停靠。通往登舟码头的路面必须平整。

（3）属于陡岸条件设立登舟码头，必须搭建水上平台码头，每个平台长20米，宽5米，高于水面约0.25米，平台之间的距离为10米。

3. 起点发令台和起航台

（1）起点发令台安置在起航线一侧0米处，距最近航道线6～10米，高于水平面3米，面积约10平方米，并配备遮阳和避雨设施。

（2）起航平台应坚固、稳定，有利于比赛正常进行。起航平台（4或8航道，长12米，宽2米，高出水平面约0.40米，安置在起航线后约20米处。

（3）在条件不允许的情况下，也可使用活动起航方式。

4. 终点裁判台

终点裁判台根据赛场具体情况确定位置，应清晰可见2个标志杆重合，并设阶梯式工作台。

5. 比赛器材

（1）龙舟。（图12-5-1）

总长：18.40米（含龙头、龙尾），允许误差±5厘米； 舟长：15.50米，允许误差±3厘米；舟宽：1.10米（中舱最宽处），允许误差±1厘米 ；重量：因龙舟制作材料不受限制，龙舟本身重量不设统一标准。但要求同一次赛事使用的所有比赛龙舟最重与最轻的差距不得超过5千克（含龙头、龙尾和舵桨）。

图 12-5-1

（2）舵桨。

舵桨采用固定式，固定装置设在尾舱左侧船体上。舵桨总长2.50米，其中桨叶长75厘米，桨叶前沿宽20厘米，上端宽16厘米，弧形斜口延伸15厘米，允许误差±3毫米。桨叶的边缘厚度为0.7～1厘米。桨杆直径下端5厘米，上端3.5厘米；桨柄长15厘米，直径3.5厘米。

（3）划桨。（图12-5-2）

划桨长度为105～130厘米，其中桨叶长48厘米，弧形斜口延伸12厘米，其中距末端36～48厘米是桨叶的肩。桨叶前沿最大宽度为18厘米，长12厘米处宽16.75厘米，长24厘米处宽15.4厘米，长36厘米处宽14.05厘米，允许误差±1毫米。桨叶的边缘厚度为0.4～1厘米。桨杆直径2.5～3.5厘米，桨柄长57～82厘米。

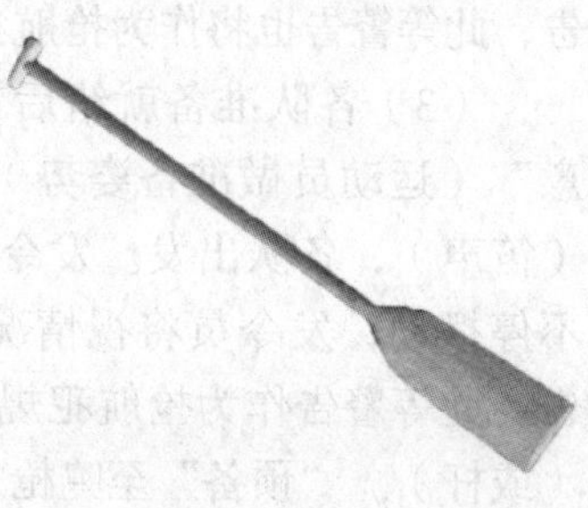

图 12-5-2

龙舟（含龙头龙尾）、舵桨、划桨的制造材料不受限制，但在同一次赛事中竞赛规程规定由大会统一提供的器材必须用同样材料和相同工艺制造。

（二）比赛规则简介

1. 运动员

（1）运动员必须身体健康会游泳，在没有辅助救生设备情况下，能穿着比赛服装游泳100米以上。

（2）在无年龄限制的组别中，如选手的年龄未达到12岁，须由父母一方或指定的责任人在船上陪同并必须穿上救生衣。

（3）参赛选手为24人，其中登舟比赛队员划手20人，鼓手1人，舵手1人，替补队员2人。如参加传统龙舟竞赛，每支队加锣手1人，共25人。

（4）上场比赛选手中划手不得少于18人。

（5）每队设队长1人，比赛时队长佩戴大会统一提供的队长标志。

（6）各队参赛队员中，上场时为正式队员，在场下则为替补队员，正式队员资格在检录登舟前由本队教练确定，登舟后不准替换。

2. 检　录

（1）比赛队必须按检录裁判通知的时间到检录集合处报到，参加该组比赛航道、船号抽签，接受裁判点名、身份验证和服装检查。

（2）检录时，若队长声明上场队员有减员时，可允许划手中少2人参赛，但不包括混合组比赛规定的女子划手以及鼓手和舵手。

（3）赛队必须按检录裁判的指令上船，不得自选龙舟。检录裁判将确保各队得到抽签或分派的龙舟。

（4）赛队不得在龙舟上外加附着物，不得携带通讯器材、动力器材、测速仪、心率表、抽水泵等与竞赛不符的物品登舟。

（5）各队登舟后在裁判员指挥下驶离码头，按规定的附航道划向起点，不准中途靠岸，不得影响正在进行的比赛。

3. 起　航

（1）赛前5分钟，各队根据起点裁判的指令进入规定的航道起点处，赛前3分钟进行点名，此时未能进入起航位置的队将受到黄牌警告，此等警告将作为抢航犯规一次计算，赛前2分钟取齐员开始排位。

（2）各队舵手紧握好裁判调船绳（或杆），指挥划手按取齐员的要求调整好龙舟的位置，将龙舟、龙头前沿稳定在起航线上，此时有不服从裁判指挥或有意拖延时间者，将受到黄牌警告，此等警告也将作为抢航犯规一次计算。

（3）各队准备就绪后在赛前1分钟时间内，发令员可以组织出发，发令程序为“各队注意”（运动员做准备姿势），“预备”（运动员处于静止状态），鸣枪或大会规定出发信号（笛声），各队出发。发令员通知“各队注意”时未准备好的赛队，鼓手应把手高举过头并且不停摆动，发令员将视情况延时发出“预备”口令。此时如属有意延误比赛也将受到黄牌警告，此等警告作为抢航犯规一次计算。发令员发出“预备”口令时，舵手才能松开裁判调船绳（或杆）。“预备”至鸣枪之间相差时间为2～5秒。

（4）发令员发令（鸣枪）前，凡划桨划动或利用敲鼓、吹哨、呼喊指挥划手者，均判罚为抢航犯规。

（5）赛队发生抢航后，起点裁判将以连续鸣锣或鸣枪等大会规定的信号以示抢航犯规，途中裁判艇进行拦截，召集各队回到起点。

（6）同组比赛两次受到黄牌警告的赛队、一项黄牌警告又抢航一次的赛队、连续两次抢航的赛队、发生抢航后拒绝裁判召回至起点的赛队均被红牌判罚，取消该项比赛资格。

（7）每组比赛的起航次数不得超过3次，若发令员组织第3次起航时发生抢航犯规，该组将不再召回，比赛继续进行，只通知途中裁判第3次起航时抢航犯规的参赛队的所在航道，由途中主裁判出示红牌，令其退出航道，取消该项比赛资格。

4. 途　中

（1）起航后，各队应自始至终在本航道划行，龙舟任何部分均不得超越本航道。若发生串道并以领先优势在其他龙舟之前时，不论相撞与否，实质上已对其他赛队造成了影响，则该队被红牌判罚，取消该项比赛资格。发生串道时，串道之龙舟落后于此航道的龙舟，未影响在此航道正常比赛的龙舟队之成绩，并能划回本航道时，判罚规则不在此例，包括中间航道的赛队串道处于其他龙舟之后，且又确实未曾接触及影响（包括舟的尾浪的影响）其他龙舟的正常划行，并划回本航道者，可不判犯规。

（2）各队鼓手应积极有节奏地敲鼓指挥划手，可以吹口哨配合鼓声指挥划手，未曾积极敲鼓的赛队将被罚加时五秒，此规定在起航50米之后生效。

（3）各队鼓手、舵手不得持桨划水，包括不得使用划水器械利用一只手划水。因此占得优势，该队将被红牌判罚取消该项比赛资格。

（4）各队有责任爱护比赛器材。比赛中如故意将龙舟翻转或损坏，除负责打捞、赔偿外，该队还将被红牌判罚，取消该项和余下项目比赛资格。

（5）比赛中如发生两条或两条以上龙舟相撞，根据下列情况判罚和确定是否中止比赛。

① 预赛发生此等事件，犯规队被红牌判罚，取消该项比赛资格，其他队比赛继续。

② 复赛至决赛的赛事在比赛半程内发生此等事件，途中裁判长将发出中止比赛信号（鸣锣）并拦截，犯规队被红牌判罚，取消该项比赛资格，其他队立即回起点重赛。

③ 复赛至决赛的赛事在比赛过半程发生此等事件，犯规队被红牌判罚，取消该项比赛资格，其他队比赛继续，由总裁判长指令确已受到影响的队重赛（重赛时间安排在下一轮赛事之前）。该组比赛则以成绩确定名次。

5. 终　点

（1）龙舟（龙头）前沿到达终点线，即为划完全程，由终点裁判根据龙舟通过终点线的先后顺序判定名次。

（2）龙舟到达终点后，应及时回码头接受裁判员的检查和交还器材，未接受检查之前队员不准上岸，不得与外界接触。

（3）发生下列情况视为终点犯规，成绩无效，名次取消。

① 龙舟未从本航道通过终点。

② 龙舟到达终点时所载队员数目与检录登舟时不同。

③ 龙舟上配套器材、设备短缺。

④ 发现严禁携带的违禁物品。

第六节　香店拳

一、香店拳概述

香店拳为福州市地方武术拳种之一，属南少林拳系。香店拳又名香店手、香店法。2007年，在福建省人民政府公布的“第二批省级非物质文化遗产名录”中，香店拳被正式列为“第二批省级非物质文化遗产”。根据《香店拳》一书的记载，香店拳最早可以追溯到清乾隆年间。20 世纪80年代全国武术挖掘整理期间整理的《福建武术拳械录》中记载：清乾隆年间，南少林寺僧众因反清复明被清廷围剿，星散避难。武僧智远和尚潜匿到福州“庆香林”香店以避清廷缉拿，免遭灭顶之灾。古人云“滴水之恩当涌泉相报”，智远感激之情时念心怀，故在店内暗中传授罗汉拳，定下规矩，只传内不传外（香店香厂老板和工人），因避嫌故隐名为“香店拳”。后经香店历代武术家吸取南北派各派系功夫之精华，融汇进了“香店拳”，从此代代相传。香店拳传至第五代香店拳传人房利贵时，房利贵摒弃了传统的门派观念，将香店拳由香厂传出外界，才使得香店拳在新的时代发扬光大。

源于少林罗汉拳的香店拳秉承了罗汉拳的特点，手法上讲究金、木、水、火、土五行变化；身法上讲究吞、吐、浮、沉，内外配合；讲究“精、气、神、手、眼、身”六合。技击中“猫窜狗闪，兔滚鹞翻身”，灵活多变，短打近攻，动作迅疾，攻防技术全面，拳风古朴、刚烈，刚中含柔。双手在技击中拳、掌、指、肘的运用丰富，变化莫测。要求做到走似疾风、站如固钉、进似利箭、退要稳健，还要做到眼明手快、腹实含胸、肩沉肘附、足蹬力猛。香店拳的主要套路有三战、硬三战、八步（上中下三盘）、十字、十八伏魔腿、罗汉拳、五十四拳母、八步徒手对打、刀术、剑术、少林棍、伞术、板凳法、锄头法、扁担法等。

二、香店拳技术风格

香店拳的功法包括桩功、手臂功法、对抗练法、内劲练法四种。香店拳是内外合一、软硬功兼练的技法拳种，架子大开大合，善于短打、近摔、远踢，动作迅疾，拳势激烈。凝则勇猛沉厚，变则轻巧快捷，静则精气神力俱凝，动则手眼身法步齐至，拧浑身劲于一点。变化要求虚实变幻斜正之间，拳法变幻无穷。由于传统制香的师傅们终日手工揉搓香料，造就了特殊的臂力，形成了独特的风格，在民间拳术交流中制香师傅们展示出简洁、明快的技击特点，有“周身是手”之喻，因此福州民间武术界多传称为“香店手”或“香店法”“和尚手”。

（一）硬马硬桥，以声催力

香店拳讲究“练拳不练桩，房屋无立柱”，因此马步沉稳，实而不僵，功深时落地生根，有弹劲。三战套路也称作“三正”“三变”，为香店拳的基本功，入门拳法，拳有冲、砸、靠、转；掌有折、翻、吹、推；肘有横、顶、拦、抖；步有三角马、四平马、点马、弓箭马等配合。属于激烈功法的有桥手训练、练天地骨（尺桡骨）、三角马进退桥手对练、碰基顶马等。基马是练好香店拳的基础，基马要求马步扎实、稳定又不失柔韧性，灵活而富有弹性，桥手要求有一定的抗击打力，又有弹力、旋转力，周身上下协调一致，伸缩自如、反应迅速、无坚不摧。配合“三正”，自身间架调到合理状态，发挥两腿作用，并通过腰部转发出寸劲。三角马为母马，三角马的高度、宽度以本人肩宽为准，长度为前脚后跟离后脚脚尖一个自身脚长为准，要提肛、收腹，小腹有上升之势。马步的要领在于裹裆，两膝着力，大腿肌肉拧起，有前后左右对张之力，松而不懈，坚而不僵，有松才能有紧，而在对敌发力的瞬间就要做到松紧有度，松是手段，紧是目的，因两脚进退路线呈三角形，故名三角马。在马步稳固的基础上才能发力，还要配合发声。这种发声要先用特殊的方法找到气入丹田的感受，然后经过一段时间的训练才能使气达丹田，声由内转，并用丹田之力，利用声波鼓荡发出声音，使声波如江水滚动滔滔不绝，震动整个腹腔，以致胸腔都产生共鸣，做到声力并发，声催力出，力随波荡，周身肌肉随音波任意鼓荡，功力越强，发音时间越长，肌肉的发力鼓荡也可越久。柔劲配长音，刚劲发短音。发声有五音：吽、哈、哼、嘿、咦。每个音有不同的嘴形，每个音里兜含有佛家梵音中低沉的腹音。此五音与拳术的外形五行金木水火土相照。形、神、声、法高度统一。

（二）周身似手，变幻莫测

香店拳的“十八手”即神秘的“少林达摩十八手”“十八主手”，配合身法变化，每个主手又可分拆出几种不同的用法，手法上有捞（抄）、锄（拆）、插、劈、锁、叉、捅、震、砸、抖、钩、挂、盖、拱蝙蝠（拱手）、抓、拦、翻等十八搏法。十八主手来源于各套路的动作，但绝不是按照套路演练中的模样简单复制。这十八手每手都可变化出其他的手法。在变化中讲究手随意转，意随敌变，关键在于火候的提取。这种火候的提取唯一的途径就是实战，这个火候就是获取优势的机缘，完全要靠心灵的把握，要有胆识气势在胸，否则很难得其一二。

（三）守中打中，攻守不断

中线是人体的重心所在，守中就是护住自身的中线，不被对方击中。中线就是人体前面正中部位，中医经络的任脉通行路线，上部脸到咽喉中部胸腹，下部下阴到马步地面。因此控制住中线就可控制住对方的重心，打击到对方的要害。香店拳的护中策略是通过步法的调整来移动自己的中线，以步带身，保我重心不失，同时进攻对方的中线保持不停。

香店拳秉承了少林拳的特点，在训练拳术时往往在20秒内用全力激烈发劲，目的就是练协调性、爆发力和“一口气”的功夫。动作中少有花哨，简练、严谨、一阴一阳、守中打中、下盘坚固、落地生根、行气发力、起于腰胯、发于丹田、内外协调一至，出手遇实则刚，化势为柔，身化手攻，夹守带攻，在攻守中手法严密紧凑、快速、连贯，手不空回，出手不僵即砸，不封即缠，不扣即捞，不刁即震，得机突然发出抖、摆、砸等进攻性手法，使劲力达对方脏腑，透其筋骨。

从外形上看，香店拳连续发力时身体左右快速旋转就好像孩童时玩的玩具“拨浪鼓”，在此过程中肩沉、胛骨微合，胸口内缩，使胸、背、肩、肘等的劲力可以聚在一起，再加上气沉丹田，全身上下劲力聚合一起，随身体的旋转，手臂屈伸扭转，不断发出含蓄的带有弹抖、震颤之劲。

（四）上、中、下三盘攻防全面

香店拳的各种套路都含有上、中、下三盘的攻防动作在其中。有明显上下变化的套路——“八步”套路中就分上、中、下三盘手的变化，上下起伏，指上打下，腿法的横扫腿、挂勾腿等与手法并用，变幻莫测。还有“四门腿”套路基本属中下盘功夫，以单蝙蝠步为主，腿以弹为主，配有蹬剪捆绑法兼以勾踢、扣、摆腿法，有立中出腿，更有跪中施法，还有扫腿、蹬腿、踹腿、单（双）蝙蝠腿等动作。实战中对方攻我时，我往往闪身前跃或缩身后跳或下跪蝙蝠步，待其扑空，然后立身回击或转入下盘进攻。下盘以倒地后地上动作为主，又分为主动倒地和被动倒地。有篷车莲、海底朝天脚、金交剪等动作，用翻、滚、跃、钻、绞交替配合，双手起辅助撑地作用，也抓拿对方手脚，三者紧密配合，或从地上击摔敌方或直接用四肢巧妙捆绑擒拿对方，使敌方不可动弹。

值得一提的是，香店拳虽然技击性很强，但是作为少林拳的分支，它依然含有深厚的佛学思想，激烈的搏击是为了解放思维的桎梏，达到心性的升华，在拳中体会无意得真意的禅机。“拳属武入于兵，兵者战之用，拳不离攻防，法不离奇正，变不过虚实，用不过刚柔，健身为基，练拳为功，御敌为用，拳不能不用，但拳不能妄用、滥用，要用之当用，不用之用乃拳之大用”，终以慈悲为怀，因此香店拳中都有秘传草药学、骨伤中医学，用于治疗跌打损伤以及疑难杂症，既可用于自己平时练武受伤的治疗，也可帮助别人，使之有悬壶济世之风，香店拳的嫡传徒弟个个都身怀独特医术。

自2005年香店拳第6、7代传人决心将香店拳进一步推向社会以来，他们在传承与传播方面更进一步，率先和部分中小学合作，免费向合作的学校学生传授香店拳。2006年，香店拳第六代传人王华南先生和其他香店拳传人赵培坤、房仁琪、徐梅峰、王凯、王永等人在福州市华侨小学教授学生香店拳，并坚持至今。

第十三章　体育产业与营销

第一节　体育产业

一、体育产业的概念

体育产业是指生产体育物质产品和精神产品，提供体育服务的各行业的总和。体育产业作为国民经济的一个部门，具有与其他产业相同的共性，即注重市场效益，讲求经济效益，同时又具有不同于其他产业部门的特性。其产品的重要功能还在于提高居民身体素质，发展社会生产，振奋民族精神，实现个人的全面发展和促进社会文明的全面进步。

体育产业包括体育本体产业、体育外围产业、体育中介产业和体育产业消费者等。其中，体育本体产业是整个体育产业的核心，包括体育竞技业与大众健身业；体育外围产业的产业链包括体育用品商、体育器材商、体育服装商、体育旅游业商、体育博彩商和体育建筑商等；体育中介产业的产业链包括体育广告商、体育赞助商和体育保险业等；而体育消费者是体育产业的决定性力量。

知识窗

“体育产业”概念的缘起

“体育产业”这一概念大约出现于20世纪80年代中期。1985年在我国经济统计中开始采用三次产业分类法，在《国民生产总值计算方案》中，把体育与教育、文化、卫生等部门一道列入第三产业中的第三层次，即“为提高科学文化技术水平和居民素质服务的部门”。这就从政策上将体育划分为国民经济的一个产业部门。因此，体育从福利性事业的运作方式向公益性第三产业的运作方式的转换，是我国在社会主义市场经济体制下，对体育事业发展的政策性规定。

体育产业作为横跨二、三产业的复合产业，与其他产业如文化产业、旅游产业、交通运输、建筑业、服装业、器材制造业、金融保险业等产业相互交融、相互促进、共同发展，从任何一个产业中都能寻觅到“体育产业”的身影，人们很难判断体育产业的边界，体育产业也可以被称为“泛产业”。

广义与狭义的体育产业概念

广义的体育产业是指一切与体育运动有关的产业。它既包括体育劳务生产经营性部门，又包括体育物质生产经营性部门；既包括生产经营体育产品的体育部门，又包括生产经营其他产品的体育部门，甚至包括非经营性体育部门。狭义的体育产业特指体育劳务生产经营性部门。

二、体育产业与体育事业的差别

体育产业不同于体育事业，体育事业的主要任务是满足社会精神文明的需求，更注重社会效益，具有公益、福利的性质；而体育产业的重要目的是谋求获利，更注重经济效益，因而具有商业的性质。在资金来源方面，我国现行的财税政策是事业单位的经费由国家财政拨款，企业所需资金由银行贷款，到期后还本付息；办事业不收税，办企业则收税。体育事业向体育产业转化后，经费下拨情况就会发生变化，根据其产业运行机制，强调自我生存、自我发展、自我约束。在经济性质方面，事业经济的性质是产品经济，运行机制主要靠行政指令，要求以福利、公益为主，以社会效益为主；产业经济的性质是商品经济，运行机制靠市场调节，要求以经营为主，在提高社会效益的前提下努力提高经济效益。

随着社会的发展，人们对体育的需求日益增长，体育不仅仅不再是少数人的专利，也不再是仅仅满足身体健康需要的产品。随着体育事业产业化的日益完善，体育已成为一种特殊的可供娱乐的消费品。为了适应人们日益增长的体育消费的需要，专门从事体育服务产品生产和经营的人也越来越多。

三、国内外体育产业发展状况

（一）发展状况

体育产业是名副其实的朝阳产业。20世纪80年代，美国体育产业的总产值大约占其国内生产总值（GDP）的1%，在各大行业总产值的排名中居第22位；20世纪90年代中期，美国体育产业的总产值已经超过了3000亿美元。在体育产业发达的北美、西欧和日本，体育产业的年产值已经进入了国内十大支柱产业之列。早在2000年，全球体育产业的总产值就高达4000亿美元，并以平均每年20%的速度增长着。澳大利亚、加拿大、日本、英国、德国、法国和意大利等发达国家的体育产业，总产值约占国内生产总值的1%～1.5%。

中国体育市场的产业化开始于20世纪80年代。20世纪90年代中期，中国体育产业化才具有较为完善的产业形态和较为完善的体育行业制度。中国的体育广告业、体育建筑业、体育博彩业、体育旅游业和体育用品业等具体行业也是在这个时期得到了充分发展。

1995年6月，国家体育总局发布了《体育产业发展纲要》，指出中国体育产业要用15年时间逐步建成适合社会主义市场经济体制、符合现代化体育运动规律、门类齐全、结构合理、规范发展的现代体育产业体系。虽然目前中国体育的资产存量、人力资源状况和资本增值效率在快速增长，但不可否认的事实是，中国的体育产业尚处于发展阶段，各个环节的市场化程度还很低。学习和借鉴西方发达国家在体育产业经营方面的经验和模式，是中国体育产业快速成长的捷径。

我国体育产业虽然起步较晚，但发展很快，产业的领域不断拓展，发展规模不断扩大，产业的质量有所改善，产业的效益也明显增高。体育产业的整体规模和其他产业相比较虽然不是很大，但是在社会主义市场经济发展中，已经构成一个独具特色的产业门类。我国目前体育产业发展状况主要体现在以下四个方面。

（1）以本体市场为主体的体育市场，形成了一定的规模，市场体系的基本构架已趋清晰，包括竞赛表演市场、健身娱乐市场、技术培训与咨询市场、体育无形资产市场、体育旅游市场等。

（2）体育产业开发的领域不断拓展，体育产业的质量和产业效益逐步提高。

（3）社会投资办产业的形式发展很快，涌现一大批符合现代体育制度的体育俱乐部、体育企业或企业集团。

（4）确立和形成了保障体育事业发展的多渠道、多层次、多形式和产业化的筹资机制。

（二）发展前景

随着体育企业产业意识的提高，行业竞争的加剧，尤其是体育用品业竞争的加剧，国内的体育企业越来越重视对产业发展的研究，特别是对产业改革和产业运营的深入研究。正因为如此，一大批国内优秀的体育品牌迅速崛起，逐渐成为体育行业中的翘楚。

体育用品行业作为体育产业中比重最大、开放度与竞争度最高的领域，近年来保持了快速发展。2006—2011年，我国体育用品行业（运动服、运动鞋、运动器材及相关运动产品的制造和销售）增加值逐年扩大，年均复合增长率为17.63%，占体育产业比重80%以上。中国也成为继美国之后世界第二大体育用品消费市场。

知识窗

2016年5月5日，国家体育总局发布《体育发展“十三五”规划》（以下简称《规划》），提出到2020年经常参加锻炼的人数要达到4.35亿，人均体育场地面积要达到1.8平方米，体育产业总规模要超过3万亿元等目标；明确了“十三五”时期体育发展的主要目标为，根据全面建成小康社会的总体部署、实现体育强国的战略目标和建设健康中国的任务要求，深化体育重点领域改革，促进群众体育、竞技体育、体育产业、体育文化等各领域全面协调可持续发展，推进体育发展迈上新台阶。

第二节　体育营销

一、体育营销的概念

“体育营销”一词最早出现于1978年美国的《广告时代》杂志。从那时起，体育营销就被用来描述各种与体育有关的商业促销活动。体育营销包括两个层面：一是指将体育本身作为产品营销，从一支球队和它的运动员，到一场赛事、一次运动会，都可视为营销学意义上的产品，从这个层面上可以称之为“体育产业营销”。另一种是指运用营销学的原理，以体育赛事为载体而进行的非体育产品的推广和品牌传播等营销现象。例如，我们在世界杯中所看到的赞助商的活动和身影，以及它们产品、品牌的巧妙展示等。我们通常所说的体育营销是指后一个层面。

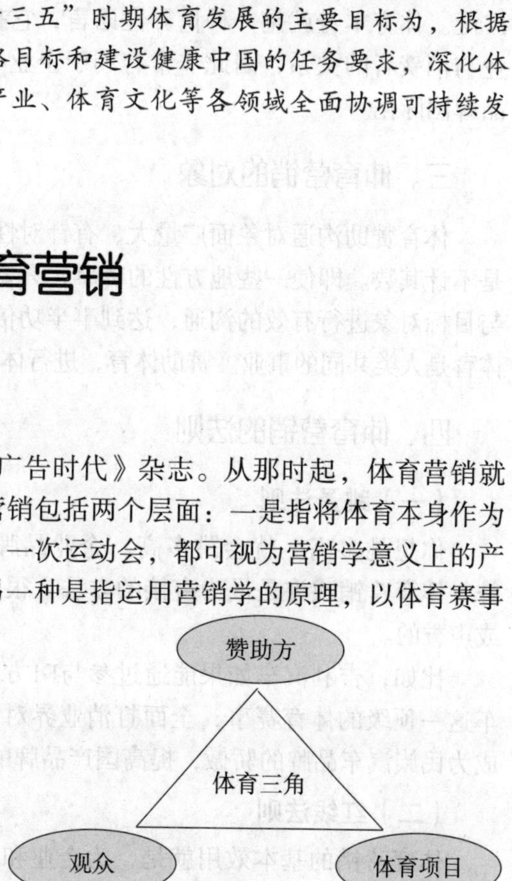

图 13-2-1

通过对体育营销的定义可看出体育营销具有以下三重含义。

（1）体育营销的组成元素也即“体育三角形”（图13-2-1），所有营销都是建立在赞助方、体育项目和观众三者基础之上，缺任何一方都不能称其为成功的体育营销。

（2）体育营销是围绕赞助而展开的，赞助能将运动项目形象与企业品牌形象有机结合起来；转移机制的起点是赞助，逐步形成认知、产生兴趣、依恋、增强渴望，直至顾客购买，转移过程结束。运动项目内涵附着于品牌，而转移效果的强弱决定于调节变量，即运动项目与赞助企业的相似性、赞助级别、运动项目的频率及产品的复杂程度。

（3）赞助是开展体育营销的首要因素，但仅有赞助是不够的，在取得与运动项目或组织建立联系后，不仅要从营销传播技术的角度去营造品牌，从企业发展的角度去管理品牌，更重要的是从全新的品牌视角进行品牌价值的营造、管理。实际上，品牌营造、管理已经成为一项战略性管理主题，是否有能力创造品牌价值并使其保值、增值日益成为企业成败的关键。

二、体育营销的特征

（一）功利性弱、易被接受

体育是人类共同的事业，赞助体育或者进行其他形式组合的体育营销，其观众注意力、品牌渗透力和影响力，是其他类型的广告所不能达到的。传播易被接受，受众的排斥阻力相对弱一些，商业性及功利性不明显。同时，它可以激发个人情感依恋以及群体性和晕轮效应。

（二）沟通面广，针对性强

在重大比赛现场，观众数量之多是其他事件营销所不能企及的；赛事直播，媒体受众更是广泛。体育本身就是一种世界性语言，它打破了信仰、文化、语言等种种障碍，联结社会、企业与消费者的关系，因此非常有利于企业与目标对象进行沟通，快速提升品牌价值，快速推进品牌国际化。

三、体育营销的对象

体育赞助沟通对象面广量大、有针对性。在重大比赛现场，观众动辄成千上万，媒体受众更是不计其数。即使一些地方性的赛事，只要组织得好，观众也会十分踊跃，因此非常有利于企业与目标对象进行有效的沟通，达到事半功倍的效果。体育营销最大的特点就是公益性，可以说，体育是人类共同的事业。赞助体育，进行体育营销的市场运作，其作用是普通广告无法相比的。

四、体育营销的法则

（一）跳蚤法则

你想跳多高，就会跳多高。企业品牌运作同样如此。一个好的品牌急需提升知名度和声誉，体育营销或许是最为直接的方法。很多企业品牌都是通过体育营销来提升自身品牌知名度或声誉的。

比如，吉利汽车如果能通过参与F1方程式赛车的方式加入体育营销的行列，通过方程式赛车这一顶级的体育赛事，全面打消业界对于吉利自主研发汽车核心技术的怀疑，将使吉利汽车成为民族汽车品牌的骄傲，提高国产品牌的知名度。

（二）红线法则

体育营销的基本效用就是，为企业和消费者之间搭建一个真诚交流的文化平台，而体育营销则必须通过把体育文化融入品牌文化中，使消费者对企业品牌产生认同。这有别于企业为博取消费者的好感而采取的厂商主导式的传播，由此塑造出来的企业形象当然更能深入人心，不易动摇。否则单凭一次或几次的炒作，是很难将品牌的核心文化传递给消费者，并让消费者接受或认可的。

（三）南风法则

只有占领头脑，才会占有市场。这是体育营销融合于文化营销的关键所在。

农夫山泉参与矿泉水市场争夺战时，就已经面对着娃哈哈和乐百氏等几大巨头。农夫山泉通过赞助一分钱的“阳光工程”，以一则一群孩子在一起踢球、跳绳、比赛的公益广告告诉消费者：“您的一分钱我们是这样花的，您的一分钱，每一次都能让孩子感受到运动的快乐。”这些全民运动的体育营销，从打动消费者内心的温情着手，更能贴近普通百姓，增加人们对于农夫山泉品牌的信任和肯定，从而拉升了农夫山泉在饮料行业里的高端品牌形象。

（四）孔雀法则

孔雀总是为自己喜欢和爱美的人开屏。体育营销也必须定位于适合自己品牌属性的特定消费群体。

奥迪汽车品牌在中国参与体育营销时就强调“动感”（如A6广告语：更激情、更动感、更尊贵），使品牌与体育营销之间产生了一种必然联系，“动起来更精彩”，这拉近了奥迪品牌与体育赛事的距离。当然，奥迪赞助的都是顶级体育赛事或顶级明星，就如奥迪的顶级品牌、顶级品质一样。

（五）4-1=0 法则

事实上，体育营销在一定程度上是文化营销的另外一种载体，体育营销也必须要遵循能够打动消费者和深入消费者情感深处的文化属性。而这一切，需要一个系统的品牌战略，我们如果疏忽了任何一个法则，往往会成为“零效应”。

可口可乐在起用新星刘翔和滕海滨时，不仅延续了原来的“要爽由自己”的品牌主题，把原来的娱乐明星的代言与体育营销有机结合起来，而且通过二人闪电般的夺金速度，勾起每个人想要体验奥运激情的运动文化，从而与消费者主宰自己情感的欲望和审美视觉的“爽”字呼应。

五、体育营销的策略

体育营销通常与促销活动联系在一起，促销活动包括广告、赞助、公共关系和个人销售等。体育市场经营者也与产品和服务策略、价格决定和分销问题有关联。

（一）产品策略

基本的体育营销活动之一是发展产品和服务策略。在设计产品策略中，会涉及关于特许、销售规划、品牌和包装的一些决定。此外，体育营销管理者要负责新产品开发、维持现在产品和消除劣势产品。体育营销是基于服务而非实物。服务计划包含服务定价、对服务的需求管理和评估服务质量。

（二）分销策略

传统上，分销的作用是找到最有效实用的方式将产品销售到消费者手中。诸如产品库存管理、运输、仓库、批发和零售等问题都是在分销经理的控制之下。

（三）价格策略

价格策略包括设立价格目标、选择定价技巧和随着时间的变化对价格进行调整。

（四）促销策略

广告是促销的一个成分，但并不意味着它是唯一的一个。除了广告，促销因素还包括通过赞助、公共关系、个人销售或售卖促销等与各类体育公众进行交流。当设计策略时，体育经营者必须考虑整合他们的促销并使用促销组合的各个方面。

六、体育营销模式的创新：体育用品市场的体验方式营销策略

2012年，来自法国，全球排名第一的体育用品零售商迪卡侬在上海七宝商场和金山商场开业。面对外资体育用品零售商对中国体育用品市场的信心满满，中国的体育用品零售企业感到了压力，而在这个竞争的过程中，体验式营销的理念越来越受到体育用品行业的推崇。

迪卡侬由米歇尔·雷勒克于1976年创立，第一家店开在法国里尔附近的小村庄恩洛斯。2003年迪卡侬进入中国，至目前已遍布全国25座城市近60家商场。每家商场都有独立的停车场和免费的体育场服务客户。迪卡侬作为全运动系列的商场，其涵盖了18个运动品牌、65项运动、35000多种产品，消费者几乎可以在迪卡侬商场一站式购买齐所有任何可以想象得到的运动产品。自其登陆中国市场以来，这种业态已经越来越被消费者认可。

体验营销，简单地说，是站在消费者角度，从消费者的感官、情感、思考、行动、关联等方面体现的综合消费体验。根据体验营销的五种类型，对体育用品零售终端的体验营销策略进行如下剖析。

（一）感官体验营销

感官体验营销的主要目的是创造知觉体验及购物的舒适感。在品牌多元化、消费观念呈多极化的消费市场，打造品牌忠诚度的代价越来越高，而有效性反而越来越低。其主要原因在于以前卫时尚、装靓扮酷、我“型”我“塑”为特征的青年消费群体追求的是感觉，任何品牌只凭单一产品、环境、价格、服务、便利等优势都难以打动及满足青年消费者。

“胜道”公司为实现差异化竞争，主要给消费者前所未有的感觉认知，着力打造“高、大、全”的品牌形象。“高”体现在品牌定位高端，店址选在客流量较大的地段；“大”则显示出运动城规模宏大，产品品类范围大，设计风格的气度大；“全”不单是体育用品的品牌与品类齐全，更重要的是集购物、休闲、餐饮为一体。齐全的品牌与品类，完善的消费配套设施不仅能满足消费者的心理预期，更能让销量倍增。

相对于其他运动城单一的运动服饰、用品销售，胜道从卖场的专业性和商场的综合配套功能来说，无疑能给消费者提供前所未有的购物体验，给行业注入了新的活力，也代表着运动城未来一定时期内的发展趋势。

（二）情感体验营销

情感体验营销关键在于打感情牌，“以情动人”，拉近双方的心理距离。从某个角度来说，消费者之所以有品牌忠诚度，是由于品牌内涵与消费者感情诉求的近距离甚至是零距离所引起的情感共鸣与寄托。

“鹏达运动城”引进了最新的“RS Scan”足部分析系统，为消费者提供足部诊断和分析，进而推荐最合适的鞋类解决方案。因为社会上有1%的人群不适合工业化、标准化制造出来的运动鞋，许多人穿在脚上，“闷”在心上，多年来为求一双世界一线品牌运动鞋不得而叫苦不

造。可以量身定做的鞋类不少，但世界一线品牌可以量身定做的却不可多得。鹏达“RS Scan”项目的设立，通过对特殊人群足部进行分析，从设计、订单处理、工厂制作到销售环节精诚服务，最大限度地满足消费者量身定做的特殊要求。这种独特性与稀缺性最能拉近消费者与商家的情感距离，有效地培养品牌忠诚度。

（三）思考体验营销

从消费需求来说，青年消费者属于想象型与放纵型，消费观念呈多元化形态，既有放射性思维，又有聚焦性思维，如何利用其中有利的因素是思考式体验营销成功的关键。这需要对消费者心理世界的真正洞察，创造性地让消费者获得认知和解决问题的体验，达成体育运动体验文化共识。

“鹏达运动城”通过社区运动文化传播及项目细分，形成了不同的社区运动文化交流与体验场所。这个平台聚集了广泛的人气，为鹏达对消费者的思考方式进行有效引导创造了条件。比如聘请专业篮球教练到运动体验文化社区，对青少年运动爱好者进行免费辅导，组织相关的篮球比赛以吸引更多的运动爱好者观摩或参与其中，带动很多旁观者演变为消费者，消费者转化为运动爱好者，进而达到从看戏到唱戏的角色转变。这既能成功实现产品消费，又能使产品消费向体育运动文化体验消费过渡，甚至使体育运动文化融入生活中，变成一种健康的生活方式。

（四）行动体验营销

行动体验营销是通过偶像、角色，如影视演员或著名运动员的品牌效应来激发消费者，满足其内心深处的情感诉求，改变其生活形态，从而实现产品的销售。让消费者积极参加名人的活动，基本上需要具备两个要素：① 具有良好的吸引力与号召力；② 活动符合消费者的运动体验情趣与价值观。

鹏达公司为让篮球运动爱好者实现与美国职业篮球联赛（NBA）著名球员见面的夙愿，策划了“你离NBA有多远”的活动，2010年夏天邀请了四位NBA著名球员到沈阳，极大地满足了消费者情感需求，从而推动了体育运动文化的普及，拉动了体育用品的销售，培养了消费者的品牌忠诚度。

（五）关联体验营销

关联体验营销是包含感官、情感、思考、行动的综合体。消费者看上一个产品，或因店面陈列与布置气氛温馨别致，使感官上引起共鸣，感官上的愉悦与满足转化为情感依赖进而消费，即关联性体验营销行为。运动城在感官店面的设置、客情关系的培育、思考方式的启发、客商互动方案的实施等方面要力争精益求精。因为某一个体验环节的满足，会使消费者对其他环节刮目相看。

知识窗

体育营销的优势

体育消费者倾向于将自己与体育联系在一起，创造了增强对相关赞助产品品牌忠诚度的机会；而体育营销恰恰以其特有的公益性、互动性和成本效益优势成为消费者和商家共同青睐的品牌传播方式。具体原因如下：

1. 体育激发个人情感依恋，体育营销者能将企业及产品的品牌与比赛的兴奋、动力及感情联系在一起。

2. 体育普遍吸引与磬透了生活的所有要素，能跨越文化、信仰、种族等障碍，如果你想找一种全世界共同的交流的语言，那肯定是体育，正是体育文化这种公平、平等和无边界的沟通功能，让体育营销圆了众多商家的品牌梦。

3. 另一方面作为兼具媒体功能的体育赛事，由于赛事的群体普及程度、规格等级、吸引力不同，其传播的能力及商业投资价值就千差万别，作为参与投资的企业面对现实，如何从中发现价值，赢得回报，显得更加紧迫。

4. 普通营销的一种重要趋势是从“广告型”营销的方向向“事业型”营销转变，这种转变可以树立企业的“道德”和“社会责任”的公益形象，而体育营销正迎合了这一趋势；

体育营销是依托于体育活动（赞助形式），将产品（或企业）与体育结合，把体育项目内涵赋予企业品牌，形成特有的企业识别、形象解码转移、品牌内化演绎的价值增值的系统工程。体育营销堪称21世纪最有效的市场推广工具之一，是企业经营中的一种战略，各行各业已认同体育营销对达成商业目标的效用。

综上所述，体育营销（Sport Marketing）就是以体育活动为载体来推广自己的产品和品牌的一种市场营销活动，是市场营销的一种手段。不仅包括赞助商的营销活动，还包括非赞助商的营销活动。

第三节　体育旅游

体育旅游作为旅游产业和体育产业交叉渗透产生的一个新的领域，是以体育资源为基础，吸引人们参加与感受体育活动和大自然情趣的一种新的旅游形式，是体育与旅游相结合的一种特殊的休闲生活方式，也是体育产业的一个重要组成部分。体育旅游作为一种全新的休闲方式已成为新的消费热点。2015年，我国体育旅游市场规模将近2065亿元，预计到2020年，我国体育旅游市场规模有望达到5000亿～7000亿元，是旅游产业中增长最快的细分市场。

一、国外体育旅游的起源与发展

体育旅游活动历史悠久，在古希腊和古罗马的历史典籍中就有人们外出旅游参加各种运动会的记载。公元前776年，古希腊在奥林匹亚举办第1届奥林匹克运动会。奥林匹克盛会举办时，希腊各地参赛选手及附近的百姓会前往举办地参加和观看比赛。奥林匹克运动会可以吸引4万名来自希腊的观众。这是最早的体育旅游现象，也是早期体育旅游活动的萌芽。

从16世纪到18世纪，欧洲开始盛行“大旅行”，即欧洲皇室旅游，这也是17～20岁的英国贵族或士绅子弟的成年礼，通常这些贵族子弟还会带上自己的家庭教师一起纵贯欧陆。其中设定了专门的旅游路线，带动了沿途旅游设施的建设，从根本上促进了旅行文化的发展。

国外体育旅游兴起于19世纪，实际上它的发展是与近代旅游业的发展基本同步。早在1857年，英国人就成立了登山俱乐部；1883年，挪威、瑞士等国也相继成立了滑雪俱乐部；1885年，英国人又成立了野营俱乐部；1890年，法国、德国成立了休闲观光俱乐部。各种俱乐部的成立，向热爱登山、滑雪、野营、休闲观光的游客提供了各种服务，以满足人们体育旅游的新需求。

19世纪工业革命后，铁路的发展为旅行带来了便利；工业化机器生产使人们可自由支配的时间和收入大幅度提高，体育旅游在一些国家得到了长足的发展。当时有影响力的体育旅游活动是登山、徒步远行、观看国际曲棍球比赛以及足球联赛等。20世纪初，以体育健身和各种闲暇娱乐为主体的休闲娱乐业在一些国家初具规模。美国、英国、法国等国家的高尔夫球场、滑雪场大规模修建。

20世纪中后期，随着旅游业的快速发展及体育运动的普及，以体育运动为特色的旅游项目在欧美国家得以迅速发展。根据瑞士洛桑大学对欧洲几个发达国家进行的调查显示，从1997—1999年，德国体育旅游年平均增长17%，法国增长7%。20世纪90年代以来，每年到西班牙旅游的人数高达5600万左右，其中体育旅游人数占60%以上，体育旅游收入始终稳定在170亿美元，占西班牙国民生产总值的9.6%。

20世纪体育旅游的发展也离不开大型体育赛事的推动。利用大型国际体育赛事进行体育旅游开发，已成为赛事主办国和举办城市重视的重要经济收入来源。

二、我国体育旅游的发展

20世纪80年代，陆续有国外登山爱好者来到地处我国西藏的“世界屋脊”——珠穆朗玛峰登山，西藏自治区体委为了满足国内外登山爱好者的需要，在1984年成立了西藏国际体育旅游公司，开创了我国体育旅游的先河。1986年，国家体委组建了全国体育旅游管理组织机构——中国国际体育旅游公司。组织机构的建立和管理的日益规范，促进了体育旅游的快速发展。到了20世纪90年代，随着我国经济发展加快、人民生活水平提高以及国务院颁布新的休假条例，国内掀起了旅游热潮，一些体育旅游项目如登山、滑雪、漂流、沙漠探险等开始在我国兴起。

1995年，国家体委做了《关于体育旅游业的几个问题》的报告，这是国内首次把体育和旅游作为同一个产业提出。2000年，国内旅游行业提出“体育旅游”概念，中国旅行社组织1114名国内游客分批赴悉尼感受奥运的魅力，这是我国第一次大规模民间组织的奥运观摩活动。2001年，国家旅游局开展了主题为“中国体育健身游”活动，共推出60项具有地方特色的大型体育健身旅游活动和11大类80个专项的体育健身旅游产品和路线。2008年，开展了“中国奥运旅游年”活动。两次以体育为主题的活动，有力地推动了体育旅游的发展。随着体育产业的发展和体育旅游相关政策法规的完善以及各种超大型赛事、商业赛事在中国的举办，我国的体育旅游开始慢慢步入正轨。2016年，我国国内旅游总收入3.9万亿元，呈现出观光产品得到提升，休闲度假旅游迅速崛起，冰雪旅游、温泉旅游、邮轮旅游、滨海旅游、健康旅游、探险旅游等新兴业态快速发展的态势。

三、体育旅游的市场

根据世界旅游组织（UNWTO）的数据，体育旅游产业正在以每年14%的速度增长，超过旅游产业 4%～5%的整体增速，2020年全球体育旅游市场规模有望突破 4000亿美元。分析人士认为，随着居民体育意识不断增强，体育旅游需求将持续快速释放，提前布局的相关上市公司将受益。中产人群对出境体育旅游的偏好不断增强。选择体育旅游的人群基本是30～45岁的中青年。其中，男性更青睐马拉松、足球、滑雪，而女性则关注马拉松、滑雪和网球等项目。体育旅游作为出境游的特色新选择，出境游人群愿意为此付出更高的成本、更多的时间。

随着体育旅游市场规模越来越大，体育旅游消费越来越趋向于主流，可将体育旅游市场归纳为如下几个类型。

（1）含有体育内容的旅游。含有体育内容的旅游是体育旅游中最普及的形式，不仅包括最广泛的体育活动，而且包括各种各样的体育活动的供应商。此类体育旅游的特点是，体育并不是旅游者选择旅游地的主要目的。

（2）体育参与旅游。体育参与旅游是最明显的体育旅游，它特指体育度假，这一类体育旅游包含了多个体育项目或单一体育项目的体育参与。这类体育旅游的供应商倾向于营利性部门。

（3）体育训练。体育训练的范围比以上两类体育旅游更窄，即体育指导和训练是体育旅游的主要目的。营利性部门和公共部门都可提供这种体育旅游。

（4）体育节事。与体育参与旅游类似，不管是参与者还是观众，都把参与体育节事作为旅游的主要目的。供应商可以是营利性部门或公共部门。体育节事的范围很广，大到奥运会、世界杯，小到如5千米趣味赛跑等地方性小赛事，都包括在内。

（5）奢侈体育旅游。奢侈体育旅游不是由旅游中体育的性质来定义的，它是以设施的质量、饮食住宿的奢华程度和服务水平来界定的，因此可能与其他体育旅游重叠，但它只服务于奢侈市场，其市场供应的特点是绝对的商业化。

四、体育旅游的营销策略

市场营销观念认为，达到营销目标的关键在于明确目标市场的需求，并能以比竞争对手更有效和更高效的方法去满足市场的需要。体育旅游营销策略也可归纳为如下几种。

（一）转变潜在游客

潜在游客是指对体育旅游和在旅游中的体育活动有积极倾向但又没有抽时间去参与的人。潜在游客所考虑的体育旅游类型对供应策略有着显著的影响。简单的目标市场营销是转变潜在游客的方法之一，观看体育比赛就是一个例子。锁定俱乐部也是体育节事和体育训练供应商吸引新顾客的策略之一。

（二）提高重游率

制造重复游的供应策略与转变潜在游客有着内在的联系。吸引首次体育旅游者的尝试和努力，都是希望游客在尝试了体育旅游之后，能进行时间更长、花费更多的重游，给游客提供他们已经知道、但在家里却不能享有的体育旅游经历。

（三）扩大参与面

体育参与模型的优点之一就是它是一个三维模型，其中包含了各种体育旅游活动的参与者。去观赏足球的观众在旅行途中有可能也附带参与水上运动。虽然重复游通常依赖于为游客提供在家里不能体验的活动，但也可以通过扩大体育参与面这个策略，在相似的场地提供不同的活动来制造重复游，而这些不同的活动通常是为不同类型的游客提供的。

（四）联合促销

使活动和场地多样化是拓宽体育旅游参与的方式之一。在许多情况下，联合促销是一个明智的办法，这是因为由多样化引发的体育旅游活动通常是作为现有活动的补充和完善，而非取代。联合促销可在许多层面上发生，最简单的联合促销是在一个特定的目的地共同促销活动和设施，虽然在一些情况下，联合促销可能会引起目的地之间的竞争，但它仍然是一个激发体育旅游者旅游动机的有效商业策略。

（五）捕捉偶发事件

捕捉偶发事件与含有体育内容的旅游关系密切，但对奢侈体育旅游和体育节事的供应商来说也是一个有效的策略。捕捉潜在的偶发参与者策略最重要的是确保在适当的地方、适当的地点为其提供信息。这可通过在当地的酒店等住宿设施处发放传单与张贴海报，在目的地周围的战略性地区发布消息，或使此地其他旅游部门的工作者意识到这个旅游产品来实现。

（六）创造竞争优势

如今，相当多的旅游经销商、住宿供应商和旅游目的地都通过提供体育设施、举办体育节事来为其旅游提供增值服务。

知识窗

中国体育旅游博览会简介

中国体育旅游博览会自2007年至2016年，先后在上海、成都、黑龙江、海南、安徽、太原、乌鲁木齐连续举办了10届。每一届博览会根据举办地经济发展战略，确定不同的展会主题，利用政府引导、社会化、市场化、专业化运作的方式，宣传展示推广体育旅游资源。同时，从2010年第四届中国体育旅游博览会开始，每次博览会还开展中国体育旅游精品项目推介活动。2016年中国体育旅游精品项目十佳名单如下。

2016年中国体育旅游精品项目十佳名单——景区名单

序　号	2016年十佳精品景区名单	
1	上　海	东方绿舟
2	黑龙江	尚志亚布力滑雪旅游度假区
3	江　苏	江阴海澜马文化主题旅游景区
4	新疆冬季运动管理中心	新疆南山冰雪运动聚集区（包含新疆丝绸之路国际滑雪场）
5	海　南	海口观澜湖景区
6	江　苏	宜兴龙池山自行车公园
7	宁　夏	沙坡头旅游景区
8	湖　北	神农架国际滑雪场
9	安　徽	太平湖景区
10	甘　肃	肃南中华裕固风情走廊

序　号	2016年十佳精品线路名单	
1	安　徽	绩溪徽杭古道
2	福　建	福建武夷山体育旅游精品线路
3	江　西	瑞金红区运动休闲旅游线路
4	云　南	中国远征军之路
5	辽　宁	盘锦中国最北海岸线冰凌穿越
6	湖　北	神农架野人五项户外体验线路
7	江　苏	镇江南山体育旅游线路

续 表

序 号	2016年十佳精品线路名单	
8	内蒙古	大青山国家健身步道
9	贵 州	铜仁印江环梵净山骑行线路
10	新 疆	奇台县江布拉克山地户外项目

序 号	2016年十佳精品赛事名单	
1	江 苏	扬州鉴真国际半程马拉松赛
2	上 海	上海大师赛
3	河 南	郑州国际少林武术节
4	西 藏	西藏登山大会
5	新 疆	中国新疆环赛里木湖公路自行车赛
6	贵 州	紫云格凸国际攀岩节
7	广 西	F1摩托艇世界锦标赛中国柳州大奖赛
8	山 西	中国晋中国际柔力球交流大会
9	甘 肃	中国·张掖祁连山国际超百公里户外挑战赛
10	广 东	佛山西樵山狮王争霸赛

参考文献

[1] 林志超. 新世纪体育与健康教程 [M]. 北京：北京体育大学出版社，2006.

[2] 黄瑞国，王清生，朱家新. 大学体育教程 [M]. 长春：吉林大学出版社，2006.9.

[3] 林立，徐瑞芳. 大学体育理论与实践教程 [M]. 北京：北京体育大学出版社，2011.

[4] 中国篮球协会. 篮球规则 [M]. 北京：北京体育大学出版社，2015.

[5] 林立，智虹倪. 大学体育理论与实践教程 [M]. 北京：北京体育大学出版社, 2009.

[6] 郑超. 羽毛球教程 [M]. 北京：北京交通大学出版社，2010.

[7] 吴东方. 交谊舞现代理论与流行跳法 [M]. 长沙：湖南文艺出版社，2005.

[8] 王华，等. 体育舞蹈 [M]. 北京：北京师范大学出版集团，2015.

[9] 林立，等. 大学体育理论与实践教程 [M]. 北京：北京体育大学出版社，2012.

[10] 张瑞林. 体育保健与康复 [M]. 北京：高等教育出版社，2013.